BESTSELLER

Roberto Ampuero (Valparaíso, 1953) es uno de los escritores chilenos más reconocidos y un cosmopolita. Ha vivido en Chile, Cuba, Alemania, Suecia y Estados Unidos. Entre los premios y distinciones que ha recibido figuran: Premio Revista de Libros de El Mercurio por *¿Quién mató a Cristián Kustermann?*; mejor novela publicada en español durante el año por *Pasiones griegas*, otorgado por la Editorial Popular y la Asociación de Hispanistas de China; y mejores diez novelas publicadas en alemán por *El caso Neruda* (revista *Buchkultur*). Su obra ha sido traducida al alemán, francés, inglés, italiano, chino, portugués, griego y croata. Ha publicado —todos con varias ediciones— los libros *Boleros en La Habana*, *El alemán de Atacama*, *Cita en el Azul Profundo*, *Halcones de la noche*, *Los amantes de Estocolmo*, *La otra mujer* y *El último tango de Salvador Allende*, entre otros. Profesor de escritura creativa de las universidades de Iowa y Finis Terrae, y columnista de *El Mercurio*, Roberto Ampuero es actualmente embajador de Chile en México.

ROBERTO AMPUERO

Nuestros años verde olivo

DEBOLS!LLO

Nuestros años verde olivo

Primera edición en Debolsillo en Chile: septiembre, 2012
Primera edición en México: febrero, 2013

D. R. © 2011, Roberto Ampuero
c/o Guillermo Schavelzon & Asoc., Agencia Literaria
www.schavelzon.com

D. R. © 2012, Random House Mondadori
Merced 280, piso 6, Santiago de Chile
www.megustaleer.cl

Adaptación a este formato: Amalia Ruiz Jeria
Ilustración de portada: Anna Parini

D. R. © 2013, derechos de edición para México en lengua castellana:
    Random House Mondadori, S. A. de C. V.
    Av. Homero núm. 544, colonia Chapultepec Morales,
    Delegación Miguel Hidalgo, C.P. 11570, México, D.F.

www.megustaleer.com.mx

Comentarios sobre la edición y el contenido de este libro a:
megustaleer@rhmx.com.mx

ISBN 978-607-311-486-8

Impreso en México / *Printed in Mexico*

Enero 25, 2010

Querido Roberto:

Me dio mucho gusto conocerte y solo lamento que en el trajín de Santiago apenas pudiéramos cambiar unas pocas palabras y no tener la larga conversación que me hubiera gustado. Sin embargo, la verdad es que he estado dialogando contigo todos estos días, mientras leía *Nuestros años verde olivo* que acabo de terminar. Te pongo estas líneas para felicitarte por ese magnífico testimonio en forma de novela que me ha conmovido profundamente. Hacía tiempo que un libro no me absorbía y emocionaba tanto como esa descripción tan honesta, tan veraz y tan lúcida de una ilusión que compartimos tantos latinoamericanos con la Revolución Cubana, y, también, el desencanto que siguió al entusiasmo inicial al ver que, contrariamente a lo que creíamos, la Revolución de Fidel y los barbudos no era distinta de las que convirtieron a Rusia y a China Popular en las satrapías que sabemos. Tu libro describe maravillosamente todo ese mecanismo autoritario que poco a poco fue expropiando los arrestos libertarios y justicieros de los primeros tiempos y convirtiendo a Cuba en una sociedad autoritaria corrompida y en la que la mentira llegó a hacer invivible la vida para todo el que se negara a aceptar la servidumbre y el engaño. Al mismo tiempo, el personaje central y narrador de la historia, pese a que debe hacer tantas concesiones para sobrevivir, nunca pierde una decencia innata y un ideal de justicia que consiguen mantener una pequeña luz de esperanza en medio de esa deprimente realidad.

En los años inmediatamente anteriores a aquellos en que transcurre *Nuestros años verde olivo* yo estuve en Cuba cinco veces y experimenté un proceso menos traumático, desde luego, pero muy semejante al de tu personaje, y conocí y traté a muchos de los protagonistas de tu historia. Heberto Padilla sobre todo, a quien conocí cuando había dejado la poesía para trabajar por la Revolución, y, más tarde, cuando comenzaban sus fricciones con el régimen. Era muy difícil escribir una historia como la que has contado sin caer en el maniqueísmo ni en el estereotipo, preservando la humanidad aun de los peores canallas y, al mismo tiempo, dando siempre todos los matices y detalles que permiten situar cada conducta y experiencia dentro de un contexto general. Al mismo tiempo, la historia chisporrotea de vida por la fauna pintoresca, lastimosa, pícara y cínica que pulula en torno al narrador, y esos episodios de travesuras y buen humor que abundan en sus páginas descargan la tensión que experimenta el lector y le dan como unos recreos de alegría. Has escrito un espléndido libro que, te aseguro, vivirá por muchos años y seguirá ganando lectores con el tiempo.

Yo estoy ahora en Lima, revisando una novela en la que llevo trabajando ya unos tres años, regresaré a Madrid a comienzos de abril y pasaré allí, en Europa, el resto del año. Espero que nuestros caminos se crucen otra vez en algún lugar y podamos tener por fin una larga charla literaria, chismográfica y política. Ando con muchas lecturas obligatorias ahora, por mi novela, pero tengo entre mis próximas lecturas de puro placer tu *El caso Neruda*.

Un abrazo muy fuerte y felicitaciones otra vez,

MARIO VARGAS LLOSA, 2010

Índice

Para Exequiel Ibáñez y John Stamler

No lo olvides, poeta.
En cualquier sitio y época
en que hagas o en que sufras la Historia,
siempre estará acechándote algún poema peligroso.

«DICEN LOS VIEJOS BARDOS»
HEBERTO PADILLA

... el presente está solo. La memoria
erige el tiempo. Sucesión y engaño
es la rutina del reloj. El año
no es menos vano que la vana historia.
Entre el alba y la noche hay un abismo
de agonías, de luces, de cuidados;
el rostro que se mira en los gastados
espejos de la noche no es el mismo.
El hoy fugaz es tenue y es eterno;
Otro cielo no esperes, ni otro Infierno.

«EL INSTANTE»
JORGE LUIS BORGES

Toda memoria es, en última instancia, una ficción. Por lo tanto, ninguno de los personajes de los que aquí se habla, con excepción de los históricos, existe. Cualquier parecido con la realidad es casual y no deliberado.

I
MIRAMAR

1

Me casé en la atmósfera húmeda, delirante y calurosa de La Habana de los setenta. Lo hice por amor, desde luego, pero también, circunstancia que debo apuntar desde un inicio, por culpa de una apuesta que no me pagaron y de la cual mi mujer jamás se enteró. Yo frisaba los veinte. Margarita los dieciocho.

De voz melodiosa, piel pálida y cuerpo de ánfora, vivía ella bajo el asedio de funcionarios enguayaberados y gallardos militares con ramas de olivo en los galones. Era hija del comandante Ulises Cienfuegos, de quien al comienzo yo lo ignoraba todo.

Contraje nupcias ante una asistencia reputada, bulliciosa y elegante, que brindó con Moet & Chandon en copas de cristal D'Arques bajo los flamboyanes encendidos y los soberbios cocoteros que atalayan el Caribe desde el exclusivo reparto de Miramar, lejos, muy lejos, de las calles tortuosas y empinadas del puerto de Valparaíso, mi ciudad natal.

Esta historia con sabor a romance caribeño no comienza, sin embargo, como pudiera presumirse, en el trópico o frente a la corriente del golfo de México, sino en medio de las nevazones de un crudo invierno europeo. En Chile el presidente socialista Salvador Allende había muerto meses antes durante el golpe de Estado del general Augusto Pinochet; en Vietnam, las tropas estadounidenses se hallaban en retirada frente a la arrolladora ofensiva vietnamita, y en la Europa del Este aún no se restañaban las heridas infligidas por la invasión soviética a Checoslovaquia. Yo ocupaba entonces, en la sombría y contaminada ciudad sajona de Leipzig, un cuarto del internado de la Strasse des 18 Oktober y estudiaba filosofía en la Karl Marx Universität.

Había dejado el Chile de la Junta Militar entre gallos y medianoche, sin aguardar siquiera el permiso de la Juventud Comunista, organización en la que militaba y a la cual la dictadura perseguía implacablemente por haber respaldado a Allende en su intento de instaurar el socialismo. Alarmado por el temor que me infundían las patrullas armadas, los campos de presos políticos, las detenciones arbitrarias, los muertos que flotaban en el río Mapocho con huellas de tortura y un tiro en la nuca, así como por las interminables noches con toque de queda, en las que solo se escuchaba el eco angustioso de sirenas, helicópteros artillados y fusilamientos, huí del país y busqué refugio en Alemania Oriental.

Tiempo después, mientras apilaba en mi cuarto obras de Marx y Lenin, buscaba afanoso en bibliotecas los voluminosos manuales de materialismo histórico de Nikitin y de la Academia de Ciencias Sociales de la URSS, o contemplaba simplemente a través de los ventanales del casino universitario cómo el viento despeinaba la nieve sobre los techos y adoquines de Leipzig, me decía que dentro de poco, un año a lo más, Chile recuperaría su senda de país austero, estable y de ejemplar desarrollo democrático y yo podría regresar al añorado hogar paterno. Ignoraba, por cierto, que en mi patria ya nada volvería a ser como había sido.

En el internado compartí cuarto con Joaquín Ordoqui, un estudiante cubano inquieto y bohemio, hijo de un viejo comunista miembro de la guerrilla, que acababa de fallecer en La Habana de cáncer de pulmón en un aislamiento político ignominioso. Años atrás, sorpresivamente, la policía secreta lo había acusado de colaborar con la CIA durante el periodo en que tuvo a su cargo la división occidental del Ejército cubano. Pese a su desempeño intachable, que respaldaban condecoraciones gubernamentales y partidarias, una madrugada de julio un tribunal militar degradó al comandante Ordoqui y lo condenó a prisión domiciliaria perpetua.

Noche a noche, a través de la oscuridad de nuestro cuarto, me llegaba el sollozo ronco y quedo de Joaquín, gigantón «jabao» de pelo de alambre, diecinueve años y alma de niño. Sollozaba por la injusticia infligida a su padre, a quien consideraba revolucionario ejemplar, y a su madre, Eddy García Buchaca, brillante intelectual comunista de origen aristocrático, quien, tras enviudar vivía bajo prisión domiciliaria acusada de haber sido cómplice de su marido. Sobre ella recaía ahora no solo el desprecio de la burguesía cubana expropiada, sino también el resentimiento de los revolucionarios de última hora, de aquellos que se tornaron comunistas de la noche a la mañana, estimulados por el triunfo de Fidel y la posibilidad de conquistar cargos y prebendas, y que vislumbraban en los ojos de los comunistas históricos el silencioso reproche a su oportunismo.

Cada noche, en el primer nivel del camarote, el «jabao» lloraba envuelto en las tinieblas del cuarto como un gran oso herido. Estaba convencido de que sus padres no eran traidores, y de que muy pronto Fidel se encargaría de aclarar todo aquello. Y cuando yo prendía mi lámpara nocturna para preguntarle qué le pasaba, Joaquín, reprimiendo sus gemidos, afirmaba con voz gangosa y los párpados entornados:

—No es nada, chileno, solo el maldito asma. Soy asmático como el Che.

Por fortuna, durante el día mudaba de ánimo para volverse dicharachero y escandaloso, y parecía un muchacho feliz en aquel internado que compartíamos con norcoreanos, vietnamitas, palestinos, rusos, mongoles, namibios, etíopes y persas, todos militantes de partidos revolucionarios de probada trayectoria antiimperialista. Lo cierto era que Joaquín solía ausentarse de clases, robar en los supermercados y usar mis prendas sin consultarme, por lo que a menudo me tocó sorprenderlo en la calle luciendo tenidas mías. Pero como siempre llevaba una excusa a flor de labios, resultaba imposible enemistarse con él.

—Chico, tenía una cita clave y me exigían traje. Tú sabes que en Cuba, por el bloqueo yanqui, no hay trajes. Apúntalo como ayuda solidaria y no te preocupes, que al regreso hallarás las cosas en tu armario, más limpias y mejor planchadas de lo que estaban.

Joaquín no se dedicaba a estudiar, sino a dormir, pasear, hablar del Che, Fidel y Camilo como si se tratase de viejos amigos, y a abordar a cuanta muchacha bella se le cruzara en el camino. Era capaz de pasar horas agazapado en la ventana de nuestro cuarto, situado en el tercer piso del edificio, a la espera de una presa. Se mantenía hierático y silencioso, esbozando enrevesados planes para acercarse y conquistar a las estudiantes con su farragosa oratoria tropical. En realidad, escasas eran las muchachas que escapaban a su escrutinio y se resistían a sus devaneos, y mientras ellas desfilaban bajo nuestra ventana, él adelantaba osados juicios sobre sus presuntas cualidades amatorias.

—Chico, todo eso se deduce de la forma de mirar o caminar de la hembra —afirmaba tratando de convencerme de la solidez de sus convicciones—. A algunas se les nota en el cabello, como a la búlgara que viene ahí, la que, a juzgar por su pelo grueso, rizado y abundante, es una loca en la cama.

—No inventes —reclamaba yo escéptico—. La más mojigata y modosita te puede resultar una fiera.

—A otras se les nota en la voz —argüía molesto, ignorando deliberadamente mis reparos—. Una voz grave, aguardentosa, es señal de apasionamiento irrefrenable, una dulce y meliflua, en cambio, puede serlo de lujuria reprimida.

—No me digas.

—Aunque es probable que, viniendo de donde vienes, del pasmado Cono Sur, tú ignores esta ciencia caribeña, chico.

Una mañana en que nevaba y desayunábamos pan negro con mantequilla y un vaso de leche en la cafetería del internado, me anunció que me presentaría una beldad cubana.

—Solo lo hago porque viene acercándose y no me queda más remedio —aclaró.

Me viré escéptico hacia donde me indicaba —bien conocía yo los estados febriles y trepidantes que solía experimentar el cubano en materia femenina—, pero me estremecí al verla: sus ojos eran dos lamparones verdes en medio de un rostro bellísimo e inteligente, y su cuerpo me recordó las ondulaciones de una guitarra. Pálida y ojerosa como las vírgenes de Murillo, llevaba el cabello suelto sobre la espalda y al caminar meneaba despreocupadamente sus caderas.

—Es Margarita Cienfuegos, no solo la cubana más linda que hay sino también la mejor alumna de germanística de la Karl Marx Universität —afirmó zalamero mientras se arqueaba y le besaba la mano.

—Déjate de satería, muchacho —reclamó ella fingiendo incomodidad ante tanto halago, y tras enterarse de que yo acababa de llegar a Leipzig de Chile, se despidió y reanudó su marcha, alejándose por un pasillo. Sentí celos tan inesperados como desgarradores al atribuir su premura a la impaciencia de un amante que la aguardaba en algún cuarto cercano.

—¿Qué te parece? —me preguntó Joaquín con mirada libidinosa. Sus dientes verduscos mordían un tabaco en actitud sobradora.

—No me queda más que conquistarla —repuse creyendo que el azar acababa de ponerla en mi camino.

Una carcajada estentórea le arrancó a Joaquín el tabaco de la boca. Tras recogerlo, alzó el índice de la mano derecha y dijo:

—Ten cuidado, chico, mucho cuidado, que Margarita es la niña de los ojos del comandante Ulises Cienfuegos.

Años tardaría yo en entender a cabalidad su mensaje. Mi experiencia era exigua entonces. Llevaba apenas un par de meses en Europa y poco conocía el mundo. Me había criado bajo los aleros protectores de la casa paterna y del Colegio Alemán de mi ciudad, donde la vida transcurría segura y apacible, ajena a los conflictos internacionales y los apetitos de poder. Sólo durante mis años de universidad en la capital, los últimos de mi existencia en Chile, había intuido la complejidad de la vida y las irreconciliables visiones políticas que dividían al país y no tardarían en arrojarlo al enfrentamiento. La militancia en las Juventudes Comunistas de Chile —la Jota— y la férrea oposición que encontraba el gobierno de la Unidad Popular en la derecha fueron mi mejor escuela política de entonces. Pero a esas alturas, en el Leipzig de 1974, yo ignoraba aún quién era el comandante Ulises Cienfuegos y cuáles sus influencias en la isla de Fidel.

—Fue guerrillero y fiscal de la República —explicó Joaquín bajando la voz—. Hombre temido y detestado, ahora embajador nuestro en Moscú. De ojos de acero y cabello ceniciento, vozarrón apabullante y voluntad implacable, era la persona que más odiaban los contrarrevolucionarios, pues tras el triunfo del Ejército rebelde, y en su calidad de fiscal de la República, había enviado al paredón a cientos de opositores.

—Me da lo mismo, no voy a casarme con él —respondí.

—Cienfuegos espera que Margarita algún día se case con un mayimbe.

—¿Mayimbe?

—O pinchos, los que mandan en la isla, chileno.

—Pues me casaré con ella antes de que la conquiste algún mayimbe —repuse desafiante, como si la vida fuese un juego, y di cuenta del vaso de leche con la misma decisión con que John Wayne vaciaba los de whisky en los bares del Oeste norteamericano.

—¡A que no lo consigues! —masculló Joaquín picado. Sus labios esbozaron una sonrisa que dejó al descubierto una dentadura despareja.

—Apuesto lo que quieras a que me caso con ella —respondí.

Apostamos allí mismo, en la cafetería del internado de la Strasse des 18 Oktober: una caja de Lanceros Cohiba, un terno polaco del Konsum, una tocacasetera rusa y una cena en el Astoria, el restaurante más caro de la ciudad. Aunque gané la apuesta, mi amigo jamás pudo pagármela, porque poco después la seguridad cubana se encargó de repatriarlo.

Tres meses más tarde, con un revoloteo de murciélagos en el estómago, la sangre agolpada en el rostro y el corazón a punto de estallar, despegué en un Ilushyn del aeropuerto de Berlín-Schönefeld con destino a la mayor de las Antillas.

Margarita y sus padres me aguardaban en La Habana, disponiendo los últimos preparativos de la boda.

2

Desde el día en que Margarita se alejó por el pasillo del internado, comencé a buscarla por las calles adoquinadas de Leipzig, cuyos antiguos edificios exhibían aún los impactos y forados de la Segunda Guerra Mundial, por sus patios traseros cubiertos de nieve que barría un viento furioso y por los comedores universitarios, repletos de estudiantes del mundo entero. Durante la búsqueda caí en la cuenta de que mi empeño no obedecía tanto al afán de ganarle la apuesta a Joaquín como al de impedir que Margarita se reuniera con su presunto amante. Renuncié casi a todo con tal de hallarla.

Interrumpí, por cierto, mi asistencia regular a clases y me desligué de Karla Lindner, alumna de primer año de marxismo, virgen rubia de los montes matálicos, de ojos azules y frágil cuerpo de bailarina, quien durante nuestros escarceos amorosos en mi inestable lecho situado en el segundo nivel del camarote, solo me permitía desnudarla bajo la premisa de que no hiciéramos el amor. Pese a que pronto se titularía como licenciada en marxismo-leninismo, en su fuero íntimo era religiosa y, como tal, consideraba que debía preservar la virginidad para el matrimonio. Sin embargo, cuando durante nuestros apasionados abrazos parecía que un levísimo empellón mío acabaría con su tesoro más apreciado, ella recobraba repentinamente una compostura de monja, abandonaba de un salto la cama, volvía a vestirse y comenzaba a barrer el piso y a fregar la vajilla entonando algún *lied* de Franz Schubert.

Dejé también a la infiel Larissa, redactora georgiana de artes y espectáculos del insignificante vespertino local, una mujer casada de cuarenta años, pelo claro, grandes ojos cafés, senos generosos y cintura de avispa, que, para no despertar suspicacias en su marido, solía visitarme en horario de trabajo para enseñarme cuanto había aprendido en el lecho con hombres de las más intrincadas regiones del imperio soviético. Larissa era un espíritu tan culto y ávido de placeres como carente de escrúpulos. Portaba una agenda escrita con tinta roja y letra gótica en que atesoraba la descripción de sus amantes según nacionalidad, dimensiones y capacidad de depararle orgasmos, y creo que acudía a mí, entonces inexperto espadachín de lances breves aunque múltiples y fragorosos, solo para hacer el amor con el habitante más austral del mundo que conocía. Nerudiana a rabiar, cada vez que se desnudaba ante la luz mortecina de un candelabro y el ritmo embriagador del *Bolero* de Ravel, yo tenía que recitar versos de *Veinte poemas de amor y una canción desesperada.* Juraba amar a su marido, un oscuro oficial de la Stasi, la temida policía secreta germano-oriental, y justificaba su infidelidad argumentando que una cosa era el amor y otra muy distinta el sexo, y que los amantes avezados constituían el mejor elixir para hacer llevadero el matrimonio.

Renuncié a ambas europeas y a una estudiante persa espigada, de suave piel canela, que antes y después de hacer el amor con delicadeza en las penumbras de su cuarto fragante a perfumes y especias, me describía los deslumbrantes aposentos y las febriles preferencias sexuales del sha de Persia, a quien había sido entregada a los trece años para disfrute del monarca. Renuncié a todas ellas por una cubana a la que solo había visto unos instantes y pese a contar momentáneamente con una habitación de libre disposición, sueño de todo estudiante, ya que Joaquín seguía por Cracovia la sombra de Liuba, una polaca rubia, de ojos celestes, más alta y fuerte que él, de la cual se había prendado. Su alejamiento violaba las normas de los estudiantes cubanos, que prohibían, entre otras muchas cosas, abandonar la ciudad en que residían sin la autorización de la Unión de Jóvenes Comunistas de Cuba. Pero Ordoqui era así, insolente e imprevisible.

Una noche en que nevaba divisé por fin a Margarita mientras ascendía la escalinata de su internado. Le dije que saliéramos —la nieve retocaba el sempiterno aspecto grisáceo y sombrío de Leipzig tornándolo luminoso— y ella aceptó mi invitación como si hubiese estado esperándola. Mis ingresos eran escuálidos entonces, por lo que nos dirigimos al Mitropa, el modesto restaurante de la estación de ferrocarriles que, con sus decenas de andenes, es la más grande del mundo.

Por desgracia yo ignoraba que aquel lugar, el único que se mantenía abierto hasta tarde en la ciudad, brindaba el peor espectáculo nocturno del socialismo: gitanos que mendigaban con sus pequeños hijos entre los comensales, oficiales de las tropas de ocupación soviéticas, de abrigo y *shapka,* que se disputaban a gritos botellas de vodka y rebanadas de pan centeno, alemanes orientales borrachos que gimoteaban por no poder cruzar el Muro mientras no se jubilaran, y bellísimas jóvenes polacas que se vendían a cambio de un par de medias de nylon. Los platos eran escasos y los servían mozos desganados, agresivos y arbitrarios: salchichas turingias acompañadas de mostaza, una sopa gruesa y picante llamada *soljanka,* que venía en taza de consomé y era capaz de levantar muertos, y un bistec nervudo, quizás de puerco, semioculto bajo una salsa de sabor indefinible. Y todo aquello ocurría en un local del tamaño de un gimnasio, enrarecido por el humo, la acidez de la cebada, los sudores y el eco de gritos, y en donde los clientes solo podíamos ocupar ciertas mesas, porque el resto parecía reservado para importantes comensales que jamás arribaban, mientras afuera se alargaba la cola de viajeros.

No me fue posible abrir mi corazón ante Margarita en aquel lugar sórdido y maloliente, y la invité, por lo tanto, tras servirnos unas salchichas acompañadas de sendas botellas de Pilsen, a recorrer Leipzig, a esa hora del alba, desierta, transfigurada. Durante la caminata, aspirando a ratos el tufillo del carbón de Sajonia que alimentaba las estufas, me relató su vida.

Llevaba tan solo un año en Leipzig. Su padre y madre vivían en Moscú, donde él ostentaba el rango de embajador y ella se doctoraba en la Universidad Lomonosov en historia del arte. Con su padre mantenía una relación de amor y odio enfermiza y corrosiva, lo que la había inducido a estudiar en Leipzig, a buen recaudo de su influencia y amparo. Lo adoraba, acaso por cuanto él la mimaba en todos sus caprichos, pero asimismo lo aborrecía, pues intuía que Cienfuegos, como todo guerrillero intrépido, había deseado un varón por primogénito. Durante años, y pese a la escuálida resistencia de Lourdes, su madre, mujer bella y sensible, víctima perpetua de la tiranía ejercida por su marido en casa, el fiscal había educado efectivamente a Margarita como a un niño. A los actos multitudinarios de la Plaza de la Revolución, cuando Fidel hablaba al pueblo de la mañana a la noche, ella subía junto a su padre al estrado presidencial vistiendo una versión infantil del uniforme del Ejército rebelde que le permitía ocultar bajo el quepis su sedoso pelo largo, y cargando un fusil de madera para que la masa electrizada por la oratoria del líder barbudo pensara, si en algún momento se percataba de la existencia de la pequeña Margarita, que se trataba de un niño.

Aquella noche me relató los dos atentados que había sufrido su padre en la época en que, desde su cargo de fiscal de la República, condenaba a muerte a los enemigos de la Revolución. Sólo tiempo después, ya en la isla, asocié yo a Cienfuegos con los cientos de presos políticos que, tras juicio sumarísimo, habían caído en el paredón negándose a portar vendas en los ojos y gritando «Viva Cristo Rey». Pero desde Leipzig esas acciones de sangre constituían para mí ajusticiamientos de enemigos del progreso y el socialismo, y no revestían connotación criminal alguna. Entonces, bajo los efectos de la represión desatada en Chile por el régimen militar, yo creía que en la lucha por el poder los asuntos se reducían a la disyuntiva de «o los obreros o los burgueses».

Margarita no olvidaba la apacible tarde de febrero en que estalló la cabeza de su dóberman mientras jugaba con él y su padre en el jardín de la casa confiscada a los enemigos de la Revolución. Un segundo antes de que alguien disparara desde un edificio adyacente, Rommel había derribado al fiscal. El proyectil hizo saltar por los aires la cabeza del perro, salpicando de sangre el uniforme verde olivo del comandante. De inmediato se había desatado un tiroteo infernal entre contrarrevolucionarios y guardias, y Cienfuegos había protegido la vida de la niña con su cuerpo y el de Rommel.

Tiempo después su padre se salvó providencialmente de otro atentado. La familia vivía entonces en Fontanar, barrio residencial de clase alta cercano al aeropuerto internacional José Martí. Era la época en que Estados Unidos preparaba la invasión a la isla y alentaba acciones terroristas contra Fidel. El fiscal de la República solía viajar a diario desde Fontanar a la fortaleza de La Cabaña, donde no cesaba el fusilamiento de esbirros batistianos y opositores al nuevo régimen. Solo volvía a su residencia muy tarde por la noche con la tarea de estudiar las peticiones de clemencia de los condenados a la pena capital. Sin embargo, como al llegar a casa extenuado por las ejecuciones de la jornada, caía de inmediato rendido en una hamaca y no lograba leer aquellos documentos, a la mañana siguiente continuaban los ajusticiamientos.

—Seré un pésimo ministro de Economía, pero mis errores son remendables —le dijo una tarde el Che en el Palacio de la Revolución, alarmado tal vez por las sangrientas noticias que le llegaban del fiscal—. Los tuyos yacen tres metros bajo tierra.

Viajaba, pues, una mañana Cienfuegos en su Camaro acompañado de dos guardaespaldas, cuando de pronto, con el rabillo del ojo, vio entrar un pequeño bulto por la ventanilla trasera. Al volverse cayó en la cuenta de que se trataba de una granada de mano. Ordenó a sus hombres que saltaran del automóvil en marcha, pero Felo, el guardia que viajaba en el asiento trasero y había sido su escolta desde la sierra del Escambray, cogió la granada para arrojarla lejos. El artefacto estalló antes de que lograra hacerlo, arrancándole las manos, los ojos y la nariz.

La nave Couvre había volado hacía poco por los aires en el puerto de La Habana con su precioso cargamento de armas para la joven Revolución, y la otrora fastuosa tienda de departamentos El Encanto no era más que un montón de escombros y cenizas a causa del atentado incendiario perpetrado por los contrarrevolucionarios y la CIA. Las masas se apoderaban de las calles, a diario se decretaban nuevas expropiaciones, Fidel fundaba los Comités de Defensa de la Revolución y en varias sierras cubanas resurgía la oposición armada. La isla parecía condenada a arder. Ya los norteamericanos habían abandonado La Habana y por los barrios de vida alegre se paseaban las últimas prostitutas buscando en vano clientes con dólares. En nombre de la moral revolucionaria y con el afán de construir al hombre nuevo, fueron clausurados los lupanares, teatros pornográficos y casinos, y los hoteles, que antes albergaban a norteamericanos de sombrero panamá y bermudas, servían ahora de albergue para guerrilleros, obreros y campesinos. Muchos creían que la demencia se había apoderado de la isla y que solo Estados Unidos podría restablecer la cordura mediante una invasión de marines. En medio de la agitación, entre las manifestaciones masivas y los atentados dinamiteros, entre la ocupación de fábricas y empresas y la huida desenfrenada de cientos de miles a Miami, quedó de manifiesto que nadie podía garantizar la vida del fiscal de la República en la isla.

—Fidel lo envió entonces de embajador a Polonia —dijo Margarita mientras caminábamos en dirección al Völkerschlachtdenkmal, un gigantesco monumento levantado en honor a la resistencia eslavosajona a Napoleón—. Era un país comunista, pero uno de los pocos lugares donde podría estar a salvo.

Mientras dábamos un rodeo en torno a la construcción con la nieve crujiendo bajo nuestras botas, Margarita me contó del Che, Camilo y Fidel. Los recordaba desde las primeras manifestaciones de apoyo a la Revolución, cuando su padre la subía al estrado frente al pueblo habanero y ella, con cinco años y vestida de niño, se sentaba en las rodillas de los máximos dirigentes de verde olivo o jugaba entre los AMK listos para enfrentar al enemigo. Su niñez estaba impregnada de los recuerdos de la Revolución fresca, de las primeras confiscaciones y la reforma agraria, de la crisis de los misiles, de las mansiones abandonadas en forma subrepticia por los contrarrevolucionarios que buscaban refugio en Miami, de la efervescencia y la anarquía permanente.

La breve pero intensa experiencia de Margarita me llenaba de admiración y envidia, porque frente a ella mi vida en Chile emergía monótona y cotidiana, a lo sumo pletórica de derrotas y dolor para el movimiento popular, ajena por completo a las victorias luminosas alcanzadas por la Cuba revolucionaria, que desde la distancia había sembrado tempranamente en mí la convicción de que la justicia social podía implantarse mediante la violencia popular, esa violencia que, según Marx, era la partera de la historia y que los auténticos revolucionarios no debían evadir. Margarita gozaba no solo de la dicha de haber presenciado una etapa histórica de América Latina, sino que ahora, en la Karl Marx Universität, era capaz de sumergirse en el mundo intangible y menos riesgoso de la literatura para explorarla y enseñarla más tarde en la isla. Recitaba de memoria a José Martí y Nicolás Guillén, amaba a Alejo Carpentier, Julio Cortázar y Gabriel García Márquez, aunque sin conocer a Mario Vargas Llosa, quien no se publicaba en Cuba por antifidelista, y mostraba interés por todo lo relacionado con las luchas populares de la región.

Rechazaba el marxismo dogmático, deformación que yo suponía liquidada en el socialismo real desde la muerte de José Stalin, y sabía tanto del atractivo que ejercían Estados Unidos y Europa Occidental sobre los jóvenes del mundo socialista como del decepcionante atraso económico y tecnológico en que se debatía la Unión Soviética, circunstancias que proyectaban en su opinión cierta incertidumbre sobre el porvenir del comunismo.

Soñaba con que Cuba, bajo la dirección de Fidel, lograra insuflarle un nuevo dinamismo ideológico a los Estados socialistas de Europa, especialmente a su juventud, que comenzaba a apartarse del marxismo por la fascinación que ejercía sobre ella la sociedad de consumo. Me cautivó su visión del mundo, tan clara y prístina, impregnada de marxismo, y las metas colectivas —educación, salud y trabajo para todos, antiimperialismo, internacionalismo, profundización de la ideología marxista— que ella hacía suyas como un miembro más de aquel pueblo que respaldaba a la Revolución.

Seguía nevando y las avenidas se alargaban desiertas, solo cruzadas a ratos por el chirrido lastimero de un tranvía lejano. Cerca de las cuatro de la mañana, frente a la iglesia ortodoxa de Leipzig, cuyas cúpulas doradas resplandecían diáfanas bajo la noche de nieve copiosa, me atreví a posar un brazo sobre sus hombros. Ella, que vestía un grueso abrigo de piel de Ulan Bator, no opuso resistencia, por lo que después me animé a acercar lentamente mi rostro al suyo, aspiré su aliento cálido, perfumado y estimulante, y luego la besé en la boca.

Nunca había besado a una cubana e, ingenuamente, me pareció que de algún modo me aproximaba a la Revolución. Fue un beso tan largo y apasionado en medio de la noche invernal que no nos percatamos de la repentina llegada de un Volkspolizist, un tipo regordete y risueño, hastiado ya a esas horas de una ronda sin novedades. Llevaba el uniforme de inspiración soviética —largo abrigo verde y *shapka* del mismo color— y solo deseaba cerciorarse de que Margarita no fuese una prostituta y yo un turista occidental. Al revisar nuestros pasaportes y comprobar que ella venía de la «Isla de la Libertad», como llamaban a Cuba en el mundo socialista, y yo del Chile de Pinochet, sugirió que, en razón de la hora y el frío, nos fuésemos a acostar.

Al rato, y como si la sugerencia policial hubiese sido una orden perentoria, Margarita arribó somnolienta a mi cuarto inmerso en penumbras. Desde la radio portátil rusa, Jimi Hendrix, ese negro endemoniado que estaba por morir o ya había muerto de una sobredosis de LSD, entonaba suavemente, acompañado de su guitarra inolvidable, *The Wind Cries Mary,* y todo olía magníficamente a libros, pan de centeno y café recién tostado.

Mis manos comenzaron a desnudarla con torpeza y su carne blanca fue emergiendo de las prendas como a veces la luna de entre nubarrones. Me encaramé sobre sus caderas y mientras nos besábamos con avidez sentí en la yema de mis dedos sus pezones transmutados en capullos de rosa. Bajo el peso de mi cuerpo trémulo, en lo alto de aquel camarote que, al igual que en el poema de Luis Cernuda, crujía triste bajo el vaivén de la pasión, ella saludó su primer acto de amor.

Afuera continuaba cayendo la nieve y por un instante me pareció que amanecía.

3

Los agentes de la seguridad cubana encargados de velar por la conducta revolucionaria del centenar de estudiantes isleños en la Karl Marx Universität de Leipzig no tardaron en descubrir mi romance con Margarita y en poner al corriente de todo al comandante Ulises Cienfuegos en Moscú.

Sin embargo, mi primer encuentro con ellos fue motivado por un asunto diferente. Yo me hallaba en lo alto de mi camarote escuchando baladas de Demis Roussos, estrella musical entonces en el mundo entero, y releyendo párrafos de *El Estado y la Revolución,* de Lenin, cuando de pronto la puerta de entrada al cuarto se abrió con violencia.

En el umbral emergió un mulato delgado y de mediana estatura, que vestía terno y corbata. Sus ojos se ocultaban detrás de gafas de color oscuro, pese a que la noche ya envolvía la ciudad, y me anunciaba, por lo demás, que Margarita no tardaría en llegar. El mulato guardó en el bolsillo de su pantalón la pequeña ganzúa con que acababa de forzar la puerta, hizo chasquear la lengua entre los dientes e, ingresando al cuarto, me preguntó:

—¿Cuál es el escritorio de Ordoqui, chileno? —desde hacía días que Joaquín no regresaba al internado, cosa por cierto nada inquietante, pues se hallaba en Polonia buscando a la polaca de la cual se había enamorado de tan solo verla pasar bajo la ventana.

Le señalé al mulato el escritorio de Ordoqui y en ese instante noté que en la puerta aguardaban dos hombres más con trazas de cubanos, que también ocultaban parcialmente sus rostros serios tras anteojos. Pensé en exigirles una explicación por aquella visita intempestiva, pero tras convencerme de que su estilo distaba del de los caballeros, deseché la idea. Ellos buscaban simplemente a Ordoqui y era probable que perteneciesen al legendario servicio de espionaje cubano, la Dirección General de Inteligencia, que tantos golpes había propinado a la CIA.

—¿Y qué es de Joaquín? —pregunté mientras el mulato examinaba uno a uno los cajones del escritorio de mi compañero de cuarto.

—Eso es precisamente lo que deseamos saber —repuso con desdén.

Pese a que yo permanecía aún en lo alto de mi camarote, pude ver que el mulato introducía con sorprendente destreza algunos sobres con la correspondencia de Joaquín en el bolsillo de su chaqueta y luego leía a la carrera los lomos de nuestra modesta biblioteca. Por último hojeó varios libros apilados sobre el velador de Joaquín en busca de algo.

—Necesitamos saber dónde se encuentra tu amigo —insistió el hombre con fingida indiferencia.

Tendría treinta años, el pelo ensortijado y la cara cubierta por manchas de viruela y unos dientes largos y amarillentos. Fibroso y de piel macilenta, su actitud parecía impregnada por el aura algo cínica y arrogante que yo más tarde, ya en la isla, vislumbraría en los miembros de la Dirección General de Inteligencia.

—¿No te contó, chileno, adónde iba?

Le dije que yo era el primer sorprendido por su prolongada ausencia, pero que no debía inquietarse, pues Joaquín era un muchacho imprevisible, aunque responsable, afirmación que, por cierto, solo tuvo el efecto de intranquilizarlo aún más. Para Margarita, que solía pernoctar en la pieza cuando Joaquín se hallaba de parranda, las reiteradas ausencias a clases de su compatriota, que no militaba en la Unión de Jóvenes Comunistas por falta de compromiso revolucionario, demostraban cuán inmerecida era su beca de Leipzig. Sin embargo, disfrutábamos la indisciplina de Joaquín, ya que dejaba a nuestra disposición el pequeño cuarto empapelado con afiches de Allende, el Che y Karl Marx, que parecían mirar hacia la Strasse des 18 Oktober y proteger nuestro refugio íntimo y tibio, que durante las largas noches de invierno tornábamos más acogedor bebiendo, a la luz de un candelabro, una botella de vino tinto búlgaro bien chambreado.

—¿No tendrá una amiguita por ahí? —me preguntó el mulato.

—Me imagino, pero no le conozco ninguna —mentí.

En aquellos instantes yo no podía imaginar que los policías temiesen una posible fuga de Joaquín hacia Occidente, empresa improbable, cuando no imposible, desde un país amurallado, de fronteras sembradas con minas y férreamente vigiladas por soldados, perros y pistolas de disparo automático.

Solo tarde en la noche, tras su retorno de una sesión de estudio político de la UJC, Margarita me contó que Ordoqui había obtenido la beca por intermedio del vicepresidente cubano, Carlos Rafael Rodríguez, quien en su juventud había sido amante de Eddy García Buchaca. Ambos formaban parte entonces de la organización comunista que lideraban Blas Roca y Lázaro Peña, a la cual en los años cuarenta también se sumaría Raúl Castro, mucho antes de que Fidel, en la década del cincuenta, descubriera el marxismo a través de Alfredo Guevara, el fundador del Instituto Cubano del Arte y la Industria Cinematográfica (ICAIC). Eddy sostenía un sonado romance con Carlos Rafael, también miembro de la aristocracia cubana, pero lo había abandonado intempestivamente, cautivada por el porte y la personalidad de Ordoqui, el futuro comandante guerrillero.

Ahora Carlos Rafael, en un intento humanitario dictado quizás por la nostalgia, quería alejar a Joaquín del drama que afrontaba Eddy.

—Ese es Tony López —masculló Margarita cuando le narré aquella noche la visita del mulato. Percibí la preocupación en su rostro—. Es un tipo peligroso, intenta acostarse con las estudiantes cubanas presionándolas políticamente.

—¿Cómo es eso? —pregunté. A ratos me enfrentaba a cierta lógica cubana que no lograba dilucidar desde mi perspectiva chilena.

—Les inventa faltas a la disciplina y luego les ofrece no denunciarlas a la embajada a cambio de que se acuesten con él.

—¿Es de la policía secreta?

—Dicen que lo es. Cosa imposible de saber, pero de que denuncia, denuncia, y de que le hacen caso en la embajada, le hacen caso.

—¿Qué sucede con sus denuncias?

—Obligan generalmente al afectado a volver de inmediato a Cuba.

—¿Y ha tratado de presionarte?

—No se atreve por mi padre, pero si se entera de nuestra relación, lo hará. La UJC nos prohíbe mantener relaciones amorosas con occidentales, y tú lo eres. Nos regresan de inmediato.

Abracé a Margarita y nos acostamos inquietos, acosados por una amenaza tan poderosa como imprecisa.

Afuera un tranvía rechinó bajo la nieve que caía copiosa sobre Leipzig. Me atemorizaba que ella pudiese desaparecer de la noche a la mañana. Yo no tendría ante quién protestar. Si nos sorprendían, y eso no tardaría en ocurrir, nuestro amor se vería cegado por una barrera burocrática implacable, y yo jamás obtendría la visa para entrar a Cuba y ver a Margarita. De enterarse Tony López de nuestro romance, estábamos perdidos, y a mí no me cabía duda de que él ya lo sabía todo. Nos esperaba una separación inducida. Sí, a menos que el comandante Ulises ejerciera sus buenos oficios para que nuestro amor pudiese prosperar en Leipzig. ¿Sería posible?

—Él hace siempre lo que le dicta la Revolución. Toda su vida lo ha hecho así —dijo Margarita lacónica mientras Demis Roussos cantaba otra magnífica balada con su voz de falsete—. Y la Revolución establece que un comunista cubano ha de regresar a la isla si mantiene relaciones amorosas con occidentales.

Tony López se acercó a mi escritorio para leer los títulos de mis libros. Yo no guardaba nada comprometedor, quizás solo una obra de Adam Schaff, el filósofo polaco prohibido en la Alemania Oriental, hallado casualmente en una librería de viejos, pero resultaba improbable que el policía estuviese al tanto de que se trataba de un académico censurado por su visión poco ortodoxa. Desde la puerta, tratando de prevenir la llegada de alguien, los acompañantes de Tony López seguían la escena en silencio.

Dos años más tarde, durante el Primer Congreso del Partido Comunista de Cuba, que se celebró, cosa inaudita, diecisiete años después del triunfo de Fidel, yo volvería a escuchar del mulato. Obtuvo entonces la codiciada Medalla xx Aniversario del desembarco del *Granma* por su entrega a los principios de la Revolución. Margarita, que preparaba esa mañana el desayuno mientras yo me enteraba de la noticia en el diario, se sintió descorazonada. La distinción confirmaba nuestra suposición de que Tony López, un personaje de recuerdo ingrato, integraba la inteligencia cubana.

Pero aquella noche de invierno en Leipzig, época en que nuestro amor se hallaba recién en los prolegómenos y todo parecía seguir la huella original, el policía cubano cruzó finalmente el cuarto a paso lento, arrastrando sobre el linóleo las suelas de sus botas, y se detuvo en el umbral de la puerta abierta, junto a sus colegas.

—Si Ordoqui vuelve, chileno, dile tan solo que Tony López anda buscándolo —precisó antes de salir con un portazo que me hizo estremecer en lo alto del camarote.

4

En cierto modo, todo comenzó el 11 de septiembre de 1973, con el golpe de Estado de Pinochet en contra de Salvador Allende. Entonces yo estudiaba antropología social y literatura hispanoamericana en la Universidad de Santiago de Chile. Desde hacía cinco años, y pese a la oposición de mis padres, militaba en la Juventud Comunista, profesaba un irreverente ateísmo juvenil y admiraba a la Unión Soviética y sus aliados europeos sin haber posado jamás un pie en el socialismo real, admiración nutrida solo por la propaganda del partido y los folletos de divulgación de esos países.

Chile atravesaba entonces una época de efervescencia política debido a los cambios revolucionarios impulsados por el gobierno de la Unidad Popular, cambios que dividieron al país en dos bandos irreconciliables en medio del caos y desabastecimiento total. La oposición de la derecha chilena y de Estados Unidos a las transformaciones revolucionarias resultó tan contundente y organizada que, unida a los errores económicos y políticos de los partidos de izquierda en el poder, convirtió a Chile en menos de dos años en un barco a la deriva.

Desde los primeros días de la represión desatada en contra de los simpatizantes del gobierno de Allende por la Junta Militar, llegué al convencimiento de que debía abandonar cuanto antes el país. Carecía de pergaminos políticos: militaba en el Pedagógico, el área universitaria más revolucionaria de Santiago, y había creado la primera célula comunista en la Escuela de Antropología, por lo que me parecía improbable que corriese peligro. Al enterarme, no obstante, que el nuevo director de la escuela, un capitán de Ejército, citaba a su oficina a los alumnos izquierdistas, sin que después se pudiera corroborar su paradero final, decidí emigrar. Mi propósito era modesto: vivir en democracia, estudiar en una universidad dirigida por civiles y disfrutar la juventud en una atmósfera tolerante. Nada de aquello era posible entonces en Chile.

Desde el triunfo de Allende, en 1970, mantenía en Santiago contactos esporádicos con funcionarios de la embajada germano-oriental, quienes solían buscar con ahínco análisis sobre la situación política del país. Uno de mis nexos más estrechos con la embajada era, paradójicamente, un chileno, Alberto Arancibia, que realizaba traducciones para la representación diplomática y había estudiado conmigo en el Colegio Alemán de Valparaíso, en cuyo ambiente conservador éramos los únicos izquierdistas. Había vuelto a encontrarlo después del bachillerato, en una recepción de la Embajada de Bulgaria y en asambleas y concentraciones de la Unidad

Popular. Basándose, al parecer, más que nada en los lazos políticos que nos habían acercado como escolares, y percibiendo que yo acariciaba sin disimulo la idea de emigrar, me instó a postular a una beca para la República Democrática Alemana:

—Yo hablo con Paul Ruschin y verás que en una semana la obtienes y te vas a Europa —me dijo durante un asado dominical en la casa de un arquitecto comunista, donde, bajo el pretexto de celebrar la toma del poder por Pinochet, se coordinaban discretamente métodos para proteger a los dirigentes del partido perseguidos por el régimen.

Me sorprendió escuchar el nombre de Ruschin de los labios de Arancibia, ya que en círculos de la Jota se rumoreaba con insistencia que el primero era un importante agente de la Stasi, cuya tarea consistía en instalar una red de espías en el Cono Sur para infiltrar gobiernos y embajadas. Ignoro si todo aquello era cierto o solo especulación febril propia de la Guerra Fría, pero lo cierto es que la República Democrática Alemana —como otros países del Este de Europa— contaba con un sistema de espionaje temido y efectivo, liderado por el legendario Markus Wolf, apodado el hombre sin rostro, pues nunca había sido fotografiado por occidental alguno. Pero la oferta de Arancibia parecía consistente: Alemania Oriental brindaba residencia, plazas de estudio y trabajo a miles de chilenos perseguidos por el régimen.

Esa misma tarde, al término del asado, poco antes del inicio del toque de queda, le comuniqué a Arancibia que me postulaba a la beca.

—Aquí tienes un pasaje que te llevará a Ámsterdam y luego a Berlín —me dijo Ruschin días después en el Café Coppelia de Santiago. Chile ya no mantenía relaciones diplomáticas con la RDA, pero Ruschin se desplazaba por Santiago premunido de pasaporte alemán occidental, dedicado de lleno a proteger a los políticos de izquierda. El boleto de la KLM indicaba el 30 de diciembre como día de salida, lo que significaba que el Año Nuevo me sorprendería en Ámsterdam—. Ojalá puedas estudiar en la RDA algo útil.

—¿Y Arancibia? —le pregunté con el papel encerado entre mis manos.

—Anda por ahí, haciendo lo que le corresponde —repuso Ruschin en tono conspirativo—. Algún día volverás a encontrarlo.

Guardé el boleto en mi chaqueta de gamulán aquella tarde fría y descolorida, en que restaba media hora para el toque de queda y los soldados ya ocupaban posiciones en las calles. Por el poniente, en los barrios populares, se escuchaban a ratos ráfagas de ametralladoras disparadas desde helicópteros. En aquellos instantes solo ansiaba alejarme de Chile, de su violencia, de su lenguaje de metralla, de los bandos precedidos de himnos marciales y de los camiones militares repletos de efectivos armados o prisioneros.

Cuando a mediodía del 30 de diciembre de 1973 despegó el Boeing de la KLM de Pudahuel, aeropuerto celosamente vigilado por soldados de la Fuerza Aérea, tuve la certidumbre de que la dictadura no podría durar más de un año. Chile vivía en estado de sitio, los militares allanaban viviendas y patrullaban calles y carreteras, reinaba una atmósfera de pánico y durante las noches se escuchaban los enfrentamientos entre militares y opositores armados, o bien el eco feroz de fusilamientos sumarísimos. No, ese Chile no podía perdurar y yo no deseaba pasar mi juventud en él. Sentí alivio cuando la nave comenzó a remontar los Andes en dirección a Buenos Aires, y al divisar la pampa infinita me pareció que se alisaban ciertas estribaciones de mi vida.

Yo apenas dominaba entonces algunos principios del marxismo y, después de completar la educación media, había ingresado a una universidad polarizada en términos políticos, realidad que se extendía al resto del país. Mi vida, con excepción de los dos años en Santiago, había transcurrido en el sosiego y la protección de un hogar acomodado de provincia, ajeno tanto a las tensiones y los riesgos de la gran ciudad como a las ambiciones de poder y los abusos. Mi padre era ejecutivo de la legendaria y prestigiosa Pacific Steam Navigation Company, y mi madre se encargaba del manejo de la casa y de sus hijos: mi hermana y yo. Mis objetivos en la vida eran simples: dedicarme quizás a la arqueología en el desierto de Atacama y a la escritura, conformar un hogar, escribir relatos e identificarme con la causa de los pobres.

Había ingresado a la Jota en 1967, tres años antes de que Allende asumiera el poder, aprovechando una prolongada estadía de mis padres en Europa. Ignoro si la decisión estuvo determinada en última instancia por mi sensibilidad social, alimentada a su vez por la lectura de textos revolucionarios y el amor a la música folclórica de la época, y a la obra de García Márquez, Benedetti y Cortázar, o bien por el resentimiento que me causó la prolongada ausencia de mis padres. Desde hacía cinco años vestía la camisa amaranto con presillas y bolsillos abotonados de la Juventud Comunista, leía *El Siglo,* el diario del partido, y era capaz de repetir diálogos enteros de las novelas *Así se templó el acero,* de Nikolai Ostrovski, y *La joven guardia,* de Alexander Fadeiev.

Nada más extraño a mis abuelos chilotes que aquella opción revolucionaria, inspirada en las lecturas de Marx, Engels, Castro y Ho Chih Minh, los discursos de Luis Corvalán o Fidel Castro, cuya digestión a lo don Quijote me conduciría a dejar mi patria en búsqueda de una nueva. Mi abuela, Geneviève, oriunda de la magnífica ciudad normanda de Granville, a la que sus padres renunciaron a fines del siglo XIX en pos de mejores horizontes en Chiloé, había sido desheredada y expulsada de la colonia francesa de la isla al enamorarse de Eusebio, un chilote apuesto e imponente que hizo de la carpintería un arte y surcó los siete mares en veleros y navegó los primeros vapores que cruzaron el estrecho de Magallanes.

Una noche de vendaval y lluvia, mi abuelo, montando un caballo blanco, raptó a Geneviève, la que con sus ojos intensamente azules, piel rosada, cabellera rubia y figura altiva, era la muchacha más bella de Chiloé. La colonia francesa se puso en pie de guerra para recuperarla y lavar la afrenta ocasionada por un chilote de profesión modesta, pero ya era tarde, pues el secuestro había tenido lugar con la anuencia de Geneviève, la que anhelaba que Eusebio le enseñara el amor y la pusiera, al otro lado de las heladas aguas del canal de Chacao, allá, en tierra firme, a salvo de las severas convenciones que imponía su padre. Tiempo después la pareja se casó y levantó su hogar en un cerro de Valparaíso, donde nacieron sus tres hijos, entre ellos mi padre. Ni Geneviève ni Eusebio, ni Valentín, mi otro abuelo, el periodista, ni Gregoria, su mujer, que murió a los treinta años durante el parto de mi madre, de origen cantábrico ambos, imaginaron jamás que un día un nieto suyo volvería al Viejo Mundo huyendo del país que había acogido a sus antepasados un siglo antes.

—Aquí tienes un mensaje para darle a Wanda Bloch, mujer clave en Berlín Este —me dijo Ruschin durante nuestro último encuentro, efectuado a la entrada de un cine céntrico, mientras me entregaba una cajetilla de fósforos con un minúsculo documento plegado en su interior—. La necesitarás en caso de que enfrentes problemas.

Mi primera noche europea, la de Año Nuevo, la pasé encerrado en un antiguo y desierto hotel de Ámsterdam, escuchando con nostalgia la algarabía y los cohetes que explotaban en las calles y canales cercanos. Posiblemente la fiesta más triste de mi vida. La ciudad me atrajo desde un comienzo por su aspecto despreocupado y cosmopolita, y por la ligereza de su línea arquitectónica y su colorido, y comencé a recorrerla en la mañana del primero de enero, bordeando canales y cruzando puentes bajo la tenue luminosidad del invierno. Ámsterdam constituyó mi primer encuentro, imborrable por cierto, con Europa Occidental, con sus aromas nuevos, su luz opalescente, su orden tan arraigado y sus fachadas pulcramente restauradas.

Pero horas antes de mi paseo, cuando los relojes holandeses marcaban la medianoche del 31 de diciembre, lejos de allí, al otro lado del Muro que separaba a ambos sistemas políticos, Margarita asistía en Leipzig a una ruidosa celebración de fin de año, en la cual se sintió, no obstante, triste y desamparada. Hubiese preferido estar en Moscú compartiendo con su familia, pero el comandante Ulises, fiel a sus preceptos, le había transmitido por teléfono que si los becados de la Revolución no volvían en esa fecha a sus hogares, tampoco lo haría su hija.

Tres minutos después de pasada la medianoche, una bengala abortada cayó sobre Margarita, hiriéndola de forma leve en la cabeza, pero profunda en el alma.

Aquello le pareció un escarnio del cielo y por ello, entre la muchedumbre que celebraba, echó a llorar con desconsuelo y maldijo a su padre por mantenerla durante la fiesta lejos de casa.

—No llores —le ordenó una anciana que había sobrevivido a las dos guerras y ahora era comunista, así como antes había sido nazi—. El cohete presagia un cambio drástico en tu vida. Algo parecido me ocurrió hace setenta años y días después conocí al hombre con quien me casé y fui feliz.

En cuanto hube desembarcado al día siguiente, 2 de enero, en Berlín Occidental, del pequeño avión de la British Airways en Tempelhof, y cruzado la frontera de la RDA con su muro, alambradas, torreones, casamatas, campos minados y perros amaestrados, una suerte de escalofriante depresión se apoderó de mí. ¿Por qué se impedía así el tránsito de los ciudadanos hacia Occidente? ¿No construía acaso el socialismo un mundo superior al capitalismo? Durante la noche Berlín Este emergía lóbrego frente al deslumbrante esplendor de los edificios y anuncios lumínicos de la ciudad occidental. Los transeúntes con su ropaje pasado de moda, los viejos y escasos automóviles que recorrían las calles bordeadas por edificios en ruinas de la Segunda Guerra Mundial y las monótonas construcciones multifamiliares, me azoraron, pues parecían atascados para siempre en los años cincuenta. La diferencia en el desarrollo entre

Este y Oeste resultaba tan evidente que sumergió mi sensibilidad comunista en el desconcierto, ya que Marx auguraba bajo el socialismo no solo el pleno desarrollo de las fuerzas productivas, sino incluso la superación de las del capitalismo, lo que finalmente conduciría al hombre al reino de la abundancia e igualdad social.

Sin embargo, no permití que me apabullara aquella impresión preliminar, que tendí a calificar de superficial, y me dije que la superioridad del socialismo anidaba en el interior del ser humano, en el hombre nuevo que surgía a la par de la nueva sociedad, en la intensa vida cultural, en la seguridad social, la educación gratuita, en las relaciones solidarias que se establecían dentro del país, estimuladas por la propiedad social de los medios de producción. Fue, creo, la primera vez que me vi obligado a buscar con desesperación explicaciones que salvaguardaran la coherencia de mi ideología.

Un funcionario del Ministerio de Relaciones Exteriores germano-oriental y su chofer me aguardaban en el puesto fronterizo de la Friedrichstrasse y me trasladaron en un Volga —versión rusa de los Ford del año 1953, aunque último modelo en Europa del Este— hacia los suburbios de la capital comunista. Avanzamos por una carretera estrecha, sinuosa y salpicada de baches, que cruzaba bosques de abedules y abetos nevados mientras mis acompañantes guardaban riguroso silencio, interrumpido solo a ratos por las tímidas consultas del diplomático sobre «la lamentable situación» en Chile. En cierto momento, envueltos en la oscuridad y la bruma, nos cruzamos con una fantasmagórica caravana de camiones del Ejército Rojo cargada de misiles, que la noche no tardó en diluir y que me hizo recordar las películas sobre el espionaje de posguerra en que actuaba mi actor favorito, Michael Caine, héroe de filmes truculentos que, en las somníferas tardes de Valparaíso, encendían mi imaginación escolar y me hacían viajar en sueños por el gran mundo, que solo conocía a través de las pantallas y los libros. Tuve la impresión de que ahora, en las afueras de Berlín Oriental, me aproximaba de algún modo al umbral de la historia moderna, aquella que desde Chile yo solamente podía vislumbrar de lejos y que en este momento, en su inmediatez material, parecía invitarme a que me convirtiera de una vez por todas en protagonista. Estaba en el centro de Europa, junto al Muro de Berlín y al Ejército soviético, allí donde todas las películas se volvían realidad.

Cerca de la medianoche alcanzamos un edificio antiguo de tres niveles, que se alzaba huérfano frente a un lago congelado. Era una casa de reposo del FDGB, el sindicato único de los trabajadores germano-orientales, edificación con piso de linóleo y muebles sencillos, que acogía a un centenar de refugiados chilenos, hombres, mujeres y niños, que ya dormían en sus habitaciones. Eran, según el diplomático, compatriotas que habían logrado asilarse en embajadas o abandonar el país mediante ardides ante las fuerzas de seguridad. Ahora disfrutaban en el edificio de pequeños cuartos con calefacción, agua caliente, baño y radio, una amplia sala de estar con juegos de salón y televisor a colores y, lo principal, la confianza de que nada malo podría acaecerles.

5

La apacible atmósfera que reinaba en la casa frente al lago fue trastocándose, sin embargo, de modo inquietante y vertiginoso. Pronto descubrí que la armonía que flotaba allí no era tal y que mis compatriotas se encontraban divididos en partidos políticos que se recelaban mutuamente e imposibilitaban una convivencia saludable.

Una mañana apareció en el lugar un representante del Ministerio del Interior que necesitaba entrevistarse conmigo. Arribó en un Volga negro con chofer y sistema de radio. Más tarde me enteraría que los Volga con antena especial pertenecían a la seguridad del Estado, la Stasi.

Se llamaba Daniel Dietrich y se parecía al Kirk Douglas que representó a Espartaco en la película de ese título. Los mismos ojos azules metálicos, el mismo cabello rubio, la misma quijada recia con agujero en la barbilla. Vestía un terno café de mala calidad y pasado de moda, y una camisa y una corbata de igual color. Me condujo a una salita aparte donde, para mi sorpresa y con libreta de apuntes en mano, me pidió con sonrisa afable y cómplice que le describiera mi viaje desde Santiago de Chile y si alguien me había buscado conversación durante el trayecto.

No me pareció que careciera de información sobre mi persona, sino más bien que trataba de confirmar la que tenía. Al rato me preguntó sobre mi vida en Chile, la extracción social de mi familia, la posición política de mis padres y si contaba con algún amigo dentro de las Fuerzas Armadas. El espionaje de la Stasi, dirigido entonces por Markus Wolf, el espía sin rostro, trataba probablemente de identificar a personas que pudiera reclutar en el futuro. Quizás me hubiese olvidado de Dietrich si veintidós años más tarde, al recibir mi archivo de la «Oficina Gauck» —creada por el gobierno de Bonn tras la caída del Muro de Berlín para el estudio de los archivos de la Stasi—, no hubiese descubierto que mi carpeta de antecedentes comenzaba con un informe de Dietrich sobre nuestra conversación de entonces, y una evaluación de mi persona en la que me presentaba como «miembro de la pequeñoburguesía chilena, aunque con conciencia y militancia revolucionarias».

En cuanto Dietrich se hubo retirado, recibí una nueva citación, esta vez para presentarme en otra sala de la casa. Allí me aguardaba un chileno de apellido Palomo, compositor y cantante de un destacado conjunto folclórico nacional, a quien yo había divisado en el comedor colectivo. Era un joven alto, moreno, de pelo negro y lacio, un tipo de los que abundan en el norte de Chile.

Me esperaba sentado detrás de un escritorio sobre el cual descansaba un cenicero. Estábamos a solas.

—Dices militar en la Juventud Comunista de Chile —me dijo sin ofrecerme asiento—.Yo soy aquí su encargado, así que demuéstrame que eres efectivamente camarada.

De pronto un ruido me hizo volver la cabeza y constaté que a mi espalda, en un rincón, se hallaba otro compatriota, que escuchaba inmóvil. Era probable que la tarea de ambos consistiese en detectar, por encargo de los alemanes o los dirigentes del partido, a infiltrados del régimen militar.

Mi situación se complicaba abruptamente, pues en realidad yo había abandonado Chile sin la autorización de la Jota, lo que, ahora me resultaba más que evidente, constituía una flagrante violación a sus estatutos. Si bien la Jota carecía ya de toda estructura y poder en Chile, en el país socialista, sin embargo, disfrutaba de privilegios que nunca antes había tenido en su historia. En aquel momento me resultaba imposible contactarme con algún militante de célula para aclarar mi situación. La cadena telefónica de emergencia acordada en Chile siguiendo las instrucciones del Comité Central había experimentado un descalabro el día del golpe, cuando los militares cortaron las telecomunicaciones.Y como la persecución en contra de los comunistas era sangrienta, más valía no contactar a otros camaradas, ya que podían estar bajo vigilancia del SIM, el Servicio de Inteligencia del Ejército.

Tras la toma del poder por parte de los militares, nuestra consigna era «sálvese quien pueda», de modo que no podíamos restablecer la red telefónica entre camaradas.

Recuerdo que cierta mañana, tras el término del toque de queda, la curiosidad me llevó a recorrer en auto las inmediaciones de la Escuela de Antropología, que quedaba en Macul, frente al Pedagógico. Estaba desierta, y un gris estéril cubría a los llamados a construir el socialismo, impulsar la vía armada y resistir el golpe de Estado fascista rayados en sus paredes. En un par de días el recinto universitario se había convertido en un mausoleo blanqueado.

Distinguí a un camarada que caminaba apurado por una acera, escena que me emocionó. Al igual que yo, se dejaba arrastrar probablemente por la nostalgia y abrigaba la esperanza de que todo volviera a la normalidad. Era Machuca, miembro de la dirección regional de la Jota. Detuve el vehículo a su lado con el ánimo de saludarlo, aprovechando que la calle se alargaba desierta y silenciosa. Cuando me reconoció, su rostro se tornó lívido. Elevó entonces disimuladamente la mano hasta la altura del pecho y me hizo un breve y discreto aunque inequívoco gesto para que me alejara cuanto antes, y le obedecí.

Años más tarde supe que Machuca había sido torturado por los militares y obligado a colaborar con ellos en la denuncia y caza de camaradas. Aquel día, como muchos otros, lo habían echado a andar por la calle bajo vigilancia, con el propósito de capturar a quienes se le acercaran. Machuca, apremiado por el dolor físico que le infligían en los interrogatorios, había aceptado traicionar a sus antiguos compañeros, pero en la práctica no siempre lo hacía. Una mañana apareció su cuerpo con señales de tortura y dos tiros en la cabeza en un sitio eriazo de la capital. Habían descubierto su engaño.

Y ahora Palomo, el hombre a quien yo admiraba como músico talentoso y compositor de canciones combativas, me mostraba una faceta a lo Félix Dzerzhinsky, el padre del KGB soviético, mientras me exigía que le demostrara la autenticidad de mi militancia. Palomo debía saber que los jotosos habíamos quemado nuestros carnés. No podía haber olvidado que el día del golpe, cuando los Hawker Hunter realizaban vuelos rasantes sobre el campus universitario, preparándose para el bombardeo del palacio presidencial, los encargados de la Jota encendieron una gran fogata para incinerar documentos y archivos. De pronto, entre el silbido ensordecedor de las turbinas, alguien impartió la orden de que quemáramos también nuestros carnés. Las noticias de la sublevación eran escalofriantes y el cerco militar se estrechaba en torno al Pedagógico, famoso por su numerosa y combativa militancia comunista. Consternados, intuyendo que el gobierno y el proyecto socialista estaban perdidos, arrojamos nuestros carnés a las lenguas de fuego.

Una hora más tarde, en medio de la confusión generalizada y mientras algunos se preparaban en el campus universitario para repeler el golpe mediante armas obsoletas, constaté con estupor que nuestros dirigentes se habían esfumado. Alejandro Rojas, el popular dirigente estudiantil de la Jota, más conocido como «La Pasionaria», y los dirigentes Alejandro Jiménez y Martín Pascual, ya no estaban entre nosotros. Incluso líderes del MIR, que pregonaban hasta la víspera la lucha armada como único camino para instaurar el socialismo en el país, habían puesto los pies en polvorosa. Me sentí estafado y me dije que debía seguir el ejemplo de mis líderes. No iba a servir de carne de cañón como aquellos que se disponían a sacrificar sus vidas mientras los dirigentes buscaban la salvación individual.

Brinqué, pues, libre ya del peso del carné comunista, por sobre un muro coronado con trozos de vidrio, crucé el cerco militar, que aún no se cerraba por completo, y me refugié en la casa del barrio alto que arrendaba. Días después me enteré que las tropas del Ejército habían ocupado violentamente el recinto universitario y detenido a centenares de estudiantes, muchos de los cuales fueron torturados, desaparecidos o asesinados. El brinco sobre aquel muro, sin documentos que acreditaran mi militancia, adquirió a la postre un profundo contenido simbólico para mí. No sólo me había permitido salvar mi vida, sino también comprender que debía comenzar a disponer de ella.

Y ahora Palomo me exigía que le demostrara que yo era comunista.

—¿Cómo se demuestra que uno es comunista si no tiene carné, los camaradas de base están muertos y los archivos de la Jota incendiados? —le pregunté.

—Quedas en capilla —dijo Palomo entrelazando sus manos de charanguista sobre el escritorio. Más allá de la ventana dormían el campo, la carretera y el lago bajo una colcha de nieve que intensificaba mi desamparo—. Anda mucho agente del SIM y la CIA suelto y tenemos que velar por nuestra seguridad. Solo confiamos en quienes acreditan su militancia.

—¿Estoy expulsado, entonces? —pregunté con desazón.

—La Jota solo puede expulsar a quien milita en ella. Y esto último aún no lo pruebas.

Ser expulsado de una organización revolucionaria en un país comunista bajo la sospecha de colaborar con el enemigo era lo peor que a uno podía ocurrirle. Me resultaban en extremo inquietantes, por lo tanto, sus presunciones infundadas, y su propensión a crear un irrespirable ambiente de desconfianza. Aquel germen de duda podía tornarse verdad común, indiscutida, entre los dirigentes, la militancia y el resto de los hospedados de la casa. ¿No había notado yo acaso últimamente que mis compatriotas formaban una suerte de vacío en torno a mi persona? ¿O esa imagen era fruto de mi fantasía, alimentada por un pánico incipiente?

Por fortuna recordé que tras el golpe yo había contribuido a ocultar a Mireya Baltra en la casa de un arquitecto del barrio alto. La suplementera y miembro del Comité Central del partido había sido la última ministro del Trabajo de Allende y los bandos militares la conminaban a través de cadenas de radio y televisión a entregarse cuanto antes en algún cuartel. Aquel paso habría significado su muerte segura. Durante el periodo inicial de la represión, Mireya usaba en la clandestinidad peluca y lentes de contacto marrones, ya que tenía unos ojos verdes fáciles de identificar. Me había tocado dormir varias noches en esa casa de seguridad del partido, que colindaba con la Embajada de Finlandia, esperando el mejor momento para que Mireya salvara la cerca. Si el SIM llegaba a detenerla, sus cómplices sufriríamos la pena anunciada en los bandos militares: el fusilamiento. Días después Mireya lograba salir del país con el apoyo de la seguridad germano-oriental que operaba en Chile bajo las órdenes de Paul Ruschin. Le narré entonces a Palomo aquel capítulo mío en la clandestinidad.

—No me es posible ubicar ahora a la camarada Baltra, pero tendré presente lo que me dices —aclaró Palomo cejijunto, dando por terminada la reunión. El compatriota a mis espaldas ya se había retirado cuando abandoné la sala.

Salí a pasear por la nieve con el miedo anclado en las entrañas. Solo pude recuperar la calma días más tarde, cuando me enteré de que en la casa del FDGB se había desatado una desaforada cacería de brujas y que yo no era, por lo tanto, su única víctima. Los partidos ya no solo se responsabilizaban mutuamente de haber facilitado el golpe militar mediante sus demandas extremas o sus concesiones políticas, sino que ahora las facciones intrapartidarias comenzaban a acusarse entre sí de haber colaborado con el enemigo. Era una situación espantosa, que, según constaté más tarde, se repetía en casi todos los albergues y llevó a numerosos compatriotas a enfermar de los nervios e incluso al suicidio.

Muchos militantes no pudieron comprobar jamás que eran dignos de confianza y fueron confinados a oscuras ciudades de provincia bajo la sospecha de haber mantenido vínculos con el enemigo. Otros, debido a su extracción pequeñoburguesa, como calificaban entonces a quienes fuesen intelectuales o proviniesen de sectores acomodados, no lograron reintegrarse a sus verdaderas actividades profesionales, pues sus dirigentes los enviaron a trabajar a fábricas o estancias del pueblo para que se «proletarizaran». Médicos limpiando pisos, ingenieros de porteros, académicos como bodegueros; en fin, numerosos profesionales distinguidos soportaron por años aquel castigo en silencio, expiando sus culpas pequeñoburguesas, sin atreverse a reclamarle al partido o al gobierno alemán, asistiendo a las inútiles e interminables sesiones de los comités de fábricas o granjas estatales. Mediante la sumisión al partido pretendían demostrar que no eran pequeñoburgueses, sino dignos militantes del partido obrero.

Por fortuna yo guardaba aún el mensaje que Paul Ruschin me había entregado en Chile, y me había jurado en el silencio de mi pieza, que miraba al lago, que lucharía por mi independencia. Me las ingenié, por lo tanto, para evadir el control de Palomo y solicité al administrador del lugar que me concertara una entrevista con Wanda Bloch.

Tres días más tarde un Volga negro con antena especial me trasladaba al centro de Berlín Este.

Wanda Bloch tenía su oficina en el tercer piso del edificio que había sido el Cuartel General de la Gestapo, en la Wilhelm Pieck Strasse, frente al muro que separaba al Berlín Oriental del Occidental. Allí se hallaba ahora la sede de la Liga zur Völkerfreundschaft, poderosa agencia estatal encargada de difundir internacionalmente la imagen de la RDA y de estrechar vínculos con instituciones y personalidades del mundo entero. El traje sastre oscuro y el pelo encanecido le conferían a Wanda un aspecto de venerable funcionario del Comintern. Era una mujer reposada, severa e inteligente, que había luchado contra el nazismo y más de una vez había estado detenida en aquel edificio.

—¿Qué te pasa? —me preguntó con la caja de fósforos ya abierta en sus manos.

Le expliqué mi desencuentro con Palomo y mi deseo de iniciar cuanto antes estudios en alguna universidad alemana. Le hice saber que corría peligro de ser enviado como obrero a una fábrica hasta que la Jota considerara que yo había superado mis supuestas deformaciones pequeñoburguesas. Wanda escuchaba en silencio, meditativa, mirando a ratos a través de las ventanas de guillotina hacia Berlín Occidental, cuyos modernos edificios refulgían al otro lado del Muro como una promesa inalcanzable. Entre el antiguo cuartel de la Gestapo y las construcciones occidentales se alzaba la suave colina que ocultaba las ruinas del búnker donde se había suicidado Adolf Hitler. Tras la guerra, Wanda había asistido a cursos de capacitación especial en Moscú, y gracias a ello ocupaba ahora una de las jefaturas de la Liga. Al término de mi relato solo sacudió varias veces la cabeza en silencio, con las manos enlazadas sobre el vientre, absorta, en una actitud reflexiva y desconcertada que creí advertir a menudo en viejos comunistas europeos.

—¿Estudiarías marxismo-leninismo en la Karl Marx Universität de Leipzig? —me preguntó cuando yo pensaba que se había adormecido.

Días después Dietrich volvió a llegar hasta la casa de huéspedes del FDGB en un Volga oscuro con chofer. Traía el encargo de trasladarme definitivamente a Leipzig, donde me aguardaba un internado estudiantil.

Empaqué a la rápida mis pertenencias para abordar cuanto antes el vehículo y, tras acomodarme en su asiento trasero, eché un vistazo hacia la casa, que parecía levitar vacía sobre el lago congelado, y por unos instantes, mientras el vehículo se alejaba entre los abetos, me pareció divisar a Palomo difuminándose tras los visillos de una ventana.

6

Cuando entré al cuarto de Margarita, el comandante Ulises Cienfuegos yacía sobre la cama de su hija con la corbata desanudada, descalzo y fumando un Lanceros. Se puso de pie para saludarme con un par de ojos grises y escrutadores, y luego volvió a tenderse fingiendo indiferencia. Tenía cuarenta y cinco años y cientos de muertos en su haber; yo, solo una mochila cargada de sueños revolucionarios.

—Mira, chico, he venido porque sé que viven juntos —dijo al rato, sin mayores circunloquios—. Para serte franco, me tiene sin cuidado con quién se acueste mi hija, porque ni el honor de ella ni el de mi familia estriban en su fondillo. Lo único que quiero aclararte es lo siguiente: a ella, como militante de la Unión de Jóvenes Comunistas de Cuba, le está prohibido mantener relaciones con un extranjero de país no socialista, y si lo hace debe volver a la isla. Y como ley pareja no es dura, lo hará mañana mismo.

Tenía una penetrante mirada de fauno y sorbía a menudo por la nariz y empleaba el tono profundo, ronco, amenazador, de muchos cubanos. Parecía sentirse a gusto blandiendo el contundente peso de los estatutos de la UJC en contra nuestra, mientras Margarita permanecía silenciosa a mi lado, acaso intuyendo que su padre se inclinaría una vez más por los dictados de la Revolución.

Años más tarde Cienfuegos me diría que todo se lo debía a Fidel y que por ello le guardaba lealtad absoluta. En su época estudiantil había integrado el Directorio 13 de Marzo, organización de universitarios de clase media que, si bien empleaba las armas contra la dictadura de Fulgencio Batista, discrepaba del Movimiento 26 de Julio, algo más radical en su programa económico, que encabezaba Fidel. Ambas agrupaciones conformarían, ya en el poder, las Fuerzas Armadas Revolucionarias. El 26 de Julio resultó a la postre más sólido e influyente que el 13 de Marzo, a muchos de cuyos dirigentes le enrostraría su origen pequeñoburgués. En la década del cincuenta, durante una refriega, Cienfuegos le había propinado piñazos al propio Fidel en la escalinata de la Universidad de La Habana. En rigor, ha sido el único hombre que haya puesto alguna vez sus manos sobre el rostro del máximo líder.

—Y cuando Fidel asumió, me llamó a su despacho en el Hotel Habana Libre para ofrecerme el cargo de fiscal —me contó Cienfuegos—. Pudo haberme ignorado por el piñazo; sin embargo me brindó la posibilidad de integrarme a la Revolución y ser quien soy.

Nombrarlo fiscal de la República fue quizás la venganza suprema del comandante en jefe por la osadía juvenil de Cienfuegos, pensé con malicia muchas veces. Solo muy tarde Ulises se percataría del alcance de aquella magistral jugada de ajedrez. En verdad, había contribuido a sacarle las castañas del fuego a Fidel, a desbrozarle el camino de indeseables, y solamente vislumbraría las implicaciones últimas de esto cuando las circunstancias le impidieran volver atrás.

Cienfuegos se jactaba de haberle guardado siempre fidelidad a la Revolución. Estaba dispuesto a ofrendar su vida por ella y su líder. A comienzos de los sesenta, cuando ex integrantes del Directorio 13 de Marzo se percataron de que Fidel tramaba instaurar el socialismo y se confabularon para desbaratar sus planes, decidieron reclutar a Cienfuegos, su antiguo camarada de armas, para lo cual se entrevistaron secretamente con él en Bruselas. El objetivo consistía en liquidar al máximo líder y celebrar cuanto antes elecciones para que los cubanos decidiesen de modo soberano su futuro. Pero los conspiradores no contaron con que Cienfuegos pertenecía a la seguridad del Estado, y cuando volvieron a la isla fueron fusilados tras un breve proceso en el cual el propio Cienfuegos intervino como fiscal y testigo. A partir de entonces se convirtió en hombre de la absoluta confianza de Fidel, tanto que el exilio de Miami le puso precio a su cabeza.

—Yo era un gangster en la universidad —me confesó un día, sorprendiéndome por la confianza que depositaba en mí, o tal vez simplemente anticipándose a los rumores que pudieran alcanzarme un día sobre su persona—. Fue Fidel quien me hizo revolucionario y me brindó un sitial en la Revolución, lo más grande que ha gestado América Latina, chico. Sin él, yo no sería nada.

Paradójicamente, Cienfuegos nunca entendió el marxismo, algo para mí desde luego decepcionante, pues en mi imaginación juvenil un líder revolucionario debía manejar a cabalidad la teoría marxista. Ni siquiera durante la gran campaña de divulgación masiva del marxismo-leninismo, impulsada por la Dirección de Orientación Revolucionaria del partido cubano, logró asentar en su memoria los tres principios generales de la dialéctica. Yo, que estudiaba filosofía y letras en la Universidad de La Habana, a la que había ingresado gracias a sus buenos oficios, intentaba explicarle al menos esas categorías con el manual de George Politzer en la mano. Sin embargo, tres días más tarde Cienfuegos apenas lograba recordar ejemplos de la ley de la lucha de los contrarios.

—¿Sabes?, prefiero no entender una jota de esto —me comentó con cierta timidez inicial, que luego se trocó en petulancia—, pues los teóricos siempre terminan enredándose y entrando en contradicción con la Revolución y Fidel. A mí me basta con ser fidelista. Me cago en lo demás.

Pero ahora me hallaba por primera vez frente al comandante Ulises Cienfuegos en aquel internado de la Strasse de 18 Oktober, pleno barrio universitario de Leipzig, aguardando su veredicto. Él acababa de cruzar Europa Oriental por el aire para, como todo buen ex guerrillero, estudiar la situación en el terreno. Confieso que su notable biografía me cautivó de inmediato: combatiente victorioso, fiscal insobornable y embajador distinguido del gobierno comunista de la isla, instaurado y consolidado a solo noventa millas de Estados Unidos. Gracias a cojonudos líderes como él —quien yacía ahora con las manos bajo la nuca y los ojos de fulgor metálico fijos en el cielo del cuarto—, Cuba se había librado de caer en las garras de un Pinochet tropical y construía el socialismo, pensaba yo con cierta envidia, mientras me lo imaginaba en su juventud preparando en tenida de combate emboscadas en la sierra del Escambray.

—En una sola noche —masculló una madrugada mientras conversábamos frente a la playa en la terraza de una cabaña en Varadero, y mi esposa y mi suegra dormían envueltas por el ronroneo del aire acondicionado en sus respectivas habitaciones—. En una sola noche —repitió— ordené el ajusticiamiento de docenas de esbirros y logré conciliar el sueño. ¿Sabes por qué? Porque tenía la conciencia tranquila al cumplir con mi deber. Nunca juzgué a nadie por sus ideas, solo por los crímenes que había cometido o pensaba ejecutar.

Era probable que aquella súbita confesión sin testigos emergiera de la vorágine interior a la que lo condenaba su propia conciencia. Creo que en la medida en que envejecía, la reverberación de sus ojos se opacaba y el timbre de su voz se fatigaba, como si el perpetuo oleaje de la memoria fuese mermando imperceptiblemente sus convicciones de juventud. Quizás el recuerdo de sus actos le perseguía en los momentos más inesperados, cuando intentaba reposar o departía con amigos, cuando leía novelas de espionaje o se acostaba con alguna amante para prolongar la agonía de su matrimonio a la deriva. Nunca lograría liberarse del eco de los fusilamientos, amplificados por los muros de La Cabaña, ni del ruego estremecedor de los familiares de los sentenciados a la pena capital, ni del grito de «¡Viva Cristo Rey!» de los fusilados, ni del mudo reproche que refulgía a veces en la mirada fugaz de un transeúnte habanero.

Era imposible esperar clemencia del comandante, cuyo carácter se había acerado en la guerrilla y los juicios revolucionarios. A Leipzig solo venía a colocar las cosas en su sitio: o nos separábamos o Margarita tendría que regresar de inmediato a Cuba.

—Pero, papá, siempre me enseñaste que hay alternativas. Nosotros nos amamos, queremos formar una familia...

—El amor puede ser muy bello, pero no hay nada más bello que la Revolución —sentenció en tono peripatético.

—Papá, tiene que haber una posibilidad para nosotros.

Cienfuegos aspiró profundamente el tabaco, dejó pasar unos segundos interminables y luego, con la vista perdida sobre nuestras cabezas y tras expulsar el humo contra el cielo del cuarto, dijo conciliador:

—La única posibilidad tiene dos premisas. La primera es que dejes de lloriquear como una muchachita burguesa.

—¿Y la segunda?

—Que se muden a Cuba y se casen y estudien y trabajen allá como cubanos. Pueden vivir en la casa de Miramar, que está vacía.

Cualquier alternativa que preservara intacta nuestra relación nos convenía y por ello sus palabras tuvieron la virtud de alegrarnos. Por lo demás, a mí me pareció reconfortante el proyecto de abandonar Europa Oriental, donde raleaba el entusiasmo del pueblo por el socialismo, y trasladarme a la isla de Fidel, donde la Revolución había surgido de la voluntad de las masas y no por imposición del Ejército soviético.

—Aceptamos la oferta, comandante —repuse al rato en tono algo frívolo, pero estrujando de emoción la mano de Margarita—. Nos vamos a Cuba.

Cienfuegos se puso de pie, tratando de disimular la sorpresa que le causaba la inmediatez de mi respuesta. Quizás había supuesto una reacción más bien evasiva de mi parte.

—Pero hay una cosa, chileno, que debes saber —agregó tras comenzar a pasearse por la habitación.

—Usted dirá.

—A Cuba no entra el que quiere, sino el que puede.

—¿Y eso qué significa, comandante? —pregunté alarmado.

—Que Margarita se marchará primero conmigo a la isla y tú más tarde. Y eso siempre y cuando Barbarroja, el encargado del Departamento América de nuestro partido, no levante objeciones en tu contra.

7

Disponíamos tan solo de tres días de permanencia conjunta en la República Democrática Alemana antes de que Margarita tuviese que viajar rumbo a La Habana en compañía de su padre.

En su fuero íntimo, ella rechazaba la idea de trasladarse a la isla. Desconfiaba del arreglo que nos presentaba el comandante, en especial porque lo condicionaba en última instancia a la aprobación de Manuel Piñeiro. El encargado del espionaje cubano hacia América Latina mantenía con Cienfuegos una estrecha amistad nacida y cimentada en la entrega total a la causa fidelista. ¿No resultaría demasiado fácil para Barbarroja crear un expediente en el cual yo apareciera como sospechoso?

Pero no todo se restringía a un asunto de desconfianza. Margarita detestaba por otra parte la escasez que asolaba a Cuba y disfrutaba la relativa abundancia material de la Alemania del Este. El hecho de que su familia gozara en la isla de una situación de privilegio no impedía que la vida allá a la larga se tornara precaria, ardua y sacrificada. La consecución de las cosas más simples —como el agua potable, el pan o una visita a un restaurante— resultaba tan difícil, que desencantaba y amargaba a la gente. Por todo ello Margarita no deseaba ir a La Habana.

Yo sí. Yo llevaba medio año en Alemania Oriental e intuía que aquel sistema no era el adecuado para mi país. A través del contacto con jóvenes alemanes me había percatado de que ese socialismo real olía pésimo. La tecnología se veía superada por la de Occidente, paradoja inexplicable desde el punto de vista de la teoría marxista del desarrollo de las fuerzas productivas; el nivel de vida era inferior al de cualquier nación europea occidental, y a la gente la angustiaba la falta de democracia y la prohibición de salir del país hasta después de jubilar. Algo en la atmósfera sombría y evanescente del Leipzig de entonces dejaba ya entrever la incipiente frustración de sus ciudadanos. Cuba, en cambio, con su Revolución fresca, verde y popular, representaba para mí la esperanza final, la posibilidad de seguir siendo comunista de modo honesto.

Sin embargo, Margarita no quería regresar a su patria, sentimiento que no se atrevía a confesarle a su padre. Me lo dijo mientras desayunábamos en el exclusivo y céntrico Hotel Unter den Linden, de Berlín Oriental, en una de cuyas *suites* pasábamos con el embajador nuestros últimos días juntos en Europa. No solo rechazaba ella el regreso a Cuba, sino que tampoco deseaba separarse de mí, a sabiendas de que nuestra única opción común la constituía La Habana. Nos hallábamos ante un callejón sin salida.

—Entonces solo nos queda fugarnos a Berlín Occidental —le dije en broma, ya que aquello era una alternativa ficticia, una mera figura retórica para demostrarle la imposibilidad de su aspiración.

Recuerdo que Margarita guardó, no obstante, un silencio evasivo al otro lado de la mesa. Por la avenida Unter den Linden fluía un río de estrepitosos vehículos socialistas —Trabant, Barkas, Wartburg, Dacia y Volga— en dirección a la Alexanderplatz. Eran las nueve de la mañana y a esa hora el comandante Ulises se hallaba en Berlín Occidental, aperándose de ropa y novelas de espionaje.

—¿Cómo podríamos hacerlo? —preguntó al rato Margarita.

Creí que estaba bromeando, pero lo preguntaba en serio. Le dije que a buenas y primeras se me ocurría un plan sencillo: yo podría cruzar el Muro hacia Berlín Occidental para renovar pasaporte en el Consulado de Chile, pero solo podía hacerlo si su padre respaldaba mi petición de salida ante el Ministerio del Interior germano-oriental, a espaldas de la Oficina del Chile Antifascista, que aprobaba las visas para chilenos y que seguramente tardaría en aprobar una para mí. La operación implicaba convencer primero al comandante de que era imprescindible renovar mi pasaporte, todavía vigente.

—¿Y yo? —preguntó Margarita.

—Tú le pides a tu padre que te consiga visado, cruzas y no volvemos.

—Sería traicionar —repuso pensativa. Los mecanismos de su conciencia revolucionaria se reactivaban—. Nunca más volvería a ver a mis padres.

—¿De verdad? ¿Crees que Ulises Cienfuegos estará dispuesto a renunciar para siempre a su hija por un error juvenil?

—¿Y qué haremos?

—Estudiar, trabajar —tartamudeé yo, sin esbozar nada concreto, pero con la seguridad de que en Occidente abundaban opciones para refugiados—. Conseguiremos una beca, nadie se muere de hambre al otro lado.

Temerosos de que alguien nos estuviese espiando, salimos del local con la voluntad de poner en marcha mi plan. Lo demás vendría a su tiempo y ya veríamos qué hacer en el denominado mundo libre. A mediodía, tras regresar de su viaje de compras por Berlín Occidental, Cienfuegos nos apoyó en los trámites para obtener visado a Berlín Oeste sin sospechar nuestras verdaderas intenciones.

Dos días más tarde deambulaba yo por el Kurfuerstendamm con murciélagos revoloteando en el estómago, incapaz de trazar un plan de emergencia en la eventualidad de que Margarita no cruzara el Muro. La soledad y el silencio que reinaban en ciertas callejuelas laterales me parecieron un mal presagio. Margarita debía arribar a las cuatro de la tarde a las boleterías de la estación Zoologischer Garten, punto de arranque de nuestra nueva vida.

Sin embargo, aquella tarde de invierno yo ignoraba lo que estaba acaeciendo en el Hotel Unter den Linden. Cienfuegos se había marchado a mediodía a almorzar con Mauro García Triana, el embajador cubano en Berlín Oriental, y pensaba terminar de leer la última novela de Frederick Forsyth en la *suite*, mientras aguardaba el regreso de su hija, quien había salido alrededor de la una en dirección al puesto fronterizo de Friedrichstrasse, ubicado solo a diez minutos en tren del Zoologischer Garten. No obstante, tras abandonar el hotel, e impulsada por remordimientos, Margarita volvió a la habitación para dejar al menos una nota.

En la soledad del cuarto comenzó a redactar la carta a su padre, sin duda la más difícil y amarga de su vida, en la que le rogó que no interpretara la huida como una traición a Fidel y la Revolución, en quienes seguía creyendo, sino como el mero intento por iniciar una existencia independiente junto al ser que amaba. Liberó a su padre de toda responsabilidad por la decisión y le pidió que le permitiera volver un día a la isla a aportar la experiencia profesional que pudiera acumular. «Puedes estar completamente seguro —decía la misiva— de que yo, al igual que tú en los momentos culminantes de tu vida, dormiré sin remordimientos después de dar este paso».

Cerró la carta sumida en lágrimas, adolorida por la disyuntiva a la cual la había arrastrado Cienfuegos, pero sin manifestar reproche alguno en su contra, y tras depositarla sobre el velador de su padre, partió al puesto fronterizo, donde para su contrariedad halló una interminable cola de turistas que volvían al lado occidental. Horas más tarde, cuando el coronel de la Grenzpolizei le exigió el pasaporte, Margarita cayó en la cuenta de que lo había olvidado sobre el velador del hotel.

Corrió de inmediato hasta el Unter den Linden sobre la nieve apelmazada sin respetar semáforos, vehículos ni policías, confiando en que llegaría antes que su padre. Cruzó rauda bajo los tilos desnudos de la Friedrichstrasse, donde estuvo a punto de ser arrollada por un bus Ikarus, derribó a un huésped en el vestíbulo del hotel, montó en el ascensor y abrió sin aliento la puerta de la suite.

Encontró al comandante Ulises Cienfuegos sentado en el borde de la cama. Leía la carta con los ojos enrojecidos.

8

Los ojos de Cienfuegos estaban húmedos y su barbilla temblaba. No pudo ponerse de pie al ver entrar a su hija y se limitó a contemplarla con una mezcla de impotencia y resentimiento, mientras ella, nerviosa y vacilante, se detenía a pocos pasos de él, sobre la mullida alfombra del Hotel Unter den Linden.

—Vamos a dar una vuelta, mejor —masculló Cienfuegos irguiéndose con un resoplido, y plegó la carta y la guardó en la chaqueta de su impecable terno azul. En su tono de voz asomaba solo amargura, actitud que desconcertó a Margarita, que esperaba oír un rosario de recriminaciones por el intento de traicionar a la Revolución. Pero el comandante desplegaba ahora esfuerzos por reprimir su verdadero carácter, atormentado quizás por la posibilidad de que aquel capítulo lo comprometiera de algún modo.

Recordaba haber experimentado un drama similar años atrás, cuando su hermano, el pianista y poeta que ejercía como embajador en Checoslovaquia, había desertado en Viena con una cantante lírica en protesta contra el carácter socialista de la Revolución. Ahora redactaba noticias anticastristas para una agencia de noticias estadounidense. El fiscal no solo renegó de inmediato de él, acusándolo de maricón, traidor y agente de la CIA, sino que prohibió *per sécula* mencionar su nombre en su presencia y comenzó a aplicar condenas más drásticas a los contrarrevolucionarios, como si de ese modo pudiera librarse de toda sospecha. Por eso Margarita aguardaba una reacción iracunda de su padre y se estremeció de asombro al sentir que él la tomaba con delicadeza de la mano para conducirla hacia el elevador.

Cienfuegos prefería conversar en otra parte ante la posibilidad de que la policía germano-oriental estuviese grabando el encuentro. Si cometía la indiscreción de discutir la carta entre esas cuatro paredes, podía estar firmando su sentencia de muerte política. La Staatssicherheit no tardaría en suministrar la grabación a la Dirección General de Inteligencia cubana, y él, pese a sus condecoraciones y méritos, pese a su historia de entrega irrestricta a la causa, perdería posición y privilegios, no importando que hubiese mandado a fusilar a los adversarios del proceso. Dentro de la Revolución uno era responsable no solo por los actos, dichos y sueños propios, sino también por los de los familiares y amigos cercanos.

Padre e hija desembocaron en Unter den Linden, una de las avenidas más bellas y monumentales de Europa, envuelta a esa hora en el estrépito de automóviles y buses, y avanzaron a lo largo de los edificios diseñados por el arquitecto prusiano Friedrich Schinkel. Solo un cuarto de hora más tarde, ya en la vasta superficie nevada de la Alexanderplatz, pleno corazón de la ciudad, el comandante recobró la voz:

—Te vas hoy mismo a La Habana y te olvidas del chileno ese.

Pero sus palabras resonaron poco convincentes, corroídas por el pánico, la impotencia y la tristeza que le deparaba la actitud de Margarita. Hasta ese momento creía haberla educado de acuerdo con los principios fundamentales de la Revolución, aquellos que hablaban de lealtad y respaldo incondicional a Fidel, sin contar con que le permitía disfrutar de todo cuanto había conseguido: mansión en el mejor barrio residencial de La Habana, automóvil con chofer, suministro privilegiado de vestimenta y alimentos, viajes con pasaporte diplomático, perspectivas halagüeñas para acceder a funciones de confianza del régimen, y sin embargo, ahora, a través de una carta llegada a destiempo, descubría lo que ella pensaba de la obra a la cual él había dedicado su vida. Margarita, la niña de sus ojos, la que él había deseado que fuese varón para proyectar su apellido en la nueva sociedad, traicionaba a su padre, la patria y la Revolución para fugarse con un despreciable desconocido.

—No me marcho sin él —advirtió Margarita.

—Pues vas a tener que irte, chica, porque el que manda aquí soy yo —gritó el comandante en la Alexanderplatz.

Margarita sabía que no podría esperar ayuda de nadie. Bastaría una palabra de su padre para que fuese embarcada a la fuerza en el próximo Ilushyn con destino a La Habana, nave que despegaba cada noche cargada de malolientes expertos rusos, de alegres cañeros destacados por la central de trabajadores y de funcionarios cubanos misteriosos y engominados. Era absurdo oponer resistencia, pues en ese caso la drogarían y después la cargarían en calidad de bulto al avión, demostrando de paso que en el socialismo nada podía emprenderse contra el poder político. Y aunque su padre integraba la dirigencia, no cabía esperar compasión de su parte, puesto que, colocado ante una disyuntiva semejante, no trepidaría en escoger los principios de la Revolución.

—No hay quién me mueva de esta ciudad —repuso al rato Margarita sin poder convencerse de que las palabras emanaban de ella.

—Si me desobedeces, él jamás podrá regresar a Berlín Este. Yo me encargaré personalmente de que no cruce la frontera, y tú bien sabes que cumplo mis amenazas.

Ella lo sabía a cabalidad y recurrió entonces a su última carta:

—Espero un hijo de él.

Cienfuegos palideció abruptamente y por unos instantes fijó sus ojos de fulgor metálico en la barriga de su hija, como si fuese posible vislumbrar las primeras huellas de lo que le anunciaban. El viento revolvía los copos que caían sobre la Alexanderplatz y la ciudad se desdibujaba tras la cortina alba.

—¿Cuántos meses? —preguntó con aspecto de animal acorralado.

—Dos.

—Aún puedes…

—¡Jamás! —gritó Margarita—. Este bebé que va a nacer es tu nieto.

—Es el hijo de un traidor.

—Pues va a nacer, en Berlín Este, La Habana o donde sea, pero junto a su padre. ¡Como que me llamo Margarita Cienfuegos!

Por unos segundos el comandante prestó atención a quienes acababan de apostarse a conversar en las inmediaciones, al amparo del alero circular del gigantesco Reloj Mundial. Desconfiaba por instinto. Era factible que algún agente de la policía germano-oriental o cubana, envuelto en *shapka,* bufanda y abrigo, intentara averiguar la causa de la apasionada disputa que sostenía con su hija en un lugar tan inadecuado. Intuía que siempre lo vigilaban, a fin de cuentas manejaba información clasificada y un pasaporte que le permitía viajar por casi todo el mundo, además de que constituía un hecho innegable que la CIA no cejaba en su campaña por reclutar a funcionarios cubanos y minar así la Revolución.

—¿Por qué me traicionas? —masculló.

Margarita recordó por unos instantes sus manos nervudas acariciándole la cabeza cuando era niña y la llevaba vestida de guerrillero al estrado presidencial, desde donde el millón de cubanos apostados en la plaza se tornaba un océano rugiente y fragoroso cada vez que Fidel repetía que el socialismo era irreversible en la isla.

—Quiero recorrer el mundo.

—Puedes hacerlo, pero conmigo o como diplomática de la Revolución. Mañana mismo hablo con el canciller.

—Quiero ver el mundo con el padre de mi hijo.

Aquel mismo día, en el pequeño y sombrío Café Mokka de la Alexanderplatz, que cimbra entero cuando el S-Bahn pasa traqueteando por lo alto, padre e hija hicieron las paces y se juraron que nunca más volverían a hablar de todo aquello. Y mientras dejaban transcurrir el tiempo, mudos y pensativos entre el humo y el alboroto de la clientela, Cienfuegos, ante la mirada ausente de Margarita, quemó la carta de despedida en un cenicero.

El pacto de aquella tarde invernal fue sencillo como todos los grandes pactos: en cuanto Cienfuegos vaciara su última tacita de café búlgaro, cruzaría el Muro para llevarme un mensaje de Margarita describiendo las nuevas circunstancias. Luego, sin proferir reproches ni amenazas, me conduciría de regreso a Berlín Este y las cosas se dispondrían de tal manera que ella y él volaran cuanto antes a La Habana y yo pudiera seguirles pocas semanas después.

9

Aeropuerto internacional José Martí de La Habana. 26 de julio de 1974. Mi primer día en el trópico. El Ilushyn 62 se desliza entre palmas y cañaverales hasta detenerse frente al edificio central. Desciendo por la escalerilla y por un instante creo que el calor húmedo que me empapa proviene de las turbinas aún en marcha. ¡Estoy en Cuba, en la isla de la Revolución, en el socialismo latinoamericano!

Atrás quedan el Chile mustio y deprimente de la dictadura, y la Alemania Oriental con sus ciudadanos que solo anhelan cruzar el Muro y pasear por las calles de Munich, París o Madrid, gente que me mira suspicaz cuando se entera de que yo, a pesar de haber vivido en Occidente, escogí el país que ellos desean abandonar.

Ahora, en esta tierra intensamente verde, de lomajes suaves, cielos azules y gente alegre, comienza una nueva etapa en mi vida: Margarita me espera en algún lugar, trabajaré en lo que sea, estudiaré algo de provecho y engavetaré por siempre los planes de traicionar el socialismo que llegué a urdir. Es probable que ajustándome al programa marxista y martiano que combina el estudio con el trabajo, preparando el recibimiento del hijo que viene y me inunda de gozo, y atento a las lecciones de la Revolución, pueda un día volver a ser quien fui: un revolucionario.

Un mes antes, Margarita, acompañada en el aeropuerto de Schönefeld por su padre, se había despedido de mí con un beso tímido y los ojos llorosos. Cienfuegos triunfaba una vez más y yo, al verlos alejarse hacia la nave de Cubana de Aviación que aguardaba en la losa, me repetía estremeciéndome que solo guardaba una promesa verbal de aquel hombre, una promesa cuyo cumplimiento se condicionaba de todos modos a los resultados que arrojara la investigación de Barbarroja.

Pero aquella tarde de invierno berlinés supongo que Cienfuegos también asciende por la escalerilla de la nave animado por la idea de iniciar en La Habana los preparativos de una boda que ha de celebrarse lo antes posible, es decir, en cuanto Barbarroja despida humo blanco. Ni Margarita en La Habana, ni yo en mi cuarto de la Strasse des 18 Oktober, más desolado que nunca por la ausencia de mi novia y Joaquín Ordoqui, empleado ahora como redactor en la revista *Cuba,* de La Habana, debemos preocuparnos. Cienfuegos no solo suele cumplir sus amenazas, sino también la palabra que empeña, y hará valer sus buenos oficios para que nos casemos. Recuerdo aún su mirada acerada al despedirse de mí en el aeropuerto de Schönefeld con el Lancero apagado entre sus manos. Sonríe contenido y seguro. ¿Será acaso porque he caído en su trampa?

—No te preocupes —me susurra Margarita en medio de la vorágine de pasajeros que van y vienen, irradiando una certidumbre que solo puede emanar de su embarazo. En estos días ha madurado, qué duda cabe, más rápido que yo. Se ha hecho mujer y ahora proyecta planes a largo plazo—. Nada malo pasará. Debemos olvidar todo lo sucedido.

¿Cómo olvidarlo? Aún hoy me resulta imposible olvidar el miedo que sentí en el momento en que Cienfuegos apareció en el umbral de mi cuarto del hotel adyacente al Zoologischer Garten. Como Margarita no había acudido a la cita a la hora convenida, yo trataba de ubicarla telefónicamente en el Unter den Linden. Mi hotel era viejo y oscuro, con cortinas impregnadas de olor a tabaco y una alfombra punzó que ya amarilleaba. Dejé, por lo tanto, en el Unter den Linden un mensaje para Margarita con mi lugar de hospedaje, y me dediqué a esperar.

Aunque trataba de convencerme de que su tardanza se debía a que se había extraviado, a ratos caí presa del pánico. Su ausencia presagiaba lo peor y por momentos pensé en cruzar el Muro para ir a buscarla, a sabiendas de que no podría volver a salir. Acaricié incluso la febril idea de salvar la frontera con ella mediante roldanas. Finalmente decidí esperar hasta el día siguiente, anhelando que llamase.

Cuando vi aparecer a Cienfuegos en el umbral del cuarto, me aterré. Miré por sobre sus espaldas para ver si lo acompañaba su hija, pero el pasillo se alargaba vacío y en semipenumbras, amenazante. Un pie en el dintel se encargó de que yo no cerrara la puerta.

—Déjate de boberías, coño, que te traigo un mensaje de Margarita.

Me entregó el sobre y cerró con parsimonia la hoja a sus espaldas mientras yo retrocedía inconscientemente, leyendo la carta, seguido a corta distancia por el incómodo y sorpresivo huésped.

El mensaje era unívoco: obedecer al comandante. Tendría que abandonar Berlín Occidental, donde contaba con la posibilidad de incorporarme a la Freie Universität y de reiniciar mi vida, que había sufrido un traspié en Alemania del Este. Ahora podía elegir. Solo necesitaba negarme a seguir al embajador y mi destino se modificaría. Si había abandonado Chile meses atrás para no vivir bajo el régimen militar, ¿por qué no iba a ser capaz de renunciar al socialismo para residir en Occidente?

Pero mi alma no solo se nutría del amor por Margarita, sino también de la fe comunista, fe que yo necesitaba para dotar de sentido a mi vida. Cuba podría ayudarme en esta búsqueda. Si bien Alemania Oriental no era una democracia, ni representaba un sistema legitimado por su pueblo, que soportaba el socialismo más bien intimidado por la presencia de medio millón de soldados rusos en su territorio y por aquel Muro infranqueable, que imposibilitaba cualquier éxodo, Cuba tenía que ser diferente.

¿No había iniciado acaso Cuba la construcción del socialismo gracias a la Revolución liderada por Fidel? ¿No se mantenía acaso Cuba frente al bloqueo estadounidense gracias a la identificación de su pueblo con el socialismo? Frente a la derrota de la Unidad Popular en Chile y al fracaso del socialismo real en Europa del Este, Cuba se alzaba como un faro de esperanza para los comunistas del mundo. Cuba equivalía en nuestro hemisferio a la Revolución de Octubre, a la Revolución China, a la lucha de liberación del pueblo vietnamita, y Fidel era el Lenin, el Mao Tse-Tung, el Ho Chi Minh de nuestra América morena. No, yo simple y llanamente no podía arrojar por la borda las convicciones que me habían llevado a abandonar mi país. Cuba fortalecería, sin lugar a duda, mis ideales de justicia social. Su solidez y vitalidad me enseñarían a no vacilar.

Observé al comandante Cienfuegos en el estrecho cuarto del hotel berlinés y creo que fue la única ocasión en que advertí en sus ojos una suerte de brillo suplicante. Hice mi maleta, pagué el hotel y lo seguí.

10

Los días iniciales de mi estancia en La Habana los destiné con Margarita a los últimos preparativos de la boda, que sería solo por el civil, pues la celebración eclesiástica pertenecía allá a los resabios del pasado que todo revolucionario debía superar. La Iglesia católica, se afirmaba, carecía de arraigo popular y, por ello, se había sumado a la contrarrevolución, quedando sin fieles y marginada del proceso.

Comencé a vivir en la residencia de Cienfuegos, donde ocupé una *suite* cercana a la de mi futura esposa, solo separada de ella por un pasillo y la biblioteca. La otra ala de la casa la habitaban el comandante y su mujer, mientras que en la planta baja, en las inmediaciones de la cocina, se alojaban dos sirvientas: Dora, una negra joven, alta e hiperactiva, y Lorenza, una gallega de Pontevedra que había llegado a Cuba huyendo de la República.

La residencia era una casona neoclásica de diez habitaciones, levantada en Miramar, uno de los barrios más bellos diseñados en América Latina durante los años cincuenta. A lo largo de sus avenidas arboladas emergían mansiones de estilo colonial, neoclásico, art déco o ecléctico, en su mayoría ya en ruinas, que solo aprovechaban los pájaros y la exuberante vegetación silvestre. Pese a que las fachadas se caían a pedazos y las vigas parecían a punto de sucumbir por el acoso del comején, las bibijaguas y el salitre, su belleza y señorío seguían deslumbrando.

Antes de la Revolución habían pertenecido a los barones del azúcar y la ganadería, a ejecutivos de empresas norteamericanas, profesionales de éxito o propietarios de industrias, fábricas de tabaco, roneras y hoteles, a los miembros de los clubes sociales, que a comienzos de 1960 habían abandonado en tropel la isla para ponerse a salvo del comunismo en Miami, Madrid o Caracas, confiando en que los marines invadirían la isla y restablecerían el antiguo orden. Entre aquellas casas vacías y en ruinas aparecían, sin embargo, algunas que, tras la meticulosa restauración financiada por el Estado, ocupaban ahora líderes revolucionarios.

Desde la distancia, entre los bananos, guardias de verde olivo vigilaban aquel sector, pero el sofocante calor de mediodía terminaba por adormecerlos, circunstancia que nosotros aprovechábamos para franquear con entera libertad los umbrales que nos permitían viajar al pasado inmediato de la isla: cruzábamos pasillos donde se apelmazaba un aire asfixiante y pegajoso, que se alargaban en penumbras hasta reventar en la luz enceguecedora de un ojo de buey; ingresábamos a salas de estar, donde la brisa inflaba los velos de ventanales sin vidrio y escapaba por una chimenea tan ostentosa como inútil, y a veces, en los pisos superiores, a los que se llegaba ascendiendo por escalas marmóreas, descubríamos de pronto dormitorios, en donde las sábanas revueltas aguardaban aún a sus dueños, revelando acaso una presurosa fuga nocturna en bote, al igual que en otras mansiones, donde la mesa de caoba dispuesta con esmero para el desayuno acusaba el éxodo intempestivo bajo la luz aterciopelada del alba.

—Así vivía la burguesía —dijo Margarita mientras admirábamos una sala de baño de mármol y espejos biselados, o recogíamos piezas de una cuchillería de plata ya herrumbrosa, servilletas de lino con iniciales bordadas o encantadoras figuras de porcelana austriaca—. Explotadores, traidores, su patria es el dinero, por eso se marcharon al Norte.

Ciertos edificios multifamiliares abandonados servían desde la década del sesenta como becas escolares. Cuadrillas de albañiles habían derribado a golpe de mandarria sus paredes para construir salas de clases, comedores, baños y dormitorios colectivos. Más tarde, de la loma y el llano llegaron los becados, quienes no tardaron en arrancar de cuajo los marcos de puertas y ventanas, las tinas y el cerámico de los baños, y en trozar armarios coloniales y emplear su madera preciosa como leña para la cocina. Numerosos óleos franceses, españoles o cubanos de tiempo pretérito, que solían engalanar las casonas, adornaban ahora las viviendas de dirigentes o becados entre un afiche de Fidel y otro del Che, mientras los volúmenes de las bibliotecas señoriales, pletóricas de obras ahora decadentes y burguesas, nutrieron fogatas juveniles, al tiempo que ejércitos de bibijaguas desfilaban por calles, plazas y pasajes transportando a sus refugios astillas de muebles de estilo y retazos de alfombras persas.

Ya nadie cortaba los prados de antaño, ni podaba los rosales, y los jardines se marchitaban; ya nadie mantenía las grandes piscinas de formas caprichosas, copiadas por arquitectos inescrupulosos de las películas de Esther Williams, devenidas ahora estanques fétidos y churrientos, donde flotaban pencas de palmas, cocos y ratas muertas.

La espléndida casa francesa que servía de residencia a los Cienfuegos era tan alba que en los días de sol encandilaba y parecía un velero con el velamen desplegado al viento. Su historia como propiedad familiar había comenzado la mañana en que Cienfuegos se estremeció al ver que un Alfa Romeo conchevino, con cuatro guardias verde olivo en el interior, se detenía ante su puerta. La sorpresiva presencia de escoltas del comandante en jefe lo atemorizó, porque en una revolución todas las conciencias viven intranquilas. El oficial a cargo del grupo, un gigantón negro como la noche, al entregarle un gran manojo de llaves, le dijo con voz de ultratumba:

—Ordena el comandante en jefe que visite de inmediato estas casas de Miramar y entre a vivir en la que más le acomode.

Dicho esto, se retiró dejando a Cienfuegos convertido en un San Pedro perplejo, pero satisfecho, pues las llaves indicaban a las claras que el máximo líder se preocupaba por la suerte de su fiscal en Fontanar, donde había escapado enjabonado de atentados criminales. Miramar, por el contrario, brindaba una suerte de seguridad, porque, tras la fuga al Norte de la mayoría de sus vecinos históricos, el gobierno acababa de declararla «zona congelada», es decir, inaccesible para el común de los mortales.

La familia inició así un periplo exploratorio por deslumbrantes casas amobladas, cuyos dueños las habían trocado por una salida legal de la isla. Como los emigrantes solo podían cruzar la aduana portando una maleta por persona y las mujeres aquellas joyas que la oficial de turno estimara pertinentes para una postura sobria, las mansiones se abrieron en todo su antiguo esplendor ante los ojos de Cienfuegos, su mujer y su hija.

En las gavetas encontraron toallas, sábanas y álbumes de familia; en las alacenas, vajilla de Limoges y servicio de plata; en las paredes, cuadros de Wifredo Lam, René Portocarrero y Víctor Manuel, y en los clósets, ropa como en las grandes tiendas de antes.

Aquel periplo inmobiliario finalizó la misma tarde en que Lourdes se sintió tan extenuada y asqueada de husmear en la intimidad de los exiliados, con muchos de los cuales había compartido en los clubes sociales de antaño, que decidió permanecer en la casa cercana al Parque Emiliano Zapata.

—Es recién la vivienda número trescientos que visitan —aclaró el funcionario encargado de la zona congelada—. Les quedan seiscientos noventa y nueve, comandante.

Pero faltaría a la verdad si afirmara que solo los escrúpulos indujeron a Lourdes a suspender el periplo y apoderarse de esa casa. No. A ella, que había soñado siempre con ir a París a ver con sus propios ojos las piezas de arte estudiadas en la Universidad de La Habana, la habían cautivado de inmediato los mármoles de los pisos, la escalera que desembocaba en el primer nivel dibujando una amplia curva en el aire, la vastedad de la terraza y el jardín, el fierro forjado de los balcones y el puntal alto que toleraba el fresco durante la canícula. Lourdes solo había fingido aquel repentino cansancio para no verse expuesta a ventilar sus argumentos en favor de la casa ante Cienfuegos, quien los habría calificado con desprecio de burgueses y contrarrevolucionarios.

Y ahora recorría yo con Margarita el reparto de Miramar distribuyendo las últimas invitaciones a la boda y saludando a vecinos. La mayoría de las mansiones restauradas las habitaban dirigentes de la Revolución; otras diplomáticos, y algunas, las menos, las que sucumbían al embate del tiempo y el salitre, las ocupaban las familias antiguas, que esperaban la autorización para abandonar la isla, o bien el golpe de suerte milagroso e inesperado que trastocara todo y devolviera a Cuba la normalidad perdida. Y mientras caminábamos bajo los flamboyanes, me decía a mí mismo azorado que, en última instancia, la boda solo tendría lugar gracias a la luz verde que diese Barbarroja.

—Bienvenido a Cuba, chico —me había dicho la tarde anterior en la residencia, tras sostener una reunión con Cienfuegos en el estudio de este—. Soy Barbarroja y en esta isla me dedico a asuntos inconfesables.

Junto con decir aquello soltó una risotada estentórea. Tenía los ojos pequeños, los párpados hinchados y una larga y tupida barba colorina, vestía el uniforme verde olivo y portaba el arma al cinto. Su influencia sobre los movimientos guerrilleros de América Latina lo convertía en uno de los hombres más odiados por la CIA y los gobiernos de la región. Constituía un secreto a voces que en su despacho se acordaban las acciones más osadas de la insurgencia, pero ahora emergía alegre y dicharachero, ajeno a la imagen diabólica que difundían sobre él los periódicos conservadores de la región. Bajando la voz, tratando de calmarme, agregó:

—No tienes pedigrí, chico, de ningún tipo, ¡pero qué cosa! Eres uno de los escasos seres humanos de este mundo que cuenta con una sábana por expediente.

—Lo imaginé, nunca tuve miedo.

—Y no tenías por qué tenerlo —replicó haciendo rechistar la boca en un intento por menguar mi emoción—. La gente cree que sé mucho. Si supieran que no es tanto me perderían el respeto. Además —añadió acariciándose la barba y entornando los ojos—, si fueses agente de la CIA te daría igual el permiso para quedarte aquí. ¿Sabes para qué?

—No, comandante.

—Pues para seguirte, chico, y neutralizarte junto a tus cómplices.

Soltó una nueva carcajada y una manaza suya cayó con contundencia descoyuntadora sobre mi espalda. Tanto la risa como las palmotadas daban muestras de la salud proverbial de que gozaba aquel hombre de Fidel, que en la Sierra Maestra había creado el embrión del futuro espionaje cubano, el mismo que una vez en el poder había sabido mantener la independencia frente al KGB y frustrar los intentos de la CIA por asesinar a Fidel.

—No te preocupes si te siguen, chico, que aquí seguimos a todos —afirmó al ponerse de pie—. Cásate como te lo has propuesto, haz tu vida como se debe y pórtate bien, pero no mucho, que hace mal.

El reparto de Miramar era ya un *puzzle* variopinto a la llegada de la familia Cienfuegos con sus guardaespaldas y servidumbre. El temor de los vecinos de la vieja estirpe se disfrazó de respeto y cordialidad hacia el comandante. Nadie le negó el saludo o hizo un desaire, pese a que todos sabían bien cuánto calzaba. Lo saludaron simplemente con sonrisas y parabienes, con halagos y genuflexiones, como si solo hubiesen estado deseando que ocupara la casa del antiguo vecino, la del abogado de la legendaria familia Bacardí, que ahora producía ron en Puerto Rico.

Seguí caminando con Margarita bajo la sombra de flamboyanes y jagüeyes, y entramos a la residencia del comandante Faure Chomón, uno de los líderes del desaparecido Directorio Estudiantil 13 de Marzo, al que también había pertenecido Cienfuegos. Faure, quien fue más tarde embajador en Bulgaria y primer secretario del partido en la provincia de Camagüey, mostraba un sorprendente parecido con Félix Dzerzhinsky y le fascinaba que lo compararan con él. Bebía apaciblemente un mojito junto a su piscina, acompañado de sus guardaespaldas de verde olivo. Había pertenecido a la inteligencia cubana, se movilizaba en Alfa Romeo y contaba con una nutrida escolta, que, más que protegerlo, parecía vigilarlo. Se alegró al vernos, ya que conocía a Margarita desde niña por su amistad con Cienfuegos. Tenía cuarenta años, un físico envidiable y una mujer gorda y risueña, que parecía mucho mayor que él. Las historias donjuanescas de Chomón se comentaban por doquier y se afirmaba que solía agasajar a amigos en apartamentos atestados de jovencitas.

Después llegamos a la casa del destacado cirujano Alfredo Rodríguez, quien solía viajar a Lima a atender a José Velasco Alvarado, el líder militar peruano. Era uno de los especialistas de mayor prestigio en la isla y descendía de una familia acomodada, y aunque antes de la Revolución no había sido batistiano ni fidelista, su ingreso al partido sufría retrasos por lo segundo. Pocos años más tarde su hijo mayor aprovecharía un viaje a Moscú para pedir asilo en Gander (Canadá), y después, el menor, médico brillante y gran aficionado al buceo, moría inmerso en las aguas de La Habana.

Finalmente pasamos frente a las viviendas de quienes no podían abandonar Cuba y de los cuales Margarita me revelaba sus nombres y las razones por las cuales no obtenían visa. A veces la prohibición emanaba, en última instancia, del Comité de Defensa de la Revolución (CDR), que opera en cada cuadra integrado por gente del lugar y que se encarga de suministrar periódicamente al Ministerio del Interior evaluaciones sobre la actitud política del vecindario. En otros casos la negativa se debía a que el interesado, o bien algún familiar suyo, trabajaba o había trabajado en un área calificada de sensible para la seguridad nacional —como las Fuerzas Armadas, la educación, la salud o las telecomunicaciones—, áreas que cualquier burócrata podía ampliar arbitrariamente hasta llegar a incluir en ellas a los propios barrenderos de la Plaza de la Revolución.

Durante las visitas los anfitriones nos atosigaron siempre con refrescos, café y felicitaciones. Todos estaban bien informados sobre Chile y coincidían en lamentar la suerte de Allende y en catalogar a Pinochet de fascista y genocida, así como en afirmar que la derrota se debía a que la izquierda había carecido de armas y de dirigentes consecuentes, con excepción del presidente muerto, para instaurar y defender el socialismo.

—Pero lo que a ustedes les faltó fue un Fidel, chico —insistían enfáticos cuando ya salíamos de sus casas—. ¡A Fidel sí que no le sucede algo así, por Dios que no!

Nunca dejó de asombrarme que estas palabras, que solían expresar dirigentes, revolucionarios y familias «integradas» al proceso, las repitieran, calcadas y acaso idénticas hasta en su entonación, quienes aguardaban en el inescrutable silencio de sus hogares deteriorados la autorización para salir definitivamente de la isla.

11

La boda se inició a las siete y treinta de una calurosa noche de abril en la casona de los Cienfuegos en Miramar, magnífica construcción que se alza a medio camino entre los jagüeyes de raíces retorcidas y las lianas enmarañadas de la sombreada Plaza Emiliano Zapata, y las aguas cálidas de la corriente del golfo.

Arribé vistiendo mi único traje, un Príncipe de Gales de la tienda Xuga de Valparaíso, el mismo que Joaquín Ordoqui usó tantas veces en Leipzig sin mi consentimiento, y quedé azorado al encontrar en las salas de la casona una apretada muchedumbre de invitados escandalosos que bebían, comían, comentaban y sudaban con dignidad mientras sus automóviles con choferes ocupaban varias cuadras a la redonda. Por doquier olía a perfumes y lociones, a mojito, whisky, ron y cerveza y, sobre todo, a lechón asado, yuca y malanga.

Un trío de negros cantaba nostálgicos boleros cuando, guiado por Cienfuegos, crucé, entre el saludo afectuoso y el aplauso de la gente, hasta la terraza, cerca de los cocoteros y plátanos, donde conversaba un grupo de hombres de guayaberas bordadas.

—Bienvenido, chileno —me dijo un tipo esmirriado, alto y calvo, de resplandecientes ojos árabes y voz gruesa—. Un gusto conocerte y aprovecho para desearte suerte en tu nueva vida en nuestra Cuba revolucionaria.

Era Raúl Roa, el ministro de Relaciones Exteriores, más conocido como el «Canciller de la Dignidad» por sus deslenguados ataques a los representantes norteamericanos en los foros internacionales. El saludo del autor de *La revolución se fue a bolina* me emocionó, pues yo algo sabía de su vasta obra intelectual y de la influencia de su pensamiento en la política exterior cubana.

—¡Bueno, te estás metiendo en las patas de los caballos, muchacho, al llevarte a la niña de los ojos de Cienfuegos! —exclamó alguien de guayabera blanca, bigote fino, ojos claros y achinados, y pelo corto. Lo acompañaba una mujer fornida, de pelo largo y anteojos, que sonreía con cierta timidez. Eran Raúl Castro, el segundo hombre de la isla, que ahora vestía de civil, y Vilma Espín, su mujer, presidenta de la Federación de Mujeres de Cuba (FMC).

Una mano de hierro se apoderó al rato de mi brazo y me alejó del grupo. ¡Barbarroja! Sonreía jocosamente entre su barba colorina y parecía animado por el vaso de ron que portaba.

—No le digas a nadie lo que te dije el otro día, chileno.

—¿Qué cosa?

—Que no sé nada de nada.

—No se preocupe, no lo haré, comandante.

—¿Me lo juras? —preguntó abriendo en forma desmesurada los ojos—. Si se enteran mis enemigos, me quedo sin trabajo. A propósito, después de tu luna de miel tienes que ir a verme, que conozco a un grupo de compatriotas tuyos que van bien encaminados. Hay otros, sin embargo, como los comunistas, y yo sé que eres comunista —enfatizó estrujándome el brazo—, que no han entendido nada de nada. ¡Nada de nada, chileno, lo que es muy grave!

Se nos acercó en eso una mujer rubia risueña, de ojos azules y escasas redondeces, algo, por cierto, extraño en Cuba, que integraba, en calidad de bailarina, el Ballet de Cuba. Era su mujer, una norteamericana, paradójico si se pensaba que Estados Unidos constituía el principal objetivo de la labor secreta del legendario Barbarroja, quien, vaso en ristre, se alejaba ahora de mí y se unía a Jorge Risquet, miembro del buró político del partido, su instancia más alta y selecta, y al director de la revista de la Casa de las Américas, Roberto Fernández Retamar.

Un negro espigado, de buenas maneras y vestir elegante, me saludó algo altanero. Era el ministro de Justicia. Compartía con miembros del buró político del partido y los pintores Mariano Rodríguez, Carmelo González y René Portocarrero, y me pareció que conversaban sobre el poeta disidente Heberto Padilla, quien expiaba solitario y marginado en algún lugar de La Habana su osadía de criticar a la Revolución. Saludé también a embajadores de países socialistas, a Raúl Gómez Treto, máximo representante de los Cristianos por el Socialismo en Cuba, hombre de confianza del régimen, y al líder del ex Directorio 13 de Marzo, Julio García Olivera, héroe de un frustrado ataque al palacio presidencial de Fulgencio Batista en 1956, así como a funcionarios de la Cancillería y del Ministerio del Interior.

A las ocho de la noche, Margarita hizo su llegada a la casa. Bajó del automóvil ruso vistiendo su traje de tul blanco comprado en las Galerías Lafayette de París por la embajadora de Cuba en Francia, traje que los invitados celebraron a rabiar y que apenas disimulaba la incipiente barriga de la novia. Me dirigió una sonrisa nerviosa mientras los asistentes aplaudían su deslumbrante arribo y nos ubicábamos junto al oficial del Registro Civil, quien leyó unas palabras solemnes sobre el socialismo, la moral y el matrimonio, la igualdad de derechos entre el hombre y la mujer, la debida fidelidad a la Revolución y a su máximo líder, y después procedió a declararnos marido y mujer en un acto breve, casi prosaico, desprovisto de la trascendencia que parecen conceder las bodas eclesiásticas.

Recuerdo que junto a nuestras firmas colocaron las suyas, como testigos, el canciller Roa y Barbarroja, por parte de mi mujer, y por la mía, Gómez Treto y Joaquín Ordoqui. Este se emborrachó perdidamente en aquella ocasión y me presentó a los dos gusanos que se habían colado en la fiesta, protagonizó una pelea con un militar y cayó vencido por el sueño en el Parque Emiliano Zapata, donde ladrones lo despojaron de sus mocasines franceses comprados en Cracovia.

Después vinieron de nuevo los aplausos, los besos, las felicitaciones y los brindis, e ingresó a la casa una orquesta de música cubana que puso a bailar a todos. Y mientras la fiesta estallaba en baile y algarabía, se me acercó un emisario del comandante en jefe para entregarme un sobre blanco que, tal como comprobaría más tarde, guardaba un retrato en sombras con el inconfundible perfil de Fidel fumando un tabaco. Estaba dedicado a nosotros «con la convicción de que aportarán lo mejor de sus vidas a los nobles y elevados objetivos de la Revolución».

Pero no fue el regalo del líder máximo, que dejaba al descubierto la egolatría que lo dominaba o bien la mentalidad enfermiza de sus colaboradores más cercanos, lo que me resultó más sorprendente, sino los de los invitados: sobres con billetes en su interior. En un comienzo me irritaron, pero después entendí que, como era imposible adquirir objetos en las tiendas, los cubanos preferían obsequiar dinero, brindándonos así la posibilidad de gastarlo en lo que pudiéramos. Esa noche recibimos tantos billetes que, de creer en el cambio oficial de un peso por dólar, disponíamos de una pequeña fortuna para gastar en Occidente, pero que en Cuba solo podríamos despilfarrar en restaurantes de acceso restringido y la bolsa negra.

Cerca de medianoche, instigado por Ángeles Rey Bazán, la abuela de mi mujer, una dama chapada a la antigua y, por lo tanto, antifidelista de tomo y lomo, que veía en nuestra prolongada presencia en la fiesta el indicio de que ya nos conocíamos íntimamente, decidí retirarme con Margarita al hotel.

—Chicos, si no se marchan ahora mismo, los invitados van a pensar que ustedes se han acostado antes del matrimonio —advirtió en tono enérgico la abuela mientras sus manos enjoyadas intentaban ocultar mediante los velos del vestido de novia la barriga de mi mujer—. El hombre debe mostrar ansiedad por ir al hotel, y la mujer cierto remilgo.

Al ingresar al *lobby* del Riviera me sentí transportado de inmediato a los años cincuenta, aunque ya no reinaban allí la alegría ni el esplendor de antaño. Ahora el hotel lucía paredes descascaradas y grandes lámparas de lagrimones encendidas a medias. Un par de técnicos rusos y funcionarios cubanos de provincia contemplaban la antigua sala de juegos, con su piso de mármol y cielo abovedado, bajo el cual habían apostado Nat King

Cole, Meyer Lansky, Rocky Marciano y Ava Gardner. Ahora el hotel estaba casi vacío y en penumbras. En 1962, Fidel había declarado al turismo y los casinos de juego resabio de la época capitalista, culpables del atraso, la holgazanería y la prostitución, y por lo mismo los había eliminado por decreto, privando a la isla de su principal fuente de ingresos. Nos registramos en la carpeta, donde nos despeinó la brisa salobre de la costa, que se filtraba por una ventana sin vidrios, y subimos a nuestra *suite*, situada en lo alto, tal vez la misma desde la cual, años más tarde, Laura Allende, la hermana del presidente chileno, se lanzaría al vacío.

La habitación olía a encierro. El cubrecama, de un dorado ya venido a menos, mostraba manchas y flecos deshilachados, la lamparita de noche no encendía, y el teléfono, uno de esos viejos aparatos americanos de disco y color marfil, estaba muerto.

Nada de eso impidió, desde luego, que hiciéramos por primera vez el amor como marido y mujer. Margarita ahora solo me abrazaba en silencio, con algo de ciervo asustado, como esperando mi sosiego, inquieta tal vez por el destino incierto que nos aguardaba.

Salimos al rato desnudos al balcón y contemplamos en silencio el mar rumoroso y el cielo estrellado que se confundían en un horizonte imaginario. La noche olía a salitre y tierra húmeda, la brisa despeinaba a Margarita, y La Habana dormía tranquila mientras a lo lejos descendían lentamente las hileras de lucecillas de los aviones que aterrizarían en Miami. Me enorgullecí de haber llegado a vivir a la primera trinchera socialista de nuestra América y tuve el presentimiento fugaz de que la isla era el mundo justo, equitativo y solidario vislumbrado por mí en las tardes de viento de Valparaíso y por el cual tantos habían sacrificado su vida.

12

Pocos días después de nuestra luna de miel, que tuvo lugar en el Hotel Kaguama de Varadero, playa semiabandonada desde 1959 y, por lo mismo, de belleza paradisíaca, casi inexplorada, llegué a la Oficina de la Resistencia Chilena, que cobijaba en el residencial barrio de El Vedado las oficinas de los partidos de la Unidad Popular y el MIR en la isla.

Allí me aguardaba Oriel Viciani, el representante de la Jota para Cuba. Era una mansión de tres pisos, de arquitectura ecléctica, en la que había funcionado la Embajada chilena hasta el 11 de septiembre. El Vedado, durante la Colonia zona prohibida para los habaneros por razones de defensa de la ciudad, fue un barrio elegante y sólido hasta el triunfo de la Revolución, cuando comenzaron a abandonarlo sus antiguos habitantes y a ocuparlo obreros y campesinos, ex guerrilleros y estudiantes becados.

Las antiguas casonas de portales con sombra generosa, de otrora exuberantes y bien cuidados jardines, eran una parodia de lo que habían sido: muros trizados y sin estuco, ventanales rotos, tejas corridas, jardines mustios, en los que la maleza crecía salvaje, agrietando muros e infiltrándose en las viviendas. En ciertas fachadas colgaban enormes letreros pintados con rostros de mártires y consignas revolucionarias: eran las sedes de los Comités de Defensa de la Revolución, los CDR.

El tórrido calor de La Habana se trocó de golpe en brisa fresca, casi fría, cuando franqueé el umbral de la ex embajada, donde el aire acondicionado funcionaba espléndidamente. Una mujer, que hacía de recepcionista en un patio de luz con ventanal *art nouveau*, me anunció que Viciani me esperaba en la oficina de la Jota.

Crucé un pasillo de cielo alto, paredes revestidas de caoba y baldosas, por cuyos costados desfilaban bibijaguas que cargaban trocitos de papel. Algunas morían aplastadas bajo las suelas de algún chileno presuroso que iba de una oficina a otra reconcentrado, grave, como si su labor fuese determinante para el futuro de su patria. De pronto me hallé ante una puerta gruesa. Toqué.

Abrió un tipo alto, moreno, de bigotes y ojos escrutadores. Fumaba y sobre su escritorio descansaba un maletín *attaché*. Era Viciani.

—Tu problema es complicado —dijo después de escuchar pacientemente mi historia detrás del escritorio—. Te fuiste de Chile a la RDA sin solicitar autorización a la Jota y ahora apareces aquí por cuenta propia.

Le reiteré que acababa de casarme, que ardía en deseos de reintegrarme a la Jota y que no era un infiltrado de la dictadura, pero solo me encontré con su mirada fría, de grandes ojeras abultadas, indiferente a mi relato, y nuestra conversación fue desfalleciendo entre llamados telefónicos que recibía del Comité Central cubano, de Ciudad de México, París o Moscú y las indisimuladas consultas a su reloj pulsera.

—Tienes que esperar a que me llegue información del interior sobre ti —me dijo al rato, poniéndose de pie—. Tu situación es difícil, nadie te conoce como militante y por lo tanto no puedes asistir a nuestras reuniones.

—¿Significa que quedo en calidad de sospechoso?

—Digamos que en una situación que, por razones de seguridad, no me permite vincularte a la Jota —replicó conduciéndome hacia la puerta.

Su decisión, nutrida presumiblemente por una advertencia enviada por Palomo desde Berlín Este y por la incomodidad que le causaba mi viaje amparado por Cienfuegos, significaba en la práctica que yo emergería ante él como sospechoso. ¿Sospechoso, impostor, agente? Un sospechoso sólo podía ser un agente de la policía política de Pinochet o de la CIA, y en un país socialista quien colaboraba con el enemigo terminaba en la cárcel o el paredón. Por un instante temí que se tratase de una jugada maestra del propio Cienfuegos para separarme de su hija. Si se me consideraba sospechoso, entonces ¿quién se ocuparía de mí?

Acuciado por la desesperación, le repetí a Viciani en el umbral de su oficina que había militado en la Universidad de Chile, organizado la primera célula de la juventud en la Escuela de Antropología Social, y que pocos días después del golpe había ayudado a ocultar a la ministra del Trabajo de Salvador Allende, cuando los militares la perseguían para asesinarla.

Por unos instantes emergieron en mi memoria los líderes de la Jota que el 11 de septiembre habían escapado del Pedagógico dejándonos abandonados a nuestra suerte. Días antes convocaban a la militancia a enfrentar cualquier intentona golpista de la derecha y nos capacitaban en un gimnasio del Pedagógico para eliminar al enemigo de clase mediante linchacos, puñales o sogas. La primera lección enseñaba que había que acercarse al fascista sigilosamente, por la espalda, cruzar de improviso el linchaco con ambas manos por su garganta y presionarlo contra la manzana de Adán hasta que la víctima se desplomara. Después, uno debía apoderarse de su arma. Solíamos repetir aquel y otros ejercicios noche por medio al ritmo marcial de «¡un-dos-tres, muerte al fascista reaccionario!», imitando los movimientos precisos de instructores de kárate formados en Moscú y Bucarest, que impartían órdenes desde un escenario. Corrían los últimos días de un agosto frío y lluvioso en Santiago y la intervención militar ya se olía en medio de la ventisca. Los líderes de la Jota, hijos de la vanguardia del proletariado, defenderían hasta las últimas consecuencias al gobierno popular, de eso podíamos estar seguros, y nosotros, las bases, los obreros y los campesinos, seguiríamos su ejemplo hasta triunfar. ¡El pueblo unido jamás será vencido!

El día del golpe, el presidente Allende se defendió con un puñado de hombres en el Palacio de la Moneda del ataque de los aviones, tanques y la infantería golpistas. Santiago olía a pólvora y por el aire llegaba el eco de metralla confundido con el silbido de las turbinas de los cazas y el estrépito de los helicópteros artillados. Miré hacia atrás antes de salvar el último muro de la universidad y vi a los camaradas aguardando las instrucciones de la dirección y las armas prometidas. Ignoraban que estas solo existían en los discursos de Carlos Altamirano, Pascal Allende u Óscar Guillermo Garretón, dirigentes de izquierda que con sus palabras tremebundas pretendían intimidar a los militares, ignorando que en el fondo solo les alentaban a actuar con más saña y odio en contra de sus compatriotas. Muchos militantes confiaban aún el día del golpe en que el pueblo enfrentaría a los soldados bajo las órdenes de quienes lo habían conducido hasta esa encrucijada histórica. Miles de ellos terminaron en campos de detención, donde los torturaron, asesinaron o hicieron desaparecer para siempre.

Y ahora tenía ante mí a Viciani, a uno de los dirigentes comunistas de entonces. Otra vez en la cima. Un ave

Fénix. Instalado, según Barbarroja, en una *suite* del Hotel Habana Libre, con cuota especial para adquirir ropa, cigarrillos y alcohol sin restricción, con oficina con aire acondicionado y mi destino en sus manos. ¿Qué podía hacer yo? Solo aguardar su respuesta confiando en que no me dejaría a la deriva y que llamaría a Mireya Baltra a Budapest para averiguar si yo había estado efectivamente a su lado en la casa de seguridad de Santiago. El resto se desprendería de esa respuesta.

—Déjame tu número telefónico, que te avisaré en cuanto sepa algo —me dijo mientras afloraba en su rostro una sonrisa gélida.

Salí a las calles ardientes de El Vedado sintiendo un nudo en el estómago, diciéndome que yo tal vez nunca había estado en aquella vivienda con la ex ministra de Allende.

13

Mis suegros volvieron a Moscú irritados por la renuencia de la Jota a reintegrarme como militante, lo que demostraba la importancia que podían revestir asuntos de una organización política juvenil en Cuba. En cuanto hubo despegado el Ilushyn a la Unión Soviética, Margarita y yo nos sumergimos de lleno en la rutina húmeda y calurosa de La Habana.

Con el transcurrir de los días constaté que era cierto mucho de lo que yo consideraba hasta ese momento patrañas anticomunistas: cada persona disponía efectivamente de una libreta de racionamiento de comestibles y vestimenta, que regulaba de modo estricto y espartano su existencia. Las cuotas establecidas en el pequeño documento con tapas de cartón y páginas cuadriculadas eran irrisorias, cuando no indignantes, e inferiores a lo que consumía una familia de clase media baja en Chile.

Cada quince días recibía un trutro de pollo, que podía sustituir, en caso de que la oferta lo permitiera, por igual peso de carne molida o bistec. Mensualmente me correspondía medio kilo de arroz, dos de chícharos y un trozo de mantequilla, un tubo de pasta dentífrica y un jabón, que despertaba urticaria, así como un pan flauta —leve al igual que la brisa de la costa habanera— por día. También podía disponer de un par de zapatos plásticos y un pantalón al año, y de una camisa de manga corta y un calzoncillo cada seis meses. A veces recibía las hojas de afeitar Astra, de fabricación soviética, capaces de hacer sangrar las mejillas, pero no de cortar la barba. No había desodorantes, ni tampones para mujeres. La Navidad había sido abolida y en su lugar se había declarado Día del Niño el 26 de julio, fecha en que los menores recibían juguetes por la libreta y se conmemoraba el asalto al Cuartel Moncada, dirigido por Fidel en 1953, en Santiago de Cuba. La pobreza en que se debatía la gente desde el triunfo de la Revolución era inexplicable y a ratos estremecedora, aunque nunca indigna, y la generaba, según el gobierno, el bloqueo imperialista.

Me irritaba la irregularidad con que llegaban los productos, siempre escasos, al mercado, algo que, al igual que su deplorable calidad, nada tenía que ver con el imperialismo. Las camisas, de manga corta y cuatro botones blancos, de estampados similares, cuando no idénticos, quedaban cortas y estrechas, mientras los zapatos de plástico olían a caucho por la mañana y ardían a mediodía, y los calzoncillos había que sujetarlos con cordel para que no se deslizaran cintura abajo.

Invertía horas en las colas que se formaban, a pleno sol, frente a las tiendas y bodegas para conseguir los víveres básicos, circunstancia que me llevaba a perder la paciencia entre una multitud bulliciosa y eléctrica, integrada por mujeres, hombres, niños y ancianos, que no protestaba contra el sistema que los condenaba a la escasez, sino contra los bodegueros, los camioneros o quienes encabezaran la cola.

Existía una curiosa especie de seres, llamados los «coleros», que por una paga mínima se instalaban la noche anterior a la venta de alimentos ante los locales y recogían, libreta en mano, «el mandado», que luego entregaban a sus dueños. Eran, por lo general, ancianos con jubilación paupérrima que destinaban el ocaso de su vida, malgastada en gran parte en esas colas, a una actividad que exigía paciencia y astucia, y que a menudo terminaba en alianzas con los bodegueros, con quienes planeaban chanchullos de tal naturaleza, que de pronto en un barrio compraban hasta los muertos y en otro los vivos eran dados de baja.

Si bien la libreta —manchada de zapallo, manteca o aceite— aseguraba una cantidad mínima de comida a cada uno, nunca alcanzaba a cubrir las necesidades básicas. Además, los productos solían agotarse antes de que los últimos de la cola recibieran la cuota. Entonces los afectados comenzaban a vociferar e insultar a diestra y siniestra, a amenazar al administrador del local o a mentarle la madre a quienes se retiraban aliviados con el mandado ya cumplido.

En cosa de minutos todo se volvía caos, empujones, escupitajos, bofetadas e insultos, y mientras los caídos se arrastraban por el polvo aferrados a su libreta de abastecimiento y la jaba aún vacía, a menudo, casi como impulsada por una ley natural, entraba en escena una negra de brazos fuertes como troncos de ceiba que, mordiendo un tabaco apagado, esgrimía un machete y gritaba a voz en cuello:

—¡Se acabó lo que se daba, caballeros! Quien siga en la jodedera se queda sin jamar y tendrá que pasar sobre mi cadáver antes de coger un solo ñame.

Con Margarita guardábamos disciplina en las colas para no enemistarnos con los bodegueros, cuyas sanciones, draconianas, siempre terminaban por apuntar al estómago. Pero a menudo el caos se tornaba angustiante, como a la salida de un cine en llamas, y pasaban las horas sin que retornara la calma o se reanudara la venta. En ciertas ocasiones el administrador, atemorizado por la rebelión, cerraba sencillamente por una mañana o una tarde completa la bodega, a la espera de que se restablecieran lo que denominaba «condiciones objetivas para la distribución de los comestibles» y entonces solo nos quedaba aguardar, impotentes, cabizbajos y sudorosos.

Permanecíamos allí, fingiendo obediencia y comprensión con tal de regresar a casa con un escuálido trutro de pollo, un pan flauta o compotas rusas de manzana. Y todo aquello lo experimentamos porque Cienfuegos, que gozaba, al igual que muchos dirigentes, de suministro privilegiado de alimentos, lo que explicaba por qué jamás se veía a líder alguno en las colas, había ordenado que su hija y yerno vivieran solo de la libreta, al igual que la mayoría de los cubanos.

Y bastaba con mirar alrededor para darse cuenta de que la ciudad, o al menos Miramar, había conocido días mejores, cuando no sublimes. Sus calles y avenidas se alargaban rectas y amplias, bordeadas por maravillosos flamboyanes, elegantes residencias, parques, jardines y plazas con sombra. Todo aquello, ahora deteriorado, indicaba a las claras que en los años cincuenta La Habana, o al menos una parte de ella, gozaba de un nivel de vida tan alto como desconocido en América Latina.

Recibíamos nuestra ración de alimentos en lo que en la etapa prerrevolucionaria era el centro comercial de La Copa. Quedaba en la intersección de la imponente avenida Primera, que corre a lo largo de las mansiones que miran al mar, con la calle Cuarenta y dos. El centro estaba en las inmediaciones de un *ten cents* típicamente americano, donde uno podía comprar —antes, no en mis días, en los cuales no exhibía nada que valiera la pena— vestimenta y artículos para el hogar, o bien ordenar en la cafetería sándwiches o jugos tropicales acodado a la larga barra de aluminio.

—Mi abuela rechaza a Fidel por todo lo que ves —me dijo Margarita en la cafetería de La Copa mientras tomábamos un jugo de guanábana a modo de consuelo por la pérdida de nuestra cuota de carne—. Ella no resiste la vida en este mundo, pero tampoco puede ya largarse.

Ángeles Rey era alta, de pelo negro y piel bronceada, con algo de mora, de facciones finas y sonrisa tierna. Su marido, Enrique Madan, había sido un destacado médico de la sociedad habanera de la etapa prerrevolucionaria, cuando la ciudad era controlada por la mafia, con Lucky Luciano a la cabeza, y en el Hotel Nacional cantaba Nat King Cole y en el Alí Bar el Beny Moré. En 1960 el doctor había decidido permanecer en la isla, pese a que su clientela y amistades huían a Miami, aterrados por las expropiaciones y la estatización de los colegios.

No era fidelista ni revolucionario, pero optó por no emigrar porque su hija mayor, vale decir, la esposa del fiscal de la República, seguía en la isla y el doctor no podía imaginarse la vida lejos de ella. De ese modo fue quedándose con una clientela compuesta por mujeres de obreros, campesinos y sindicalistas, a las que atendía gratuitamente, en lugar de las blanquísimas esposas e hijas de los magnates del azúcar y del ron, que pagaban una pequeña fortuna por cada consulta, mientras sus ternos de lino importados de Madrid y Nueva York comenzaban a deshilacharse y tornarse brillosos, sin que las tiendas habaneras, ahora nacionalizadas, pudiesen ofrecer nada equiparable a la calidad de antaño, sino solo camisas de manga corta y cuatro botones, pantalones chinos estrechos y calzoncillos con elástico vencido.

El doctor —hombre de rostro grueso, párpados grandes, frente amplia y humor proverbial— había jugado un papel decisivo en la vida de Cienfuegos, cuando este era solo un mediocre alumno universitario en la Facultad de Derecho de la Universidad de La Habana. Ulises, hijo de un juez de pueblo, sin acceso a la sociedad habanera, aunque atractivo, zorruno y ambicioso, había conquistado el corazón de Lourdes, la hija de Ángeles y Enrique. Llevaba entonces trajes claros, corbata con prendedor de oro y se peinaba a lo García Caturla, y a la hija del médico le narraba, retocándolas con ingredientes románticos y actos de heroísmo personal, sus disputas matonescas con grupos estudiantiles, porque en la universidad estallaban entonces tiroteos por las razones más variadas, incluso por negocios y amor. Pese a las advertencias de su madre, que vislumbraba en el hijo del juez acaso un aventurero en busca de fortuna, Lourdes accedió, quizás obnubilada por las historias que le contaba Cienfuegos, a comprometerse con él. De ese modo accedió a la sociedad habanera, sus clubes de membresía aristocrática, sus marinas de aguas turquesas atestadas de yates y sus fiestas, celebradas en salones enfriados para que las acaudaladas beldades caribeñas asistieran luciendo abrigos de visón.

Cienfuegos fue detenido en varias ocasiones por actividades políticas antibatistianas. La primera, por colocar una bomba que había herido a tres policías. Solo el azar quiso que el doctor Madan se enterara a tiempo de su detención, lo que le permitió recurrir de inmediato al ministro del Interior, a una de cuyas amantes, una espectacular negra de dieciséis años, acababa de realizarle un aborto, logrando esa misma noche la libertad del yerno, mas no la de sus compañeros, quienes aparecieron a la madrugada siguiente degollados en el exclusivo reparto de El Laguito.

—Hasta que mi abuelo se cansó y le dijo que no le ayudaría más, que era un irresponsable y que debía marcharse de la isla con mi madre hasta que pasara el batistato —me contó Margarita—. En Ciudad de México les puso departamento, pero antes lo hizo jurar que no se inmiscuiría en política.

A Cienfuegos no le quedó más que cruzar el puente de plata que le tendía su suegro. Sus salidas de la cárcel —fueron tres— podían suscitar sospechas entre sus camaradas de lucha. No tuvo más remedio que abandonar una noche de 1955 La Habana en *ferry* y refugiarse en la capital de México con un fajo de billetes de a cien dólares introducido por su suegro en el bolsillo. Pero un año más tarde, cuando Margarita estaba por nacer, su madre volvió a La Habana sola, porque Cienfuegos se había embarcado en el *Granma* con Fidel para hacer la Revolución.

Una noche en que los mosquitos picaban indolentes y a la distancia los cocuyos se confundían con las estrellas, mi suegro, que fumaba un Lanceros en la terraza de la casona, me dijo lo que pensaba de su suegro.

—Era un figurón.

Ya en el poder, Cienfuegos mudó de actitud ante el doctor: lo ignoró para siempre. No volvió a visitarlo y nunca quiso rememorar su pasado de dependencia personal. El joven que había ascendido desde una remota provincia hasta los salones de la oligarquía cubana y que le debía su vida a la gestión con un ministro de Batista, temía tal vez a los conspiradores proletarios, a aquellos que, a diferencia suya, jamás recibieron trato preferencial y que, de haber sido detenidos, habrían aparecido degollados y con tiros en la nuca en El Laguito.

Durante los primeros años de la Revolución, el doctor Madan se fue consumiendo silenciosa y lentamente, como una vela, ante la indiferencia de su yerno, la emigración de los amigos, la clausura del Vedado Tennis Club, la desaparición del Club Español y las medidas económicas que lo empobrecieron. Primero perdió sus propiedades, que le fueron confiscadas por la Reforma Urbana, luego sus ahorros en pesos revolucionarios que la política financiera del Che no tardó en convertir en simples papeles, y por último su derecho a viajar. Ya no pudo comprar los ternos de lino en Madrid, ni las guayaberas bordadas en Panamá, ni el instrumental médico en Miami. Tampoco pudo seguir asistiendo a sus restaurantes predilectos de La Habana, que desaparecieron, con la excepción de El Patio, frente al cual se veía obligado a hacer cola durante horas, como hijo de cualquier vecino, cada vez que deseaba saborear en compañía de su mujer las ancas de rana que tanto lo deleitaban. Se fue convirtiendo, al igual que toda la ciudad, en una triste parodia de sí mismo, en una rémora sin consistencia del hombre influyente y bonachón que había sido. Quedó aislado en su consulta privada, sin recursos para renovar los equipos, cumpliendo a veces turnos en hospitales públicos, donde atendía a gente con la cual antes ni siquiera habría intercambiado un saludo.

Sin embargo, viajó hasta su muerte en el magnífico Cadillac azul que guiaba Barbarito, el negro de uniforme y palomita, su chofer de siempre. Cuando el enorme vehículo de parachoques cromados, importado días antes de que Batista huyera de Cuba, recorría las calles habaneras con los vidrios calobares alzados, la muchedumbre que esperaba en las paradas, las tiendas o las bodegas pensaba que se trataba del «Caballo», sin poder imaginar por un instante que no era Fidel, sino una víctima suya quien pasaba.

—Murió de un ataque al corazón en el restaurante El Patio, comiendo ancas de rana —me explicó Margarita con mirada húmeda mientras vaciábamos nuestros vasos de aluminio con batido de guanábana en La Copa—. Mi padre no asistió a su entierro.

14

Arrastrado por una marea bulliciosa de estudiantes, desemboqué con Margarita el primer día de clases en el aula magna de la Facultad de Filosofía y Letras, donde presenciamos la inauguración del año académico. Mi mujer estudiaría historia, yo literatura.

Desde el escenario, flanqueado por las banderas de Cuba, el partido y la Federación de Estudiantes, la FEU, que jugó un papel decisivo en la lucha contra las tiranías de Gerardo Machado y Fulgencio Batista, varios académicos y estudiantes llamaron con discursos combativos a defender la Revolución frente al embate imperialista y a aprovechar el estudio, ya que la educación gratuita, logro generoso de Fidel, había abierto las puertas de la universidad, en el pasado reducto de la burguesía y la reacción, a todo el pueblo cubano.

La masa interrumpía de cuando en cuando los discursos mediante aplausos y fervorosos gritos de apoyo a la FEU, a la Revolución y a Fidel. En minutos la atmósfera se cargó de fragor y los asistentes se tornaron iracundos, en un *crescendo* infernal que las nuevas arengas exacerbaban hasta el paroxismo. Y fue ese el momento en que escuché por primera vez el grito de combate, que oiría una y otra vez en la isla: «¡Comandante en jefe: ordene para lo que sea, donde sea y como sea!», que, años más tarde, un técnico alemán oriental me confesó que le producía escalofríos, pues le evocaba el *Führer befiehl, wir folgen dir!*

Pero entonces la ceremonia me hizo vibrar de emoción, pues probaba que el estudiantado apoyaba a Fidel. En mi memoria estaban latentes aún los últimos días del gobierno de Allende: la universidad dividida y enfrentada, los militares alrededor del Pedagógico, los Hawker Hunter sobre el Palacio de la Moneda, mas en Cuba no solo el pueblo se identificaba con la Revolución, sino también los estudiantes e incluso los miembros de las Fuerzas Armadas Revolucionarias y del Ministerio del Interior, quienes, vistiendo el uniforme verde olivo, asistían a clases y respaldaban sin condiciones el proceso liderado por Fidel. La Revolución daba la impresión de solidez proverbial, sin que hubiese poder en el mundo capaz de doblegarla.

Con el tiempo fui conociendo, no obstante, de modo más profundo la universidad, y llegué a descubrir que tras aquel entusiasmo estrepitoso se escondía la intransigencia revolucionaria.

—Los jimaguas son creyentes —me dijo en voz baja una tarde Mercedes Melo, encargada del aula de la Unión de Jóvenes Comunistas de Cuba, alargando los labios hacia una pareja de estudiantes gemelos—. Son los hermanos Mondragón, José Antonio y María Elena. Rémoras del pasado, aún no profesan la ideología científica.

—¿Católicos? —pregunté.

—Efectivamente, pero ya cambiarán de actitud. Hay otros dos creyentes, que ahora no están en el aula. No te fíes de ellos, sus opiniones no representan a la juventud cubana, que es marxista-leninista, chico.

Mis compañeros de curso, con excepción de aquellos cuatro, se declaraban ateos y aseguraban haber superado las concepciones burguesas de la vida para hacer suya la filosofía revolucionaria: el marxismo-leninismo. Me impresionó que la Revolución hubiese logrado convertir a la juventud cubana, tradicionalmente católica o santera, en un ejército ateo. Aquello me permitía presagiar un cambio semejante para Chile el día en que triunfara el socialismo, cuando la fuerza esclarecedora del marxismo-leninismo calara profundo en la conciencia de las masas.

Una tarde en que me acercaba a la facultad me ocurrió, sin embargo, algo insospechado, al hallar bajo una ceiba cercana una muñeca de trapo con alfileres clavados en el cuerpo. Me pareció tan cautivadora y misteriosa, que la recogí de inmediato. Mientras ascendía los peldaños hacia el aula, advertí que los estudiantes se apartaban de mi lado nerviosos, como si llevase una serpiente venenosa en mis manos. Ingresé a la sala, ya atestada, pues faltaban solo minutos para la clase, y alcé la muñeca al cielo.

—¡Chileno, deja eso por lo que tú más quieras! —gritó con pánico Mercedes mientras los alumnos, con ella a la cabeza, huían en estampida del aula dando un portazo ensordecedor, dejándome solo entre los bancos vacíos.

De buenas a primeras no entendí qué sucedía. Yo me había limitado a elevar por el aire una muñeca de trapo, como ofreciéndola a dioses de un panteón desconocido. Al rato volvió a abrirse la puerta e ingresó Ángel Silva, un joven campesino que se postulaba a la UJC y se destacaba en la defensa de la Revolución.

—Chileno, en serio, por lo que tú más quieras. Con eso no se juega —me advirtió pálido y sudoroso—. Es santería.

—¿Tú crees en esto? —pregunté bajando la muñeca, enseñándole que no era más que una obra elaborada por algún artesano habilidoso.

—Claro que no creo en eso, soy marxista-leninista —tartamudeó—. Pero deja eso, chileno, nos puede hacer daño a todos.

—¿Y qué hago?

Extrajo lentamente un pañuelo de su pantalón, cubrió con él la muñeca y después la cogió entre sus dedos, evitando el contacto directo con ella.

Al rato, cabizbajos, desconcertados e inseguros, como niños sorprendidos en alguna travesura, retornaron mis compañeros. Nunca más se habló del tema, y cuando se lo mencioné a mi mujer, ella, con cierto malestar indisimulado, me dijo que no todos en Cuba estaban libres aún de las concepciones oscurantistas del período capitalista.

Aquel episodio me enseñó que no se jugaba con la santería en Cuba. Incluso para los ateos la santería existía objetivamente y tenía la virtud de incidir, para bien o para mal, en la vida cotidiana de los hombres, deparándoles salud y bonanza o bien enfermedad y calamidades. A partir de ese instante comprendí a plenitud a Lorenza, la gallega empleada por Cienfuegos para el mantenimiento de la casa de Miramar, cuando pasaba días enteros frotando las paredes de la vivienda con grandes trozos de hielo y colocaba en lo más alto de cada cuarto un vaso con agua.

—Así se expulsa los malos espíritus —advertía—. Aquí hay vecinos que tal vez quieren el mal para ustedes, porque son revolucionarios, caballero.

En otras oportunidades, seguida por Dora, la otra sirvienta, Lorenza ingresaba compungida al comedor, donde yo desayunaba, cargando un coco partido envuelto en trapos y me explicaba que acababa de encontrar ese «trabajo» en contra mía frente al garaje. Se hace imprescindible, decía, actuar de inmediato para neutralizarlo, y me obligaba a entregarle pelos de mis axilas, saliva, trozos de uñas del pie y hasta un calzoncillo usado, y con ellos se encerraba en su cuarto a preparar pociones mágicas y amuletos. En esos meses constaté que los cubanos —fuesen trabajadores, estudiantes o funcionarios— examinaban regularmente sus viviendas y alrededores en busca de señales de maleficios, a las que, de hallarlas, respondían de inmediato con nuevas brujerías.

El estudio, además de comprender la jornada de trabajo y las reuniones en las brigadas estudiantiles, establecía la obligación de realizar guardias nocturnas mensuales. Me presentaba entonces la noche indicada en la guarnición universitaria, donde recibía un fusil Mauser y era enviado a proteger, a veces solo, otras en compañía de estudiantes, y bajo férrea disciplina militar, ciertos edificios de la universidad. La guardia se iniciaba a las once de la noche y finalizaba a las cinco de la mañana.

Se suponía que los vigilantes debían combatir a los infiltrados de la CIA, que de vez en cuando llegaban hasta las costas cubanas con el objetivo de realizar atentados dinamiteros contra centros económicos, o bien mantener en jaque a los contrarrevolucionarios de la isla. Para mí, aquellas guardias obligatorias representaban algo nuevo y estimulante, no así para mis compañeros, que habían cumplido en la educación media cientos de guardias lejos de los hogares, en escuelas, laboratorios y campamentos de producción agrícola. En un comienzo aquellas vigilias nutrieron mi alma de fantasías, de modo que mientras combatía el sueño bajo el cielo estrellado o los tibios aguaceros tropicales, me imaginaba que descubría una banda de contrarrevolucionarios dispuestos a volar la universidad. Yo me trenzaba a balazos con ellos y los mantenía a raya hasta el arribo de refuerzos milicianos, acción que me significaba recibir en el Palacio de la Revolución una medalla de honor de manos del propio Fidel.

Pero debo confesar que nunca divisé a nadie sospechoso durante esas madrugadas en que las calles pertenecían a las guardias de los CDR, las fábricas o los ministerios, sino solo perros vagabundos, borrachos amables, carros patrulleros, estrellas fugaces y, durante tres semanas, un luminoso cometa que sobrecogió al mundo entero. Más interesantes resultaban en verdad las guardias en grupo, pues permitían esperar la llegada del alba charlando con los compañeros que la guarnición designaba. Solían preguntarme por la vida en Alemania Oriental, si era cierto que existía el Muro de Berlín y si en Europa el comunismo era más fuerte que el capitalismo, si Allende se había propuesto instaurar el socialismo y por qué Pinochet no había encontrado resistencia armada considerable. Me contaban, por su parte, de sus años de escuela, cuando, fieles al principio marxista y martiano de combinar el estudio con el trabajo, se pasaban meses cosechando hojas de tabaco o malangas en caóticas haciendas estatales, y me hablaban de las donaciones alimentarias hechas a pueblos en lucha, en especial de un embarque casi mítico de arroz enviado al Chile de Allende, que la Revolución había deducido, con la anuencia «voluntaria» de cada cubano, de las cuotas de racionamiento y que jamás había restituido.

—Lo que te envidio —me dijo una madrugada Willy, compañero de curso amigo de los jimaguas, mientras regresábamos a la guarnición— es que has podido usar pantalones patas de elefante, zapatos plataforma y pelo largo, modas imposibles para nosotros, pues el gobierno las considera diversionismo ideológico.

Me lo dijo mientras ascendíamos, en compañía de los jimaguas y Lázaro, un mulato agudo y afeminado, por la impresionante escalinata universitaria en dirección al *Alma Máter,* que contempla la ciudad desde la colina universitaria, escultura de incitantes formas rubensianas, como muchas mujeres del trópico.

Miré a Willy sin lograr entenderlo a plenitud. Su referencia a la prohibición gubernamental de usar pantalones anchos o zapatos de suela gruesa, prendas, por lo demás, asequibles solo a través del mercado negro, o de llevar el pelo largo, era, más que una alusión, una crítica directa al gobierno revolucionario y, con ello, una muestra de confianza excesiva hacia mí.

—He vivido desde que tengo uso de razón bajo este sistema, siempre con el mismo presidente —agregó y noté en el reflejo de sus ojos pardos que el arrepentimiento lo corroía—. No es que esté disconforme con la Revolución, pero me gustaría ver elecciones y un cambio de gobierno, y ser joven y vestirme como quiera y sin tener que asistir a escuelas en el campo, ni a guardias, ni a círculos de estudio político, ni al CDR.

—¿Estás loco o qué te sucede, Willy? —gritó alarmado José Antonio Mondragón—. ¿Cómo te atreves a decirle eso a un comunista chileno, que pertenece aquí a los pinchos? De pronto te malinterpreta, te echa palante y te desgracia.

—Por favor —protesté, pero no me escucharon, enfrascados, como estaban, en una discusión tortuosa.

—Con los ñángaras nunca se sabe —comentó María Elena, la jimagua de ojillos de ofidio, otorgándole, como siempre, la razón a su hermano.

—Pero, caballeros, no desconfíen del chileno —apuntó Willy tras recuperar cierto aplomo, induciéndome a pensar que quizás había montado aquella escena sólo para averiguar cómo yo reaccionaba ante opiniones críticas a la Revolución—. Él sabe lo que yo quiero decirle. ¿Verdad, chileno?

15

En medio del esplendoroso clima caribeño, las carencias de la Revolución y la espera del bebé, Chile y la dictadura de Pinochet se me fueron haciendo distantes. Solo los noticieros de radio y televisión, que informaban, magnificándolas, sobre las acciones armadas del MIR en contra del régimen, constituían el frágil vínculo con mi patria.

La prensa cubana difundía la imagen de un pueblo a punto de empuñar las armas para recuperar la democracia y construir el socialismo. Un pueblo que había disfrutado las primeras bondades de este, no admitía sin más ni más que la burguesía instaurara un régimen fascista y anulara las conquistas sociales. El MIR, que era financiado por Barbarroja y enarbolaba desde su fundación, a fines de los años sesenta, la vía armada para instaurar el socialismo, emergía ante los cubanos como la vanguardia que el resto de los partidos de izquierda no tardaría en imitar. Sin embargo, la realidad era otra, desalentadora, pues la policía política chilena asestaba golpes demoledores a las estructuras clandestinas de los partidos populares, sin permitirles la rearticulación.

Con el tiempo logré establecer en la universidad cierto grado de confianza con el cuarteto que integraban los jimaguas, Lázaro y Willy. Era un grupo esquizofrénico, con dos rostros, que fui vislumbrando de forma gradual: uno público y revolucionario, el otro íntimo y crítico al sistema. Este solo afloraba durante las sesiones a las que me invitaron meses más tarde, cuando ya confiaban algo en mí, pues constituía el ambiente en el cual solían opinar sin tapujos sobre todo lo que se les venía en gana.

No me resultó fácil ganarme la confianza del cuarteto, pues dos factores me perjudicaban: mi parentesco con Cienfuegos y mi condición de comunista. El primero encerraba la posibilidad de que yo mantuviera vínculos con la seguridad del Estado; el segundo, que guardara un genuino sentimiento de lealtad hacia la Revolución.

Mal que mal, la Facultad de Filosofía y Letras constituía, si bien no en el sentido de las universidades occidentales, un centro conflictivo, por cuanto años atrás se habían producido incipientes manifestaciones de crítica al régimen. Algunos dirigentes sugerían a media voz eliminar las carreras de ciencias sociales por el carácter rebelde de su estudiantado, y fortalecer en cambio las científico-técnicas, que supuestamente preferían los jóvenes revolucionarios auténticos.

A Margarita, que ignoraba mi relación con el cuarteto, la desalentó e inquietó a partir de cierto momento el ambiente pesimista y crítico que emergía a ratos en su facultad, sentimiento que se agudizaba cuando recordaba el fracaso de nuestra fuga hacia Berlín Occidental. Abrumada, pronto dejó de asistir a clases en forma regular y se refugió en casa y se dedicó a disponer las cosas para el arribo del bebé, aprovechando que Cienfuegos había conseguido librarla de la obligación de trabajar, lo que le correspondía en una fábrica de textiles capitalina.

La jornada laboral de mi brigada, que formaban veinte estudiantes de letras, comenzaba a las siete y media en punto de la mañana. Nos dirigía un albañil de apellido Reyes, militante del partido y obrero ejemplar, que desconfiaba de quienes leyeran mucho, porque a su juicio los libros confundían sexual e ideológicamente a los hombres, convirtiéndolos en maricones y contrarrevolucionarios. Reyes era un hombre humilde y de origen campesino, que había participado en la lucha contra bandidos de la sierra del Escambray, y se entregaba de lleno a la causa del comunismo. Lo recuerdo como un ser incansable, exigente y modesto, como uno de aquellos esforzados comunistas de las novelas de Konstantin Simonov, que siempre brindaban el ejemplo.

Sin embargo, nunca construí nada con la brigada y los días se me iban en demoler muros y techos, escalas y aleros, siempre bajo el supuesto de despejar espacios para levantar las nuevas obras de la Revolución. Nunca pasamos a montar andamios, hacer mezclas o parar ladrillos, y tras cada demolición nos trasladaban en la tolva de los camiones Zyl a otro sitio a cumplir la misma tarea: tumbar muros a golpe de mandarria. Jamás descargué un saco de cemento o un ladrillo para levantar algo nuevo, sólo me veo derribando días tras día muros con mucha saña. Cuando le pregunté a Reyes cuándo nos dedicaríamos a construir, ya que formábamos, al fin y al cabo, una brigada de construcción, molesto, me respondió a gritos:

—Estamos en guerra, chileno, y aquí se hace lo que viene de arriba, de lo contrario ocurre lo que les pasó a ustedes con el Pinochet ese.

Aunque en Valparaíso había soñado una vez con convertirme en un guerrillero capaz de luchar en todos los frentes, pronto me vi obligado a admitir que no era la persona idónea para ello. Cinco horas diarias de trabajo al sol del Caribe bastaron para tapizarme las manos de dolorosas ampollas y los pies de unos hongos implacables, que se multiplicaban vertiginosamente al amparo de la humedad y el calor de mis botas de plástico. Después del trabajo solo ansiaba tomar agua por litros, despojarme de las botas y tenderme a dormir bajo una sombra, pero era imposible, pues las clases comenzaban a las dos en punto.

Estudiábamos siguiendo los pesados manuales de las academias de filosofía, historia y economía de la Unión Soviética, que incluso nos hablaban de las condiciones objetivas que habían activado la transición al socialismo en las repúblicas de Moldavia y Tashkent, traducidos a un castellano arcaico por españoles que vivían en Moscú desde la caída de la República, ajenos por completo al hedonismo, la musicalidad y la sensualidad imperantes en el Caribe. Empecé a sospechar que, a fuerza de memorizar tantos textos sobre el desarrollo del socialismo en la Unión Soviética, no terminaría siendo un licenciado en literatura, sino un experto en marxismo-leninismo.

A mi mujer, sin embargo, un sorpresivo llamado de la Dirección Nacional de la Federación de Mujeres de Cuba, la FMC, que organizaba a todas las mujeres de la isla, le cambió la vida. Era de Vilma Espín, su presidenta, la esposa del ministro de la Defensa y hermano de Fidel.

—Quiere que le sirva de intérprete ante las delegaciones internacionales que asistirán al primer congreso de la FMC —me anunció con cierta emoción Margarita cuando yo me disponía a ir a La Copa a marcar en la cola del arroz y los frijoles.

A los congresos de las organizaciones creadas por la Revolución —el partido, UJC, FMC, CDR— asistían delegaciones de todo el mundo, siendo las principales las del campo socialista. Ante millares de delegados, la dirigencia daba cuenta de los avances del país y presentaba nuevas medidas para respaldar al gobierno, sin que jamás se produjesen discrepancias. Todos los acuerdos se adoptaban por unanimidad absoluta.

Como hablaba ruso, polaco y alemán, mi mujer era la persona adecuada para traducir las conversaciones que Vilma sostendría con las representantes de las organizaciones femeninas de la Unión Soviética, Polonia y la República Democrática Alemana. Cuba comenzaba a alinearse en todo sentido con los países de Europa del Este después de haber intentado en los años sesenta una etapa independiente primero y prochina después. La desaparición del Che, extremadamente crítico hacia lo que denominaba las dictaduras burocrático-estatales de Europa Oriental, facilitaba la integración de la isla al Mercado Común socialista.

—¿Y vas a dejar la universidad? —le pregunté. Yo creía que debíamos continuar la senda usual de los sectores medios chilenos de entonces: estudiar una carrera universitaria para convertirse en profesional y ganarse la vida dignamente.

—El congreso dura solo una semana —repuso entusiasmada.

Días más tarde viajaba junto a Vilma Espín y Valentina Tereshkova, la primera mujer cosmonauta del mundo y presidenta de la Federación de Mujeres Soviéticas, en un mullido Volga negro de la presidencia, encabezando la caravana de delegaciones internacionales que se abría paso por las calles habaneras a punta de sirenas y motociclistas.

16

Iván nació a mediados de marzo en la Maternidad Obrera de Marianao. Fue un varoncito sano y robusto, que me meó durante nuestro primer encuentro, en lo que supuse un acto premonitorio. Lo recibió un obstetra negro, que por la mañana atendía partos y por la tarde los abortos de escolares que atestaban la sala de espera. El aborto, legalizado, dependía solo de la voluntad de la embarazada y sus condiciones físicas.

Ángeles, la abuela de Margarita, sonrió con inmensa alegría al tomar entre sus brazos al bisnieto en el pequeño cuarto del hospital público, mientras la madre, pálida y demacrada, dormitaba a su lado.

—Es la primera vez que a una mujer de nuestra familia la atiende un niche —comentó—. Antes un negro jamás se habría atrevido a poner sus manos sobre una blanca, muchacho.

Cienfuegos y su esposa volaron de inmediato desde Moscú con el fin de conocer a Iván y acompañar a su hija. Solo realizaron una breve escala en Madrid para apertrecharse de mudas, un coche y una cuna para el recién nacido, de modo que la vida familiar se instaló armónicamente en la amplia y fresca casona de Miramar, donde bisabuela, abuela y madre se turnaban para atender al niño mientras el embajador destinaba su tiempo a las reuniones en la Cancillería. Yo, gracias al auxilio femenino, pude seguir asistiendo a clases y derribando muros con la brigada.

El día en que conoció a Iván, Cienfuegos me invitó a cenar al exclusivo restaurante del Hotel Riviera, donde comimos camarones con salsa americana y un delicioso pargo al horno regados con vino blanco español mientras una negra tocaba suave al piano piezas de Ernesto Lecuona.

—Todos se ven obligados a encontrarle parentesco a los recién nacidos —dijo a la hora de los postres, después de haber insistido en que la Revolución triunfaría antes en Centroamérica que en el Cono Sur—, pero ignoran que los niños no se parecen a nadie.

—¿Usted cree que no, comandante?

—Simple mierda de la gente, muchacho.

Solo un asunto empañaba la mesurada y tal vez escéptica alegría de Cienfuegos: el silencio de Viciani, el representante de la Jota en La Habana, que en la práctica, al no autorizar mi reincorporación a la Juventud Comunista, me condenaba a una existencia de sospechoso. Pese a que yo intentaba hablarle por teléfono, nunca lo hallaba en su oficina y tampoco lograba que me devolviera los llamados.

—Te buscaba por lo mío —le dije cuando al fin pude ubicarlo en el Comité de la Resistencia Chilena.

—Ahora no tengo tiempo —respondió instalando distancia entre ambos—. Aún no recibo información y bajo estas circunstancias no puedo incorporarte.

—No entiendo.

—Es sencillo. Aquí no hay nadie que te conozca. Si me entero de algo favorable para ti, te llamaré de inmediato.

—¿Aún no llamas a Mireya a Budapest?

—No he podido, y disculpa, que estoy en una reunión importante.

Colgó.

Mis intentos fallidos sacaban de quicio a Cienfuegos.

—Este comemierda me está cansando, chico —exclamó una noche en que bebía Old Parr y fumaba un Lanceros en la terraza de Miramar—. ¿Aún no tiene novedades?

—No.

—Podrás imaginarte que antes de que viajaras de Berlín, le pedí a Barbarroja que te investigara. Si no hubieses estado limpio, no habrías entrado a la isla. Y ahora este personaje quiere colocarme en una situación incómoda —comentó con desdén—. No sabe con quién se está metiendo.

A partir de aquella ocasión no volvió a hablar de Viciani, quien disfrutaba de una confortable habitación con aire acondicionado y comida asegurada en el Hotel Habana Libre, lujo asiático para cualquier cubano del pueblo. No lo mencionó más, pero —solo después me enteré de ello— lo citó a una reunión en la oficina de Barbarroja, en el Departamento América, para amenazarlo con las penas del infierno si no aceleraba la normalización de mi militancia. Fue así como Viciani no tardó en permitirme el reintegro a la Jota, lo que me obligó a tener que asistir los miércoles por la noche a reuniones de formación ideológica y ciertos domingos a extensas e improductivas jornadas de trabajo voluntario en planes agrícolas y fábricas.

Dos meses más tarde, Caridad del Rosario, una dulce y vieja sirvienta negra, se hizo cargo de Iván para que mi mujer pudiera asumir un trabajo definitivo en la Federación de Mujeres, donde colaboraría en el despacho de su presidenta, gratamente sorprendida por la capacidad profesional de Margarita. La negra tenía el pelo blanco en canas, lo que en los negros es señal de edad muy avanzada, y era tímida, silenciosa y pobre, y contaba que su abuelo había sido esclavo y que uno de sus nietos era Conrado Benítez, un joven alfabetizador asesinado por las bandas contrarrevolucionarias en la sierra del Escambray.

Pese a que ocupaba la misma ala de la casona con Dora y Lorenza, nunca se entendió con ellas, ni buscó su amistad, y como la gallega despreciaba a Dora porque esta especulaba en la bolsa negra y era apostadora empedernida, reinaba siempre un silencio placentero en la vivienda, solo interrumpido a veces por el llanto del niño o la frotación de cubos de hielo en las paredes. Al trío de sirvientas les pagábamos con billetes de los fajos que habíamos recibido como regalo de bodas y ocultábamos debajo de los colchones, dinero que nos hubiese permitido durante años pagarle sus salarios, consumir en los restaurantes de acceso restringido a la población y comprar lo indispensable en la bolsa negra.

Un día Caridad del Rosario, que era silenciosa y limpia como un caracol, tuvo la mala ocurrencia de preguntarle a mi suegro, durante una visita de Barbarroja, si el huésped deseaba un café. Barbarroja asintió risueño.

—¿Y usted, don Ulises, también desea uno?

—¡Cómo que *don* Ulises, coño! —exclamó Cienfuegos furibundo—. ¿Para qué coño hicimos esta Revolución con tanto mártir y sacrificio si al final negras como tú siguen diciéndole *don* a cualquiera!

Caridad del Rosario abrió los ojos con desmesura y su rostro negro se tornó ceniciento y no pudo sacar el habla. Nunca nadie le había gritoneado en su vida, ni siquiera en el período prerrevolucionario, cuando prestaba servicios en una imponente mansión de El Laguito, que ahora pertenecía a la dirección de protocolo. Ella ignoraba, por cierto, que pocos días antes Fidel había llamado al pueblo a combatir las costumbres burguesas que, enquistadas en la nueva sociedad, impedían profundizar la Revolución.

—Disculpe, don Ulises.

—¡Otra vez don Ulises, coño! ¡Dime compañero, compañero embajador, eso es lo que soy y para eso hicimos esta Revolución!

—Disculpe, compañero don Ulises —tartamudeó la negra sorprendida, porque desde que trabajaba en la residencia lo trataba de don, sin que Cienfuegos se opusiera—. ¿Se sirve usted también café?

Comencé a enamorarme de mis estudios de literatura latinoamericana y marxismo. Si bien me irritaba que los manuales rusos calificasen la estética posterior a Marx de burguesa y decadente y, por lo mismo, de escaso valor para ser estudiada, las tesis de ciertos teóricos rusos y búlgaros, basados en pasajes de Hegel, me resultaban convincentes. También me cautivaban por su simpleza y transparencia los análisis deterministas que intentaban explicar la literatura y el arte como meros reflejos ideológicos de la base material de toda sociedad. Solo algunos párrafos de un tomo de la *Estética,* de Georg Lukács, que pude obtener en la biblioteca de la Casa de las Américas, me hacían dudar a veces de ciertas afirmaciones absolutas de Todorov y Rubinstein, pero igual disfrutaba yo aquel juego dialéctico de conceptos en el marco de una Revolución que, por decirlo de algún modo, iba conquistando mi alma y la de Margarita en la misma medida en que le dedicábamos nuestros esfuerzos y sacrificios.

En realidad la Revolución era entonces un proceso aún macizo e imponente, aunque ya no fresco y vigoroso como en los años sesenta, cuando la dirigían los barbudos que acababan de bajar de la sierra con escapularios al cuello y la respaldaban con entusiasmo los intelectuales europeos y latinoamericanos. No, no era la misma, había incurrido en errores inquietantes, aunque subsanables, perdonables, pero se erguía incólume y conservaba un apoyo popular mayoritario en las narices del imperio, y sus metas —educación y salud gratuitas, trabajo garantizado, equidad y solidaridad con el Tercer Mundo— resultaban de una nobleza indiscutible.

Con el tiempo fui experimentando con Margarita, primero, una suerte de rubor al recordar nuestro intento de fuga en Berlín y, luego, una abierta vergüenza al admitir que habíamos estado a punto de abandonar la nave de la Revolución encandilados por las ventajas materiales de Occidente.

Estoy seguro de que nuestro viraje, genuino y profundo, no lo generó la ideología, sino las acciones terroristas de la DINA de Pinochet y la contrarrevolución de Miami. Mes a mes llegaban a La Habana desde Chile, vía Ciudad de México o Caracas, los nombres de nuevos desaparecidos, pero también las víctimas de la represión: mujeres violadas en centros de tortura, jóvenes a quienes les habían arrancado las uñas de los pies, niños que habían perdido el habla al presenciar como a su madre le introducían ratas en la vagina o a su padre una picana eléctrica en el ano. Aquellos relatos, que escuchábamos consternados en las reuniones de la Jota, nos impresionaban más que los nombres y las fotos de los detenidos y desaparecidos, porque brotaban de seres de carne y hueso, que narraban aquellos escalofriantes episodios entre ataques de llanto y prolongados silencios.

Los torturados que arribaban a La Habana para someterse a tratamiento médico y psicológico gratuito, los nombres de los ejecutados y desaparecidos que difundía la prensa y los asesinatos del general Carlos Prats, en Buenos Aires, y de Orlando Letelier, en Washington, ambos ex ministros de Defensa de Allende, mediante atentados dinamiteros de la DINA, probaban que en la lucha entre el socialismo y la reacción no había lugar para medias tintas ni vacilaciones, sino solo para posiciones extremas y revolucionarias, de obligada intransigencia, como exigía Fidel. La política en la América Latina de esos años, gran parte de la cual vivía bajo dictaduras de derecha respaldadas por Estados Unidos, no se reducía a la lucha por controlar bancadas en un Parlamento, sino que a menudo cobraba la vida de quienes intentaban recuperar la democracia e instaurar el socialismo.

Nuestro regreso a la fidelidad política no solo fue gatillado por las atrocidades cometidas por el régimen chileno, sino también por un crimen deleznable de los contrarrevolucionarios: el derribamiento de una nave de Cubana de Aviación que volaba de Barbados a la isla con un centenar de pasajeros y el plantel de esgrima cubano, que acababa de triunfar en los Juegos Panamericanos. Un maletín con una bomba instalado bajo una butaca por contrarrevolucionarios, explotó mientras la nave volaba. No hubo sobrevivientes. Días después, Fidel convocó al pueblo a un homenaje a las víctimas. Más de un millón de personas, Margarita y yo entre ellas, desbordó aquella noche la Plaza de la Revolución, donde el líder máximo, ante los féretros que guardaban meros restos simbólicos de los muertos, pronunció una frase inolvidable y escalofriante por su belleza y exactitud: bajo el cielo caribeño de entonces el dolor no se compartía, sino que se multiplicaba.

El atentado parecía demostrar, al igual que las acciones de la DINA, que el enfrentamiento entre ambos sistemas era una guerra sin cuartel en que no cabían los prejuicios pequeñoburgueses ni las críticas resentidas a la Revolución, la que requería por lo mismo la plena lealtad, entrega y disciplina del pueblo combatiente. La vida enseñaba que uno debía escoger entre Cuba o quienes eran capaces de hacer volar un avión de pasajeros, entre un general legalista chileno o sus asesinos, entre mujeres y niños indefensos o los salvajes torturadores de la DINA. Empujados por esta interpretación maniquea de las cosas comenzamos a refugiarnos en la Revolución, que nos sirvió de bálsamo y estímulo, de modo que sus logros, elogiados a diario por el *Granma,* la radio y la televisión, se transformaron también en los nuestros, haciéndonos olvidar nuestro intento de fuga y convenciéndonos a ratos de que representábamos los anhelos más limpios y elevados de justicia de la humanidad.

17

Comencé a frecuentar las reuniones del cuarteto, que se celebraban en un Fruticuba cercano a la Ciudad Deportiva, local que años atrás expendía frutas y jugos, pero ahora solo agua tibia y helado de coco en unas copas abolladas de aluminio. Mientras trabajaba en la construcción, los jimaguas lo hacían en una armaduría de buses, y Willy en una fundición de acero, todas labores ajenas a la literatura. Solo a Lázaro le sonreía la fortuna: estaba en la biblioteca central de la universidad.

El mulato anhelaba especializarse en historia del arte para intentar después la investigación y la docencia, meta de difícil alcance para él, pues no militaba en la organización juvenil comunista. Según Mercedes, la encargada de la UJC del aula, Lázaro jamás sería aceptado como militante por su condición de homosexual.

Si bien ciertos gestos suyos despertaban suspicacia, en particular el revoloteo de sus manos y la prolongada caída de sus párpados, no avizoré indicios inequívocos de que fuera homosexual. Yo conocía a chilenos de estilo semejante, casados y con hijos y, al parecer, con los cojones bien puestos, pero ignoraba entonces que los homosexuales cubanos solían fingir cierta rudeza para evitar represalias, aunque algunos de ellos, situados en altos cargos gubernamentales, como Alfredo Guevara, el director del Instituto Cubano de la Industria Cinematográfica, hacían abierta ostentación de su orientación sexual sin padecer desventaja alguna.

—A esos los protege Celia Sánchez Manduley, la secretaria de Fidel —me explicaron los jimaguas—, pero el día en que el hermano de Fidel tome el poder, los perseguirá sin piedad, pues odia a los pájaros.

La persecución de homosexuales había experimentado un clímax a finales de los años sesenta, bajo la batuta del general Raúl Castro, quien, con su sempiterna voz aguardentosa, había ordenado limpiar de maricas a la sociedad revolucionaria, incluyendo al prestigioso Ballet Nacional, medida que había desatado una vasta campaña internacional de protestas de gobiernos y organizaciones humanitarias —en especial después de que aviones espías constataron que miles de homosexuales estaban recluidos en campos especiales, denominados UMAP, Unidades Militares de Apoyo a la Producción—, y desmantelado por completo los cuerpos de ballet de la isla e importantes sectores de la cultura cubana.

Raúl Castro soñaba con «reeducar» a los homosexuales y convertirlos en revolucionarios «cojonudos». Pensaba que lo lograría recluyéndolos bajo férrea disciplina militar en las UMAP, donde los hacía trabajar como a culíes y les aplicaba penas severas cada vez que los sorprendía en actos de sodomía. Para él, la homosexualidad era una cuestión de voluntad, de mala costumbre, susceptible de ser modificada por medios pedagógicos, que a la Revolución le sobraban. Cuba debía convertirse pronto no solo en el primer territorio de América libre de analfabetismo, sino también de maricones.

Años más tarde me tocó conocer a ex presos de las UMAP. En cierto sentido se asemejaban a los alemanes orientales que, por nazis, habían vivido al término de la Segunda Guerra Mundial en campos de prisioneros soviéticos: jamás hablaban de aquella experiencia por una suerte de vergüenza. Uno de ellos era Sergio, compañero homosexual de trabajo de una chilena. De aspecto frágil, piel lechosa y calvicie prematura, Sergio vivía con su madre en un edificio cercano. Nunca mencionaba su experiencia, ya que al obtener la libertad se había visto obligado a firmar un documento por el cual se comprometía a guardar silencio sobre la UMAP.

—Dormíamos de a cientos en una barraca rodeada de cercas de púa, vigilados por sádicos, que nos hacían trabajar hasta doce horas diarias en el campo —nos contó llorando en la vivienda de Ana María, una militante del Partido Socialista Chileno, mientras bebíamos unas cervezas—. Nos daban raciones de hambre y convivíamos con criminales y deficientes mentales. Las violaciones eran pan de cada día. Muchos ni siquiera eran maricas, solo afeminados.

—¿Y por qué te llevaron? —le pregunté. Ana María lo observaba consternada desde la cocina, donde colaba café. Ella militaba en el Partido Socialista Chileno y se negaba a creer lo que escuchaba—. ¿Te cogieron en un salto?

—Porque de niño me gustó el ballet y nunca pude ser como los demás muchachos —respondió con femenino aleteo de manos—. Alguien del CDR me denunció y una tarde me llevaron en un camión. Nadie dijo nada. Ni cuando me fui, ni cuando regresé.

Sin embargo, en nuestro grupo, ahora quinteto, era precisamente Lázaro, supuestamente el homosexual, el escogido por la fortuna, pues trabajaba en una biblioteca. Su situación podía deberse tanto a una alentadora mejoría de las cosas para los gays como al simple error de omisión de alguien. En todo caso, la biblioteca le brindaba una labor sin sobresaltos, jornadas de ocio y lecturas inolvidables en el recinto fresco y sosegado de una bodega.

Pero aquella tarea también tenía sus lados sombríos. Cada mes aparecía en la biblioteca un funcionario de la Dirección de Orientación Revolucionaria del partido cubano, entidad encargada de velar por la pureza ideológica, con una lista de textos que debían ser retirados de circulación y almacenados en un depósito anexo hasta su traslado definitivo. Al imitar la isla la política cultural soviética, basada en la promoción de obras apologéticas

al socialismo y la censura de aquellas que lo cuestiona-
ran, la Revolución había comenzado a constatar que en
las bibliotecas del periodo capitalista abundaban libros
críticos al socialismo, lo que promovía el denominado
«diversionismo ideológico», que, según el general Raúl
Castro, no era nada más que nefasta influencia ideológica
burguesa e imperialista.

Lázaro nos había dicho que las obras prohibidas iban
a dar a una biblioteca de acceso restringido —inspirada
en las bibliotecas de acceso restringido de los países
socialistas—, que coleccionaba textos de autores «burgueses», como Ortega y Gasset, Octavio Paz o Arthur
Koestler, y de cubanos «tronados», como José Lezama
Lima, Virgilio Piñera, Heberto Padilla o Antón Arrufat,
o de exiliados, como Severo Sarduy, Carlos Franqui o
Guillermo Cabrera Infante. En todo caso, el trabajo le
permitía al mulato no solo retirar de los estantes la literatura prohibida, sino incluso leerla mientras aguardaba
su destino final.

El sistema coincidía con otras prácticas culturales
del gobierno, por ejemplo en materia de fotos oficiales.
Cada vez que un destacado combatiente «traicionaba» a
la Revolución —es decir, acababa encarcelado al igual
que los comandantes Huber Matos o Joaquín Ordoqui,
o buscaba asilo en otro país—, su rostro era borrado de
todas y cada una de las fotos en que aparecía junto a Fidel.
Así, el racimo original de personajes que lo rodeaba en las

fotos de los inicios de la Revolución se iba desgranando paulatinamente hasta que se convertían en simples retratos individuales del máximo líder, que lo mostraban de pie en una gran tribuna desolada o sentado a la cabeza de una mesa de sesiones completamente desierta.

Pero una tarde en que nos reunimos en un Fruticuba bien surtido, que estaba alejado del centro y vendía aún lascas de guayaba, trozos de mango y naranjas ácidas sobre unas mesas pringosas que había que disputar a las moscas, Lázaro nos confesó que había descubierto algo en su trabajo, que era una verdadera pesadilla.

—¿Pero cómo es eso, mi hermano? Si te considerábamos el bacán.

Su boca algo bembona se regodeó en un comienzo para explicarnos qué ocurría, pero nuestra insistencia resultó tan abrumadora y convincente que terminó por contárnoslo.

—Los libros que retiro de circulación no van a una biblioteca especial.

—¿Y adónde los llevan entonces? —pregunté.

—Se los llevan en un furgón.

—¿Adónde, coño? ¿Al Comité Central?

—Los reciclan como papel o los tiran a calderas.

—¿Cómo? —exclamé asombrado mientras a mi memoria acudían las imágenes de los soldados chilenos quemando libros tras el golpe, imágenes escalofriantes, evocadoras de las piras de libros en el Berlín de Hitler, y que habían recorrido el mundo convertidas en símbolo de la dictadura—. ¡Eso es mentira, viejo, una infamia!

—Yo repito simplemente lo que escuché decir a los tipos mientras cargaban el furgón: «Este recurso papel impreso se recupera o se convierte en energía, compañeros», así dijeron.

—¿Los echan al fuego, coño? —grité, y una pareja que comía lascas de guayaba en la mesa adyacente me observó inquieta.

—Imagínate, entre que los libros de Soljenitzin, Bulgákov, Koestier, Vargas Llosa, Cabrera Infante o Padilla terminen como papel de envolver para la cuota de carne o calentando agua en un hospital, es preferible lo segundo.

—Apuesto a que eso no lo sabe el Caballo —comentó el jimagua pálido.

—¿Y qué crees que haría Fidel con los libros que retiran de circulación por contrarrevolucionarios? —preguntó Willy—. ¿Almacenarlos hasta que tengamos la madurez como pueblo para leerlos? ¿Entregarlos a las librerías de viejo? ¿A los Comités de Defensa de la Revolución?

—Puedes decir cualquier cosa, Lázaro, pero aquí nunca se han quemado libros como en otras partes, muchacho —aclaró José Antonio—. Lo justo es lo justo.

—Ni falta que ha hecho. Ha bastado con no publicarlos —arremetió Willy extrayendo una pequeña bomba de su maletín para aplacar su incipiente ataque de asma—. Pero los libros que fueron escritos por quienes se marcharon a Miami o que se editaron en los años sesenta, cuando teníamos una política cultural que aplaudía hasta a Jean-Paul Sartre, tienen que hacerlos desaparecer de algún modo. Y no creo que los guarden.

Me picaba la curiosidad por saber qué textos no debían circular al ser considerados peligrosos para el socialismo y nuestra formación revolucionaria. En el Chile de Allende me había acostumbrado a hojear en las librerías y bibliotecas a los autores más dispares del mundo, desde los ultraizquierdistas prochinos o albaneses hasta los apologistas de Estados Unidos o Adolf Hitler. A lo mejor el socialismo era aún demasiado joven en la isla para enfrentar campañas en su contra y pronto alcanzaría la madurez y los cubanos podrían leer todo. Pensé que tal vez el hombre nuevo debía consolidar primero su visión de mundo antes de caer bajo la influencia de enemigos del socialismo. En Alemania del Este, Polonia o la Unión Soviética también existía la censura estatal en materia de libros. ¿No constituía acaso mi deber denunciar aquella irregularidad, que Fidel seguro ignoraba, a la dirección de la escuela? Sin embargo, nuestra curiosidad juvenil por acceder a la manzana prohibida, a los textos que la Revolución deseaba escamotearnos, pudo más aquella tarde.

Y acordamos, allí en el Fruticuba, comiendo mango y tomando jugo de guayaba, algo inaudito: Lázaro separaría discretamente los libros más importantes antes de que los retirara el furgón y los guardaríamos para deleite nuestro hasta que pudieran volver a circular. Todo eso suponiendo, desde luego, que el mulato pudiese sustraerlos sin correr peligro.

—Es improbable que lo noten —reiteraba Lázaro—, porque nadie lleva registro de los libros que cargamos del almacén al furgón. Es más, llegamos y los arrojamos en el vehículo en medio de las penumbras. Nunca nos descubrirán.

de chile

Desde hace mucho me abruma un recuerdo aciago del cual no logro desprenderme. Es una escena que ocurre en Santiago, en la esquina de las calles Pedro de Valdivia y Eliodoro Yánez, en el elegante barrio de Providencia, durante los últimos días del gobierno de Allende. La derecha, apoyada por el gobierno de Estados Unidos, impulsaba la huelga nacional indefinida, que culminaría con el famoso paro de los camioneros, la intervención de las Fuerzas Armadas y el derrocamiento del presidente.

Fue una mañana gris y fría en la que me subí con una veintena de camaradas a un camión municipal a enfrentar a los «fascistas» que obligaban a los comerciantes a cerrar sus tiendas. Íbamos armados de palos, cadenas, linchacos y cascos para cumplir la tarea encargada por la Jota. Eran días de batallas campales en las calles envueltas en el humo de las barricadas y bombas lacrimógenas, días de sirenas de ambulancias y carros patrulleros, días de interminables colas para conseguir algo de pan, leche o mantequilla en las JAP, los centros de racionamiento de víveres, días de atmósfera tensa e incierta, previa a la de una guerra civil. Si bien mis camaradas vestían la camisa amaranto de la juventud, yo andaba con jeans, una polera de marca y zapatillas Adidas, tan de moda entonces y que mis padres acababan de traerme de un viaje a Europa. Banderas rojas con la hoz y el martillo flameaban al viento por sobre nuestras cabezas y cantábamos *La Internacional,* himno del partido, y el *Venceremos,* himno de la Unidad Popular, convencidos de que las lecciones de kárate que nos impartían por las noches nos permitirían aniquilar a cualquiera. Algunos transeúntes nos vitoreaban, otros nos chiflaban y nosotros respondíamos con voz enronquecida: «¡HoHoHo Chi Minh, lucharemos hasta el fin!».

Saltamos de la tolva en las inmediaciones del cruce formado por Pedro de Valdivia y Eliodoro Yáñez ignorando que no eran los vecinos de ese barrio exclusivo los que obligaban a cerrar los negocios a los comerciantes, sino estos, por propia voluntad, quienes se negaban a alzar las cortinas metálicas para normalizar el precario suministro de alimento a la población. Al vernos llegar armados y en número considerable, los tenderos asumieron una postura vacilante, pero las circunstancias cambiaron abruptamente cuando comenzamos a descerrajar los candados y la gente del lugar acudió en defensa de los tenderos, iniciándose un confuso tira y afloja en el que nosotros, neutralizados por los violentos carterazos de estridentes señoras bien vestidas, comenzamos a llevar la peor parte.

Pero las cosas empeoraron de improviso con la llegada de camiones y automóviles con miembros del Comando Rolando Matus y del Frente Nacionalista Patria y Libertad que portaban cadenas y linchacos. No tardaron diez minutos en rodearnos. ¡Habíamos caído en una trampa!

—¡A replegarse, compañeros! —gritó nuestro jefe, y de inmediato se produjo una desordenada estampida amaranto.

Pero los nacionalistas, respaldados por una muchedumbre enardecida, comenzaron a perseguirnos. En medio de la confusión y el desbande generalizado de nuestras filas, varios comunistas fueron alcanzados y castigados brutalmente con linchacos, cadenas y puntapiés. Y mientras yo corría con la respiración entrecortada por Pedro de Valdivia hacia el sur, aterrado de que me dieran caza y molieran a cadenazos, reparé de pronto en que nadie me perseguía. Mi pánico inicial se trocó en desconcierto. No supe a qué atribuirlo. Solo al rato entendí: los derechistas confundían mi indumentaria con la de sus propios jóvenes. *Jeans*, poleras de marca y zapatillas Adidas constituían el símbolo de los muchachos del barrio alto. Ciegos por el odio y el resentimiento, los perseguidores creían que yo era uno de los suyos, de los nacionalistas que defendían a los comerciantes del ataque rojo.

Y en ese preciso instante presencio una escena escalofriante, que se devela lentamente ante mis ojos mientras avanzo, volviendo sobre mis pasos, ya calmado, entre la multitud que exige muerte a los comunistas. En el centro de un círculo compacto formado por la gente yace, al parecer, alguien en el suelo. Me abro paso a empellones y veo que la masa sostiene en vilo a un camarada por sus piernas y brazos. Mientras unos lo jalan de las extremidades, otros le retuercen la cabeza y le propinan golpes y puntapiés por doquier. Lo reconozco, pese a la sangre que mana abundante por su boca y nariz, pese a los pómulos desfigurados por los golpes, pese a los cortes profundos en las cejas y los moretones en la frente, pese a su camisa amaranto hecha jirones. Es Ramón López.

Parece inconsciente, pero creo que es el miedo a la muerte y no la muerte misma lo que ha paralizado sus miembros. Alguien se apodera de su billetera, que asoma por un bolsillo del pantalón y se aleja presuroso con ella. Ramón está casado con una frágil mujer campesina de Temuco, con la que tiene tres hijos pequeños. Su padre, minero de Lota, murió hace un año de silicosis, su madre es lavandera, él estudia gracias a una modesta beca de la Jota. Yo presencio todo aquello en silencio, impávido, con ojos desmesurados, como si ocurriera en cámara lenta, sin atreverme a intervenir para evitar el linchamiento, consciente de que defenderlo puede significar mi propio fin. Al parecer, el resto de los camaradas ha logrado huir.

—¡Suéltenlo, suéltenlo, que vienen los pacos! —grito yo de pronto tratando de poner fin a su sufrimiento sin despertar sospechas.

Alguien le asesta un puñetazo en pleno rostro, un rostro que pronto se convierte en bulto sanguinolento y deforme, y me responde que no importa, que los carabineros del municipio son aliados. Y en ese instante reconozco a quien me habla y él me reconoce a mí. Es Rolfi, un ex alumno del Colegio Alemán con quien jugué en el pasado tenis en el Club Manquehue y asistí a campamentos escolares de verano en el lago de Lanalhue. Sé que estudia medicina, que quería dedicarse a salvarle la vida a la gente, pero ahora la sangre de Ramón mancha sus propias manos. Le ruego que me ayude a salvar al camarada, a quien describo como un pobre hombre, y Rolfi me sonríe estúpidamente con sus ojos celestes y sus cejas rubias y me va a responder cuando alguien me empuja, me hace trastabillar y me derriba, y yo me aferro a una pierna de Ramón mientras veo que él sigue recibiendo golpes y escupitajos, y advierto por un segundo que sus ojos, ahora vidriosos como los de un cadáver, me ruegan que lo rescate y lo entregue a su mujer y sus pequeños que lo esperan en casa.

Pero no puedo hacer nada en contra de la voluntad de esa masa que ruge sedienta de venganza por las expropiaciones de bancos, tierras y fábricas que aplica el gobierno de Allende, esa masa que, como una marea espesa, me empuja en direcciones distintas sin dejar de zarandearme. Los perseguidores, incluso los caballeros de bastón y las damas de sombrero y cartera de cuero, quieren en su conjunto golpear por fin a un comunista de verdad, a uno de los culpables del caos y desabastecimiento, a uno de esos que incita a la lucha de clases y al pillaje de los ricos. La marea febril, de la que soy prisionero, me aparta lenta pero irremediablemente de Ramón, mientras intuyo con desesperación e impotencia que no lograré rescatarlo, que morirá dentro de poco en el pavimento, a escasos metros de mí, consciente de que nada hice por salvarle la vida.

Tiempo después, horas tal vez, aturdido, con la respiración entrecortada y lágrimas en las mejillas, logré zafarme de la muchedumbre y caminé en medio del humo negro de las barricadas, el olor lacerante de las bombas lacrimógenas y el escándalo de las sirenas policiales buscando el cuerpo de Ramón. Pero no lo hallé ni entre los neumáticos en llamas, ni bajo los escaños volcados, ni entre los automóviles con sus parabrisas quebrados de la avenida Pedro de Valdivia. Recuerdo que desemboqué en barrios desiertos y en penumbras que no conocía, barrios que parecían haber sido azotados por un bombardeo aéreo o una guerra civil, donde caí de bruces, sintiendo náuseas, y vomité hasta que ya no quedó nada en mi estómago y un dolor espantoso me desgarró el pecho. A través de mis párpados entornados vislumbré que me hallaba en una esquina solitaria, lúgubre y desconocida, donde los almacenes permanecían con las cortinas metálicas cerradas como símbolo premonitorio de nuestra derrota final.

II
EL VEDADO

19

Una noche, ya muy tarde, recibí en el departamento una llamada de Virginia, la secretaria de mi base de la Jota. El tono de su voz y la premura con que hablaba me sorprendieron, evocándome las cadenas telefónicas de la organización en los días previos al golpe militar. Virginia no solía llamarme a menudo a casa, menos aún a altas horas de la noche.

—Tenemos reunión urgente —dijo en tono perentorio—. Te esperamos mañana, a las ocho en punto de la noche, en la oficina de la Jota.

¿Ocurría algo delicado que me comprometiera? Por un instante temí que tal vez se hubiesen enterado de que Lázaro estaba sustrayendo libros de la biblioteca para el grupo. Era probable que alguien —alguien de la seguridad del Estado— hubiese denunciado la acción en que se hallaba involucrado un chileno, pero al mismo tiempo me pareció improbable que la policía fuese a operar de ese modo, sin enfrentar directamente un delito contrarrevolucionario.

—Estaré a la hora indicada —repuse y colgué para continuar sumido en el episodio de *Veintitrés instantes de una primavera,* una apasionante serie rusa basada en una novela de Julian Semionov, que narraba las peripecias de un agente soviético infiltrado en el cuartel central de la Gestapo.

Cuba entera se paralizaba cada noche con las aventuras del mayor Stieglitz en Berlín, y al día siguiente no había nadie que no las comentara en el centro de trabajo, el barrio o la universidad y especulara sobre su desarrollo ulterior. Poco tiempo después, inspirado en el éxito de la serie de televisión, el Instituto Cubano del Arte y la Industria Cinematográficas de Cuba iniciaba el rodaje de *En silencio ha tenido que ser,* una espectacular serie de suspenso que, empleando archivos de la Dirección General de Inteligencia, mostraba la lucha del espionaje cubano en contra de la oposición isleña y la CIA. Su éxito fue tan rotundo que incrementó en forma sorprendente el número de jóvenes deseosos de integrar la policía secreta y de leer novelas de espionaje. Fue en esa época que comenzó el auge del género policial cubano, quizás el principal aporte de la Revolución a la literatura latinoamericana.

A las dos de la tarde del día siguiente toqué a la puerta de la representación de la Jota. Me abrió un hombre moreno y espigado, de rasgos indígenas, que peinaba su pelo liso hacia atrás. Advertí un curioso fulgor en su mirada, tenía las manos huesudas y las piernas largas, y pensé en una figura mal esculpida.

—Adelante, camarada —me dijo—. Soy Elías, de la dirección del partido.

Oriel Viciani se hallaba sentado en el gran escritorio de caoba de la sala. Fumaba serio. Me clavó sus negros ojos escrutadores mientras Elías ocupaba una silla a su lado. Tomé asiento frente a ellos en un minúsculo taburete. Solo se escuchaba el zumbido del aire acondicionado en la sala que unas cortinas gruesas mantenían en semipenumbras.

—Te citamos para abordar un asunto secreto —anunció Viciani—. El camarada Elías te explicará el motivo.

—La dirección del partido estima que el pueblo solo derrotará a la dictadura si cuenta con ejército propio —dijo Elías en tono ceremonioso—. Hemos comenzado, por lo tanto, a implementar nuestra política militar con ayuda de los camaradas cubanos. No pretendemos crear un foco guerrillero, sino formar el futuro Ejército del Chile democrático, cuya oficialidad deberán integrarla miembros del movimiento popular. Los cubanos están aceptando en sus escuelas militares a todos los militantes que deseen abrazar la carrera. ¿Qué te parece?

—Me siento honrado de que confíen en mí para una tarea de esta envergadura —repuse asombrado por el anuncio de que el partido arrojaba por la borda su tesis pacifista de construir el socialismo y enarbolaba ahora la vía armada para derrocar a Pinochet.

—El reclutamiento comienza ahora mismo —anunció Viciani expulsando humo por la nariz con la vista fija en la lámpara de cristal encendida, que irradiaba una luz tenue en la sala—. ¿Contamos contigo?

—¿Cuándo debo responder en forma definitiva? —pregunté.

—Ahora.

Me desconcertó la premura de la convocatoria. Aquella consulta tan sorpresiva como crucial implicaba no solo un cambio extremo en la política del partido, sino también un profundo viraje en mi vida, lo que merecía al menos una reflexión concienzuda. No me sentía capaz de responder de inmediato a un reclutamiento que tenía lugar entre gallos y medianoche. ¿No había estado yo acaso en contra de la guerra civil en Chile? ¿A fines de los años sesenta no palpitaba yo con las canciones de amor y paz del Festival de Woodstock, con *I Had a Dream,* de John Sebastian; *Freedom,* de Richie Havens; *Joe Hill,* de Joan Baez, o con Los Jaivas? De Allende me había seducido su anhelo inquebrantable por convertir a Chile en un país más justo y democrático mediante el empleo de la razón y la conquista de la mayoría. Por eso había ofrendado su vida, para que otros no murieran por una causa que él había encendido en la población. ¿Y ahora me aprestaba a coger los hierros para emplearlos en Chile y poner en riesgo mi vida? Si yo lo único que había deseado era construir el socialismo en mi patria y ahora añoraba tan solo que la democracia volviera a ser restablecida tanto por la presión popular como la solidaridad internacional. Sin embargo, la convocatoria de la Jota significaba abandonar de modo abrupto estudios, trabajo y familia e ingresar a una unidad militar para que me adiestraran y pudiera enfrentar al Ejército chileno.

¿Qué había llevado al partido a un cambio tan secreto y súbito de su política?

—No puedo responder ahora —dije sin poder ocultar mi rubor. Temía que me creyeran un cobarde. Quizás lo era—. Debo conversarlo al menos con mi mujer.

—Tienes tres días para responder —advirtió Viciani sin levantar la vista de una libretita donde tal vez llevaba apunte de los voluntarios.

—¿Y cuánto dura esa preparación?

—No es una simple preparación. Son cuatro años de formación militar profesional —aclaró Viciani—. Y debes saber que constituye un honor para un militante de la Jota convertirse en oficial del futuro Ejército democrático de Chile. A otros camaradas les bastó con lo que te dijimos para asumir un compromiso con el pueblo.

¿Quiénes habían optado por cambiar la forma de lucha? No podía haberlo hecho Luis Corvalán, el hombre sencillo y pacifista, amante de los giros populares, que encabezaba el partido desde hacía veinte años y había obtenido su libertad gracias a un trueque con un disidente ruso liberado por la Unión Soviética; ni tampoco Volodia Teitelboim, el segundo de a bordo en el PC, un intelectual de prestigio, que vivía ahora en Moscú, desde donde dirigía *Araucaria,* una revista cultural chilena, más ocupado tal vez de la sintaxis de sus discursos y de corregir las galeradas de la publicación que en impulsar la vía armada. Tampoco podía provenir el cambio de Gladys Marín, una luchadora clandestina valiente, pero sin brillo, que ocupaba el cargo máximo en la dirección de la Jota. Todos ellos se habían opuesto siempre a la lucha armada, pero ahora, por razones que ignoraba y que no se habían discutido en las reuniones de base, el partido y la Jota optaban por las armas, por la vía de Barbarroja y de la Revolución Cubana, a la que atacaban con tanto ardor en un pasado reciente. ¿Obedecía a un análisis serio la decisión de llevar la guerra a todo el país?

Pensé una vez más en mis estudios y en mi proyecto de regresar algún día con la familia a Chile a participar en su redemocratización y en el hecho de que debía renunciar a todo ello por el llamado de la Jota. Pero me sobrecogió una sensación de ira e impotencia cuando acudió a mi memoria ese instante del 11 de septiembre de 1973, en el Pedagógico de Santiago, cuando constaté que nuestros dirigentes, los mismos que nos adiestraban para enfrentar la sedición y resistir a los fascistas en nombre del socialismo, se habían hecho humo, dejándonos abandonados a nuestra suerte. ¿Y ahora ellos, que veía simbolizados en La Habana en las figuras de Oriel y Elías, emergían otra vez enarbolando un nuevo proyecto, uno que desde su inicio hipotecaba mi vida?

No, no estaban legitimados para exigirme ese sacrificio y continuar a la cabeza de la lucha, no estaban legitimados para llamar a jóvenes idealistas de veinte o veinticinco años a renunciar a sus proyectos estudiantiles y familiares para conducirlos a una guerra que dirigirían tal vez desde lejos. Olía a improvisación todo aquello, a aplicación esquemática de las teorías cubanas, a una incapacidad por entender las diferencias entre un Ejército de opereta, como el batistiano, y uno profesional y jerarquizado como el de Chile. Todo ello olía a intento por emprender algo espectacular que hiciera olvidar el fracaso de 1973.

—Lo siento, camaradas —tartamudeé al rato, avergonzado, abrumado por el peso de la responsabilidad que no podía asumir—. Debo conversarlo con mi mujer primero.

—Como gustes —dijo Viciani intercambiando una mirada furtiva con Elías, como si mi evasiva hubiese confirmado de plano sus presunciones sobre mi falta de entrega a la causa revolucionaria—, pero no olvides que el asunto es secreto.

—Pierde cuidado, camarada.

—Lo digo en serio —insistió—. Es un asunto que requiere la mayor discreción. La CIA y los milicos nos pisan los talones. Si piensas que no sirves para la misión, que no tienes dedos para el piano ni cojones para la guerra, dínoslo ahora y damos vuelta a la hoja y aquí no ha pasado nada.

Guardaron silencio, lo que en medio del rumor del aire acondicionado interpreté como el término de la conversación, por lo que me puse de pie y salí de la sala con un nudo en la garganta.

20

Al cabo del plazo establecido por Viciani tuve que admitir que yo jamás dispararía contra otro ser humano por razones políticas, que mi participación, años atrás, en los cursos de defensa personal del Pedagógico, donde nos enseñaban a aniquilar fascistas y sediciosos, había sido más bien resultado del ambiente lleno de odios que envolvía al país. Ahora, pese a la muerte de Ramón en la calle, al bombardeo de La Moneda, al encarcelamiento, tortura y asesinato de miles de opositores, pese al atentado contra la nave de Cubana de Aviación, yo no estaba dispuesto a empuñar las armas.

Pero también descubrí en aquellos días que no solo me diferenciaban de la dictadura mis anhelos sociales impregnados de igualdad y justicia, sino también mi incapacidad de matar para llevarlos a cabo. Esa impericia expresaba mi impotencia, es cierto, pero también cierta superioridad ética. El agobio que corroía de forma perpetua a mi suegro por sus años de fiscal me demostraban que la guerra no deja incólume ni a los vencedores, puesto que convertirse en amo y señor del destino de los demás marca, al igual que una existencia licenciosa o ascética, el alma y la mirada, asemejando a todos los dictadores e incondicionales por sobre cualquier diferencia ideológica.

Había otra consideración que tampoco podía manifestar a la Jota por razones políticas, pero que comenzaba a emerger con fuerza en mí: ¿valía la pena arriesgar la vida bajo una dirección inexperta con el propósito de instaurar un orden como el cubano, donde reinaba una escasez crónica, se discriminaba a quienes pensaban diferente, la gente no podía abandonar el país y se eliminaban libros?

—Lo lamento, camarada —le dije a Viciani en su oficina en penumbras—. No he alcanzado aún la madurez suficiente para integrarme al Ejército del pueblo chileno.

—Me lo imaginé —repuso él desde sus ojos oscuros y enigmáticos que me recordaban los de Ben Yusuf en la película *El Cid*, que en mi infancia vi tres veces en un cine de Valparaíso—. Pero no te preocupes, pronto tendrás otra oportunidad para demostrar tu espíritu revolucionario.

A partir de ese momento cayó un telón sobre la actividad de la Jota y el partido en la isla. No volví a saber qué había ocurrido con los camaradas que estaban ahora en las FAR, pues la organización prohibía hablar sobre ellos y sus compañeras guardaban un riguroso secreto al respecto. El enemigo, que acechaba por doquier, no debía enterarse del número y la identidad de los reclutados.

De la noche a la mañana habían desaparecido de mi base casi todos los hombres y solo me quedaba suponer que se encontraban en alguna escuela militar.

Incluso Toño, un camarada de mi edad que cursaba primer año de medicina gracias a una beca de la Jota y con quien mantenía una incipiente amistad, se había esfumado súbitamente sin avisarme ni dejar huella. Era un santiaguino de aspecto distinguido y rostro de facciones armónicas y varoniles, que atraía a las cubanas. Me sorprendió que hubiese escogido el camino de las armas, pues la medicina constituía su gran pasión y soñaba con volver a Chile a atender gratuitamente a los pobres o bien trasladarse a África para seguir el ejemplo humanista de Albert Schweitzer. El día que, violando las medidas de seguridad de la Jota, acudí a su cuarto en la beca universitaria, me encontré con que ya lo ocupaba un nuevo estudiante que ignoraba su paradero.

De la noche a la mañana cambió el tenor de los documentos de estudio de la organización. Ahora hablaban con creciente énfasis de la necesidad de una rebelión popular, de emplear todas las formas de lucha contra la dictadura, de las lecciones que impartía la Revolución Cubana. De pronto parecía que el partido y la Jota, que habían mantenido tradicionalmente una postura legalista, basada en construir el socialismo mediante la vía electoral, competía ahora con los sectores más radicales y beligerantes del Partido Socialista y el MIR. Yo comencé a sentirme como el cobarde que aguarda entre mujeres, ancianos y niños el retorno de los guerreros del combate. De una u otra forma, mi identificación con la Jota comenzaba a enfriarse.

También mi amor por Margarita se fue apaciguando, de modo imperceptible en un comienzo, evidente después. Creo que primero se desvaneció la tierna pasión juvenil encendida en el internado de Leipzig, luego enmudecieron los diálogos impregnados de proyectos comunes, se abreviaron los instantes que nos unían sin palabras y pronto buscamos pretextos —conocidos, compromisos o circunstancias— que nos permitieran reducir las horas de convivencia.

Margarita dejó de ser la muchacha indagadora que yo había conocido y abandonó la universidad para dedicarse de lleno a la FMC. Frente a sus ojos de funcionaria la Revolución emergía perfecta, sin mácula, haciéndola creer que habitaba el mejor de los mundos posibles y atribuyendo las limitaciones del proceso al bloqueo estadounidense. Fidel la deslumbraba como la mayor personalidad de la época moderna, y Vilma como el paradigma de la revolucionaria por excelencia. Un desmesurado interés por registrar las rivalidades internas de la FMC fue asomando de pronto en ella, y su identificación plena con la Revolución la llevó hasta el extremo de hacerla olvidar nuestro frustrado intento de fuga.

Incurriría en una injusticia al responsabilizar a Margarita por el deterioro del amor. Quizás carecíamos del secreto que torna cómplices a las parejas, secreto que había sido abortado en Berlín. No sé, pero ahora sucumbo ante la sensación de que el oportunismo que le enrostré con tanta vehemencia no era tal, que su voluntad de olvidar las discrepancias con la Revolución e incorporarse de modo disciplinado a la FMC obedecía a una madurez temprana, acelerada por el nacimiento de Iván, por la necesidad de distanciarse de las aventuras políticas y aprovechar las ventajas de ubicación que le ofrecía su padre, y que yo, encandilado aún por la tentación que ejercían en mí la literatura y las teorías, que incluso me arrastraban a desafiar el orden socialista y a poner en peligro nuestro destino por un par de libros que interesaban sólo a una minoría ilustrada, no alcancé a vislumbrar ni a honrar.

También yo dejé de ser quien era. No solo desaprobaba su entrega a la FMC y su falta de atención a Iván, quien crecía al amparo de la silenciosa Caridad del Rosario y de Ángeles Rey Bazán, su bisabuela, sino que gradualmente comenzaba a reprocharle el fracaso económico de la isla, aunque sin atreverme a compartir con ella mi secreto de los libros, secreto que ya me impedía abrazar la Revolución con la ingenuidad y el entusiasmo iniciales, que sólo rescataba a ratos, estimulado por la pasión política, como tras el derribamiento de la nave de Cubana de Aviación. Ella, a su vez, me acusaba, no sin razón, de vacilante, de soñador desconsiderado, que exigía el paraíso a la Revolución sin aportar un ápice a la lucha por el socialismo. Y, en cierto sentido, su crítica era justa, pues mi actividad en la Jota se limitaba ahora, después de haberme negado a integrar las FAR, a colaborar en la impresión semanal a mimeógrafo de los documentos partidarios en el sótano de la resistencia chilena, y a participar en inútiles círculos de estudio con camaradas mujeres.

Es probable que mi rechazo a la FMC obedeciera a que me sentía marginado de los pasillos del poder a los cuales Margarita tenía acceso, pero también es cierto que mi amistad con el quinteto universitario y la inquietante historia de los libros condenados, los que yo acumulaba en desvanes y leía en secreto en los recovecos de la casona, me enseñaron a desconfiar para siempre del socialismo y me tornaron sarcástico, cuando no cínico, hacia la Revolución y sus instituciones, lo que mi mujer, en quien ya afloraba el mismo sentimiento de obcecada lealtad hacia Fidel que palpitaba en el pecho de su padre, no podía aceptar.

Quizás su última visión crítica de Cuba, aunque mezclada en realidad con un intento por modificarla para fortalecer el sistema, me la transmitió mientras cenábamos en la cafetería del Hotel Riviera. Entrábamos allí gracias a René Pacheco —un exótico y valeroso capitán de la sierra, amigo de mi suegro y mano derecha de Celia Sánchez Manduley, la secretaria privada de Fidel—, quien nos consiguió un pase para comer allí cuando quisiéramos. El local, en el subterráneo del hotel, era uno de los pocos de La Habana que ofrecía comida como un restaurante occidental y estaba reservado para dirigentes, técnicos del mundo socialista e invitados del extranjero.

—Es algo muy delicado que deseo compartir contigo —precisó Margarita—, pues estoy ante la disyuntiva de denunciarlo o de callarlo.

La escuché sin darme cuenta de que aquellas palabras, indicio aún de confianza política en mí, eran quizás su última invitación a que me incorporara a su alternativa. Desde su labor como traductora y redactora de discursos de Vilma, había descubierto visos de corrupción en la FMC. Ciertos cuadros aprovechaban viajes al exterior para internar equipos electrodomésticos libres de impuesto y venderlos en la bolsa negra. El negocio lo manejaba gente de Relaciones Internacionales y seguramente Vilma lo ignoraba, porque de lo contrario las habría despedido.

—¿Y qué piensas hacer? —le pregunté desde mi propia orilla, sin apreciar su repentina muestra de confianza.

—No sé. Las involucradas principales son Eugenia Valdés y la alemana que lleva las relaciones con el este de Europa, Anne Schuster.

Le sugerí que las denunciara, pues su silencio la convertiría en cómplice, pero pasó el tiempo y no volvimos a tocar el tema. Margarita continuaba consolidándose en las inmediaciones de Vilma y sus perspectivas eran halagüeñas, aunque a largo plazo, ya que los puestos claves a los cuales aspiraba los ocupaban mujeres jóvenes, cuyo relevo tardaría años. Sin embargo, el asunto de Eugenia y Anne, en rigor de Anne, resurgió tiempo después, si bien bajo una luz tan diferente como asombrosa.

—Es inconveniente que una alemana se encargue de los países socialistas en Cuba, porque causa pésima impresión a las compañeras polacas y soviéticas —afirmó Margarita con rostro severo. Cenábamos también en la cafetería del Riviera puerco asado con arroz congrí.

—¿Por qué causa esa impresión?

—Porque es alemana, y los alemanes cometieron barbaridades en los países vecinos durante la Segunda Guerra Mundial.

—Pero ella es alemana oriental, los otros eran nazis.

—Para los eslavos eran y son todos simples *njemen,* alemanes, nazis —enfatizó con frialdad—. Nazis o hijos de los criminales.

Anne estaba casada con un capitán de la flota mercante cubana cuya nave había tenido el infortunio de averiar el cable transatlántico, y que, por lo mismo, se hallaba siempre al borde de caer en desgracia. Ella había abandonado la RDA diez años atrás por amor al isleño, con quien tenía dos hijos. Dominaba varios idiomas y se había titulado como hispanista en la Universidad de Rostock.

—*Njemen* o no *njemen,* a Anne no la pueden culpar de nada —alegué.

—Además, ella ni siquiera es militante de nuestro partido.

—¿Y eso qué significa?

—Que no podemos confiar en ella. A lo mejor es agente de los alemanes orientales. Seremos todos comunistas, pero hay que mantener las aguas separadas. Tú entiendes.

Me sorprendía el vuelco en la relación con Anne, porque ella había ayudado a mi mujer a adaptarse a la FMC, revelándole el manejo de los diferentes departamentos y sus tejemanejes, mostrando solidaridad hacia la nueva funcionaria, y nos había recibido en varias ocasiones en su acogedor departamento de Miramar para que le contáramos nuestra estadía en la Karl Marx Universität. Era una mujer delgada, de ojos claros, afable y culta, que me prestó varios libros en alemán difíciles, cuando no imposibles, de conseguir en Cuba. En cierta forma asocié su biblioteca, nutrida, cosa extraña, de cuantiosas obras de editoriales alemanas occidentales, con aquella que yo soñaba con formar en la casona con los libros rescatados por Lázaro. Fue Anne quien me prestó *El miedo a la libertad,* de Erich Fromm, y *Yonquie,* de William Burroughs, cosa que, más tarde, mientras los hojeaba en el dormitorio, disgustó a mi mujer por resultarle poco edificantes. Al día siguiente, en el desayuno, Margarita volvió sobre el tema y temió que la alemana nos los hubiese prestado con el ánimo de medir nuestra actitud ante la Revolución, ya que esas obras no circulaban en la isla, y un revolucionario no debía caer en la tentación de leer libros contrarrevolucionarios, ante lo cual preferí guardar riguroso silencio.

—Tú tampoco eres militante del partido cubano —le dije volviendo de mis recuerdos, tratando de suavizar su belicosidad hacia Anne.

—Pero soy cubana y militante de la UJC —contestó—. Además, ya le comenté el asunto a Eugenia Valdés y me dio la razón.

—¿Y le mencionaste el tema del contrabando? —pregunté insidioso, a sabiendas que no se habría atrevido a hacerlo, porque Eugenia formaba parte, al parecer, del negocio.

—No me pareció adecuado hacerlo —dijo restándole importancia al asunto—. Además, las cosas son más transparentes de lo que supuse. Lo de Anne sí urge y pronto se lo representaré a Vilma.

Era evidente que mi mujer velaba por la seguridad de la Revolución, pero me pareció que también ambicionaba el cargo de la alemana. Y era hasta probable que no le interesase mi opinión sobre la posible denuncia, sino solo escucharse a sí misma presentándola. En todo caso, sobre el papel emergía como la postulante idónea: era cubana, miembro de la UJC, hija de revolucionarios y dominaba idiomas del Este.

—Además, Anne debería estar aportando a la construcción del socialismo en la RDA —agregó—. ¿Quién puede asegurar que su casamiento con el marino no obedeció a un intento por acercarse a Occidente? Cuando vino a Cuba, la Revolución no estaba consolidada. Casarse con extranjero es un método que emplean muchas para escapar del socialismo.

—Eso podría volcarse en tu contra —le advertí deleitado con mi perversidad.

—No, no en contra mía —repuso con fulgor metálico en sus ojos—. Nosotros no nos iremos jamás de la isla.

21

Meses más tarde estalló la guerra. Pero no en Chile, sino en Angola. Y Fidel envió tropas a combatir al África atendiendo una llamada de auxilio de Agostinho Neto, presidente de ese país y del prosoviético Movimiento Popular para la Liberación de Angola, que estaba a punto de sucumbir ante la invasión del Ejército sudafricano. El régimen del *apartheid* y Estados Unidos pretendían imponer en la ex colonia portuguesa a su protegido, Jonas Savimbi, líder de la UNITA, mientras China Popular financiaba al FNLA, que dirigía Holden Roberto y atacaba desde el Norte.

Tras la retirada del Ejército colonial portugués, Angola se había convertido en poco tiempo, a causa de sus minas de diamante y pozos petrolíferos, en un botín que disputaban las potencias. Los soldados cubanos, bajo la dirección del general Arnaldo Ochoa, a quien Fidel fusilaría años más tarde, lograron no solo detener el cerco sudafricano que se cerraba sobre Luanda, sino también consolidar la soberanía del MPLA en buena parte del territorio nacional.

Si miles de cubanos viajaron entonces a cumplir una misión solidaria en la tierra de sus antepasados, cientos de miles desfilaban por las ciudades de la isla ofreciéndose como voluntarios para luchar junto a sus compatriotas. Las masas fluían, al ritmo de conga y haciendo sonar sartenes y tambores, claves y pitos, por calles, parques y plazas hasta alcanzar las oficinas de reclutamiento voluntario, dispuestas a defender la instauración del socialismo en Angola. Era una explosión trepidante e incontrolable de entusiasmo revolucionario por combatir, por darle cuerpo al internacionalismo comunista que yo había alcanzado a vislumbrar en la casa de reposo de los sindicatos alemanes. Me azoraron la disposición de los cubanos a combatir, su desapego a la vida, su indiferencia ante la muerte, su grito ensordecedor de «¡Comandante en jefe, ordene, para lo que sea, cuando sea y donde sea!».

En el Comité de la Resistencia Chilena los dirigentes del partido y la Jota sentían que los acontecimientos históricos ratificaban su estrategia militar: un pueblo armado y consciente de sus intereses objetivos era capaz, tal como lo demostraba la ebullición de las calles cubanas, de sacrificar su vida por la causa del socialismo, de defenderlo hasta el último hombre incluso ante Estados Unidos. El gran von Clausewitz, que conocían solo a través de una cita de Lenin, tenía razón: la guerra no era nada más que la continuación de la política por otros medios. El arte de la política no consistía solo en celebrar reuniones con aliados y desechar desde un escaño la crítica opositora, no; en momentos cruciales la política se reducía al fragor de los fusiles y el estruendo de los cañones. La política era aquello que Barbarroja y el MIR sabían desde hacía mucho.

Tiempo después, mientras se rumoreaba que algunos de nuestros camaradas en las FAR prestaban ya servicios en África, conseguí a través de Cienfuegos una plaza como maestro de alemán en el Ministerio de Relaciones Exteriores y abandoné el plan de estudio y trabajo, que me obligaba en el fondo a trabajar durante las mañanas por una miseria a cuenta de la universidad. Ahora era maestro, obtenía mejor salario y preservaba mi derecho al estudio. El programa martiano-marxista de la Revolución, que combinaba el estudio con el trabajo, convertía en realidad la educación gratuita en una quimera, ya que el alumnado, al recibir seis dólares mensuales por media jornada laboral, era a fin de cuentas quien financiaba sus estudios.

Me despedí entonces de mis compañeros de trabajo. La brigada de la construcción había sido disuelta meses antes sin que hubiésemos logrado levantar un solo muro e integrábamos desde entonces una nueva, encargada de cocer ladrillos en una finca en las afueras de La Habana. Llegábamos allá cada día a las siete de la mañana en un camión Zyl y entrábamos a un inmenso horno a colocar ladrillos crudos o a retirar los cocidos bajo las órdenes de un guajiro blanco extremadamente exigente y severo, llamado El Mayoral, que controlaba el trabajo que realizábamos junto a un grupo de negros tan flacos y desgarbados, cubiertos apenas con taparrabos, que parecían esperpentos de algún país africano azotado por la hambruna. Nunca pudimos intercambiar una sola palabra con ellos y conservo la impresión de que se trataba de criminales condenados a trabajo forzado.

Era, desde luego, una faena endemoniadamente ardua. Sin guantes cargábamos ladrillos desde una explanada, donde los poníamos a secar, hasta el interior del horno, en el que, tras ascender por gradas, los depositábamos en un orden orientado por El Mayoral. Pero lo intolerable era entrar después de cada cocción al horno. Allí el calor y la sequedad ambiental horadaban los canales de la nariz, freían los ojos y laceraban la garganta. Una vez dentro no quedaba más que apurar el paso y recoger los ladrillos y buscar la salida antes de desvanecerse.

Era tan intenso el calor en ese lugar espantoso, que al volver a la intemperie la brisa de la mañana tropical me causaba escalofríos. Había que beber litros de agua para evitar daños al hígado y los intestinos y no cagar sangre, advertía El Mayoral. Un mes después de haber iniciado esa labor martirizante, los miembros de la brigada adquirimos el mismo aspecto de faquires que exhibían los enigmáticos negros de taparrabos.

Mi arribo, por lo tanto, al aire acondicionado y los pasillos refulgentes de la Cancillería, situada en el barrio de El Vedado, junto al malecón, fue como pasar del infierno al cielo. Mi nueva tarea consistía en preparar a los diplomáticos que abrirían la embajada en Bonn, ya que hasta ese momento Cuba mantenía solo relaciones con el Estado alemán oriental, después de la Unión Soviética su aliado más importante.

Entre mis alumnos se encontraba Alberto Boza Hidalgo Gato, hombre de alcurnia, en el pasado visitante asiduo de los círculos exclusivos que frecuentaban Ángeles Rey Bazán y mi suegra, y que acababa de ser designado embajador en Alemania Federal, por lo que prefería olvidar su pasado oligarca. Joven, blanco, regordete y calvo, mostraba admirable agilidad de intelecto y facilidad para aprender el idioma. Junto a él asistían a clases una decena de funcionarios.

Los cursos tenían lugar por las mañanas en la antigua casona restaurada del departamento de capacitación, frente al edificio central de la Cancillería. Después de la una yo me dirigía a la universidad, no lejos de allí, almorzaba en el casino y asistía a clases. Aquello implicó un cambio brusco en mi vida. De un día para otro solté mandarria, picota y ladrillos, me despojé del raído uniforme de miliciano e ingresé a un aula fresca y limpia, donde me codeaba con los miembros del servicio exterior.

Aquella gente gozaba de la confianza del régimen, en especial aquellos que se desempeñaban en países occidentales. Las ventajas materiales de que disfrutaban se advertía en sus vestimentas, anteojos y relojes occidentales y en la despreocupada distensión de sus rostros, ajenos por períodos prolongados a las penurias cotidianas de la población.

—La mayoría de tus alumnos son policías —me comentó mi suegra un día que estaba de vacaciones en La Habana—. Los conozco porque trabajaron para nosotros en otras embajadas.

A los cuarenta y cinco años, Lourdes seguía siendo una mujer locuaz y atractiva, pero por sobre todo inteligente, delicada y distinguida. Amaba el arte y la cultura, recelaba del estalinismo y no creía que la Unión Soviética fuese en verdad el aliado ideal para su patria, aunque mucho se cuidaba de expresar sus ideas en público o ante Cienfuegos, quien un día, tras la comparación somera que ella esbozó entre el estalinismo y la Inquisición, la acusó de contrarrevolucionaria y malagradecida con Fidel y la Unión Soviética, y protagonizó un berrinche tan virulento que me permitió imaginarlo como el temible y aborrecido fiscal de los años cincuenta.

El comentario de mi suegra me llevó a fijar la atención en mis alumnos y con el tiempo advertí que algunos, los espías, disfrutaban de un estatus diferente. Podían retirarse antes de clases, no estaban obligados a explicar sus ausencias o atrasos, eran observados con cierta envidia por los demás, vestían mejores ropas y se desplazaban en Volkswagen o Lada con antenas de radio. Vivían envueltos en una suerte de arrogancia epidérmica, sin que por eso dejaran de resultar simpáticos.

María de los Ángeles Periú, la directora del Departamento de Capacitación, una vieja comunista que había cometido el error de votar en las últimas elecciones de Batista siguiendo instrucciones de su partido, según alegaba, me consiguió un permiso para ingresar a la Biblioteca de la Cancillería. Sin embargo, pronto constaté que allí sólo tenía acceso a las revistas provenientes del área socialista o a las comunistas de ciertos países capitalistas. De todos modos, aquello significaba obtener una información diferente a la de los medios cubanos, colmados de sobre-cumplimientos de planes económicos y de elogios a la sapiencia de Fidel, ahítos de artículos sobre los problemas de los países capitalistas, que supuestamente se debatían en una crisis económica, social, política y moral definitiva, que los haría sucumbir, creando, de paso, las condiciones objetivas para el triunfo del socialismo en el mundo.

Mientras me consumían las dudas sobre el sentido de nuestra estadía en la isla, donde no avizoraba futuro alguno para nuestro hijo, a Margarita la enorgullecía la actitud combatiente de su pueblo frente a Sudáfrica y Estados Unidos. Y razón tenía para ello: tanto la mística de los primeros días de la Revolución como los ideales originales, aquellos enarbolados por Fidel, el Che y Camilo, parecían resucitar y resplandecer con el envío de tropas a África. Las calles se inundaban de mítines relámpago apoyando la presencia en Angola, y la prensa, incluso los diarios murales universitarios, elogiaban el heroísmo de los cubanos en la defensa de Luanda.

Por las noches, desde nuestro dormitorio en Miramar, alcanzábamos a escuchar el pito agudo de las turbinas de las aeronaves que transportaban soldados a África y el rumor sordo de las embarcaciones que zarpaban a toda máquina hacia la guerra. Miles de cubanos abandonaron sus estudios y puestos de trabajo y se marcharon a África a combatir como voluntarios. Muchos no retornarían. En su intento de ser fieles al internacionalismo proletario, servirían de abono a las tierras angolanas.

—¡Comandante en jefe, ordene, para lo que sea, donde sea y cuando sea! —gritaban las muchedumbres por doquier.

—Están enviando a puros negros —comentó una tarde en la universidad Lázaro mientras me pasaba *Fuera del juego,* de Heberto Padilla, un fascinante poemario prohibido por la Revolución y que le había costado la libertad y el trabajo al poeta—. Son los que mejor se adaptan a la guerra y los que más ganas tienen de marcharse.

—La Unión Soviética pone los cañones, nosotros la carne —agregó Willy con insidia—. Es la división internacional del trabajo comunista.

Ambos temían que la guerra redundara en una mayor escasez de víveres, hiciera más tensas aún las inexistentes relaciones con Estados Unidos y fortaleciera a los halcones del partido cubano. Los «duros» aprovecharían la tirantez con Washington para neutralizar a quienes abogaban discretamente por una Cuba menos ligada a la Unión

Soviética y menos centralizada en términos económicos. Meses atrás, Fidel había «tronado» a Humberto Pérez, quien, al poner en marcha una tímida autonomía contable en las empresas, había dejado al descubierto la ineficiencia de ellas. Y como el máximo líder no estaba hecho para la insignificante obra contable, sino para escribir las páginas heroicas de su país, Humberto Pérez pasó a administrar una pizzería en un barrio de La Habana.

Un miércoles en que reinaba efervescencia carnavalesca en las calles por las victorias del Ejército cubano en Angola, me llevé una sorpresa después de la acostumbrada reunión de base: encontré a Agustín, un camarada argentino, dirigente de la Jota, a la salida del Comité de la Resistencia Chilena. No lo veía desde antes del golpe militar y lo daba por muerto, ya que, junto con estudiar matemáticas, se encargaba de asuntos de inteligencia del partido. Gran orador, de ojos verdes, espigado, siempre luciendo la camisa amaranto y acompañado de Alejandra, su pequeña mujer chilena, representaba un blanco ideal para los militares.

—¿Pero desde cuándo vives en Cuba? —le pregunté abrazándolo—. ¿También está tu mujer contigo?

Llevaban un año en la isla y, a juzgar por la vaguedad con que se refería a su nueva vida, intuí que, de algún modo, seguía dedicado a labores de inteligencia, y que quizás por ello —o a lo mejor precisamente debido a ello— no había intervenido en mi larga espera para reintegrarme a la Jota.

Nos dirigimos hacia La Rampa, la amplia avenida que baja de la Plaza del Coppellia hacia el mar, desembocando en el malecón, y Agustín me invitó a beber a la piloto —bares de mala muerte— cercana. Le alegraba el reencuentro y me pareció que la vida en el Caribe lo había hecho madurar, tornándolo más afable y menos altanero. Seguía siendo el tipo meticuloso y observador que estudiaba con avidez los clásicos marxistas. Era un teórico innato, que en Santiago solía recorrer la universidad con textos de Marx o Lenin bajo el brazo, mientras recitaba de memoria extractos de sus obras que calzaran con la coyuntura chilena y resultaran nefastos para la política militar del MIR, movimiento al que detestaba por considerarlo responsable de las dificultades de la Unidad Popular.

Ya entre las paredes desconchadas, el calor húmedo y los borrachos de la piloto, Agustín me contó que ahora se encontraba en el Instituto Técnico Militar, el ITM, preparándose para crear e integrar el futuro Ejército popular de Chile. Me sorprendió no solo porque en Chile rechazaba la vía armada, sino porque era la primera vez que lograba verle la cara a uno de mis camaradas en las FAR, pues la Jota prohibía hablar de ellos o intentar contactarlos. Me advirtió que no podía referirse a su experiencia, por razones obvias, pero que los centenares de camaradas que se hallaban distribuidos en diferentes escuelas e institutos militares de la isla se encontraban en perfecto estado de salud y optimistas, incluso dispuestos a ir a combatir a África o adonde el partido lo estimara necesario. Además, numerosos comunistas participaban en cursos similares en la Unión Soviética, Bulgaria, Libia y campamentos palestinos. En un par de años la capacidad combativa del partido y la Jota no solo superaría a la del MIR y del Partido Socialista juntos, sino que podría desafiar en ciertas regiones al propio Ejército chileno.

—¿Aún no te animas a ingresar? —me preguntó a quemarropa. A ratos un ventilador adosado al cielo nos refrescaba con su brisa—. Las cosas, como ves, han cambiado en Chile, la dictadura solo puede ser vencida por la fuerza.

—No estoy a la altura de lo que el partido espera de mí —dije con rostro afligido.

Me palmoteó el brazo varias veces infundiéndome calma y me sugirió que no me apresurara, que cada cierto tiempo la opción de la carrera militar se abriría nuevamente para los camaradas. Estaban llegando exiliados de todo el mundo.

—Pero en el entretanto podrías ayudarnos quizás desde fuera —murmuró tras vaciar su botella de cerveza mientras el ventilador distribuía una ráfaga cargada de risas masculinas.

—¿En qué sentido?

Era simple: la inteligencia de la Jota disponía de información de que el MIR estaba capacitando al conjunto de su militancia para una guerra de guerrillas y que Barbarroja comandaba ese programa de adiestramiento, que tenía lugar en riguroso secreto en la base militar Punto Cero de las afueras de La Habana. La Jota había detectado edificios de departamentos donde vivían en una suerte de comuna los hijos de los hombres y mujeres que se preparaban en labores de insurgencia. Agustín temía que en poco tiempo, es decir, antes de que nuestros camaradas se hubiesen graduado, el MIR contara con artilleros, buzos tácticos, aviadores, comandos y expertos en secuestros, explosivos y atentados, y lanzara la guerra de guerrillas en todo el país. El partido perdería entonces el liderazgo en la lucha de masas y la conducción pasaría a manos de esos grupos pequeñoburgueses y ultraizquierdistas, que contaban con la confianza histórica de la Revolución Cubana.

—Es un riesgo inminente y quizás puedas aportar a la Jota información sobre los planes del MIR, aprovechando tus vínculos con la dirigencia cubana, en especial con Barbarroja —me dijo clavándome sus ojos verdes—. No nos pueden madrugar.

—No soy yo el amigo de Barbarroja, sino mi suegro —aclaré turbado, inquieto por las dimensiones que adquiría ahora la lucha contra Pinochet, pero en cierto modo seducido por la labor que me ofrecía.

—Eso lo sabemos —aclaró pasándose el dorso de la mano por los labios húmedos—. Y solo queremos que estés alerta. ¿Porque quién no nos asegura que de pronto salte la liebre en casa de tu suegro?

22

—Sabes, chico, quería hablar contigo —me dijo Cienfuegos una tarde en que, cumpliendo una breve gira a La Habana por razones misteriosas, fumaba en un sillón de la amplia y fresca sala de estar de la casona.

A través de las ventanas abiertas se filtraba la luz bermeja que proyectaban los flamboyanes en flor, mientras por el cielo surcaban nubarrones esponjosos y sobre la mesa de centro, oliendo aún a tinta fresca, yacía *Confieso que he vivido,* las memorias de Pablo Neruda, que mi suegro había comprado en Madrid y no circulaban en la isla por la velada crítica del vate a la Revolución.

—Usted dirá.

Cienfuegos se arrellanó en el sillón, aspiró de su tabaco Lanceros, obsequio del comandante en jefe, cruzó una pierna sobre la otra y me dijo con cierta displicencia:

—Chico, he estado averiguando sobre ti y solo he escuchado cosas positivas. Que eres estudiante ejemplar, trabajador eficiente y de vida ordenada. Parece que no te gustan los hierros, pero las cosas marchan y te aplatanas adecuadamente.

—Pues las cosas no marchan mal —repuse con una suerte de desconcierto, pues no podía imaginar que Cienfuegos ignorase la crisis matrimonial por la que atravesaba con su hija, a menos que Margarita la manejase como algo íntimo.

—Al mismo tiempo he estado estudiando la situación de tu país —continuó mientras se pasaba la mano por la cabellera blanca, que comenzaba a ralear— y veo que allá las cosas están mal. Pinochet se encuentra sólido en el poder, la oposición no es capaz de quebrar un vidrio y la DINA sigue asestando golpes demoledores. Todo indica que Pinochet va a seguir gobernando por muchos años más en Chile.

Traté de rebatir su visión pesimista sobre las perspectivas del país empleando los argumentos aprendidos en las sesiones de la Jota, cifrando esperanzas en la nueva política militar del partido, pero solo esgrimí justificaciones pálidas y vacilantes, para nada convincentes. Mientras él se refería a datos y situaciones concretas, yo citaba discursos de Luis Corvalán llenos de refranes o elegantes exposiciones de Volodia Teitelboim, o bien textos de Lenin sobre el período prerrevolucionario en la Rusia zarista. Cienfuegos hablaba de la realidad de Chile, yo de una visión remota y voluntarista de la misma.

—No te llames a engaño, chico —advirtió reposado—. La oportunidad que desperdició la Unidad Popular significará un retroceso de veinte años en el movimiento popular chileno. La actual generación de tus dirigentes revolucionarios es una generación que fracasó, que ya debería procurarse su jubilación en París o Moscú, mejor en París, desde luego.

Guardé silencio pensando en los incesantes viajes y reuniones que realizaban nuestros dirigentes en el exilio para articular un movimiento opositor internacional: a Roma o Ciudad de México, Estocolmo o Caracas, París o Budapest; en fin, giras que a veces se confundían con periplos turísticos. Pensé en las limusinas oscuras, con cortinillas y escoltas, que los aguardaban en los aeropuertos y los conducían a los exclusivos hoteles que ponían a su disposición los partidos hermanos en el poder.

—Por todo esto, chico, creo que lo más conveniente es que admitas que siendo un hombre joven, revolucionario e integrado, con hijo y mujer cubanos, tu destino no se halla en Chile, sino en Cuba.

Sus ojos de fulgor metálico, que me habían impresionado durante nuestro encuentro en el Leipzig invernal, ojos guarnecidos por cejas tupidas, me contemplaban ahora con cierto aire de complicidad, como aquella tarde en que acudió a buscarme al hotelito de Berlín Occidental. A los cuarenta y cinco años, Cienfuegos todavía era un hombre atractivo y de aspecto juvenil, que usaba mocasines franceses y trajes que compraba, al igual que su difunto y menospreciado suegro, en exclusivas tiendas españolas, y disfrutaba a plenitud los privilegios que le acarreaba el poder.

—Te voy a proponer derechamente algo nuevo —continuó. De afuera llegaba el croar de ranas y el canto de grillos, y los mosquitos iniciaban su asedio diario—. Se trata de una alternativa verdaderamente honrosa.

—¿De qué se trata?

—Deberías adoptar la nacionalidad cubana. Te la conseguimos en poco tiempo —afirmó escrutándome, tratando de descubrir algún indicio de mis sentimientos ante sus palabras—. Te haces cubano y puedes acceder a trabajos que, por razones de seguridad, solo están reservados a cubanos.

—¿Y mi lucha contra Pinochet?

—¡Guanajerías! ¡Olvídate de Chile por muchos años!

—Es mi patria.

—A tu patria la puedes servir mejor integrándote a la Revolución Cubana. Como van las cosas, es probable que a Chile lo libere solo una nueva generación de líderes. Los viejos políticos de izquierda, instalados en Europa, seguirán aferrados al inmovilismo. Nunca, óyelo bien, nunca conquistarán el poder, a lo más terminarán por cerrar una alianza con los militares para disfrutar las migajas del poder político. Hazte cubano, chico, te lo está ofreciendo el comandante Ulises Cienfuegos.

Aquella oferta solo podía provenir de Margarita, de un intento suyo por salvar el matrimonio, enderezar mi destino y proyectar un futuro común, que me costaba aceptar, sumergido, como estaba, en dudas y vacilaciones.

La vida en conjunto ya era un asunto inimaginable para mí, primero, porque Margarita había sobrepasado el límite de lo tolerable en su identificación acrítica con la Revolución; luego, porque ya no confiaba en ella como para confesarle el peligroso almacenamiento de libros, y por último, porque tenía la percepción de que mis sentimientos hacia ella se basaban a esas alturas ya más bien solo en el recuerdo de lo que había sido nuestro amor. No me cabía duda de que el matrimonio estaba condenado a sucumbir bajo las penurias de la isla, a las cuales jamás me acostumbraría. La única esperanza, aunque remota, consistía en hallar un sendero que nos permitiera dejar Cuba y vivir en un sitio próximo a librerías de viejo y cafés con mesas al aire libre, donde pudiéramos escapar para siempre del asedio de Cienfuegos. Los dominios de la política, como lo demostraban el golpe de Estado, la Revolución, el reclutamiento y la guerra de Angola, no eran los terrenos románticos imaginados por mí en Valparaíso.

Siendo honesto conmigo mismo debía reconocer, no obstante, que el motivo principal para desestimar la oferta de mi suegro radicaba en el temor a que las puertas de Chile se me cerraran definitivamente en mi condición de cubano castrista. Por años no obtendría visado de ingreso a Chile. Por unos instantes vi morir a mis padres sin poder asistir a su entierro, vi los cerros ventosos de mi ciudad como espejismo remoto, vi el país reducido a un esquema de mapas. Tan solo imaginar el trueque de mi pasaporte chileno por uno cubano me abrumaba. El documento chileno, pese a Pinochet, significaba en última instancia la libertad de desplazamiento, la posibilidad de viajar sin cortapisas por el mundo, sueño supremo de los cubanos y de todos quienes habitaban detrás del Muro de Berlín. Si bien el pasaporte cubano me abría perspectivas en Cuba, me obligaba a renunciar a lo demás. Sólo podría viajar en misiones oficiales, pero en el caso de que nunca llegara a integrar una, permanecería anclado en la isla sin poder abandonarla, compartiendo el amargo sino de mis compañeros, que solo viajarían el día en que el poder se los permitiera.

—Hay gente que te aceptaría gustosa en el servicio —agregó Cienfuegos como si pudiese intuir mis temores. Aspiró con gesto voluptuoso una bocanada de humo mientras se miraba la punta de sus mocasines negros bien lustrados. Siempre llevaba los zapatos bruñidos—. Hablas varios idiomas, conoces el mundo y estás conectado con mi familia. Hallarás lugar en el servicio sin problemas.

—Gracias, gracias —atiné a repetir.

Estábamos solos en la casona. Mi mujer y su madre visitaban con Iván y Caridad del Rosario el *penthouse* de la bisabuela en El Vedado, desde cuya terraza blanca se dominaba la ciudad con sus colinas y el mar, y que Ángeles Rey Bazán había facilitado en los sesenta para que filmaran escenas de una película basada en la novela

Memorias del subdesarrollo, del escritor cubano Edmundo Desnoes, imposible de encontrar ya en las librerías o bibliotecas cubanas, probablemente por cuanto reflejaba de algún modo la belleza y la modernidad de La Habana de los primeros años de la Revolución, heredadas del capitalismo. Extraña suerte corrían en Cuba las memorias reales de Neruda y las ficticias de Desnoes, pensé por un rato contemplando con indisimulada curiosidad la portada blanca de *Confieso que he vivido.* Las otras dos criadas debían estar haciendo cola en La Copa, pues se rumoreaba que en cualquier momento arribaría un camión cargado de plátanos machos, papas y malanga.

—¿Qué opinas, chico? —me preguntó Cienfuegos y sopló la ceniza que acababa de desplomarse sobre la cubierta del libro de Neruda, y luego se incorporó para comenzar a cerrar los postigos de la sala, sumiéndola en la penumbra.

—En verdad es un gran honor y lo agradezco, co-mandante, pero tengo un compromiso con mi propio pueblo —dije al tiempo que percibía que mis palabras pecaban de grandilocuencia frente al pragmatismo del revolucionario de mocasines bruñidos—. Deme tiempo para reflexionar. Nada más grato para mí que volverme cubano y servir a la Revolución. Pero, ¿con qué cara miraría yo después a mi pueblo?

—¿Y crees que tu cara le importa a alguien en Chile? —preguntó insolente.

—Por lo menos a mis camaradas de la Jota.

Cerró el último postigo con estrépito, desaprobando así mi respuesta, y echó a andar el aire acondicionado.

—Pues piénsalo —sugirió al rato, cuando ya salía a dar un paseo por Miramar con un Lanceros en la mano. Aprovechaba los momentos más insospechados para pasear solo, aunque siempre lo hacía cargando un arma, temeroso quizás de que alguien, el pariente de algún fusilado o condenado a cadena perpetua, intentara ajusticiarlo—. No debes decidirlo ahora, pero piénsalo y recuerda que Margarita e Iván tendrían motivo más que suficiente para sentirse dichosos y orgullosos por ti.

23

Cada vez que Cienfuegos viajaba de Moscú a La Habana solía conversar conmigo. No sosteníamos pláticas prolongadas, sino encuentros más bien fugaces, como los de las hormigas que, al cruzarse presurosas en el camino, se cercioran mediante sus antenas que no están ante el enemigo y luego reemprenden su agitada carrera.

La noche nos sorprendía a veces sentados en la terraza de la casona de Miramar, la que aún guardaba los olores y ecos de sus antiguos propietarios. Entonces el cielo estaba cuajado de estrellas, yo me balanceaba en una mecedora espantando mosquitos y Cienfuegos fumaba tranquilo un Lanceros dejando pasar el tiempo. Siempre parecía abrumado y se me antojaba que era su propia conciencia la que lo mortificaba, porque enviar al paredón a cientos de personas —aunque fuesen criminales— no podía dejar indiferente a nadie.

—Lo hice no porque la Revolución pensara que la pena de muerte fuese justa —me dijo una noche en que lo presentí acosado por los remordimientos—, sino porque era la única forma de garantizar la sobrevivencia de la Revolución. Solo la probabilidad de morir mantiene a los contrarrevolucionarios a raya cuando el imperialismo nos agrede.

Durante esas conversaciones efímeras sostenidas bajo el cielo tibio me pareció que Cienfuegos naufragaba en la tormenta de su propia conciencia. Católico en su juventud, tanto que se había casado por la Iglesia, ahora formaba parte de un gobierno marxista-leninista cuya filosofía jamás llegaría a dominar, por lo que se aferraba instintivamente a las consignas de Fidel como a una balsa salvavidas. Era, lo reiteraba a diario, un fidelista, un hombre que le debía todo al máximo líder y al cual sería fiel hasta la muerte. A ratos me parecía que su temprana incorporación a la lucha contra la tiranía batistiana demostraba que había sido un joven de principios humanistas, un ser en cierto sentido respetable, que creía en la libertad, por la que había arriesgado la vida y que, por lo mismo, no podía haberse tornado simple y llanamente un verdugo.

A veces me parecía que su incapacidad para expresar afecto, su intención de intimidar a quienes le rodeaban y su estilo desafiante surgían más bien de una crisis que le había roto el alma hacía mucho. Quizás durante las noches el recuerdo de los fusilados y la convicción de que estaba pagando un precio demasiado elevado por su fidelidad a la causa lo arrancaban del sueño más profundo. Debía imaginar que el día en que la Revolución dejara de ser necesaria, y toda auténtica revolución tiene eso por objetivo, Cienfuegos, y no Fidel, emergería como el responsable de los fusilamientos. Enfrentaría entonces a sus propias víctimas, a hombres que hoy permanecían encarcelados o bien jugaban al dominó y tomaban café en la calle Ocho de Miami aguardando pacientes el momento de vengarse de los ñángaras. Durante esas dulces noches antillanas, distantes del nublado cielo moscovita y el fulgor dorado de las torres del Kremlin, en las que la pasmosa soledad que asolaba a Cienfuegos se tornaba palpable, creo que empecé a comprender su drama. Yo era apenas un vacilante aprendiz de revolucionario, torturado por dudas y temores pequeñoburgueses; él, un revolucionario profesional ya titulado. Yo pertenecía a los chilenos expatriados que habían fracasado en su empeño de instaurar el socialismo en su patria; él, a un movimiento revolucionario victorioso que había logrado consolidarse a noventa millas de Estados Unidos. Pese a esa distancia, aprendí a estimarlo y a creer a ratos que él era quizás una víctima más de la Revolución.

Cienfuegos, cosa que descubrí en la medida en que avanzaba en mis estudios de marxismo en la universidad, carecía de formación ideológica.

—Chico, necesito que me expliques lo de las tres leyes de la dialéctica —me dijo una tarde a la carrera, como si se refiriese a algo sin importancia, pero yo intuí que lo consideraba clave. Afuera ardía el sol y estábamos por emprender viaje con mi mujer e hijo a Varadero—. Se ha formado tal desbarajuste con los principios de Marx en el círculo de estudio de la embajada, que hasta yo, como embajador, estoy obligado a aprendérmelos.

Me resultó imposible explicarle las leyes de la dialéctica, porque sencillamente no las entendía, y se le confundían y despertaban en él un curioso escepticismo. Si bien le parecían insuficientes para solucionar los problemas de la Revolución, mostraba al mismo tiempo respeto hacia ellas, porque si Fidel había ordenado estudiarlas, buenas razones tendría para ello. Fidel no se equivocaba jamás, por lo que él, Cienfuegos, se aprendería de memoria esas y cuantas leyes adicionales hubiese que estudiar y así haría un gran papel en el círculo de estudios de la embajada.

A veces, cuando se hallaba de paso en la casona, aparecía por allí el comandante en jefe. Arribaba sin previo aviso, aunque horas antes de su llegada uno ya olía lo que iba a suceder, porque adelantados de su escolta vestidos de un verde olivo intenso, tono que sólo superaba el uniforme del propio líder máximo, comenzaban a apostarse en las inmediaciones de la residencia. Primero ocupaban calles aledañas, luego se trepaban sobre muros, árboles y techos, y finalmente desviaban el tránsito hacia otras arterias. Solo al rato aparecían dos silenciosas y mullidas Chaica negras, construidas en la Unión Soviética según un diseño de Cadillac de los años setenta, rodeadas por una flotilla de Alfa Romeo conchevino atestados de guardias con metralleta.

Fidel viajaba en una de las Chaica que le había obsequiado Leonid Brezhnev, apasionado coleccionista de automóviles, aunque nadie sabía en cuál. Era un modo de prevenir un posible atentado en su contra. Su seguridad estaba en manos del comandante José Abrantes, joven apuesto y deportista, criollo puro, mujeriego y vividor, que años más tarde sería depuesto como ministro del Interior y condenado por narcotráfico a treinta años de cárcel, donde moriría de un ataque al corazón poco después de iniciar la pena. Abrantes era la sombra de Fidel, el hombre que conocía cada uno de sus pasos y entrevistas, sus preferencias y debilidades, sus berrinches y alegrías, y se rumoreaba que su celo profesional llegaba a tal extremo que, para despistar a los contrarrevolucionarios y la CIA, ordenaba a menudo que aquella caravana imponente recorriera durante horas las calles de La Habana con guardias y un doble del comandante en jefe en su interior. La gente sostenía que cuando Estados Unidos hablaba de atentados o enfermedades de Fidel, se estaba refiriendo en verdad a los atentados y las enfermedades sufridos por sus dobles, que llegaban a cinco. El prestigio del máximo líder sucumbió, por lo mismo, al saberse que había condenado y dejado morir en la cárcel al hombre que durante veinte años se había desvivido por su seguridad.

La presencia de los adelantados de la escolta presidencial era como la brisa con olor a tierra húmeda que anuncia la proximidad del aguacero. Mi suegro daba entonces señales de nerviosismo y ordenaba a las criadas poner la sala de estar en orden y ocultarse, ya que no sabía cómo podría reaccionar el jefe al enterarse de la existencia de servidumbre, para él probablemente vestigio de una etapa superada por la Revolución, en casa de uno de sus dirigentes, y comenzaba a ocuparse de que el baño de visitas estuviese bien aprovisionado y retiraba de la mesa de centro la novela de espionaje antisoviética que leía, y colocaba en su lugar documentos de trabajo, en especial algún discurso del líder, y avisaba que no debían pasarle llamados ni dejar entrar a nadie, fuese quien fuese, pues se acercaba alguien demasiado importante.

La primera vez que el comandante en jefe llegó a casa, me sorprendieron, más que su altura y la gravedad circunspecta con que avanzaba a grandes zancos por el mármol de la casa, sus manos rosadas y lisas, de dedos largos y uñas bruñidas, como las de un pianista escandinavo o un aristócrata inglés. Era fornido y mucho más alto de lo que me imaginaba, y, cosa extraña, jamás sudaba, y sus ojos, húmedos y algo enrojecidos, que lo calaban a uno profundo, como un puñal, se asemejaban a los de los retratos del pintor Franz Hals. A primera vista parecía un hombre tímido y silencioso, llegado de otro tiempo y, a juzgar por su piel tersa y pálida, de mejillas surcadas por capilares enrojecidos, de un país nórdico, daba la impresión de que arribaba como disculpándose, temeroso de importunar. Sin embargo, todo aquello no dejaba de ser solo una impresión inicial, ya que al rato se hallaba instalado a sus anchas en la sala de estar y fumaba un largo habano con rostro escrutador, plenamente dueño de la escena y la vivienda.

Sus guardaespaldas, fuertes, herméticos, de rostros esculpidos, recorrían cejijuntos y arma y radio en mano los pasillos de la residencia, donde seguramente se topaban con las sirvientas ocultas bajo una cama o dentro de una despensa, y luego se ubicaban en una ventana, en algún balcón o en la puerta de entrada a la habitación donde conversaba Fidel.

Uno de ellos acostumbraba a cargar un grueso maletín de cuero negro, tipo *attaché,* en cuyo interior se alineaban vasos, botellas de agua mineral, un termo con agua caliente y una latita con galletas. Haciendo gala de una delicadeza propia de bailarina, el asistente llenaba a medias un vaso con agua envuelto en una servilleta blanca y lo ponía al alcance del comandante en jefe.

Cada vez que logré situarme, estimulado por la curiosidad, en las inmediaciones de la sala en que hablaban Fidel y mi suegro, pude escuchar retazos de lo que decían. Solía ocultarme detrás de una mata de anones chinos, hasta donde me alcanzaba el eco de sus voces que surcaban las blancas celosías entornadas. Por lo general, el máximo líder acostumbraba a anunciar con entusiasmo desbordante algún proyecto: la pronta inauguración de una nueva fábrica de zapatos de plástico, la creación en escasas semanas de un taller para reparar tractores rusos, la aprobación de planos para un instituto que en un futuro no lejano se especializaría en el cultivo de ostras y convertiría a Cuba en el principal exportador mundial del molusco, o el desarrollo de un revolucionario sistema para la construcción de puentes, que permitiría ahorrar hombres y materiales. Era siempre una retahíla de proyectos que algún día se materializarían y cambiarían de raíz la faz de la Revolución.

—¿No te parece, chico, que es lo más racional y conveniente en vista de las dificultades que estamos afrontando? —preguntaba después de exponer en detalle un asunto determinado.

A mí me decepcionó descubrir cuán prosaico resultaba el ejercicio del poder. Yo ansiaba escuchar de los labios del máximo líder el anuncio de algo extraordinario, histórico, único, como un sorpresivo ataque cubano con misiles a Miami, el cese de la cooperación con la Unión Soviética, el despido de miembros del buró político o la invasión a algún país centroamericano, pero siempre quedé defraudado. El comandante en jefe se limitaba a abordar simple y llanamente asuntos cotidianos y no esperaba la aprobación para ellos, sino que la daba por descontada.

—Pues a nosotros, a la luz de los análisis, nos parece que es lo más indicado y razonable —solía concluir, respondiéndose a sí mismo.

Acostumbraba a emplear el plural mayestático, de modo que uno ignoraba si se refería con él a grupos de especialistas y dirigentes políticos o solo a su propia persona, pero daba lo mismo, porque a través de las palabras que me alcanzaban hasta el jardín quedaba en claro que Fidel no acudía allí para consultar a Cienfuegos, sino para pensar en voz alta, mientras mataba el tiempo para llegar a una sesión en otro lugar, nuevos planes económicos.

Cuando hablaba, el rostro de mi suegro se tornaba atento, risueño o serio, dependiendo de las circunstancias, y asentía o negaba con la cabeza de acuerdo con lo que la situación aconsejara. Tenía sumo cuidado en no interrumpir el monólogo de su jefe y seguía con atención el hilo de cuanto le decía. Nada quedaba del hombre altanero y desafiante que yo había conocido en Leipzig o recordaba de la vida diaria. Ahora se asemejaba más bien a un ser sumiso y disciplinado, acostumbrado a asentir.

Cuando se retiraba de la casona de Miramar, Fidel lucía satisfecho y tan fresco y radiante como al arribo. El contacto con la gente parecía sentarle bien, rejuvenecerlo, brindarle energías adicionales que lo llevaban a concertar nuevas reuniones a cualquier hora del día o la noche, con quien fuese necesario. La primera vez que Fidel se hubo retirado, Caridad del Rosario me susurró en la cocina, temblorosa aún por la emoción de haberle sentido tan cerca, que «El Caballo», como solía referirse al máximo líder, aprovechaba las conversaciones para alimentarse de la energía de los demás y que mientras más atención le dispensaban, mejor se nutría, y que quienes le escuchaban quedaban cautivos de su poder y tenían que volver a verlo periódicamente donde fuera, ya en un acto pequeño, ya en las asambleas masivas de la Plaza de la Revolución, porque solo de ese modo podían recuperar su equilibrio interior. Sí, me decía la negra nieta de esclavos, todo aquello era cierto, se lo había revelado un santero de Guanabacoa, que subía a la Sierra Maestra en la época de la guerrilla a tirarle los caracoles a Fidel y su gente para averiguar el destino que los aguardaba.

—El día en que nadie acuda a la plaza —aseguraba Caridad del Rosario con sus grandes dientes blancos en su rostro de caoba—, la gente perecerá y él, sin la nutriente de sus cuerpos, perderá el poder y se desplomará como un monigote.

A menudo era un aviso proveniente de la radio de las Chaika la que le indicaba a Fidel que era hora de retirarse, que debía partir a otra reunión. Entonces mi suegro lo acompañaba hasta la puerta de calle, donde lo despedía con un apretón de manos y le reiteraba que contara con él para lo que fuese, y después el comandante en jefe abordaba uno de sus vehículos, que lo aguardaban con el motor en marcha, y partía raudo y silencioso, rodeado de los Alfa Romeo, por cuyas ventanillas abiertas asomaban las metralletas bruñidas y los rostros hurañas de sus escoltas.

Y cuando la casona recobraba al rato su tranquilidad acostumbrada, Cienfuegos iba a sentarse en silencio bajo el flamboyán de la terraza, donde fumaba pensativo y me parecía más taciturno y solitario que nunca.

24

Una mañana de sábado en que Cienfuegos se hallaba en la casona de Miramar aprovechando una de sus acostumbradas visitas a La Habana, Margarita me anunció que Barbarroja vendría a reunirse con su padre.

Desayunábamos tranquilamente en el comedor diario mientras el niño dormía aún y Caridad del Rosario velaba su sueño. Dora y Lorenza se hallaban en las colas esperando la cuota de frijoles y arroz. Por la tarde teníamos previsto trasladarnos a una cabaña del Hotel Internacional, en Varadero, cuyo *show* deleitaba a mi suegro. El balneario seguía desierto, pues los antiguos dueños de las casas de veraneo se habían marchado a Estados Unidos a comienzos de los sesenta y nadie, con excepción de la dirigencia, diplomáticos extranjeros y una que otra pareja en luna de miel, distinguida por el colectivo de su empresa, tenía derecho a ocupar esos espacios o a deambular por las calles bordeadas de cocoteros, mundo que para Fidel constituía el símbolo más vergonzante de la dependencia y la miseria moral del período prerrevolucionario.

—¿Y esa visita a qué se debe? —pregunté.

—Se trata de algo muy delicado —dijo mi mujer con tono conspirativo—. Papá vino de Moscú sólo a hablar de eso con Barbarroja.

—Vamos, chica, dime de qué se trata.

—La seguridad descubrió que la mujer de Barbarroja le pega los tarros con un bailarín del grupo —me dijo Margarita sin circunloquios—. Lo descubrieron en Moscú.

Me quedé estupefacto. Barbarroja llevaba años casado con la bailarina norteamericana, una rubia espigada de tez blanca y ojos claros, que yo había conocido en nuestra boda. Aquel matrimonio representaba una contradicción en sí, pues la tarea del cubano consistía no solo en neutralizar las acciones anticubanas de Estados Unidos, sino también en hostigar los intereses de Washington en América Latina.

—No se lo puedes contar a nadie. Es un secreto de Estado.

Me pareció gratuita la advertencia, pues la situación debían conocerla ya, por lo menos, el amante de la bailarina y el elenco completo de ballet que realizaba la gira por la Unión Soviética.

—¿Y es seguro?

—¿Que si es seguro? —Margarita se puso de pie para extraer el pan trabado en el tostador de la General Electric. Los artículos electrodomésticos de casa, norteamericanos de los años cincuenta, por lo tanto ya sin repuestos en la isla, comenzaban a fallar ahora con frecuencia, como si hubiesen coordinado una venganza en nombre de sus dueños originales—. Si vino papá es por algo.

—¿Y entonces?

—Entonces nada. Figúrate, un hombre de ese nivel en peligro de ser infiltrado por los norteamericanos. Imagínate si la yanqui trabaja para la CIA, las cosas que debe haber transmitido.

—A lo mejor la bailarina se sentía abandonada y optó por buscar un amante. Vaya uno a saber.

—El tema no es ese, bobito, sino el de la información que maneja Barbarroja. Dicen que Fidel está encabronado.

—¿Y qué irán a hacer?

—¿Pero tú eres comegofio o qué? —exclamó malhumorada mi mujer mientras la tostada humeaba, prisionera, de modo prodigioso—. Él tiene que divorciarse. Un dirigente de la Revolución no puede ser tarrudo.

Barbarroja arribó poco más tarde en un Alfa Romeo conchevino, escoltado por dos guardias. Yo estaba en el jardín y lo divisé a través de las puertas abiertas de la terraza. Venía como siempre, sonriente, voluminoso, bonachón, seguro de sí mismo. Abrazó con afecto a Cienfuegos, que lo esperaba recién duchado y vistiendo un safari, y de inmediato se encerraron a conversar en la sala principal de la casona.

Impulsado por la curiosidad, me aposté con sigilo detrás del anón chino, desde donde solía espiar las conversaciones de Fidel con Cienfuegos, y aguardé a que mi suegro le revelara a su amigo la razón que lo había llevado a La Habana. No pude dejar de pensar en la novela de Arthur Koestler, uno de los libros rescatados por Lázaro, que describía cómo el encargado de la policía política de un país comunista se convertía de forma gradual en víctima de su propia institución. Sin embargo, intuí que más allá de la artificiosidad literaria, en aquel cuarto que yo vislumbraba a través de las celosías entornadas se incubaba un auténtico drama.

En aquellos instantes Cienfuegos colocaba a su amigo ante el espejo de su propia intimidad, parte de la cual, como el encargado del espionaje de la novela de Koestler, él ignoraba. Todos sabíamos cuánto amaba Barbarroja a su mujer y cuántos admiradores y enemigos se había granjeado en La Habana con su destacada labor como espía. Por un instante acaricié la idea de que aquello pudiera obedecer a una intriga palaciega destinada a liquidar al hombre clave en el respaldo de los partidos revolucionarios y movimientos guerrilleros de América Latina.

No lograba escuchar a Cienfuegos, pues solo veía su espalda, pero lo imaginé revelándole a su amigo la infidelidad de su mujer con palabras cuidadosamente escogidas, púdicas, casi higiénicas, tratando de evitar que pudiesen quebrarlo sentimentalmente. No era casual que la misión le hubiese sido encargada a él. La orden provenía de muy alto, quizás del propio Fidel, uno de los primeros en enterarse de lo que ocurría con la conspicua bailarina, y, no me cabía duda alguna, en proponer a mi suegro como el hombre adecuado para cumplirla.

Cuando Cienfuegos comenzó a hablar, el rostro de Barbarroja, que yo veía con cierta nitidez desde la distancia y a través de las celosías, se contrajo lívido, deformado por una fría mueca de incredulidad, y luego se tornó bermejo, como si toda la sangre de su cuerpo se le hubiese agolpado en la cabeza, y sus manos se crisparon y un sudor repentino le bañó la frente. Las palabras de mi suegro en aquella sala nívea y de espejos biselados, palabras escuetas pero convincentes, comienzan a fluir con cierta dificultad en un inicio, pero pronto escapan a borbotones, como la sangre de la boca de Ramón en aquella maldita calle de Santiago, y Barbarroja clava la vista en el piso de mármol de la casona expropiada por la Revolución, mármol de Carrara que en el pasado devolvió el eco de los pasos de sus verdaderos propietarios y albergó sus sueños, dolores y frustraciones, y trata de convencerse de que todo es una pesadilla, que su mujer no puede haberlo engañado de forma tan vil mientras él velaba por el destino de la Revolución y la vida de Fidel. Imagina que tal vez es sólo una amistad la que une a su mujer con aquel bailarín. ¿No es usual acaso la amistad entre el hombre nuevo, creado por la Revolución, y la mujer emancipada gracias al trabajo?

¿Y no son acaso maricones los bailarines? Maricones y gusanos y malagradecidos, que a la primera abandonan la isla. Pero luego, abrumado, admite que no hay amistad entre hombre y mujer, sino solo atracción, atracción que puede conducir al lecho y luego a una pasión irrefrenable, enfermiza, adictiva, que los poetas llaman amor.

Sin embargo, de pronto, un estremecimiento que lo llena a la vez de vitalidad y nuevos bríos, lo lleva a pensar que aún es tiempo, que todavía puede rescatar a su mujer de los brazos musculosos, el pecho erguido y las caderas estrechas de aquel bailarín que ha convertido el cuidado de su físico en la tarea primordial de su vida, y se dice que aún podría hacer encarcelar a ese malagradecido, seguramente maricón, que no solo abusa de los recursos que la Revolución pone generosamente a su alcance para su desarrollo integral, sino que también, haciendo gala de una deslealtad abominable, llega incluso a picotear los ojos de quien le da de comer.

Pero las palabras de Cienfuegos siguen restallando como latigazos en la conciencia de Barbarroja y comienzan ahora a despojar al cuerpo frágil y bien torneado de su mujer, la mujer a la que ama, de su abrigo de piel y su traje dos piezas, y de la enagua de seda —seda japonesa que él mismo compró en París hace seis meses, cuando recorrió anónimamente la ciudad para contemplar el Sena, Montmartre y la Torre Eiffel— y la dejan completamente desnuda junto a la ventana desde la cual se divisan, refulgiendo contra la luz de la luna, las cúpulas doradas del Kremlin. Y las palabras de Cienfuegos describen ahora cómo el bailarín, también ya despojado de su atuendo, se acerca a la mujer, la conduce de la mano hasta la cama rechinante, donde la reclina con delicadeza para encerrarla en un abrazo desesperado. Barbarroja cierra los ojos y sacude varias veces la cabeza.

—¿Estás absolutamente seguro? —pregunta al rato con un tartamudeo que es solo un intento por aferrarse a una tabla de salvación inexistente.

Mi suegro mira con ternura y compasión a su camarada de lucha y descubre que sus ojos claros imploran una mentira. Barbarroja necesita que le digan que se trata de un error lamentable, de una torpeza de un agente del KGB que confundió el número de habitación o los nombres, o al menos un nombre, el de su amada mujer, porque ella no puede haberle causado tal afrenta precisamente a él, al hombre encargado en la isla de averiguar la vida de los demás.

Y entonces Cienfuegos se inclina sobre la mesa de centro, que esta vez resplandece desierta, huérfana de las tacitas de café dulce y cargado que suele preparar Caridad del Rosario, y recoge un gran sobre blanco y extrae de él varios documentos.

—No quería llegar a este extremo, coño —susurra entregándole a Barbarroja las fotos tomadas por el KGB en el cuarto del Hotel Rossija, y abandona la sala para que su amigo, si logra armarse del coraje suficiente, examine con sus propios ojos las pruebas irrefutables de la infidelidad.

25

Nuestra mudanza al apartamento conseguido a través de la FMC ya solo dependía de algunos trámites menores, como la obtención de mobiliario, pues el original —de estilo francés— lo había retirado la institución estatal encargada de comercializar en dólares las antigüedades del país, que encabezaba René Pacheco, el simpático capitán del Ejército rebelde, mano derecha de Celia Sánchez Manduley, la secretaria de Fidel.

En esos días Margarita me contó que Anne Schuster, la alemana de la FMC encargada de las relaciones con los países socialistas, había amenazado con asestar un golpe mortal si perdía su puesto.

—Tiene documentos al parecer comprometedores para Eugenia Valdés —dijo Margarita al llegar una noche de aguacero y relámpagos de una cena ofrecida por Cuba en honor de una delegación de mujeres de Hungría—. Dijo que si la echan, los dará a conocer a Vilma.

Margarita estaba furiosa y se levantó varias veces de la mesa, donde nos servíamos un cafecito postrero, para atender los llamados telefónicos de Eugenia y coordinar la postura que debían asumir. Al parecer, el escándalo había estado a punto de estallar en la cena oficial. En medio de los bajativos, la alemana se había aproximado a Vilma con el fin de solicitarle una reunión para la mañana siguiente. Creí percibir cierto nerviosismo en mi mujer, una propensión a asumir una actitud defensiva, lo que revelaba quizás que Anne disponía de algunas cartas por su lado.

Tal vez guardaba en su poder los mismos documentos que Margarita había tenido en sus manos tiempo atrás y que le habían suscitado la primera aunque intrascendente crisis de conciencia. Presumo que entonces, en su condición de jovencita ingenua recién incorporada al círculo del poder, que comenzaba a idealizar, se preguntó durante días, en silencio, a espaldas mías, si debía denunciar todo aquello a Vilma o mejor no decir nada. Con el paso del tiempo escogió lo segundo, intentando así dar por finiquitado el asunto y sumergirse en la labor ideológica cotidiana, pero ahora el asunto emergía con el ímpetu propio del chantaje.

—¿Y qué pide? —pregunté a mi mujer mientras se paseaba de un lugar a otro de la casa.

—Continuar a cargo de los países de Europa del Este, lo que no puede permitírsele, pues es una cuestión de imagen de la Revolución. Una alemana oriental, una *njemen,* no puede recibir en La Habana a las delegaciones de la Unión Soviética, Polonia o Checoslovaquia.

—¿Pero por qué no?

—Ya te lo expliqué tiempo atrás.

—Casi lo he olvidado.

—Ya te lo dije, es una *njemen* y su padre seguramente fue un soldado nazi que invadió los países del Este, bombardeó aldeas y violó a mujeres. ¿Entiendes?

—La Segunda Guerra Mundial terminó hace décadas —aclaré—, y además dudo de que haya pruebas de que su padre fue nazi.

—¿Ah, sí?

—A lo mejor fue uno de los escasos comunistas de la Resistencia.

—No me hagas reír.

—¿Por qué no?

—Si hubiese sido antifascista, no estaría aquí casada con un marino, sino que sería parte de la dirección política de la RDA. Allá todos los comunistas que lucharon contra el nazismo tienen hoy puestos importantes, igual sus descendientes.

Vació de un golpe la tacita de café, extrajo documentos de un maletín y los hojeó deprisa. Debía basarse en ellos para redactar un discurso para Vilma sobre los beneficios laborales logrados por la mujer con la Revolución. La máxima dirigenta estaba satisfecha no solo con las traducciones y discursos que Margarita elaboraba, sino también con los informes que entregaba sobre las delegaciones femeninas que visitaban la isla. Estos no permanecían en la federación, subrayaba mi mujer, sino que llegaban a las más altas esferas del gobierno y también a los compañeros de la seguridad del Estado, quienes otorgaban particular importancia a las descripciones sobre dirigentas de países occidentales, cuyas opiniones pudieran resultar valiosas para la Revolución en algún momento.

—Aunque pensándolo bien —comentó de pronto, volviendo al tema—, no tengo por qué preocuparme si se produce un enfrentamiento entre la alemana y Eugenia. Ellas mismas se debilitarían ante Vilma. Una por corrupta, la otra por ejercer un cargo que no debería ocupar. En la federación de la RDA jamás permitirían a una cubana asumir la dirección de América Latina. Nosotras nos pasamos de generosas con los extranjeros.

La idea de que el conflicto, en caso de estallar, se circunscribiría a Anne y Eugenia, la tranquilizó no por oportunismo, sino por la posibilidad de que si eso ocurría, al fin podría dedicarse a lo suyo. Quizás Margarita solo anhelaba servir a la Revolución, nada más, pero al mismo tiempo se sentía impelida, por lealtad a Vilma y Fidel, a velar por el prestigio de la institución revolucionaria y la moral de sus dirigentes. No obstante me sorprendió que fuese ya capaz de actuar hábilmente en medio de las intrigas palaciegas y de medir fuerzas con funcionarias experimentadas.

Mientras mi mujer se empantanaba en aquella guerra sorda de posiciones por el poder y la consumían el agobio, la tensión y la inestabilidad, nuestro matrimonio se deterioraba. Creo que, al igual que yo, Margarita evocaba en la soledad, nostálgicamente, nuestra experiencia en Leipzig. Compartíamos el lecho y la atención de Iván, compartíamos los gastos de casa y acudíamos juntos a ciertos compromisos, pero una creciente antipatía e inapetencia mutua comenzaba a corroernos, distanciándonos, convirtiéndonos en extraños. A ella la consumía la defensa de su posición en la FMC; a mí, la incertidumbre que se proyectaba sobre nuestro futuro, especialmente porque yo ya no confiaba políticamente en ella. A ratos me preguntaba qué ocurriría si se enteraba de los libros ocultos detrás de los volúmenes de Stalin alineados en el librero de caoba de mi suegro. ¿Los tiraría o quemaría? ¿Me denunciaría? Yo estaba consciente de que nuestro amor agonizaba, pero continuaba en la casona de Miramar pensando que quizás la mayoría de las parejas vivía bajo circunstancias semejantes. ¿Por qué no? ¿No era acaso mejor aceptar esa convivencia mutilada con tal de salvaguardar la estabilidad emocional de Iván? ¿Para mantener un matrimonio no bastaba acaso solo un afecto básico entre hombre y mujer, una mínima tolerancia que hiciera llevadera la vida común y permitiera educar y proteger a los hijos bajo un mismo alero? ¿Admitir la muerte del amor de una pareja y preservar al mismo tiempo la pareja no constituía acaso la madurez misma?

A ratos me decía que tal vez yo seguía enamorado de mi mujer y que se trataba de nubes pasajeras que ensombrecían nuestro panorama. Abrigaba la esperanza de que en algún momento volveríamos a reencontrarnos, pues ese amor juvenil descubierto en el internado de Leipzig no podía haberse desvanecido. ¿No sería acaso así el amor? Primero la pasión irreprimible, el vendaval, luego la calma que reina después de la tormenta y permite la aparición de los contornos del paisaje. ¿A quién podría dirigirme yo con esas preguntas en un mundo donde lo central parecía ser, a juzgar por la prensa, los discursos y las conversaciones, la construcción del socialismo y la lucha diaria por consolidar el poder de los obreros y campesinos a noventa millas del imperialismo?

Nuestras tensiones íntimas, cada vez más frecuentes, arrancaban tal vez del exceso de entrega de Margarita a la Revolución, y de mi creciente escepticismo frente a esa misma Revolución. La FMC era ante mis ojos una máquina que devoraba a sus funcionarias y las desgastaba en disputas inútiles por un poder aparente, ya que la influencia de la organización no emanaba de la organización misma sino del hecho de que su presidenta era la esposa del segundo hombre de Cuba, Raúl Castro. La FMC era una caldera hirviendo, que podía escaldar viva a cualquiera de las mujeres que luchaban por su control, menos a Vilma Espín de Castro.

Una tarde en que yo acababa de retornar de la universidad y me disponía a darme una ducha, se presentó en la puerta de nuestra casa un oficial de la seguridad del Estado. Me alarmé cuando me enseñó su identificación plastificada, pues imaginé que venía a investigar mi participación en el asunto de los libros rescatados. Afuera lo aguardaba el vehículo símbolo de la seguridad del Estado cubana, un vw escarabajo. Lo hice pasar a la salita de estar en la que desemboca la escala de mármol del segundo nivel y tomamos asiento. Margarita no se hallaba en casa y el niño jugaba en el jardín con Caridad del Rosario mientras las sirvientas deambulaban por la casona cumpliendo sus deberes.

—Usted dirá —le dije.

Era un tipo delgado, de pelo corto y afable. Portaba un maletín y vestía guayabera.

—Es solo una breve consulta que me trae hasta aquí.

—Por favor.

Extrajo un libro del maletín, lo exhibió antes mis ojos y preguntó:

—¿Lo conoces?

Lo examiné con manos temblorosas. ¡Era, al parecer, uno de los libros salvados por Lázaro! ¡Habían descubierto al quinteto! El miedo me paralizó, pero de pronto recapacité y logré poner orden en mi memoria. Se trataba del *Yonquie*, de William Burroughs, que Anne Schuster me había prestado en su departamento, el día en que la visité con mi mujer. No me quedó más que admitir que lo conocía. Se trataba, incluso, del mismo ejemplar que yo había leído y no había devuelto a la alemana. ¿Cómo había llegado a las manos de la seguridad del Estado?

—Me imagino que al leerlo te diste cuenta de que se trata de una obra profundamente contrarrevolucionaria —afirmó el policía sin dejar de tutearme—, que atenta contra los principios de nuestra sociedad, y que por ello es nociva e indeseable en nuestra patria.

Asentí agobiado y aunque comencé a temer lo peor, traté de preservar la calma imaginando que mi suegro podría intervenir en favor mío, al igual que el doctor Madan había intervenido en el pasado en favor suyo; mal que mal, Cienfuegos solía traer de España libros prohibidos en Cuba, que leía y prestaba a sus amigos dirigentes. Forsythe, Le Carré, el marqués de Sade y las memorias de Neruda no circulaban en la isla por razones obvias.

—¿Puedes decirme quién te lo prestó?

En ese instante entendí de qué se trataba.

—No lo recuerdo.

—¿Estás seguro? Me consta que tienes buena memoria.

—En efecto, pero no recuerdo…

—¿Estás seguro o quieres que te refresque la memoria?

—Pero dígame antes, ¿cómo llegó a sus manos?

—Aquí las preguntas las hago yo —afirmó rotundo, con brillo altanero en los ojos—. ¿No recuerdas quién te lo prestó? ¿Un libro como este, que no existe en Cuba?

No me vas a decir que lo compraste en La Moderna Poesía —afirmó serio, refiriéndose a una antigua librería de La Habana.

—Realmente, créame, compañero, no lo recuerdo —mentí.

—Pues es muy extraño, porque el nombre de su dueño aparece en sus páginas iniciales, escrito de puño y letra. Es Anne Schuster. ¿La conoces?

—Sí.

—Fue esa ciudadana alemana quien te prestó este libro, ¿verdad? Te advierto que es una pregunta de rutina, pues sabemos perfectamente que fue ella quien lo hizo.

—Bueno, es verdad. Fue ella. ¿Pero qué hay de malo en eso?

El hombre se puso de pie anunciando que en breve volvería a ponerse en contacto conmigo y dejó la sala después de guardar el libro en el maletín. Solo cuando hubo arrancado en su escarabajo por la calle Veintiséis, caí en la cuenta de que los dardos no estaban dirigidos en contra mía, sino de Anne Schuster por alguien que solo podía ser Margarita.

26

Pasaron varios días sin que el hombre de la seguridad regresara. Fue entonces que decidí comentárselo a Margarita. No lo hice antes anhelando, quizás, que un gesto o una pregunta suya me revelara que conocía lo ocurrido y que ella era la causante de la intervención policial, mas se mostró sorprendida, le restó importancia a la investigación y no atinó a explicarse cómo el texto de Anne Schuster había salido de casa.

Precisamente en eso radicaba para mí el enigma, puesto que yo, obedeciendo la expresa petición de la alemana y consciente del riesgo que eso entrañaba, no había prestado el libro a nadie.

Los mundos que habitábamos mi mujer, por un lado, y yo, por otro, se distanciaban. Mientras ella comenzaba a insistir con énfasis en los logros de la Revolución y redactaba discursos cada vez más delirantes sobre las ventajas del socialismo y el ejemplo de Cuba para los pueblos del Tercer Mundo, sumiendo en amnesia completa sus vacilaciones de Leipzig y el episodio berlinés, mis compañeros del quinteto me hablaban de las penurias que experimentaban a diario para conseguir los alimentos básicos —pan, leche, carne o verduras— y de sus deseos de que las cosas cambiasen y la existencia se tornase llevadera, diferente, desde luego, a la que conocían y que les exigía sacrificios y renuncias en aras de un socialismo que no prosperaba.

Mis amigos tenían la sensación de habitar una isla varada en el tiempo, donde, desde que tenían uso de razón, gobernaba el mismo presidente con su partido, se comía el mismo arroz con chícharos, se distribuía el mismo diario, circulaban los mismos carros de siempre, prevalecía la misma moda de camisas con cuatro botones y pantalones estrechos y resonaba por las radios la misma música. Como no fuera la destitución de un ministro o el anuncio de una nueva campaña del pueblo combatiente en contra de algo o alguien, ningún acontecimiento clavaba un hito en la memoria, ni permitía tener la impresión de que el tiempo fluía.

Una noche, después de la reunión semanal de la Jota, cerca del Comité de la Resistencia Chilena, emergió de las sombras un compatriota que yo no conocía, pero del cual se comentaba que era sospechoso. Se trataba de Vicente Robledano, un joven de bigotes finos, que no militaba en ninguna organización. Empezó a conversarme mientras caminábamos por El Vedado y me invitó a un bar de mala muerte a esperar que los buses pasaran vacíos.

Ordenamos cerveza y conversamos de cosas intrascendentes en medio del bullicio, el humo y el tufillo de la piloto. Vicente había llegado a la isla dos años antes con su mujer y su hija. Había sido alumno de la Escuela de Carabineros hasta el día del golpe militar, cuando se negó a sublevarse contra el gobierno de Allende y desertó. Durante los primeros días del terror logró asilarse en la embajada italiana y después salir con destino a México, donde se reunió con la familia. De allí había volado a La Habana. No pertenecía a partido alguno, pero buscaba cooperar con los comunistas, a quienes consideraba sacrificados, consecuentes y valerosos. Sin embargo, la Jota no le perdonaba su paso por la Escuela de Carabineros. Ahora se desempeñaba como ayudante de contador en una sombría fábrica de cajas de cambio de buses urbanos, estaba divorciado y vivía solo en un apartamentico de La Víbora.

Cerca de medianoche, con bastante alcohol en las venas, me preguntó si estaba enterado de que muchos comunistas estaban en las FAR, y cuando le dije que no tenía idea al respecto, cambió de tema y me confesó que lo aterraba la posibilidad de que a la larga todos los chilenos de la isla terminaran sin pasaporte y olvidados por la patria.

—¿Tú crees que alguien en Chile va a reclamarnos cuando pierdan vigencia nuestros pasaportes? —me preguntó, ya borracho, en medio del eco de las risotadas y el repicar de vasos y botellas que estremecían el local.

Y sin aguardar mi respuesta añadió que estaba en desacuerdo con lo que veía en Cuba y que no lo deseaba para Chile, que se había imaginado otra cosa de la isla, un país libre y próspero, no lo que conocía. Yo compartía ya sentimientos parecidos, pero nunca me había atrevido a manifestárselos a nadie, ni siquiera a mi mujer, ni a mis amigos del quinteto, pues con ellos las conversaciones giraban en torno a la literatura, la política cultural del gobierno y las correcciones que podría emprender la Revolución para perfeccionar el socialismo. Sí, en la isla había cosas de las cuales sencillamente no se hablaba. Sin embargo, Vicente, a poco de conocerme, se permitía la torpeza de confesarme algo comprometedor por su envergadura. Una sensación de inquietud me sobrecogió y pensé en el agente de la seguridad que me había visitado días atrás. ¿No me estaría probando a través de Vicente? ¿Mi compatriota no sería quizás un provocador con la misión de conocer mi verdaderas preferencias políticas? ¿O tal vez un agente del enemigo, como se rumoreaba en la Jota?

—Te voy a contar algo que no le he contado a nadie —me anunció ordenando dos nuevas botellas de cerveza bajo la luz fluorescente de la piloto. Lo que uno nunca debía escuchar en el socialismo eran confesiones, pero no tuve tiempo para oponerme—. Hace un año fui a la Embajada de Suecia para ver si podía radicarme allá.

—¿Y eso? —pregunté con desconfianza. Mi nueva cerveza estaba tibia.

—Quería salvar a mi familia de todo esto.

Sin embargo, en la embajada le habían dicho que, dada su condición de extranjero, no podría asilarse, pero que sí era factible hacerlo desde Chile. Pensó que se burlaban de él con esa alternativa absurda, pues como desertor enfrentaría el pelotón de fusilamiento en cuanto llegara a Santiago. Ante ello solicitó una visa para residir en Suecia, a lo que le contestaron que no la obtendría mientras no exhibiera un contrato de trabajo con una empresa de ese país.

Vicente salió abatido de la embajada. Sus posibilidades de dejar la isla y radicarse lejos del atraso y el fracaso económico cubanos eran nulas. Se marchó derrotado al apartamento que ocupaba con su mujer y su hija. La noticia representaba la estocada final para su matrimonio agonizante.

Sin embargo, no alcanzó a llegar a la vivienda. En sus inmediaciones lo aguardaban agentes de civil, que lo detuvieron y trasladaron a un centro de detención. Durante quince días lo mantuvieron sometido a interrogatorios. Nunca emplearon la tortura física en su contra, pero le repetían que debía olvidarse de su país, que allá nadie exigiría su libertad, que estaba acusado de colaborar con el espionaje pinochetista y que en cuanto dispusiesen de las pruebas lo fusilarían con un pelotón integrado por compatriotas revolucionarios.

—Ni siquiera le anunciaron a mi mujer que estaba detenido, y como no pertenecía a ninguna organización chilena, nadie preguntó por mí —añadió con lágrimas en los ojos—. Un vecino le contó a mi mujer que me había visto la tarde de mi detención abordar con una mulata un bus en la terminal de La Habana.

Ese mismo día su mujer y su hija hicieron las maletas y se marcharon del apartamento. Y cuando Vicente llegó a su hogar lo encontró desierto y en desorden, con claras huellas de haber sido registrado. Alguien le había despojado además de su pasaporte.

—No me quedó más que callarme —dijo—. El día de mi liberación, un oficial me había advertido que no debía contarle a nadie lo vivido, o sufriría las consecuencias. Es la primera vez que lo cuento, amigo.

Juraba una y otra vez, entre sollozos, que era un revolucionario, que había apoyado a Allende y arriesgado su vida al desertar, pero que no deseaba una Cuba para Chile. ¿Era acaso pecado pensar eso? No quería cambiar la realidad de Cuba, eso le correspondía a los cubanos, solo añoraba salir de la isla. ¿Era acaso demasiado pedir? Yo guardé silencio ante cada una de sus preguntas, cohibido por la desconfianza que me despertaban sus palabras. Hubiese preferido no haberlo conocido nunca. En todo caso, fuese lo que fuese, bien un agente pinochetista o un ingenuo desequilibrado, yo no podía ayudarle y estaba harto de sus confesiones. Lo más conveniente para mí era alejarme de su lado cuanto antes y poner sobre aviso a la policía de la misma forma en que mi mujer lo había hecho con respecto al libro de Burroughs prestado por la alemana. Pero, ¿debía hacerlo? ¿Era Vicente un enviado por el policía que acababa de visitarme o simplemente una víctima de las circunstancias?

Presa del pánico y escuchando el eco estentóreo de las carcajadas de los últimos parroquianos, decidí abandonar la piloto fingiendo estar borracho. Coloqué un billete de diez pesos sobre la mesa, me puse de pie y luego, tambaleando, comencé a alejarme de la mesa de mi compatriota, que sollozaba con el rostro oculto entre las manos.

27

Una carta de mis padres, que vivían en Valparaíso, vino a cambiar de modo radical el estado de cosas para la familia. Anunciaban que estaban en condiciones de viajar y proponían que nos reuniéramos en Europa por razones de seguridad. Regresar a Chile desde La Habana podía significarles ser acusados de terroristas.

—Lo mejor será encontrarnos en Belgrado —me dijo una noche Cienfuegos, quien se hallaba por unos días en la isla portando un mensaje de Leonid Brezhnev para Fidel sobre la guerra en África—. Yugoslavia es el país socialista menos comprometedor para tus padres.

Supongo que Cienfuegos escogió Yugoslavia no solo por proteger a mis padres, sino también para evitar que su hija, nieto y yerno viajasen a un país occidental, del cual pudieran intentar escapar de la Revolución.

Aprovechando su retorno a Moscú, que contemplaba usualmente una breve estadía en Madrid, envié una carta a mis padres confirmando la fecha del encuentro para dentro de dos meses en Belgrado. Les informé además que no se ocuparan de hoteles, puesto que el comandante disponía allá de contactos para albergarnos a todos.

Pocos días más tarde, durante una reunión de la Jota, anuncié a mis camaradas el viaje. Sin embargo, mi alegría se vio opacada de inmediato por la reacción de Virginia, la encargada de la base:

—No es cosa de avisar e irse —advirtió seria, aguándome la fiesta. Hasta ese momento yo creía haber mantenido una relación bastante cordial con ella en el marco de la militancia—. Primero debes solicitar permiso a la organización para salir del país.

Mis camaradas de base guardaron un silencio irritante, lo que me desconcertó, pues esperaba que desaprobaran la reacción de Virginia y me respaldaran.

—¿Y qué hago, entonces? —pregunté—. Mis padres ya salieron de Chile para reunirse conmigo en Belgrado.

—Tienes que hablar con el camarada Viciani y elevar la solicitud para hacer el viaje —repuso antes de pasar a los temas «varios», que se abordaban al final de cada reunión.

Me fue imposible conseguir la cita con Viciani, pues celebraba una reunión con «camaradas del interior» en una sala contigua y no podía interrumpirla. Cuando el partido quería dar a su militancia la impresión de que se dedicaba efectivamente a asuntos esenciales, divulgaba con discreción, en tono conspirativo, que se hallaba realizando encuentros con «camaradas del interior». Una reunión de este tipo sonaba entonces como algo trascendental y heroico, y era indicio evidente de que el partido y la Jota preparaban detalles para asestarle golpes demoledores a la dictadura mediante sus estructuras clandestinas. Una reunión con «camaradas del interior» era una instancia que le permitía al partido beber de la fuente misma de los hechos, realizar un diagnóstico adecuado de la coyuntura en Chile y ordenar los próximos ataques al enemigo. Sólo años más tarde comprobé que muchos de quienes nos eran presentados como compañeros «del interior» eran militantes que vivían en países europeos y se encontraban de visita, a menudo turística, en la isla.

De ese modo se nos impedía hablar con ellos. En realidad, pocos deseaban entrevistarse con alguien que semanas más tarde, ya en Chile, pudiera caer en manos de la dictadura, lo que de inmediato podría convertirlos en presuntos delatores. Al mismo tiempo, a los militantes que venían de esos países les orientaban a eludir a los camaradas locales, ya que estos —en especial los que vivían en Cuba— se hallaban cumpliendo tareas de inteligencia y subversión y debían mantenerse en el anonimato. Así, el partido y la Jota iban convirtiendo a la organización en un compartimento estanco, en el que los militantes vivíamos aislados y dependíamos de nuestros jefes inmediatos.

Días más tarde pude reunirme con Viciani. Me recibió en su sala con aire acondicionado, impecable como siempre, fumando un Pall Mall detrás de su escritorio de caoba.

—Tú dirás —anunció dejando escapar el humo por la nariz.

—Deseo ver a mis padres —dije con cierta ligereza—. Hace tres años que no los veo.

—No hay problema —repuso mientras acariciaba el cigarrillo como si se tratase de una pieza de marfil—. ¿Cuándo llegan?

—No vienen a Cuba. Soy yo quien desea viajar al extranjero.

—¿Viajar? —inclinó la cabeza hacia un costado, como si no escuchara bien, y enarcó las cejas con mirada inquisidora—. Para viajar hay que pedirle permiso a la Jota. Y en este momento los permisos están suspendidos.

—¿Y tú no puedes darme ese permiso?

—Si pudiera, encantado, camarada, pero son orientaciones provenientes del interior. El último pleno de la Jota lo acordó así. Las perspectivas son duras.

Su reacción era previsible. Su venganza ya estaba en marcha. Me impediría viajar escudándose en la Jota. Intenté allanar una vez más el camino:

—No saldré del mundo socialista. Nos reuniremos en Yugoslavia y mi suegro resolverá lo de los pasajes y visas.

—La Jota no está permitiendo viajar a nadie —aclaró—. Nos hallamos en lucha a muerte con la dictadura. Debemos concentrar nuestros esfuerzos en sobrevivir y derrotar a Pinochet, y no hay cabida aquí para viajes familiares, que tienen una connotación humanitaria atendible, pero políticamente inaceptable en este momento.

—¿No podrías consultar? Es un caso especial. Mis padres se hallan camino a Yugoslavia.

Se llevó el cigarrillo a los labios y comenzó a pasearse impaciente, molesto, por la sala con las manos enfundadas en los bolsillos traseros del *jean*. De pronto, con gesto teatral, se detuvo junto a la ventana y descorrió apenas la gruesa cortina para que entrara un gajo de claridad.

Yo sabía que Viciani acababa de volver de un viaje a Venezuela. Se rumoreaba que aspiraba a trasladarse a Caracas como encargado de la Jota, pues desde allí podía respaldar supuestamente mejor la lucha en Chile, aunque Toño afirmaba que en realidad la vida en la isla se le había tornado un infierno por diferencias con los cubanos y las penurias de la vida cotidiana.

—No es bueno que los camaradas chilenos viajen por el mundo mientras los cubanos no pueden hacerlo —apuntó al rato—. ¿Has pensado en el pésimo efecto político que eso acarrea para el pueblo cubano en su lucha contra el imperialismo?

—Esto es un caso particular. Ya tengo las visas.

—Puedes tener las visas que necesites, pero no tienes aún el permiso de la Jota —recalcó Viciani mirando hacia el jardín—. Los militantes debemos concentrarnos en el estudio, el trabajo y en la lucha contra Pinochet, no en viajes turísticos por Europa.

Me retiré cabizbajo. La situación era inaudita. En Chile, donde yo había comenzado a militar siete años atrás, jamás habría requerido autorización partidaria para viajar. Pero ahora, imitando las prácticas de los partidos en el poder y aprovechando sus estructuras administrativas, la Jota consideraba los viajes al extranjero un delito, un intento por traicionar. La respuesta de Viciani encerraba quizás también un mensaje a mi suegro. Le recordaba con sutileza que los cubanos no podían viajar, aunque sí su familia. En el fondo yo me hallaba entre dos fuegos, por lo que me llevaba la peor parte. A fin de cuentas solo una cosa quedaba clara: si yo no salía de la isla, mis padres emprenderían un viaje infructuoso a Europa.

Volví a casa amargado. El niño jugaba en el jardín con Caridad del Rosario bajo los plátanos del patio trasero, y Margarita lucía radiante, pues Vilma acababa de anunciarle que debería acompañarla a un viaje por Europa del Este para celebrar reuniones con las federaciones locales.

—¿Cuándo parten?

—En mes y medio. Mi primer viaje. Aprovecharé para contarle a Vilma lo que ocurre a espaldas suyas —dijo mi mujer refiriéndose al caso de Anne Schuster, que seguía en un tira y afloja inquietante. Intuí que su paciencia con Anne y Eugenia se había agotado y que las denunciaría a ambas—. Una no puede seguir en la FMC por razones políticas y la otra por corrupta.

—¿Estás segura de que es conveniente denunciarlas? —indagué preocupado.

—Hay que hacerlo. Por la Revolución —puntualizó con vehemencia, para luego suavizar el tono y sonreír—. Pero también le contaré de nuestro viaje a Yugoslavia. Imagínate, primero con la familia a Belgrado y luego con Vilma a Budapest, Praga, Varsovia, Bucarest y Moscú.

—No creo que tengamos viaje.

—¿Cómo? ¿Qué sucede? ¿Tus padres no pueden ir? —preguntó alarmada y sus ojos verdes refulgieron como en Leipzig.

—Soy yo quien no puede ir.

—¿Por qué no?

—La Jota me lo prohibe.

—¿Y por qué?

—Los militantes no podemos viajar. Acuerdo del último pleno.

Margarita cruzó iracunda la sala de estar donde desembocaba la escala de mármol y cogió el teléfono, anunciando que llamaría a su padre.

—No podemos recurrir a él cada vez que tengamos problemas —le susurré tratando de arrebatarle el aparato, pero lo mantenía firme entre sus manos.

—¿Y qué crees? —gritó—. ¿Que vamos a esperar a que esa organización de cobardes y fracasados te autorice el viaje? ¿Quién crees que somos para que nos traten así?

—No somos una organización de cobardes. Quizás de fracasados.

—¡Cobardes e inútiles! ¡Se dejaron birlar el poder sin disparar un chícharo!

—¡Momentico, que de organización de cobardes y fracasados nada, mi vida! —repuse yo agresivo, en estilo cubano, a lo mejor la única forma de hacerla recapacitar—. Que Fidel también tuvo sus fracasos antes de llegar al poder. Y hasta se rindió después del ataque al Cuartel Moncada, donde cayeron cientos de sus hombres y él no sufrió un solo rasguño.

—¡No metas a Fidel en esto!

—Y tú no ataques a mi gente.

—Fidel es un triunfador. Ustedes, unos fracasados.

—A ver, comecandela, tú que sabes tanto de Fidel —grité, grité yo también. El calor de La Habana me descontrolaba—, ¿tiene alguna cicatriz de los años que pasó en la sierra? ¡Ni una! ¡Qué va a tener! ¡Si lo que tiene es una piel de princesa, manos de conde, ni una cicatriz! ¿Y sabes por qué? Porque ha luchado siempre en la retaguardia, enviando a otros a morir por él. Es un gran sobreviviente, chica, eso es lo que es, y tú lo sabes bien, de lo contrario no habrías pensado en traicionarlo en Berlín.

Yo había comenzado a propinarle golpes bajo el cinturón. Mi intención era malévola, pues sabía que los cubanos temían siempre la existencia de micrófonos ocultos.

—No sé de qué hablas —gritó con lágrimas en los ojos, aunque con el rostro contraído por la ira.

—Yo sí sé de qué hablo. Hablo de cuando nos queríamos ir a Occidente.

—No sé de qué hablas —insistió y arrojó el auricular contra el piso de mármol—. Eres un malagradecido.

Se cogió la cabeza a dos manos, sollozando, y se sentó en la escalinata, la misma por la cual el día de nuestra boda había descendido en compañía de su padre para que el oficial del Registro Civil nos casara. Yo me senté a su lado. Ahora la casa estaba en silencio y a través del ventanal de la terraza podía ver a Iván y Caridad del Rosario jugando en el patio.

—¡Hazte cubano y olvídate de todas estas disputas que no conducen a ninguna parte! —me suplicó al rato— ¿Tú crees realmente que Fidel se pasó en el exilio haciendo reuniones y pidiendo ayuda a medio mundo para aislar a Batista? No, chico, él se preparó para derrotar por las armas a la dictadura. Mientras ustedes no lo hagan, nunca se librarán de Pinochet.

Respiré profundo para recobrar la calma. Me sobrevino la sensación de que había sido injusto e hiriente al mencionar algo que debí preservar como secreto, porque Margarita ya no era la muchacha de Leipzig de la cual me había enamorado, sino una funcionaria. Ahora solo me restaba abandonar la casona de Miramar, abandonarla para siempre.

Pero Margarita seguía repitiendo que me hiciese cubano, brindándome la última oportunidad para la reconciliación, para que aquella escena idílica, que yo contemplaba a través de la mampara, esa en que Iván corría en torno al anón chino perseguido por la negra, perdurase. De modo paulatino fui cayendo en la cuenta de que a esas alturas yo disponía solo de dos alternativas: o me sometía a la prohibición de la Jota y ganaba cierta modesta independencia frente a Cienfuegos, o acogía la propuesta de mi mujer y me convertía en cubano, y con ello en un simple adlátere de mi suegro. Sí, esas eran las alternativas.

28

La incertidumbre en que me mantenía la Jota me sumergió en una suerte de sopor que me hizo perder gradualmente el sentido del tiempo y confundir las prioridades. Durante las tardes, después de asistir a clases y conseguir nuevos libros con Lázaro, textos que, por cierto, se iban haciendo más escasos en la medida en que se reducía la lista de títulos censurados, me situaba en los roquedales de Miramar a leer novelas que me permitieran evadir la agobiante realidad de la isla, las colas sempiternas, los planes quinquenales, el sobrecumplimiento perpetuo de las metas de producción y los interminables discursos de Fidel, de las buenas nuevas sobre el socialismo y la supuesta decadencia del imperialismo.

Buscaba refugio en libros que hablaran de Europa Occidental, de personajes que, como los de Michael Butor, Milan Kundera o Jean-Paul Sartre, experimentaban angustias existenciales, aunque sin sobresaltos materiales, en algún piso de París, Venecia o Barcelona. Era gente que abordaba con normalidad aviones y trenes confortables, trabajaba en editoriales, desayunaba en alguna cafetería leyendo *Le Figaro* o *The Times,* y cenaba con amigos en un bistró después de echarse unas copas en algún bar, gente de condición mediana, que podía disfrutar de los sencillos placeres cotidianos, que para mí, desde luego, resultaban inalcanzables.

A veces, cuando me sorprendía la oscuridad a orillas del mar, distinguía en el horizonte las luces de los barcos que navegaban rumbo a México o Estados Unidos. Avanzaban, ajenos a mi destino, bajo las rutas invisibles de aviones que, viniendo de las ciudades que habitaban los personajes de Butor, Kundera o Sartre, surcaban el cielo ya en descenso hacia Miami. En su interior, detrás de las ventanillas iluminadas, me imaginaba a los pasajeros ajustándose los cinturones para aterrizar en un mundo sin prohibiciones, donde reinaban la abundancia, la prosperidad y la libertad, y nadie exigía sacrificios en nombre de una ideología. Entonces me sobrevenían unos deseos irreprimibles de elevarme sobre La Habana, ver el resplandor de los cayos de la Florida, tan próximos como remotos, y cruzar ese manchón que separaba a ambos mundos.

Yo dejaba pasar el tiempo, convencido de que Viciani no tardaría en llamarme para transmitirme el permiso de la organización. Ni las invitaciones a recepciones diplomáticas, a las que concurría gente relajada y cosmopolita, ajena a la escasez de alimentos y ropa, que ganaba en dólares y disfrutaba de una vida próspera y exclusiva en la isla, lograban convencerme de las ventajas de la nueva función de mi mujer. Durante esos días llegó la noticia que Margarita esperaba y que yo temía:

—Anne fue expulsada de la FMC —me anunció—. Y Vilma me nombró encargada de los países de Europa Oriental.

La vi radiante y más bella que nunca. El automóvil que acababa de traerla a casa estaba ahora a su disposición con un chofer que le servía al mismo tiempo de guardaespaldas y estaba encargado de traernos discretamente suministros de comida. Margarita me explicó lo ocurrido con lujo de detalles y sin cargo de conciencia, me atrevería a decir que incluso con cierta euforia, pues consideraba que solo había actuado —al igual que su padre años atrás— con el propósito supremo de que prevalecieran los principios de la Revolución. La alemana oriental, por lo demás, tenía un nuevo trabajo en una institución que realizaba investigaciones sobre la sexualidad femenina. Yo debía guardar la calma; Anne no quedaría en la calle, lo que demostraba la generosidad de la Revolución.

De las palabras de Margarita deduje que varias funcionarias importantes de la FMC —entre las cuales se contaba Eugenia Valdés— habían cerrado una alianza con ella en contra de Anne para acusarla de haberse extralimitado en sus tareas e intentado chantajear a Eugenia para preservar el puesto. Esto había llegado a oídos de Vilma, sellando la suerte de la alemana. Margarita destapó una botella de Rotkäppchen, champán germano-oriental que había encontrado esa mañana en el escritorio de Anne, y comentó con ironía:

—Parece que la boba bebía durante sus horas de trabajo. Somos unos ingenuos al abrirle la puerta a tanto extranjero.

Bebió unos sorbos en un intento deliberado por recuperar la tranquilidad.

—¿La echaron por tratar de denunciar a Eugenia? —pregunté. La purga de Anne no me hacía apetecer un trago.

—No.

—¿Por qué fue?

—Por distribuir propaganda enemiga.

Sus ojos verdes adquirieron de pronto el fulgor frío y casi metálico de la mirada de su padre.

—¿Qué significa eso?

—¿Cómo que qué significa? ¿No fuiste tú quien la denunció por haberte prestado un libro contrarrevolucionario?

Sentí que me clavaba una daga en el pecho. Quedé atónito.

—Yo no la denuncié —repuse indignado.

—¿Cómo que no? Tú le dijiste a la seguridad que el libro era de ella.

—Lo importante no es eso, sino que alguien hizo llegar a la policía el libro que Anne me prestó.

—Da lo mismo, chico. La echaron porque la seguridad se enteró de que el libro era de ella. Y tú fuiste quien la denunció.

—A mí el compañero de la seguridad me preguntó si ella me había prestado el libro y yo asentí. No me digas ahora que la echaron por eso.

—Por eso.

—¿No habrás sido tú quien hizo llegar el libro a la policía?

Margarita me miró con ira.

—¡Cómo te atreves a acusar de algo así a la madre de tu hijo! —protestó.

—A mí el compañero solo me preguntó si había sido ella.

—Ella tenía que aprender algún día. Aquí no estamos en el centro de Europa, donde la propaganda capitalista envenena a la juventud. Ya lo dijo Raúl en su último discurso, ¡guerra a muerte al diversionismo ideológico!

Quedé estupefacto. Nunca me había imaginado que las cosas pudiesen ocurrir de tal modo. Hasta ese momento no dudaba de mi idoneidad para actuar con prudencia en cualquier escenario, pero ahora constataba que era un torpe, un ingenuo, y que a la alemana la habían despedido de forma ignominiosa y, lo que era peor, pretextando una supuesta denuncia mía. ¿Era yo el culpable de la derrota final de Anne Schuster entonces? No podía serlo, pues yo jamás había sacado de casa el libro de Burroughs. En primer lugar, porque no conocía a otra persona que leyera alemán, y en segundo, porque no me habría atrevido.

Le dije a mi mujer que el despido de Anne me parecía inmoral. A esas alturas yo ya no abrigaba duda alguna en el sentido de que ella había entregado el libro al Ministerio del Interior. Era evidente que su nuevo puesto en la organización de mujeres constituía tanto un reconocimiento a su fidelidad a la Revolución como a su capacidad para sellar alianzas. Recibiríamos la nueva vivienda cuanto antes, como premio a la delación. Por unos instantes, mientras jugaba con el cristal frío de la copa en mis manos, sin animarme a beber de ella, pensé que debía ir a visitar a Anne y explicarle mi verdadera participación en los hechos, pero al final descarté la idea, pues me pareció que mis palabras le servirían de muy poco.

—Ya sé por qué ustedes están en el exilio —afirmó Margarita al rato, mirándome de soslayo, acodada en la mesa de sala de estar, pálida.

—No te entiendo.

—Que ya sé por qué los chilenos están como están.

—¿Por qué?

—Porque guardan demasiadas contemplaciones con el enemigo. Según papá, no hay que tener ninguna. O caen ellos, o cae uno.

29

A comienzos de septiembre abordé con Iván y mi mujer el Ilushyn de Cubana de Aviación con destino a Berlín Este, desde donde volaríamos a Belgrado, vía Zagreb. Pese a la ambigua oposición de la Jota, emprendí el viaje amparado por Cienfuegos y con un pasaporte diplomático cubano válido por tres semanas, el período preciso que permaneceríamos afuera.

Me embargaba una mezcla de sentimientos. Por una parte, la alegría propia de quien vuelve a encontrar a los seres queridos tras años de separación; por otra, el dolor de cargar un alma corroída por la angustia, pues la butaca del avión y el documento de viaje en el bolsillo implicaban mi claudicación definitiva ante el poder del comandante.

Mientras volaba pensé en convencer a Margarita de no regresar a la isla y construir una nueva vida en otro país. Si la memoria no me fallaba, el avión que cubría la ruta Berlín-La Habana, trayecto que tendríamos que cumplir a nuestro regreso, hacía escala técnica en Gander, New Foundland, donde se aprovisionaba de nafta, circunstancia que podríamos aprovechar, al igual que numerosos cubanos, para pedir asilo y hacer realidad nuestro viejo anhelo de huir. Alimenté la idea mientras el avión dejaba abajo la bella isla verde con forma de caimán y luego enrumbaba hacia el Este, en busca de Europa.

Atrás quedaba también el amplio apartamento que la FMC había puesto finalmente a disposición de mi mujer. Situado en el último piso de uno de los edificios más altos de La Habana, con varios cuartos y una terraza, ventilada por la brisa, ofrecía una magnífica vista sobre el mar y las construcciones descascaradas de la ciudad.

Me fue difícil en un comienzo sentirme a mis anchas en una vivienda conseguida por medio de la delación y cuyos verdaderos dueños habían renunciado a ella a cambio de visas de salida definitiva de la isla. En el fondo, mi mujer y yo usufructuábamos de un despojo brutal, legitimado por la Revolución y que al parecer se tornaba aceptable solo gracias a su reiteración masiva.

—Te felicito —me dijo sarcástico Willy mientras recorríamos una tarde el apartamento en compañía de Lázaro y los jimaguas Mondragón—. El hombre de la barba sabe premiar a quienes le guardan fidelidad.

Nos habíamos reunido para preparar una prueba de estética mientras mi mujer asistía a una recepción de la Embajada de Polonia, ofrecida en honor de la presidenta de las mujeres de ese país. En realidad, más que estudiar, el objetivo de mis compañeros consistía en recorrer por fin la vivienda de un «pincho», como llamaban a los dirigentes. A ellos, simples ciudadanos, que vivían en estrechos internados universitarios, en casa de parientes o como allegados en habitaciones sin agua, pues no eran de La Habana, les parecía asombroso e irreal, propio de un cuento de *Las mil y una noches,* que el Estado regalase a alguien un apartamento tan amplio, elegante y cómodo.

—¿De quién era? —me preguntó Lázaro. Caminábamos por el largo pasillo con piso de mármol que unía la sala de estar con el comedor, y que luego conducía a los dormitorios.

—Presumo que de gente con mucho dinero, que se largó para el Norte —expliqué tratando de convencerme de que la emigración política era motivo suficiente para confiscar propiedades, esfuerzo infructuoso, desde luego, por cuanto me llevaba a justificar la expropiación en Chile de las propiedades de exiliados y partidos políticos de izquierda por parte de la dictadura.

—Ojalá se hayan marchado —comentó el mulato aspirando el aire marino que ingresaba por la terraza abierta de par en par. Era claro que en otras épocas el edificio que databa de los cincuenta, la terraza, de baldosas y paredes grises, jardineras y barandas de hierro forjado, habían sido un sitio ideal para dar fiestas y tomar aperitivos.

—Bueno, si no se hubiesen marchado, vivirían aquí —dije yo.

—¿Sabes quiénes eran?

—No.

—Ojalá se hayan marchado, entonces —insistió Lázaro lacónico.

—¿Qué quieres decir con eso?

Calló durante unos instantes, como buscando la explicación en el pedazo de mar refulgente que asomaba por sobre la baranda de la terraza, y continuó:

—Que a lo mejor es gente que está encarcelada por motivos políticos.

Recibí su comentario como una bofetada. No esperaba una insinuación maliciosa de parte del mulato. Estuve tentado a insultarlo, pero me contuve, pues Willy y los jimaguas me observaban en silencio, escrutando mis reacciones. Por un instante me reproché haberlos guiado hacia los cuartos que guardaban la intimidad de la familia. Abajo La Habana palpitaba bella y ruidosa, y el cielo comenzaba a enrojecer, presagiando la proximidad del crepúsculo.

Yo no solo ignoraba quiénes habían sido los legítimos dueños del apartamento, sino también quiénes los de la casona de Miramar. Y había vivido tres años entre sus paredes, sus pinturas valiosas y muebles de estilo, ocupando sus camas y su vajilla, sin que esa violación diaria de lo ajeno hubiese inquietado mi conciencia, peor aún, gozando plenamente de aquella posición privilegiada que amparaba la Revolución. Solo eso, el amparo que brindaba el poder, explicaba, por cierto, la razón por la cual nunca ningún vecino antiguo de Miramar se había atrevido a sugerirme que yo era un usurpador.

Mientras el avión trepidaba en las turbulencias nocturnas del Atlántico, me vino a la memoria el barrio de Miramar con sus otrora magníficas mansiones de estilo señorial, muchas de las cuales ocupaban ahora, una vez restauradas, dirigentes revolucionarios. Sí, porque al otro lado de las vallas con alambres de púa, detrás de los muros cubiertos de enredaderas que perfumaban la noche, ocultos por los reflectores instalados entre ceibas y pilares de piedra coralina o bajo aleros coloniales, vivían muchos de los antiguos guerrilleros, convertidos en gobernantes. Ocupaban las casas de sus antiguos enemigos, los burgueses y oligarcas del pasado.

En realidad, nada probaba que el departamento, que empecé a enseñar con menos presunción a mis compañeros, no hubiese pertenecido a adversarios de la Revolución que estuviesen expiando sus culpas en la cárcel. Me sobrevino un escalofrío al contemplar los cuartos y pasillos de la vivienda con los ojos de la culpabilidad. Los sillones de felpa, el aire acondicionado norteamericano, el frigidaire de bordes redondeados, las cortinas gruesas ya desteñidas, los veladores de caoba impregnados de perfumes desconocidos, las tazas marmóreas de los baños, todo aquello había pertenecido efectivamente a otra gente, a gente que había vivido, trabajado, amado y odiado entre esas paredes, y que había sido forzada a abandonar abruptamente la isla. Era incisiva y lacerante la pregunta de Lázaro no solo porque yo carecía de respuesta adecuada, sino porque ponía de relieve mi insensibilidad o, mejor dicho, mi cobarde indiferencia, ante el triste destino de los exiliados de la Revolución, destino que, en cierta medida, evocaba el de los exiliados de Pinochet. La pena del destierro, que los griegos de la antigüedad aplicaban inscribiendo el nombre del condenado en la concha de una ostra, esa pena brutal e injusta que sufrían los izquierdistas chilenos por haber querido instaurar el socialismo en su patria, casi por una ironía de la historia, los convertía en reflejo paradójico e insospechado de sus enemigos más acérrimos, los contrarrevolucionarios que, por su oposición al gobierno de Fidel, aguardaban desde hacía años su caída en las calles de la Little Havana de Miami.

Pero ahora las poderosas turbinas estremecían el cuerpo del Ilushyn en viaje a Europa del mismo modo en que mis comparaciones entre los contrarrevolucionarios cubanos y los revolucionarios chilenos estremecían mi conciencia política. Dentro de un par de horas arribaríamos a Berlín-Schönefeld, el aeropuerto desde el cual, años atrás, yo había despegado hacia la isla creyendo ilusamente que daba el primer paso hacia la felicidad. Ahora me aproximaba a Alemania Oriental con una sensación de agotamiento y vejez prematura, huérfano de ideales políticos, decepcionado de Cuba y sin vislumbrar perspectivas en ella, urdiendo planes secretos que ni siquiera me atrevía a confesar a Margarita.

—Estoy segura de que cuando regresemos a La Habana aceptarás la oferta de papá —me susurró ella al oído mientras el niño dormía en sus brazos y parecíamos una pareja feliz disfrutando de un viaje de placer.

—Es probable —respondí.

Yo sabía, no obstante, que renunciar a mi nacionalidad para convertirme en cubano encerraba demasiados riesgos. En cualquier momento, por los avatares propios del socialismo, podían despojarme del documento y reducirme a un ser carente de derechos, sin posibilidad de recurrir a la embajada chilena —que en algún momento volvería a atender en La Habana— para solicitar ayuda. Me resultaba evidente que era preferible continuar siendo chileno con pasaporte vencido a adoptar la nacionalidad de la isla de Fidel.

—Estoy segura de que te harás cubano —susurró Margarita antes de que nos sirvieran la cena—. Papá me contó que está buscándote un trabajo adecuado. Ya verás. Sería tan feliz si lo hicieras.

Las turbinas de la nave continuaban horadando con su pito agudo las negras turbulencias del Atlántico.

30

Volví a ver a mis padres, después de tres años, en la antigua y sombría estación de ferrocarriles de Belgrado. Era una mañana calurosa. Habían cruzado Europa en el Orient Express, tren que ya no guardaba similitud con el de la novela de Agatha Christie y que el tiempo había convertido en uno de esos expresos sórdidos que recorren los Balcanes con un coche comedor mal aprovisionado y sin agua en los baños.

En cuanto terminamos de abrazarnos llorando de emoción en el andén atestado de vendedores de pasteles y flores, un Mercedes Benz negro con chapa diplomática nos trasladó a la residencia que Cienfuegos había puesto a nuestra disposición. Margarita se entendió desde un inicio a plenitud con mis padres, pero, como era de imaginar, pronto fue Iván quien se robó las palmas durante aquella jornada.

Con el paso de los días fui descubriendo con angustia que, aunque me esforzara por escoger palabras y descripciones precisas, era incapaz de transmitirle en forma cabal a mis padres lo que significaba vivir en el socialismo. Solo quienes han vivido en él y han experimentado en carne propia las penurias suscitadas por la escasez cotidiana, la reglamentación extrema en todos los órdenes de la vida y el mensaje mesiánico de un gobierno sin oposición, entienden lo que es el socialismo y la dolorosa huella que imprime en uno para siempre. Los instantes en que estuve a solas con mis padres procuré que fuesen gratos, serenos, apaciguadores y, si bien lo pensé, no me atreví a revelarles que ansiaba huir de Cuba. Y la Yugoslavia del mariscal Josip Broz Tito, quien dirigía y mantenía unido aún el país, la Yugoslavia con sus seis repúblicas y dos regiones autónomas, excesivamente gris y modesta, pero orgullosa de la libertad de que gozaban sus ciudadanos para viajar a Occidente, a diferencia de lo que ocurría en el resto de los países socialistas, me nutría aún más el deseo de abandonar aquel sistema para regresar al mundo del cual yo provenía, aunque no al Chile de la dictadura.

Carecía de sentido práctico hablarles del interés de Cienfuegos porque me hiciera cubano, de la resistencia de la Jota a mi viaje, de las lecturas de libros prohibidos, las escalofriantes confesiones de compatriotas de pasado turbio, las maquinaciones que comenzaba a dominar Margarita en su carrera política, el tenebroso rol de mi suegro como fiscal de la muerte, la agonía del amor por mi mujer. No valía la pena contarles todo aquello. No lo entenderían. Allá, en medio del calor sofocante y la humedad pegajosa de las Antillas, todo era distinto y, en cierta medida, inenarrable.

Fue así como dejé pasar la posibilidad, quizás la única que tenía entre manos, de ponerme a salvo con la ayuda de mis padres. Callé y concedí ante los míos, del mismo modo en que callaba y concedía ante los extraños en Cuba, generando la impresión de que las cosas transcurrían en orden, para beneficio mío, de forma previsible y racional, y que yo era feliz en el socialismo cubano. Creo que a partir de ese momento se cristalizó en mis padres la imagen de que si bien yo habitaba en una isla azotada por dificultades económicas, estaba al menos a salvo de la tragedia chilena.

Porque las noticias que traían de la patria eran desalentadoras. La economía se encontraba en crisis, aumentaba el desempleo y la represión era el pan diario de los chilenos. Aunque mis padres no sufrían en carne propia la crisis económica, pues gozaban de una situación holgada, la sombra tenebrosa del régimen militar se proyectaba intranquilizando y aterrando sus espíritus. Mi padre, masón de principios socialdemócratas, que conocía a Salvador Allende y lo había apoyado desde siempre, sabía que la arbitrariedad imperante podía significar para cualquiera la detención, la tortura o la muerte.

Pese a que mis padres mantenían en secreto mi verdadero lugar de residencia para evitar represalias, los espías y soplones de la dictadura siempre terminaban por averiguarlo todo. La prueba más contundente de esto la había palpado mi padre al obtener un importante puesto directivo en una empresa naviera en la que tenían cierta participación los militares. Un alto oficial de la Armada lo citó de inmediato a la sede central de la institución, un magnífico edificio que hasta el golpe de Pinochet había pertenecido al poder civil regional, y le comunicó, en evidente alusión a mi persona, que podía olvidarse del puesto, pues los militares no colaborarían con nadie que tuviese parientes subversivos.

Aquel relato me sobrecogió de dolor e irritación. Me enseñó que mi aventura política ya no solo me conducía a mí a callejones sin salida, sino que en el marco de la dictadura también comenzaba a perjudicar a mis padres, y me recordó con nitidez escalofriante que una discriminación similar sufrían en el socialismo quienes tuviesen parientes en un país capitalista, considerado territorio enemigo, circunstancia que los convertía en factor de riesgo para la seguridad del Estado.

—Me imagino que un día te irás de la isla —me dijo mi madre una tarde de llovizna tenue, pero prolongada, en que nos servíamos café y pastel de manzana en un alicaído restaurante de la céntrica avenida mariscal Tito, de Belgrado.

Supongo que ella intuía, sin que mediara confesión alguna de mi parte, mis nostalgias, arrepentimientos y temores. Algún gesto mío, ciertos silencios desacostumbrados o la falta de brillo en los ojos le indicaron tal vez que detrás de mi reluciente fachada de marido, padre y comunista, de estudiante y trabajador ejemplar, habitaban en verdad la tristeza, la resignación y la incertidumbre. Para su alma de madre era improbable que yo pudiera sentirme feliz en la Cuba de Fidel.

—Un día voy a volver con la familia a Chile —repuse sorprendido por el hecho de que ella hubiese logrado identificar el epicentro de mi dolor—. Pero ahora añoro terminar mis estudios.

Mi madre guardó silencio mientras observaba a través de la vitrina, por entre las letras cirílicas que anunciaban el nombre del local, a un ciego de mejillas mal afeitadas que, sentado en el suelo y con la espalda apoyada en el tronco de un árbol, cobraba a los transeúntes que se pesaban en la herrumbrosa romana que había instalado en la vereda.

—Quiero que sepas —continuó ella mirándome a los ojos con ternura— que si en algún momento deseas regresar a Chile, hayas o no terminado tus estudios, puedes contar con nosotros. Te bastará con avisarnos y te ayudaremos en lo que sea necesario.

¿Regresar?, me pregunté recorrido por un escalofrío y reparé en que el ciego tenía sus manos vendadas y sus piernas cubiertas con un abrigo militar semejante al de las tropas soviéticas estacionadas en Alemania Oriental. ¿Regresar a qué? ¿Qué podía hacer en Chile después de Cuba? La isla libraba prácticamente una guerra contra Chile, y Pinochet había recogido el guante. Ahora, entre ambos gobiernos no había más espacio que para hombres armados, como decía Aníbal, el militante argentino que se ocupaba de los asuntos de inteligencia de la Jota. En caso de que yo volviera, sería detenido en el aeropuerto acusado de subversivo y la DINA me torturaría con el fin de obtener nombres y planes, y no trepidaría en arrancarme las uñas, aplicarme la picana eléctrica o someter a tormento a mis padres.

Sí, aquello no era fruto de mi imaginación. Aquel escenario de horror no solo era posible, sino el más probable. Yo ya había conversado en La Habana con los torturados de la dictadura, con hombres sin uñas y semisordos a causa de los golpes, con mujeres violadas por los torturadores, con niños tartamudos, ante cuyos ojos los agentes de la DINA introducían ratas en la vagina de su madre. No. Permanecer en Cuba era quizás morir un poco, pero regresar a Chile era morir del todo.

—Nos sorprendió que dejaras Alemania Oriental para irte a Cuba —comentó mi madre al rato en tono de reproche—. Antes estabas al menos en Europa.

Ella profesaba ideas conservadoras y católicas, y a nada temía tanto como al comunismo y su práctica. Había heredado las convicciones de su padre, un hombre emprendedor que amaba la filosofía y no se había dejado seducir por los ideales de los barbudos de la Sierra Maestra ni siquiera en el período inicial, cuando millones de latinoamericanos vitoreaban al Fidel que ingresó a La Habana con crucifijos colgando del cuello, proclamando el triunfo de la libertad y la democracia.

—Tu abuelo, no había querido decírtelo, murió hace un año —dijo de súbito mi madre.

Se me inundaron los ojos de lágrimas, pero, cosa extraña, no tuve la sensación de estar llorando. Y lo quería mucho. En cierto modo lo asociaba con los instantes de mayor felicidad de mi infancia. Él me había enseñado, en su biblioteca atestada de enciclopedias y textos bellamente encuadernados, a amar los libros, y quizás a él debía yo mi decisión de rescatar los libros prohibidos de La Habana.

Nos entendíamos a las mil maravillas. Era un hombre fino, severo y culto, con un asombroso parecido a Thomas Mann, a quien admiraba. Provenía de Penco, del lluvioso y verde sur de Chile, y fue él quien primero me habló de las ideologías y de la influencia que los filósofos podían alcanzar en la voluntad de un hombre. Los admiraba y temía a la vez. Afirmaba que la virtud de los filósofos consistía en que eran capaces de convencer a cualquier ser humano de la justeza de sus principios. Por ello solo la gente con criterio formado debía leer a los filósofos. Sin ir más lejos, afirmaba, el triunfo del comunismo en Rusia obedecía solo a las lecturas que un puñado de intelectuales eslavos, con Lenin a la cabeza, habían hecho de Marx, un filósofo inmoral, que practicaba la poligamia, abogaba por la disolución de la propiedad privada y del matrimonio, y que había vivido a expensas del dinero que le entregaba Friedrich Engels, un amigo industrial, el peor empresario de la historia.

—Si Marx hubiese vivido en el comunismo, lo habrían encarcelado por excéntrico y vivir de lo que le pasaba el enemigo de clase —decía mi abuelo—. No puede haber nada más aberrante que un sistema que aniquila a su propio gestor.

La noche en que acudí a su casa a despedirme para emprender el viaje a Berlín Este se escuchaban en Valparaíso las ráfagas de las ametralladoras de los soldados y los frágiles pistoletazos de los partidarios de Allende, y también, aunque ya de madrugada, el eco del fusilamiento de revolucionarios, eco que ahora, en mi nostálgica evocación en el restaurante de Belgrado, resonaba en mis oídos con un parecido macabro al de los fusilamientos que había ordenado mi suegro en la fortaleza de La Cabaña. El abuelo, demócrata y pacifista, seguidor de Jacques Maritain y Teilhard de Chardin, no podía creer que todo aquel teatro de guerra que hacía retumbar el puerto fuese verdad.

—Este país se acaba por los odios que azuzaron políticos irresponsables —comentó la noche de la despedida mientras llenaba a medias, cumpliendo las instrucciones del médico, el acostumbrado vaso de Chivas Regal para fortalecer la irrigación. Era anticomunista, pero nunca había imaginado que los militares pudiesen llegar a empuñar sus armas en contra de ellos.

El abuelo, que lamentaba mis inclinaciones izquierdistas, ignoraba que yo estaba a punto de viajar a la República Democrática Alemana. Creía que mi destino era Berlín Occidental. Su débil corazón no habría resistido la nueva de que su nieto predilecto buscaba refugio en el comunismo. Y había muerto creyendo que yo continuaba en Alemania Federal y que me había casado con una alemana.

El día en que sufrió el infarto y aguardaba en la puerta de casa el arribo de la ambulancia, comentó que le causaba alivio saber que yo capeaba el temporal en el país que él admiraba. Después se cercioró de que la chaqueta estuviese correctamente abotonada, el sombrero algo inclinado hacia adelante y el nudo de la corbata en pleno centro del cuello de la camisa alba, y abordó, con una mano sobre el pecho, el vehículo.

Y ahora yo me hallaba sentado solo frente a mi madre, ante las tazas vacías y los platillos con los últimos restos de pastel, en un restaurante de la capital yugoslava. Había logrado engañar al abuelo, pero no a su hija.

—En todo caso —repuso mi madre jugando con la borra del café de su taza—, si en algún momento deseas volver a Chile, sabes que dispones de tu cuarto de siempre. Tu pieza sigue tal como la dejaste, tus cuadros y libros, tus discos y tu radio de velador, hasta tu ropa cuelga en el clóset.

La idea de retornar, de tenderme en mi cama y hojear mis textos, me estremeció. Tan solo la posibilidad de asomarme al ventanal del tercer piso de la casa para contemplar el crepúsculo grisáceo del invierno en el Pacífico Sur me parecía un sueño irrealizable. Quizás eso era todo cuanto deseaba en aquellos instantes, rebobinar mi historia personal para impulsarla de nuevo y rectificarla a la luz de mis experiencias recientes, como si fuese posible escapar de los designios del destino escritos ya en algún lugar, inmodificable y vinculante, como lo suponían los musulmanes.

Pero no podía soltar lágrimas injustificadas ante mi madre, pues solo la amargarían y sumirían en un dolor profundo, agudizado por la impotencia de no poder hacer nada efectivo en Belgrado. Éramos como aquellos trenes que a veces marchan juntos, en la misma dirección y a la misma velocidad, sin rebasarse, permitiendo que sus pasajeros se observen mutuamente antes de que los carros desaparezcan para siempre. Preferí ocultarle mi dolor. ¿De qué me serviría confesarle que añoraba fugarme, si tal vez mi propia mujer se negaría a seguirme? Y aunque lo hiciera, no lograríamos llegar lejos, puesto que nuestros pasaportes reposaban en la caja fuerte de la embajada cubana. La primera medida de Cienfuegos tras cruzar el control de Inmigración del aeropuerto de Belgrado había sido retirarnos los documentos.

—Algún día, cuando ya no esté Pinochet, volveré a Chile con mi familia —dije a sabiendas de que se trataba de una posibilidad remota, porque el tiempo me iba anclando en la isla y porque mientras más tiempo transcurriera, más sólido iba a tornarse el compromiso de Margarita con la Revolución y más difícil, cuando no imposible, la partida definitiva.

Días más tarde salí a conversar con mi padre por el gran parque de la ciudad y nos detuvimos en lo alto de un acantilado a contemplar el imponente y silencioso encuentro de los ríos Sava y Danubio en la lejanía. Era una tarde fresca, lluviosa, y de las copas frondosas de los árboles primaverales resbalaban los goterones sobre nuestros paraguas.

Imbuido por la entrega de los voluntarios cubanos en Angola y por la incorporación de los camaradas a las FAR, le pregunté a mi padre por las perspectivas de una lucha militar contra la dictadura. Por primera vez le relaté que el día del golpe yo había estado a punto de permanecer en el Pedagógico, junto a mis camaradas, mientras se cerraba en torno nuestro el cerco militar, alentado aún por la esperanza de recibir armas para repeler a los sediciosos, y que solo la noticia de que nuestros líderes ya se habían puesto a buen recaudo, me impulsó a huir del lugar trepando muros, salvándome así de la detención y quizás de la tortura y la muerte.

—En ese sentido no hay nada que hacer en Chile —comentó mi padre muy serio al vislumbrar tal vez en mí una propensión al heroísmo—. El Ejército allá no es el batistiano, sino uno profesional y jerarquizado. Ninguna guerrilla lo destruirá.

Lo escuché hablar largo rato sobre las Fuerzas Armadas Chilenas y su poder de combate, mientras bajo nuestras pisadas crepitaban los guijarros del sendero que nos internaba por el bosque y alejaba de los ríos, grises, de resplandores aislados, que se fusionaban en la lejanía con cierta modestia, ajenos a su propia grandeza.

—Nunca te conviertas en carne de cañón de nadie —precisó a la hora en que el crepúsculo se instalaba sobre la ciudad blanca, situada sobre colinas, y arreciaba la lluvia, y tuve la sensación de que él intuía que, a la luz de la experiencia cubana, las armas podían comenzar a ejercer una fascinación sobre mí—. Pinochet mandó a bombardear La Moneda mientras permanecía oculto en un refugio a cincuenta kilómetros de distancia, y muchos de los dirigentes de izquierda, los mismos que azuzaron los ánimo de los suyos, corrieron a asilarse en las embajadas.

Acudimos todos una mañana al aeropuerto de Belgrado, donde un avión de la JAT yugoslava se llevó a mis padres hacia Londres. Al ver que la nave remontaba el vuelo, se apoderó de mí un irreprimible deseo de viajar en ella, de cruzar sobre los cerros y quebradas verdes de Serbia y el oleaje calmo y púrpura del Adriático, de aterrizar en una ciudad occidental, lejos de la decadencia, la falta de perspectivas y las vallas propagandísticas de La Habana. Sin embargo ya era tarde, yo había dejado escapar esa última oportunidad sin confesarles a mis padres mis verdaderos anhelos.

31

—¡Pero cómo me alegra verte! —exclamó Aníbal, el argentino, cuando me vio salir, tras el retorno de Belgrado, de la reunión de célula de la Jota.

Adentro me había bastado la mirada severa de Virginia, nuestra encargada de base, para comprender que mi viaje a Yugoslavia había causado malestar en la dirección. Sin embargo, no se atrevió a amonestarme, y su crítica se redujo más bien a un silencio deliberado con respecto a mi viaje. Al parecer, la Jota había decidido no insistir en el asunto, no censurar abiertamente mi indisciplina, por temor a provocar una reacción violenta de Cienfuegos.

Me alejé del Comité de la Resistencia Chilena junto a Aníbal por las oscuras calles de El Vedado. Era noche de apagón, de uno de esos que alborotan a los habaneros y los empujan a discutir con escándalo, como si se hallase en sus manos el destino de la humanidad, sobre pelota o mujeres en los portales apenas iluminados por los cocuyos.

—Hubo días en que temí que fueses a quedarte en Belgrado —me espetó de pronto Aníbal, que vestía en aquella ocasión de civil, aunque el corte de pelo, el bronceado del rostro y la pérdida de peso revelaban que integraba las FAR.

—¿Por qué?

—No sé, che, tus suegros allá, las posibilidades de estudiar y de consumir en Yugoslavia, las dificultades propias del proceso revolucionario aquí. Todo eso podía llevarte a cambiar de parecer.

—Pues aquí estoy.

—Tú sabes, che, que los yugoslavos —añadió con tono grave, académico, como si fuese a afirmar algo decisivo para la revolución mundial— son, después de los chinos, los mayores traidores a la causa del socialismo. Se vendieron al capitalismo para obtener migajas de Occidente, las que se traducen, fundamentalmente, en ciertos productos de consumo.

—¿Has estado en Belgrado?

—Nunca.

—¿Y cómo lo sabes?

—Cosas que estudio, che, documentos del movimiento comunista internacional, ensayos de la revista *Paz y Progreso*. Los yugoslavos tienen cerca de medio millón de trabajadores en la Alemania capitalista y dependen del turismo occidental. Son un país vulnerable. Basta con que los alemanes expulsen a los obreros yugoslavos para que se derrumbe el régimen de Tito.

Me pareció que Aníbal, a quien conocía de la sede del Pedagógico en Santiago, centro de la agitación revolucionaria hasta el golpe, se proponía adoctrinarme con respecto a la denominada tercera vía, que pregonaban los yugoslavos. Actuaba como si le hubiesen encargado dictarme una charla sobre Tito, quien, al coquetear con el capitalismo, debilitaba el avance del socialismo. Entramos a la piloto donde nos habíamos reunido la vez anterior y ordenamos cerveza.

—Tito trata de levantar un modelo que no aparece en los clásicos —pontificó Aníbal—, uno que se sustenta solo en la ayuda occidental. El imperialismo instaló allí una cuña y convirtió a Yugoslavia en el eslabón más débil del socialismo mundial. Además, Tito mantiene relaciones con Pinochet.

A ratos hacía oídos sordos a lo que yo le decía, en especial a mis comentarios favorables sobre Yugoslavia. Pero mientras bebíamos a pico de las botellas caí en la cuenta de que su locuacidad podía obedecer tal vez a que intuía que yo no me hallaba a gusto en Cuba y que buscaba alguna forma de abandonarla. Sin embargo, yo no le había manifestado mi insatisfacción y me pregunté si algún gesto o comentario mío me habría delatado o si solo se trataba de una conjetura suya.

Aníbal continuaba siendo una figura destacada en la Jota por su conocimiento del leninismo y lealtad al partido. Su rostro anguloso guardaba un curioso parecido con el de los obreros que el realismo socialista idealizaba en estatuas de bronce e instalaba en los pueblos y ciudades de la Unión Soviética. Había llegado a Chile después del triunfo de Allende, enviado por el Partido Comunista Argentino para asesorar al partido chileno en la recolección de inteligencia, su especialidad.

Era un *apparatchik* al más puro estilo leninista y nunca pude averiguar si odiaba más a la derecha o al MIR, que entonces, al amparo de la Revolución Cubana, acusaba al partido de imprimir una línea reformista al gobierno de Salvador Allende. Sectario al extremo, criticaba a quienes mantenían relaciones de amistad con no comunistas.

—Un joven comunista debe tener una polola comunista y solo amigos comunistas —afirmaba serio en los debates internos de la Jota en los años de la Unidad Popular—. Cualquier muestra de confianza hacia personas ajenas a la organización puede ser aprovechada por el enemigo para infiltrarnos y golpearnos.

Su estilo militante y severo no irritaba. En Chile vivíamos una época de polarización y violencia callejera diaria, con bombazos, apagones, huelgas, desabastecimiento, rumores de golpe militar, acciones de grupos armados, y abogábamos porque se aplicara mano dura al enemigo de clase y a los sospechosos de hacerle el juego. Sus arengas, en lugar de despertar rechazo, concitaban apoyo, nos mantenían alerta y nos inducían a apoyar al gobierno popular.

El argentino era a la vez instructor de artes marciales, las que había aprendido en Moscú. Durante los últimos meses de la Unidad Popular, cuando el partido intensificó la preparación de la militancia para el inminente enfrentamiento con la derecha, Aníbal nos enseñaba en el teatro del Pedagógico los movimientos que debíamos realizar para ahorcar a un hombre armado con ayuda de una soga o para neutralizar el ataque de un adversario premunido de un puñal. Al término de las clases solía pedirnos las señas y opiniones políticas de militares que conociésemos, pues, decía, el partido aspiraba a buscar el diálogo con ellos.

Pero ahora, en el Caribe, bajo el cielo tapizado de estrellas, en la isla en donde el socialismo palpitaba triunfante, Aníbal ya no atacaba al MIR ni a la Revolución Cubana, y vestía el uniforme verde olivo y aprendía a empuñar las armas que rechazaba hasta hacía poco, e intentaba convencerme, con ojos encendidos por la pasión y la esperanza, de que me integrara a las FAR, de que me sumara a la oficialidad del futuro Ejército de Chile.

—Ahora tienes el destino en tus manos —me dijo en medio del estrépito de vasos, botellas y risotadas que rasgaba el calor pegajoso de la piloto en la que habíamos desembocado—. O te conviertes en protagonista como uno de los futuros comandantes que definirán el rumbo de la patria, o te sientas a la vera del camino a ver pasar la historia.

—Ya te lo dije, denme tiempo.

—Incorpórate —me rogó—. No lo pienses más. Seremos los futuros comandantes. Con la experiencia de las FAR aplastaremos al Ejército fascista, que solo sirve para matar a gente indefensa y hacer paradas militares.

Bebimos largo rato en silencio, observando aquel bar plagado de borrachos de rostro sudoroso y camisas desabotonadas, contemplando aquel detestable local que podía estar en cualquier pueblo centroamericano o del Caribe, aquella gente ajena a las vallas, los noticieros y los periódicos de la Revolución que nos ofrecían a diario obreros que construían sonriendo el socialismo.

—¿Y has sabido algo de Barbarroja? —me preguntó más tarde, cuando creí que ya era hora de retirarse.

A través de las ventanas abiertas de la piloto se divisaba una parada atestada de pasajeros.

—Bueno, que está bien. Solo tengo posibilidad de verlo cuando visita a mi suegro —repuse incómodo—. Y tú sabes que mi suegro trabaja en Moscú.

—¿No has logrado sacar nada en limpio de lo que te pedimos?

—Nada —repuse sonriendo, divertido por el hecho de que la Jota deseaba que yo espiara al espía número uno de Cuba, preguntándome cómo era posible que en esa isla exótica y sensual, alegre y escandalosa, el anhelo de espiar contagiara a todos.

—Pues mantente alerta. Barbarroja debe estar más proclive que antes a hablar, porque supimos que hace un tiempo afrontó una grave crisis sentimental.

Se refería seguramente a lo acaecido con la bailarina norteamericana de la cual Barbarroja se había divorciado en cuanto mi suegro, en la sala de estar de la casona, le mostró las pruebas irrefutables de la infidelidad. El comandante no había tardado en dar con una mujer de cuerpo y rasgos idénticos al primer gran amor de su vida: Marta Harnecker, una chilena rubia, espigada y enérgica, clave en la divulgación del marxismo en Chile durante el gobierno de la Unidad Popular, destacada discípula del filósofo francés Louis Althusser.

—Tienes que ganarte la confianza de Barbarroja —insistió Aníbal en una empresa que me parecía cada vez más descabellada—. Por su nueva mujer, él tiene necesidad de hablar de Chile, de que le cuenten de nuestro país. Llévalo a que te hable del MIR y su estrategia, de su opinión sobre el partido y las perspectivas de la cooperación con nosotros.

No quise rebatirlo, me pareció a ratos febril en su nuevo papel de combatiente revolucionario. Preferí hacerle creer que redoblaría mis esfuerzos por averiguar el pensamiento de Barbarroja, cosa imposible, desde luego, ya que para el comandante yo no era más que un joven retraído, sin timbales para la guerra, enamorado de la literatura, que prefería vivir ajeno a los asuntos verdaderamente decisivos del continente.

Antes de abandonar la mesa, sobre la cual se alineaban seis botellas vacías de Hatuey, Aníbal insistió en que no descartara la posibilidad de ingresar a las FAR.

—Entra, muchacho, hazme caso —repitió—. Que como sabemos que a ti te fastidian los hierros y las trincheras enfangadas, podemos destinarte a misiones más limpias y discretas.

32

La consulta del odontólogo Pablo Madan se hallaba en el primer piso de su deteriorada casa de estilo art déco, en Miramar, a escasas cuadras de la casona de Cienfuegos. Aguardé en la sala de espera vacía hojeando revistas *Bohemia* de la década del cincuenta hasta que a través de una puerta emergió un hombre macizo, de rostro lleno y ojos risueños, que vestía delantal blanco.

—Adelante, es un placer conocerte —me dijo al tiempo que me palmoteaba con cariño y me guiaba a la salita donde atendía.

En aquellos días yo era víctima de un dolor de muelas implacable, que ningún dentista de hospital público lograba ubicar ni menos calmar, por lo que la abuela de mi mujer me había recomendado visitar al doctor Madan:

—Si nadie puede mejorarte —afirmó balanceándose en la mecedora de la terraza de su *penthouse* de El Vedado—, entonces debes ir a ver a Pablo, bobito. Es una eminencia reconocida. Hasta los comandantes se arreglaron la boca con él cuando bajaron de la sierra.

El doctor me condujo a un cuarto pequeño, de paredes grises, frente a cuya ventana abierta se extendía un patio exuberante y sombreado, en el que crecían plátanos, mangos y cocoteros y escarbaban gallinas. Olía a tierra húmeda y mar salobre, y daba la sensación de que el tiempo se había detenido en un pasado remoto, anterior a la Revolución y el batistato.

—Es mi familia —me dijo nostálgico, enseñándome las fotografías enmarcadas que colgaban en la pared junto a su título de cirujano obtenido en Estados Unidos—. Están todos en el Norte.

Se refería a sus cinco hijos que se radicaban desde 1961 en Boston y la Florida. Se veían felices, sonrientes, rodeados de niños, posando delante de casas georgianas o automóviles de parachoques cromados. Se comunicaba con ellos mediante onerosas, esporádicas y difíciles llamadas telefónicas o cartas que tardaban meses en alcanzar su destino.

El odontólogo, tío de mi suegra y hermano del ginecólogo Enrique Madan, era considerado un contrarrevolucionario y por lo tanto no constituía tema de conversación en casa de Cienfuegos ni había sido invitado a nuestra boda, me explicó Ángeles, insistiendo en que debía aprovechar el viaje de mi mujer a Europa del Este para visitarlo, ya que Cienfuegos prohibía emplear sus servicios. El hecho de que sus hijos se hallaran en Estados Unidos y no diesen muestras de querer regresar, así como su actitud crítica al socialismo, lo convertían en un despreciable «elemento desafecto» a la Revolución, que seguía en la isla solo por la parálisis que ataba desde hacía veinte años a su mujer a la cama, impidiéndole viajar.

Se negaba de forma obcecada a integrar el servicio público de salud y en su lugar prefería preservar su consulta privada, a la que solo acudían gusanos ya viejos, ex presos políticos y ciertos diplomáticos valerosos, a quienes tenía sin cuidado lo que pensaran al respecto las autoridades.

Tomé asiento en un viejo sillón de cuero de ejes trabados, viendo con horror los instrumentos enmohecidos, y el doctor me advirtió que al no trabajar para el Estado, no recibía suministros, ni siquiera anestesia o amalgamas, por lo que a su clientela le quedaba confiar en sus manos.

—En mis manos y en el menjurje secreto que preparo para tapar muelas —precisó cubriéndome el pecho con una sábana percudida—. Es una mezcla natural de arena de Regla, tierra de Guanabacoa, mierda de las gallinas del patio, clara de huevo y cáscara de plátano macho.

Me contó que la mayoría de sus pacientes eran viejos de alcurnia que, como él, hacían más llevaderas las penurias evocando, entre obturación y drenaje, entre tapadura y escupitajo, la esplendorosa Habana de antes y soñando con que una enfermedad terminal «del hombre», como se refería a Fidel, o una invasión norteamericana pusiese fin a tanta decadencia.

—Mi clientela es gente valiente y estoica —agregó examinándome la boca—, porque si bien a veces consigo gutapercha o puntas de barreno usadas de algún diplomático que prefiere recurrir a mí antes que poner sus dientes en manos de un sacamuelas, jamás logro agenciarme anestesia alguna.

De haber sabido que Madan intervenía sin anestesia, me hubiese echado a correr tras un sacamuelas estatal, pero ahora no me quedaba más que permanecer allí y aceptar que la grúa no solo estuviese revestida de herrumbre, sino que su motorcito funcionara con un sonido asmático, como si vacilara entre rotar o detenerse para siempre, y que la escupidera no lanzase agua y un temblor recorriera las manos albas del doctor.

—Tampoco puedo ordenarle radiografías a mis pacientes en hospitales públicos —agregó—, pues allá no reconocen mi cartón, así que me acostumbré a detectar las caries por los síntomas.

Sus dedos expertos no tardaron en ubicar mi muela averiada y comenzó de inmediato a taladrar profundo, haciéndome sudar y estremecerme de sufrimiento. Se ayudaba a ratos con un pequeño destornillador y una tijerita de manicure para limpiar la carie, en una tortura que me pareció eterna y capaz de horadarme la quijada. Media hora más tarde anunció que el trabajo ya estaba hecho y tapó la oquedad con su mezcla secreta, que olía a yerbabuena y ron, y me ordenó que observara el ajetreo de las gallinas, especialmente el de una castellana, que ponía huevos de cáscara tan gruesa que no se quebraban, y mantuviera la boca abierta, pues su menjurje tardaba en secar. Así permanecí hasta pasado el mediodía y fue entonces que comencé a sentir un alivio milagroso, soporífero.

Impulsado solo por el afán de hallar a alguien que apaciguara mi dolor, aquella mañana había traspasado un umbral comprometedor e intolerable para Cienfuegos y su familia: me sumaba al círculo de los «desafectos» a la Revolución, a quienes los revolucionarios tenían la tarea de detectar, aislar y denunciar al CDR, pues constituían una peligrosa oposición en ciernes, verdaderos enemigos de las conquistas populares, agentes del imperio.

Supuse que alguien habría registrado mi ingreso o salida de la casa y no tardaría en reportarlo a quien correspondiese. En algún momento, cuando menos lo esperase, me sería enrostrada aquella visita para perjudicarme. Sería irrelevante explicar entonces que la relación con el dentista graduado en el Norte había surgido de la necesidad de apaciguar mi dolor de muelas y no de complicidad política alguna.

Conocí a su esposa poco después, en el piso superior. Helga yacía postrada en una cama, tendría cincuenta años y vestía una túnica blanca. Era una alemana grande, rubia, de tez rosada y ojos azules, a quien una extraña enfermedad mantenía paralizada del cuello a los pies.

—Fue la mujer más bella y deseada de La Habana en los cincuenta —me dijo Ángeles mientras se echaba fresco con su abanico sevillano y el mar refulgía alegre a sus espaldas—. Era tan bella que Pablo tuvo que enviarla durante un tiempo a Boston, ocultándola de Batista, ese mulato ordinario y principal culpable de todo, que enloqueció por ella.

Ahora Helga descansaba con aire ausente en una cama con ruedecillas que durante el día una sirvienta negra, vestida de azul, situaba bajo el quitasol de la terraza del tercer piso de la residencia, desde donde era posible contemplar el patio con sus árboles frondosos y gallinas y, más allá, los techos de teja española de las mansiones de Miramar y, hacia el norte, la corriente del golfo. Helga clavó largo rato sus ojos refulgentes, todavía expresivos, en los míos, pero no dijo nada.

—Es el yerno de Cienfuegos —le explicó su marido mientras hacía girar una palanca para alzar el tramo superior de la cama y dejarla ver el panorama—. El esposo de la mayor de Ulises, la de los ojitos verdes.

Helga seguía mirándome con las manos enlazadas sobre su barriga y de pronto balbuceó palabras ininteligibles, que el doctor tradujo con la orden de que yo admirase las fotos colgadas de la pared. Mostraban a sus hijos en Estados Unidos.

—Tenemos doce nietos —precisó ufano el doctor mientras yo contemplaba las fotos de grupos de personas que atendían a la cámara esbozando sonrisas de dentadura envidiable—. No perdemos la esperanza de volver a verlos.

El hombre irradiaba bondad, pero la tristeza había esculpido en su mirada cierto trasfondo taciturno e implorante que desconcertaba. Su vida seguía ahora, bajo la Revolución, una rutina estricta: por las mañanas pasaba a la consulta, donde aguardaba la llegada de pacientes releyendo los amarillentos ejemplares de las *Selecciones* del *Reader's Digest, Mecánica Popular* o *Home and Garden,* revistas de antes, que ya no circulaban en la isla, y tras el almuerzo, que saboreaba en el balcón junto a su mujer, dormía la siesta para recibir más tarde a sus amigos «desafectos», que llegaban con el fresco a jugar a las cartas y a comentar las noticias de La Voz de América y los trámites que realizaban desde hacía decenio y medio ante Inmigración para abandonar la isla, gestiones estériles todas, ya que siempre carecían de un sello, un timbre o acaso de la firma de un burócrata insignificante, pero imprescindible, para alcanzar el permiso definitivo. Y cuando ya, al fin, creían haber cumplido todos los requisitos para obtener la autorización, el día preciso en que suponían que recibirían el añorado documento, un guardia de verde olivo, sentado detrás de un escritorio, les anunciaba que acababa de vencer el plazo para presentar la solicitud y que debían reiniciar las gestiones desde cero.

—Pero yo no me iré —masculló Madan—. Son ellos los que tienen que irse.

Se refería a los comunistas, a quienes nunca mencionaba por su nombre, como si el solo hecho de invocarlos los fortaleciera. Hablaba de ellos con tranquilidad, a media voz, casi a sangre fría. Aunque nieto de un irlandés de apellido O'Madden, que un siglo atrás había llegado a trabajar a la isla como mecánico en una central azucarera y se había unido en 1898 a la causa independentista frente a España, el odontólogo se consideraba un cubano auténtico. Ya su propio abuelo se había acostumbrado al calor y la humedad isleña, había adoptado las costumbres criollas y aprendido a amar la exuberante vida del Caribe, apaciguando sus nostalgias europeas, cultivando un amor inmenso por Cuba. Eran ellos, pues, él y su mujer, los auténticos cubanos, aunque descendieran de irlandeses o alemanes, y no quienes habían vendido la patria a Moscú e imponían un sistema ajeno a la mentalidad extrovertida, espontánea y sensual del isleño. Por eso eran los comunistas quienes debían marcharse y no él. Él se quedaría allí esperando a que el comunismo se desplomara con estrépito o se extinguiera en silencio, y retornasen sus viejos amigos y La Habana volviera a ser «La Perla del Caribe».

Me resultaba imposible imaginar que aquel hombre obeso, calvito, con una afección cardíaca y una mujer postrada en cama, pudiera pensar siquiera en conspirar contra el régimen y la seguridad del Estado. A lo más aspiraba a ganar las partidas de *bridge* que disputaba con amigos tan viejos y golpeados como él, a la espera de que el tiempo les trajera la nueva de que el comunismo se había desplomado.

—Esto es una pesadilla —comentó mientras yo examinaba la larga secuencia de fotos—. Pero a ti te parecerá una tabla de salvación, pues te salvó de Pinochet. Te confieso que ignoro, muchacho, qué es peor, si esta dictadura o la de tu país, pero mi pesadilla se prolonga ya casi veinte años.

Me alejé de su casa caminando bajo la sombra carmesí de los flamboyanes que crecen en la Tercera Avenida y llegué, después de cruzar el túnel de Línea, a nuestra vivienda de El Vedado sin saber si tendría el valor para confesarle la visita a mi mujer cuando regresara de su gira.

En el apartamento me aguardaba el capitán Pacheco, portador de varias condecoraciones por su arrojo en la guerra contra el Ejército batistiano, amigo de mi suegro y mano derecha de Celia Sánchez Manduley, la más estrecha colaboradora de Fidel. Pacheco dirigía la empresa estatal encargada de ubicar, requisar y almacenar las antigüedades de quienes deseaban dejar el país, bienes que se destinaban más tarde a residencias de dirigentes, a la venta en dólares en tiendas prohibidas para los cubanos o a la exportación. Pacheco era un amanerado conocido por sus influencias y excentricidades, pero Raúl Castro —que en el pasado había creado las UMAP, los temidos campos de reclusión para «pájaros», como llaman los cubanos a los maricones—, jamás logró echarle el guante encima, pues el capitán contaba con la protección directa de Fidel, y era, al igual que Celia, devoto de la Virgen del Cobre y no trepidaba en recurrir a la santería para conseguir sus objetivos.

El prestigio de Pacheco, mulato culto e histriónico, emanaba de su arrojo en la guerra. Se decía que una noche en que atacaba a un contingente batistiano, quedó aislado y fue hecho prisionero. Lo trasladaron a una cárcel de Santiago de Cuba, donde lo torturaron hasta la saciedad, pero sin arrancarle un solo secreto. Por eso decidieron extirparle los testículos. Aunque monstruosa, aquella acción no era inusual entre los batistianos: ya a Haydée Santamaría, hermana de Abel, mártir del frustrado ataque al Cuartel Moncada del 26 de julio de 1953, le habían llevado en una bandeja, hasta la celda donde estaba detenida, pues ella también había participado en el asalto, los testículos de Boris Santa Coloma, su novio, y los ojos de su hermano.

—Pues así ya eres maricón con todas las de la ley —le dijo a Pacheco, que se retorcía bramando de dolor en el piso del calabozo, el torturador con las tenazas manchadas de sangre entre las manos.

Sin embargo, el capitán logró sobrevivir al cercenamiento, huyó una noche de la cárcel y volvió a la Sierra Maestra, donde integró los comandos suicidas, que cumplían las tareas más riesgosas del Ejército verde olivo. Al triunfo de la Revolución viajó a Santiago de Cuba en busca del torturador y no cejó ni de día ni de noche en su empeño. Y cuando una madrugada de domingo lo sorprendió escondido bajo la cama de una amante, cuentan que colocó su pistola sobre el velador y le dijo:

—Tú ya sabes, cabrón. O te lo pegas tú o te lo pego yo. Pero tú escoges.

El capitán vio cómo el sicario, convertido ahora en piltrafa humana, reptaba llorando desde debajo del somier, se ponía de pie tembloroso, desnudo, con el rostro desencajado y la mierda escurriéndole por entre los muslos, pero sin pedir clemencia, pues sabía que no podía esperarla, y empuñó la pistola y se voló los sesos.

Pacheco debe haber sido el cubano más elegante de La Habana de los años setenta. Solía recorrer la ciudad luciendo un gran tabaco Lanceros en la mano, exquisitos trajes de lino que le enviaba desde Viena su hermano embajador y zapatos franceses de piel de cocodrilo. Disponía de un auto Moskvich con chofer de la presidencia, disfrutaba de libre acceso a los restaurantes y hoteles de Cuba, y se preciaba de mantener relaciones con Fidel y lo más granado de las antiguas familias tradicionales que aún residían en la isla. No militaba en el Partido Comunista, pues no comulgaba con su ateísmo antisantero.

—Pero, muchacho, llevo más de una hora esperándote en esta sala, que afortunadamente resulta tan fresca como el puente de mando en las naves de los relatos de

Joseph Conrad —dijo en su estilo rebuscado al verme. Yo no lo esperaba; es más, Caridad del Rosario me había sorprendido con el anuncio de su presencia—. El motivo de mi visita, y espero que tu mujer no se entere de él, porque yo bien sé cuánto calza, muchacho, te va a interesar. Pero ven, ven de inmediato, acompáñame.

Lo seguí con curiosidad. Despertaba expectación aquel hombre perfumado, de sombrero de ala ancha, traje de lino y zapatos claros y Lanceros encendido en la mano, que esquivaba los hoyos y charcos de calles habaneras y pasaba entre las colas del pan y las viandas, delante de las vallas revolucionarias y los carteles de los CDR. Fue así como atravesó presuroso aquella noche la avenida Línea, enrumbó por Calzada sumida en tinieblas y, con aliento entrecortado, y siempre conmigo a la zaga, ingresó al Carmelo.

La cafetería, en los cincuenta un local distinguido, con aire acondicionado, plantas de interior, cuadros y ventanales que daban al Teatro Amadeo Roldán, mostraba en la Revolución siempre una interminable cola de personas que aguardaban turno ante su fachada derruida. Por sus asfixiantes salones de paredes manchadas de humedad deambulaban mozos huraños, que solo servían un sándwich de queso, dos bolas de helado con sirope y un café con leche por persona.

Con el tabaco en ristre, recitando en francés un poema de Baudelaire y balanceando con donaire los hombros, el capitán cruzó la cafetería ahora rebosante de obreros y guajiros, de mujeres mal vestidas y niños escandalosos, y solo calló al detenerse frente a un hombre de anteojos y pelo rojizo, que nos miró con aire de lechuza sorprendida.

—El amigo, al igual que yo, desea aprender alemán —anunció Pacheco y dibujó en el aire un círculo con su tabaco—. Te presento a Heberto Padilla.

Estreché su mano con admiración. Era el poeta, el poeta maldito, silenciado y marginado, cuyos poemas leían en secreto los jóvenes cubanos y a quien una montaña de telegramas de intelectuales del mundo había rescatado de la cárcel.

Pero mientras me recuperaba de la sorpresa e intentaba acomodarme en esa mesa del Carmelo, pensé que era una provocación deliberada que un amigo de Cienfuegos y funcionario del régimen me presentara al principal disidente de la Revolución, al artista caído en desgracia por sus poemas irreverentes, al hombre que Fidel acusaba de servir a la CIA, al mayor tronado de Cuba.

33

Comencé a impartirle clases al capitán y al poeta días
después en el apartamento del primero, situado en la
cuadra más vigilada del mundo, la que ocupan en El
Vedado Fidel con su mujer y sus hijos, Celia Sánchez
Manduley y las tropas especiales encargadas de la seguridad del máximo líder. Mi remuneración consistió solo
en disfrutar los sabrosos diálogos que se suscitaban entre
el ex guerrillero y el poeta disidente.

Mientras Pacheco trabajaba en las oficinas de la
presidencia, Heberto permanecía en el estrecho apartamento de Marianao, hasta donde la Editorial Artes y
Letras le hacía llegar novelas en inglés que debía traducir al español. Mientras el capitán almorzaba en forma
opulenta en residencias de dirigentes, diplomáticos o
restaurantes de acceso restringido, el poeta confiaba en
conseguir trutros de pollo o libras de arroz en la bolsa
negra para alimentar a Belkis Cuza Malé, su bella mujer
de rostro árabe, poeta y pintora, y al pequeño Ernesto.
Sin embargo, pese a los mundos disímiles que habitaban,
que a uno le reservaba el rol de príncipe y al otro de

mendigo, sus rutas se cruzaban dos veces por semana, por unas horas, ante mis ojos en lo que con toda razón podía denominar las barbas mismas de Fidel.

¿Cómo habían podido encontrarse estos personajes en una Habana social y políticamente tan dividida? Pacheco era un ser contradictorio, estrambótico y de lengua suelta que, si bien vivía de su fidelidad a la Revolución, parecía existir al margen de ella, trascendiéndola. Agudo, perceptivo y de criterio independiente, en un momento de su vida había optado por convertirse en una suerte de bufón de corte en lugar de asumir la usual actitud huraña de los funcionarios cercanos a Fidel. Vivía enamorado de la poesía simbolista francesa, de la obra de Oscar Wilde y Marcel Proust, de la ropa que de tanto en tanto le hacía llegar desde Viena su hermano diplomático, de ciertas exquisiteces de los restaurantes exclusivos de La Habana y de los Burdeos que aún se descorchaban en las derruidas residencias de las antiguas familias que no lograban emigrar. Por todo ello, el capitán parecía la persona menos indicada en toda la isla para pasear por las calles habaneras blandiendo un Lanceros, obsequio del máximo líder, junto a Heberto Padilla.

Este, por su parte, vivía atemorizado y cohibido, atento a la más mínima señal oficial que pudiera depararle un cambio en su situación de «tronado», de caído en desgracia. Existían «tronados» a diversos niveles. Los «tronaba» el propio Fidel. Ministros que terminaban dirigiendo un criadero de puercos, jefes provinciales del partido que pasaban a administrar una bodega, ex embajadores a cargo de una pizzería; en fin, sufrían penas no contempladas en código alguno y que a menudo solo eran fruto de un berrinche del comandante en jefe. Tras años de humillaciones, años en que sus antiguos amigos y subordinados le rehuían como a la peste, y en que no dejaba de admitir públicamente sus errores y de afirmar que «rectificaría», el tronado podía aspirar a obtener el perdón de Fidel, de modo que el asunto clave consistía en que este no se olvidara de la existencia del sancionado, porque la amnesia del máximo líder acarreaba la sanción perpetua.

Desde luego, Padilla también temía que el comandante en jefe olvidara su caso y quizás por ello aceptaba gustoso la cercanía del capitán. Lo habían encarcelado tres años antes por criticar a la Revolución en círculos intelectuales y en un poemario, *Fuera del juego*, galardonado con el Premio de la UNEAC, la Unión de Escritores y Artistas de Cuba. Solo una vasta campaña de solidaridad internacional y una autocrítica pública del poeta lograron liberarlo de la cárcel, mas no sacarlo del país, y Padilla despertaba a menudo por las noches bañado en sudor, convencido de que agentes de la seguridad lo aguardaban afuera para conducirlo de nuevo a los calabozos de la antigua Villa Marista, ahora siniestro centro de detención e interrogatorio de la policía.

—Este hombre está loco y no sé lo que quiere de mí —me comentó una tarde el poeta mientras caminábamos por El Vedado en dirección al apartamento de Pacheco.

—Quizás anuncia un cambio de actitud de la Revolución hacia ti —especulé yo al tiempo que notaba que él se dejaba seducir por aquella idea—, y la tarea del capitán es pavimentar el camino para tu rehabilitación.

Era probable, porque el interés de Pacheco por aprender alemán no podía ser genuino; es más, nunca aprendería a hilvanar más de cinco palabras de corrido en ese idioma. Su pronunciación era defectuosa, su memoria nula, e inexistente su capacidad para aprender estructuras gramaticales. Solo un interés por la rehabilitación del poeta podía explicar su decisión de haberlo abordado en el instituto de idiomas vespertino, donde este estudiaba alemán con el fin de irse a vivir a Weimar, alternativa que el agente policial que atendía su caso le había puesto en perspectiva tiempo atrás.

El poeta avanzaba con celeridad sorprendente, gozaba de una memoria prodigiosa y hacía gala de una pronunciación inmejorable. Al cabo de dos meses ya era imposible impartirle clases a ambos juntos: mientras Padilla balbuceaba sus primeras frases subordinadas y recitaba de memoria poemas de Bertolt Brecht, el capitán continuaba atascado en las dudas de la primera hora, y solo lo tolerábamos por su chispeante simpatía y porque tanto al poeta como a mí nos convenía ese vínculo con el poder.

Pronto cerré con Heberto un pacto secreto: le daría a diario clases privadas sin que Pacheco se enterara de ello. El capitán, fuera de confundirlo y enrevesarlo todo, no cesaba de desviarnos de la clase con comentarios sobre las vicisitudes de la presidencia: que Fidel había tenido un berrinche con su hermano Raúl por un editorial del *Granma,* el órgano oficial del partido, publicado sin su consentimiento, o una ácida disputa con Ramón, el otro hermano, por su manía de modificar por su cuenta el sabor del yogur de fruta de una finca modelo de producción láctea, o una descomunal bronca con el director de la revista *Bohemia,* por publicar una antigua foto del máximo líder a cuyo lado aparecía Carlos Franqui, ex guerrillero y ahora traidor residente en España; o que el embajador Cienfuegos debía advertirle al Kremlin que Leonid Brezhnev no podía recibir a Fidel con el acostumbrado beso oficial en la boca, porque lo convertiría en el hazmerreír de América Latina; o que el aire acondicionado de la clínica de su yate italiano no funcionaba. En fin, Pacheco siempre se las arreglaba para amenizar la jornada e imposibilitar el avance de las clases.

—Yo naturalmente te pagaré por esas clases —me anunció el poeta mientras caminábamos por las oscuras calles de La Habana tras las clases en el apartamento del capitán—. Yo creo en el sistema norteamericano, donde viví varios años antes de la Revolución: uno paga por lo que recibe.

Comenzamos a reunirnos en su apartamento, una vivienda situada en el segundo nivel de un edificio de tres pisos del reparto de Marianao. Hasta su detención el poeta residía en las inmediaciones del Hotel Nacional, en El Vedado, al igual que otros escritores e intelectuales, pero la policía, al ponerlo en libertad, lo trasladó al edificio de Marianao, donde probablemente había micrófonos instalados y vecinos informantes. Yo arribaba allí a mediodía, tras impartir clases en el Ministerio de Relaciones Exteriores, y Heberto abría la puerta sólo una vez que sus ojos miopes, agrandados por efecto de las dioptrías, hubiesen auscultado con desconfianza el entorno a través de la mirilla metálica.

Pasábamos de inmediato a la cocina, donde el poeta colaba café, inundando el apartamento con su delicioso aroma. A esa hora Belkis estaba en la UNEAC y Ernesto en la escuela, mientras Sammy Byre, un esmirriado y viejo negro jamaiquino, que usaba una gorrita a rayas y se encargaba del aseo de la vivienda y de recoger los víveres racionados en la bodega cercana, pasaba el trapeador por el piso de baldosas. Anticomunista visceral, aunque cauto para no proclamarlo, la Revolución lo había sorprendido de *caddy* y bailarín de *tap dance* en el más distinguido club de golf habanero. Había llegado a la isla en 1956, huyendo de la miseria de Ocho Ríos, su verde ciudad natal, e ilusionado con la posibilidad de ganar en dólares y librarse de la pobreza. Veinte años más tarde era el mozo de un poeta tronado, ganaba unos billetes que los propios cubanos aceptaban a regañadientes, era más pobre que antes y no podía regresar a su tierra por temor a que lo acusaran de subversivo.

Después del café y de comentar las noticias de La Voz de América, que Heberto, al igual que mi suegro cuando iba a La Habana, escuchaba y confrontaba con la escasa información internacional que brindaba el *Granma,* iniciábamos las clases. El poeta era un ser culto y sagaz, que vivía entre el miedo al poder y el amor a la literatura. La Revolución lo había sorprendido en Nueva York, donde trabajaba como maestro de castellano en el Instituto Berlitz y, como fiel simpatizante comunista, voló de inmediato a la isla cautivado por el programa de los barbudos que bajaban triunfantes de la Sierra Maestra.

Esas clases no tardaron en convertirse en mi actividad predilecta, pues las que impartía en la Cancillería se tornaban cada vez más rutinarias y menos frecuentes. Acaso solo la imagen de May, bellísima mujer de cabellos negros y enormes ojos azules, que acababa de divorciarse de Orestes, guardaespaldas de la dirigencia, me estimulaba a veces a acudir a ese trabajo. Con ese paso arrastré al matrimonio hacia una ruptura irreversible. De alguna manera May era la versión antillana de Larissa, la periodista soviética, pragmática, inescrupulosa e inteligente, que tanto me había enseñado en Leipzig en materia de amor. Al igual que ella, era una mujer versada en el arte amatorio, una de aquellas hembras estremecedoras y decididas que, buscando el placer que deparan y exigen, no trepidan en ser infieles a sus hombres en cuanto estos no las satisfacen.

May fue la grieta en el dique que contenía mi pasión juvenil en aquel matrimonio ya fenecido. Era una seductora sabia y discreta, de pelo corto, pómulos altos y un cuerpo grácil de mujer asiática. Nunca se perfumaba o maquillaba para acudir a las citas amorosas, y desdeñaba a las mujeres que dejaban rastros comprometedores en sus amantes o llamaban anónimamente a sus compañeras.

Cuando aún quería a su marido y la corroía la sospecha de que él la engañaba y que en ciertas noches no marchaba a una misión de cobertura al comandante en jefe, sino a una simple posada con una mujer, solo le permitía salir después de haberle hecho el amor varias veces y cosido con hilo resistente, memorizando de paso cada puntada, su calzoncillo al pantalón y la camisa, de modo que al regreso pudiese comprobar si Orestes le había sido infiel.

—Si aparecía una mujer tan escrupulosa como paciente para descoser sus prendas y volver a coserlas con las mismas puntadas, no había peligro —me contó una noche—, porque Orestes no iba a dejarme por una mujer con sangre de horchata. El peligro radicaba en que Orestes llegase una madrugada con la ropa hecha jirones.

—Cosa que ocurrió —comenté yo.

—Cosa que ocurrió —dijo May apesadumbrada.

Pero si May fue la mujer que sepultó mi matrimonio, ya antes, en la atmósfera asfixiante del aula universitaria, había tenido que domeñar el deseo que encendían en mi alma la mirada insinuante, la cintura de bibijagua y las caderas generosas de alguna estudiante cubana, o la fina película de sudor que recubría el arranque de sus senos tostados, que yo observaba de soslayo cuando la muchacha, tal vez de modo fortuito, tal vez deliberado, se inclinaba para recoger un lápiz o una goma del suelo.

Gracias al laicismo de la Revolución y al hedonismo antillano, para la mayoría de las muchachas el sexo era lo más natural de la vida, una forma de comunicarse y expresarse, una actividad semejante al baile o la conversación, que no siempre coexistía con el amor, por lo que solían aceptar o proponer, sin complejos ni rubores, sin desasosiegos ni agobios, por el contrario, con alegre desenfado, una cita para ir a gozar en el cuarto fresco de una posada cercana.

—Observa este libro —me dijo Heberto durante una clase en su apartamento. Se refería a *Desnudo entre lobos,* la novela de Bruno Apitz, un sobreviviente del campo de concentración de Buchenwald, en las inmediaciones de Weimar, que él había traducido del inglés—. Busca el nombre del traductor.

Hojeé el libro de la Editorial Artes y Letras en sus primeras y últimas páginas y no hallé mención alguna.

—Eso ocurre con todos los libros que traduzco desde mi «caso» —afirmó burlón—. Hay una orden superior, proveniente de muy arriba, para que yo no exista.

Vivía ignorado y marginado, inhabilitado para recibir a intelectuales extranjeros —a los cubanos les prohibían cultivar amistad con contrarrevolucionarios— sin previa consulta con el oficial de la seguridad del Estado que lo «atendía» y que de cuando en cuando llegaba hasta su apartamento, pistola bajo la guayabera, para tomar un café, platicar y demostrarle que lo vigilaban. Sus libros —al igual que todos los libros prohibidos— aún existían en los archivos de las bibliotecas, pero cuando uno los solicitaba, como yo lo había hecho en la prestigiosa Casa de las Américas, siempre se hallaban «en consulta».

Sin embargo, él seguía escribiendo cada mañana nuevos poemas y capítulos de novelas que no verían nunca la luz en la Cuba de Fidel. Aún conservo en la retina, como una visión dolorosa y apabullante para los despojos de mi alma comunista de entonces, al poeta circunscrito a su apartamento, rodeado de los libros de filosofía y sociología en alemán regalados por sus amigos Günter Maschke y Hans Magnus Enzensberger, que él se proponía leer cuando dominase el idioma que estudiaba con tanto esmero en la soledad de su dormitorio. Lo veo abrumado y vulnerable por carecer del derecho a publicar, a ser entrevistado o a viajar fuera de la isla por haberse atrevido a criticar a la Revolución mediante unos versos.

A veces un par de poetas y escritores también «tronados», entre los cuales bien podía ocultarse un soplón, solían desobedecer las órdenes oficiales y reunirse con Heberto a charlar y beber ron. Departí con ellos varias veces y siempre me observaban con una mezcla de desconfianza, envidia y desdén por mi relación con Cienfuegos. Eran Rogelio Llopis, escritor corroído por la amargura de no poder abandonar la isla; Juan Cid, pintor y poeta de sensibilidad exquisita, que murió de cáncer sin poder cumplir su anhelo de emigrar a España; y a su lado, quizás opacados por su actitud pusilánime, confiando en que a Fidel le sobreviniera un cambio de ánimo y les permitiera publicar y visitar otros países socialistas, emergen algo vagos en mi memoria César Leante, Pablo Armando Fernández y, quizás el más veleidoso y escurridizo de todos, Miguelito Barnet, el autor de la novela *Biografía de un cimarrón*.

Eran los tiempos de los autores duros y comprometidos, que hacían suyo el principio estético de Fidel: «Dentro de la Revolución todo, fuera la Revolución nada». Eran en la isla los tiempos de Nicolás Guillén, el gran poeta negro; Alejo Carpentier, el extraordinario novelista barroco; de Onelio Jorge Cardozo, Lisandro Otero, Manuel Cofiño, Alberto Batista, Luis Rogelio

Nogueras, Roberto Fernández Retamar, Norberto Fuentes, Benítez Rojo; los tiempos en que uno de los principales premios literarios lo otorgaba el Ministerio del Interior cubano. No era el tiempo de los intelectuales vacilantes.

Fue un mediodía antes de la clase que me atreví a preguntarle a Heberto sobre su detención. No tardó en contarme detalles de ella y las torturas psicológicas a las que lo sometieron en Villa Marista. Su mujer había sido detenida junto a él, a pesar de que se encontraba en el séptimo mes de embarazo de Ernesto, y los policías no trepidaron en hacerle oír en su celda grabaciones con los interrogatorios a los que sometían a Belkis, quien parecía al borde de un colapso nervioso. Deseaban que el poeta denunciara a un supuesto grupo de intelectuales contrarrevolucionarios y que se autoinculpara, como en los juicios estalinistas; de lo contrario a él y a su mujer los mantendrían detenidos durante tiempo indefinido.

—Al final escribí todo lo que me pidieron —me dijo bajando la voz en su apartamento—. Solo me interesaba salvar a Belkis y a mi hijo. Me aferré al ejemplo de Galileo y renuncié a la verdad con tal de sobrevivir.

Admiraba a Galileo y mostraba escasa comprensión hacia la coherencia ética de Giordano Bruno. Consideraba que la renuncia a la verdad en el caso del primero, su fingida aquiescencia del dogma eclesiástico de que la Tierra era el centro del universo, le había permitido seguir investigando, mientras que la consecuencia del segundo, heroica y admirable, desde luego, pero devenida a la larga en obcecación y tozudez, le había significado la hoguera.

34

Un escueto llamado en clave de Aníbal al apartamento me informó, semanas más tarde, que existían nuevamente posibilidades de ingresar a las FAR y que él podría facilitar mi especialización en «materias limpias», como calificaba los asuntos de inteligencia. Tranquilo, lacónico, grave, me dio a entender que no aceptaría una evasiva y que me convenía aceptar la propuesta.

—Necesito un par de días. Tú sabes, en casa uno siempre tarda en tomar decisiones —mentí, pues ni siquiera le había consultado su opinión a Margarita, cosa que, por lo demás, no pensaba hacer, pues ella apoyaría, desde luego, mi incorporación al ejército, un nuevo paso en su anhelo de convertirme en cubano.

Al colgar caí en la cuenta de que entrar a las FAR, sobre todo con el ánimo de abordar temas tan sensibles como los que ofrecía Aníbal, podría comprometerme demasiado con la Revolución, en un dominio vago y difuso, donde las reglas eran desconocidas. Lo demostraba el hecho de que mis camaradas incorporados a las FAR se habían esfumado súbitamente, dejando atrás solo una estela de misterio y silencio, sin que nadie se atreviera a preguntar o hablar de ellos. El partido nos advertía que era necesario ser discretos, ya que había reclutado no solo a los camaradas que vivían en la isla, sino también a cientos, cuando no a miles, de otros que vivían en Chile y el extranjero.

Pero el llamado de Aníbal gatilló también mi curiosidad. ¿Cómo sería ingresar a ese mundo de los espías que sólo conocía a través de las películas de Michael Caine y las novelas de John Le Carré? Los espías no mataban a nadie, solo se dedicaban a la consecución de informaciones clave para su causa. ¿Cómo sería ingresar a las escuelas de espionaje de la seguridad cubana y especializarse después en la del KGB, en Moscú? Me permitirían al menos liberarme de las reuniones de célula, donde yo era uno de los escasos militantes varones, lo que me hacía sentir un cobarde. Muchas camaradas tendían a ufanarse de sus esposos que vestían de verde olivo en algún lugar de la isla, y a destacar el carácter secreto, patriótico y heroico de su misión, al lado de lo cual mi amor por los libros parecía superfluo.

Durante la noche, que pasé en vela angustiado por la indecisión, decidí que acudiría al día siguiente, muy temprano, a la vivienda de Heberto Padilla a solicitar consejo. Aunque resultara paradójico, era la única persona en la isla con quien podría hablar francamente sobre la opción que se me presentaba.

La mañana estaba agradable y tibia, y su cielo púrpura presagiaba un día caluroso y húmedo, cuando llegué a la vivienda del poeta y toqué a la puerta. De la carnicería de la esquina surgía, como siempre, una larga cola de gente aguardando sus raciones. Me pareció que Sammy Byre, el negro jamaiquino, me hacía señas desde allá. Heberto abrió después de su acostumbrado control a través de la mirilla.

—¿Qué sucede? —preguntó haciéndome pasar, sin acertar, desde luego, a explicarse mi presencia tan temprana.

Belkis ya se hallaba en la UNEAC y Ernesto en la escuela. Pasamos a la pequeña cocina del departamento, que miraba hacia la avenida Séptima y Heberto comenzó como de costumbre a colar café. La sensación de desamparo que me sobrecogía me persuadió de que la indiscreción no importaba y aproveché para contarle que la Jota quería reclutarme para el ejército que derrocaría a Pinochet.

Quedó lívido, perplejo y aterrado. Es cierto, yo estaba incurriendo en un abuso de confianza, pues apenas conocía al poeta y lo implicaba en un asunto de envergadura. Sí, yo acababa de revelarle el plan maestro del partido a un individuo acusado por la Revolución de servir al enemigo. Ya me lo había advertido Cienfuegos, un revolucionario no debía tolerar la más mínima fisura en su muro ideológico, pues la duda representaba el comienzo del fin, la colaboración con el enemigo.

Pero yo no podía creer que Heberto fuese agente de la CIA. Me parecía improbable que aquel ser nervioso, frágil e inseguro, que a ratos recurría a unas medidas de ron para enfrentar dificultades, trabajase en La Habana para Estados Unidos.

—Mira, chico —me dijo afincándose los anteojos, y extrajo dos tabacos de su camisa, que encendimos en el acto. Me pareció que el poeta comenzaba a sudar de modo copioso—. Tú bien sabes que yo soy un hombre acusado por el gobierno de cooperar con su peor enemigo. ¿Y es a mí a quien escoges para contarle todo esto?

—Me da lo mismo lo que opine el gobierno —repuse sin pensar en la gravedad de lo que decía—. Necesito que me digas qué opinas sobre el reclutamiento. ¿Me incorporo o no?

Me dedicó una mirada incrédula, sorprendida, como si le hubiese preguntado si era posible llegar a nado a Key West.

—Solo voy a decirte que ese sillón que ocupas cada vez que vienes lo han ocupado latinoamericanos que llegaron años atrás con la misma historia que me traes hoy.

—¿Chilenos?

—Latinoamericanos. Eran muchachos jóvenes, bien intencionados e idealistas como tú, que querían combatir por el socialismo en sus patrias. ¿Sabes lo que hacen ahora?

—No.

—Pues se pudren bajo alguna palmera mientras sus líderes recorren las capitales europeas denunciando los horrores de la guerra —dijo con frialdad y aspiró profundo el Coronas, asqueroso tabaco de picadura prensada—. ¿Sabes cuál va a ser tu destino, mi amigo, si te incorporas a las FAR?

Me escrutaba con sus pequeños ojos inteligentes, hundidos detrás de las dioptrías, equilibrando en una mano la taza de café y en la otra el tabaco.

—¿Sabes a lo que estás aspirando, chico? —insistió mientras nos sentábamos en su pequeña sala de estar, rodeados de los libros regalados por Enzensberger y Maschke—. ¿Sabes o no, coño?

—A derrocar a Pinochet —dije con el sabor amargo del Coronas en la lengua, a sabiendas de que la vaguedad torna melodramática cualquier conversación.

—A que en el día de mañana, si triunfa tu partido, cosa improbable después del fracaso de Cuba, le coloquen en tu patria tu nombre a una escuela, a un círculo infantil o a una callejuela sin salida. Me atrevería a afirmar que de poco te va a servir tamaño homenaje estando tres metros bajo tierra.

Su lógica y pragmatismo eran apabullantes e incitaban al escepticismo, a la pasividad, al fatalismo, a aceptar las circunstancias sin intentar modificarlas, lo opuesto de lo que demandaba Karl Marx en una de sus tesis sobre Feuerbach.

—Para mí —continuó mientras vaciaba la tacita—, tu alternativa no puede ser morir o matar. El tema de un joven ha de ser la vida, los estudios, el amor, la literatura, nunca la muerte, chico, nunca la muerte como te la ofrecen tus dirigentes. Acá llevamos años de sacrificios y abnegación, de muerte y heroísmo, de estoicismo y disciplina, de entrega y renuncia, de «patria o muerte», cuando el cubano solo aspira a disfrutar de la única vida de que dispone en esta isla verde y exuberante.

Si la seguridad del Estado grababa aquello, como había ocurrido antes con las conversaciones de Heberto con Jorge Edwards, el escritor y diplomático chileno del período del presidente Allende, estábamos condenados. El poeta, por desalentarme a seguir el camino revolucionario; yo, por revelar al enemigo la estrategia del partido para derrotar a Pinochet.

—Así son los partos de la historia —tartamudeé grandilocuente—, dolorosos, violentos. Así triunfaron la Revolución francesa y la rusa, así obtuvo la independencia América Latina. Ya lo dijo Lenin, «la violencia es la partera de la historia».

—Fue Marx quien lo dijo —corrigió el poeta con cierta displicencia y agregó, haciendo caso omiso de mis razones—: ¿Olvidas acaso la frase predilecta de Fidel?

—¿Cuál?

—Que la isla se hundirá primero en el océano antes de que el socialismo se rinda.

Meneó varias veces la cabeza contemplando los lomos de los libros de su biblioteca como un sultán ufano y añadió:

—Lo dice él, que no ha sufrido jamás un rasguño en combate alguno y que en el único momento en que se vio acorralado, se entregó.

Se refería al asalto al Cuartel Moncada, ocurrido el 26 de julio de 1953, en la oriental Santiago de Cuba, donde fueron acribillados o asesinados decenas de hombres que acompañaron a Fidel en la operación. Tras escapar a las montañas, donde se rindió ileso, lo condenaron a seis años de cárcel en el presidio de isla de Pinos, en cuya biblioteca aprendió marxismo y creó el nuevo movimiento. Dos años más tarde fue amnistiado por la dictadura de Batista y se marchó a México, donde prepararía la epopeya del yate *Granma* y sus 81 compañeros.

—Y si crees que esto del reclutamiento es un asunto secreto —continuó el poeta como si hubiese leído mis pensamientos—, te equivocas. Todo lo que sucede en este país lo saben los servicios secretos de Cuba, la Unión Soviética y Estados Unidos. Así que ese plan de formar soldados para luchar en Chile ya lo debe conocer Pinochet. No te hagas ilusiones.

En su opinión, una alternativa militar solo contribuiría a profundizar la represión en Chile y a perjudicar a la gente que organizaba la oposición cívica. Así, el futuro del país terminarían disputándoselo grupos armados de extrema derecha e izquierda.

—Cuando llega ese momento, no hay espacio para los demócratas —advirtió lacónico—, solo para comandantes y tropa. Eso llevó a José Martí, hombre de la pluma y la oratoria, a su autoinmolación en Entrerríos.

—Entiendo —atiné a decir con el café ya frío en mi taza.

—Yo no debería estar hablando de esto —agregó pensativo, nostálgico, tras una pausa en la que expulsó el humo hacia el cielo—, porque está prohibido. Pero si querías conocer mi opinión, ya la tienes.

35

—Chico, ¿pero hasta cuándo piensas hacer esperar a papá con lo de tu nacionalidad? —me preguntó Margarita una tarde mientras salía presurosa de la ducha para concurrir a una cena con mujeres de la República Popular de Mongolia. Llevaba la bata de seda y en la cabeza una toalla a modo de turbante.

Yo estaba molesto y deprimido aquel día, influido tal vez por los irritantes relatos de Heberto Padilla sobre las arbitrariedades de que era víctima en la isla y por el hecho de haberle comunicado días antes a Aníbal que no ingresaría a instituto militar alguno, que me negaba a apartarme del camino que me había trazado, que no me interesaban ni siquiera las «misiones limpias».

El argentino reaccionó con mesura en la pizzería donde nos habíamos citado, diciéndome que me entendía, que quizás fuese bueno que aprovechara mi vida de civil para estudiar a fondo el marxismo-leninismo y que quizás nos volviésemos a encontrar en una nueva esquina de la historia, porque era probable que él tuviera que marchar a otras tierras a cumplir misiones internacionalistas.

—Quiero que lo sepas de una vez —dije a Margarita—. No dejaré de ser chileno.

—Jamás lograrás un trabajo serio, entonces.

—Nuestro objetivo debe consistir en buscar un camino común —opiné.

—Si es fuera de Cuba lo que te propones, entonces dímelo.

—Así lo pensamos en un inicio, al menos. ¿O ya lo olvidaste?

—Eres un chantajista —gritó mi mujer perdiendo los estribos, y sus bellos ojos verdes refulgieron iracundos y la toalla que ceñía su pelo, su largo pelo color miel, se desmoronó sobre sus hombros—. ¡Nunca he querido abandonar a Cuba!

—Pues otro es el recuerdo que conservo.

—Eres un tipo despreciable, un malagradecido.

—Mide tus palabras. No soy Anne Schuster para que me insultes de ese modo.

—Y, además, eres un contrarrevolucionario —volvió a gritar arrojando la toalla al piso de mármol en el instante en que Iván ingresaba a nuestra habitación, desconcertado por la disputa—. ¿Crees que no sé que merodeas por la casa de ese sacamuelas y gusano de Madan? ¿Con eso nos pagas a mi padre y a mí?

—El doctor Madan es pariente tuyo.

—¡Era! Ningún contrarrevolucionario es pariente mío.

—Pero lo es. Es el hermano de tu abuelo —repliqué acariciando la cabecita de Iván, presintiendo que le daría otro golpe bajo a Margarita—. Aunque no te apetezca ahora que te has convertido en comecandela y denuncias a colegas.

—Eres un malagradecido. ¿Quién te ha brindado este techo bajo el cual vives, el puesto de trabajo y de estudio? ¿Quién si no la Revolución?

—Renuncio a todo si me lo han dado para después sacármelo en cara.

—Eres un gusano —agregó mientras me arrojaba un zapato a la cabeza. Alertada por sus gritos, acudió Caridad del Rosario, quien alejó con premura a Iván del lugar—. Eres un gusano, un despreciable gusano al servicio del enemigo. ¿Crees que no me han informado ya que te reúnes con el traidor de Padilla?

Fue un golpe duro, no imaginaba que estuviese al tanto de mis pasos. Solo podía significar que Margarita o Cienfuegos me estaban haciendo vigilar, es decir, que mis reuniones con el poeta las observaba la seguridad del Estado.

—¿Conque me haces espiar?

—¡Te vigilan por contrarrevolucionario! Y métetelo en esa cabeza de intelectualoide: eres un contrarrevolucionario y un malagradecido. Ni siquiera guardas lealtad hacia quienes te han entregado un techo.

—No quiero techos que se apoyan en denuncias, carajo.

—Eres un comemierda al que solo le gustan los libritos y la teoría —gritó ella—, un intelectualoide, un revolucionario de salón, que no es capaz de empuñar las armas para derrocar al tirano de Pinochet.

—¿Qué quieres decir con eso?

—Ya sé que no piensas ingresar de ningún modo a las FAR —repuso con frialdad—. Eres un cobarde.

—No acepto que nadie me diga lo que debo hacer con mi vida, ¿oíste? —grité yo esta vez, iracundo por el hecho de que se hubiese enterado de mi rechazo al reclutamiento de las FAR, decisión de la cual yo la había marginado. Por un instante me pregunté quién estaría en realidad detrás de la propuesta del argentino, y tuve la convicción de que jamás lograría saberlo—. No soy carne de cañón de nadie. ¡Me cansé y me marcho, me marcho de esta casa y para siempre!

—Pues vete, coño, vete, que no derramaré ni una lágrima por un malagradecido con la Revolución. No aparezcas nunca más y procura volver pronto a tu tierra para que le sirvas al menos de abono. ¡Vete! —gritó una vez más entre sollozos antes de desplomarse sobre la cama.

Salí del apartamento con un portazo y mientras aguardaba el maldito elevador temblando de ira e impotencia, me alcanzó el llanto desconsolado de Iván.

36

Mientras deambulaba por la noche tórrida de El Vedado caí en la cuenta de que mi abandono intempestivo del apartamento suponía, más allá del quiebre matrimonial, un riesgo considerable: había renunciado a mi libreta de racionamiento y al único techo de que disponía en la isla. Estaba virtualmente en la calle y en mal pie con mi propia organización política.

Horas después, sumido en la desesperanza, carcomido por el arrepentimiento de no haberme asilado en Gander, desemboqué sin darme cuenta frente al edificio Naroca, en cuyo *penthouse* vivía la abuela de mi mujer. Debía ser ya pasada la medianoche y la avenida Línea se extendía interminable y desierta hacia el oeste bajo un cielo turbio. Una vieja guagua Leyland, rebosante de noctámbulos taciturnos, se detuvo en una parada cercana. El descascarado Naroca, antes de la Revolución un edificio elegante y exclusivo, refulgía aquella noche como si el tiempo no hubiese hecho mella en él. Las luces en la terraza del *penthouse* me parecieron una invitación. Añoraba hablar con alguien. Opté por subir.

—¿Puedo dormir esta noche aquí? —pregunté a Ángeles Rey Bazán.

Llevaba un rosario de perlas finas entre las manos y me miró con preocupación desde el umbral de la puerta del *penthouse*. Detrás suyo vi a sus hermanas, Nina y China, y a Jesús, el hermano adoptivo —recogido en Nochebuena sesenta años atrás de la puerta de la Catedral de La Habana, donde alguien lo había abandonado en un canasto de mimbre—, que me observaban a su vez en silencio, desconcertados.

—Claro, chico, no faltaba más —repuso Ángeles—. Pero dime, ¿por qué no estás con Margarita? ¿Ha ocurrido algo entre ustedes?

Me invitó a pasar al living, donde me brindó café y envió a sus hermanos a dormir, luego se instaló en su mecedora. Desde la muerte de Enrique, su marido, vivía en el *penthouse* acompañada de sus hermanos. Quedamos solos y silenciosos en el living escuchando, mezcladas con el viento sibilante del norte, las últimas noticias de La Voz de América, que informaban sobre una intervención de tropas cubanas en Etiopía.

—¿Te peleaste con tu mujer? —preguntó de pronto con una sonrisa incómoda.

—Así es. Creo que esta vez fue la definitiva.

—No seas bobo, chico. Son nubes que pasan, ya verás que después vuelve a brillar el sol.

Le expliqué que el panorama era demasiado tormentoso y que Margarita, desde que trabajaba en la FMC, ya no era la muchacha alegre e idealista que había conocido en Leipzig. Al parecer, las intrigas de la federación la corroían y ella consumía el tiempo urdiendo tácticas y tretas para consolidar su posición frente a sus compañeras. Las envidias y deslealtades, que abundaban en el palacete neoclásico de El Vedado, obligaban a mi mujer a librar una guerrilla permanente.

—Siempre pensé que lo más conveniente para ambos era que Margarita estudiara y no se metiera en ese nido de arpías —opinó la abuela meciéndose con la vista perdida en las luces que delineaban el malecón, donde las olas reventaban esparciendo una lluvia de espuma. Ahora, del viejo radiotocadiscos Telefunken llegaba solo un pito agudo y molesto, pues la emisora norteamericana había finalizado sus transmisiones del día.

—Ese era el acuerdo de Leipzig. Estudiar —precisé.

—Yo no sé cómo a Cienfuegos se le ocurrió pedirle a Vilma que acogiera a su hija tan joven.

—¿Fue idea suya?

—Anhelaba que Margarita se integrara plenamente a la Revolución, como si mi nieta hubiese podido traicionar. Me lo contó mi hija.

—En fin. De todos modos —repuse resignado— Margarita ya no es la misma.

—Ni tú, bobito. Tú tampoco lo eres —afirmó filo-
sófica, dejando deslizar el rosario entre las manos—. El
niño, que llegó tan temprano, las intrigas de la federación, la falta de techo propio, las penurias cotidianas, el
ateísmo, todo eso liquida los matrimonios. La mayoría
de los jóvenes se divorcia en la isla y es por culpa de
este desastre.

Tal vez Ángeles comparaba la sacrificada vida que
afrontaban ahora los cubanos con la existencia despreocupada y frívola a la que se había acostumbrado ella cuando La Habana era la gran metrópoli de América Latina,
moderna, sensual y dinámica, dichosa por la música de
Israel Bórquez, Celia Cruz, Beny Moré o Bola de Nieve,
los buenos restaurantes, como el Emperador o La Torre,
los clubes y salones de juego, los *cabarets* legendarios,
como el Tropicana o el Turquino, los negocios que bu-
llían, una ciudad a la que los norteamericanos iban no
solo a gozar del sol, el ron y las mujeres, sino también
a experimentar los adelantos tecnológicos que después
pondrían en práctica en Estados Unidos. Por algo la
isla había tenido teléfono, radio y televisión antes que
ningún otro país latinoamericano, a los que entonces
los cubanos se permitían mirar con desdén, y autopistas
y *ten cents* y tranvías y buses, afirmaba Ángeles irritada
por la manipulación de la historia. No, antes de Fidel
La Habana no era un lupanar ni Cuba un país misérri-
mo, como lo afirmaba la Revolución; no, la isla exhibía

entonces, al igual que Argentina y Uruguay, los mejores índices socioculturales y alimentarios de la región; si era cosa de consultar las estadísticas, y ella, Ángeles Rey Bazán, ya estaba harta de que Fidel, hijo de terratenientes ricos, manipulara con tanto descaro el pasado de Cuba y pensara que la historia comenzaba con él.

—Aunque las cosas sean como usted dice —opiné y apagué el radiotocadiscos, de modo que solo pudimos oír el chiflido del viento norte que se filtraba por las celosías—, esta crisis no puedo atribuirla solo a la situación que atraviesa la isla.

—A la dureza de la vida en Cuba, a tu cambio y al de Margarita. Todos aportan su granito —aclaró—. Recuerda que tú llegaste aplaudiendo a Fidel, rojo como ñángara, convirtiéndote en alumno ejemplar, asistiendo a la plaza, creyendo que todo lo que brillaba era oro.

—Era un sentimiento auténtico, yo creía en todo esto.

—No te excuses ante una vieja, bobo. He visto pasar mucha agua bajo mi puente y creo entenderte, pero tu mujer jamás fue comecandela. Incluso era crítica de ciertas cosas de la Revolución, pero desde que ostenta ese puesto se volvió intransigente como su padre.

Le entristecía que durante sus visitas al *penthouse* Margarita se permitiera fiscalizar sus opiniones, descalificando hasta las más leves críticas a Fidel, prueba, a su juicio irrefutable, de que en la FMC le lavaban el cerebro. Le amargaba que cada vez que uno de sus hermanos osaba quejarse en su presencia de la escasez de comida, ella amenazara con denunciarlo por contrarrevolucionario. Afirmaba a gritos que la libreta de racionamiento era el anhelo de millones de latinoamericanos, y que a quien le disgustara, podía marchase con la escoria a la gusanera de Miami.

—Solo quiero aclarar que no estoy acostumbrada a esta clase de vida —repuso la abuela en tono súbitamente aristocrático—, una vida en la que las preocupaciones de cada día no son otras que aguantarse la lengua y buscar qué echarle a la cacerola.

37

Al día siguiente, cuando me proponía ingresar al apartamento de Margarita para retirar mi ropa, descubrí que habían cambiado el cerrojo de la puerta. Toqué y abrió Caridad del Rosario.

—Lo siento —dijo la negra con rostro compungido, incómoda, manteniendo apenas abierta la hoja de la puerta con una mano—, pero la señora ordenó no dejarlo entrar ni a ver al niño ni a llevarse la libreta, así que le ruego que no me complique, que usted sabe cómo es la señora y yo necesito este trabajo.

Después de un largo conciliábulo logré convencerla de que me devolviera al menos ciertas prendas. No podía permitirme ver a Iván, porque el niño se lo contaría a su madre, ni tampoco prestarme la libreta familiar para que yo fuese a buscar mi cuota a la bodega, pues no tenía seguridad de que yo se la devolviera. Cerró la puerta y volvió al rato trayendo ropa mía, unos cuadernos universitarios y el cepillo de dientes en una bolsa plástica de El Corte Inglés, tienda que Cienfuegos frecuentaba en Madrid.

Ya en la noche, cuando sin saber adónde acudir, llamé por teléfono a la bisabuela de mi hijo para solicitarle nuevamente alojamiento, su respuesta fue tajante:

—Margarita me prohibió que te aceptara. Está muy dolida contigo.

—No puedo creer que usted acepte que ella la presione —reclamé yo.

—No, tú bien sabes que yo no acepto presiones de nadie, muchacho. Lo que ahora procuro es mantenerme al margen de vuestra disputa. Entre marido y mujer, nadie se ha de meter.

Durante semanas, quizás meses, no lo sé, pues en el calor y el resplandor de entonces perdí, al igual que el personaje de *El extranjero,* la noción del tiempo, deambulé por la ciudad sin tener un sitio fijo donde pernoctar. A veces lo hacía en el apartamento de la tía de Willy, la exquisita maestra de piano, o en el de los padres de Lázaro, o en el cuarto del internado del jimagua José Antonio, aunque tenía especial cuidado de no abusar en exceso de su hospitalidad. La escasez de vivienda era tan aguda que pocos se atrevían a brindarle techo a parientes o conocidos, ya que los propietarios —auténticos o simulados, ya nadie sabía bien si poseía o no el inmueble que ocupaba— experimentaban a menudo la sorpresa de que el huésped no abandonaba el lugar por falta de techo. Se iniciaba así un drama que desembocaba en trompazos y amenazas de muerte, mas nunca en veredictos, ya que el registro de la propiedad de las ciudades había sido devorado por los ratones y las termitas.

Por ello, en otras oportunidades buscaba refugio en la terminal de buses, el *lobby* del Hotel Habana Libre, ciertos parques o la Funeraria Rivero, donde, guardando cierta compostura para no despertar sospechas, dormía sentado, apoyando la cabeza en la bolsa de El Corte Inglés. El mejor lugar era, desde luego, la funeraria, donde, si bien el murmullo y el llanto de los velatorios me agobiaba, disponía de amparo, cierta paz y una modesta cafetería abierta.

Almorzaba, poco antes de las dos, en la universidad, a menudo un plato único —una presa de pescado frito acompañada de arroz con frijoles— y cenaba en el Coppelia unas bolas de helado con sirope, que comía bajo los árboles de la plaza. A veces podía ingresar a un restaurante mediante una reserva telefónica, empresa poco menos que imposible, o tras esperar por horas en la calle en una cola de gente armada de paciencia. Nada era fácil. La escasez de alimentos empeoraba y la gente la atribuía a las guerras que Cuba libraba en Angola y Etiopía, guerras que parecían tornarse eternas, guerras en las cuales los africanos solían abandonar a los isleños a su suerte en cuanto descubrían vínculos tribales en las trincheras enemigas.

A veces, después de las bolas de helado en el Coppelia, permanecía en el malecón observando las parejas que se acariciaban frente al mar habanero y los aviones que surcaban el cielo en dirección a Miami.

¡Cómo deseaba levitar, aunque solo fuese por unos instantes, sobre la sosegada noche habanera y contemplar las luces de Key West, que la corriente del golfo apenas separaba del socialismo! Muchos subían en las noches despejadas hasta el exclusivo restaurante La Torre, situado en el último piso del Foxa, el edificio más alto de Cuba, a sabiendas de que no conseguirían mesa. Lo hacían con el solo propósito de lanzar, antes de que los alejaran, un vistazo hacia el imponente resplandor nocturno de los puentes que unen a Key West con Miami. Pero desde abajo, desde el muro del malecón, yo me contentaba con admirar la noche tropical y seguir la ruta de las naves comerciales que al despegar de la Florida se confundían con las estrellas.

Una tarde, después de la clase de Roberto Fernández Retamar, el poeta y director de la revista de la Casa de las Américas, a quien Neruda en sus memorias prohibidas en Cuba califica de «sargento de la cultura», llamé por teléfono a mi mujer para exigirle la devolución de mis cosas.

—Pues no tienes nada que venir a hacer aquí —me espetó—. Y si tocas a la puerta, arrojaré tus cosas por el balcón.

Eran quince pisos. Y aunque me temí que Margarita hubiese enloquecido, me resultaba difícil imaginar que fuese capaz de cumplir su amenaza, así que tomé el elevador. Tal como lo había imaginado, fue ella quien me abrió la puerta y en sus ojos verdes, siempre sitiados por ojeras azules, brilló la curiosidad, un brillo que siempre me hacía palpitar con fuerza el corazón. Llevábamos

337

semanas, tal vez meses, sin vernos, y me pareció más hermosa que nunca, aunque tensa y pálida.

—Papá quiere hablar contigo —me anunció con frío regocijo, sorprendiéndome que Cienfuegos estuviese allí. No me quedó más que seguir hacia la sala de estar, donde él ocupaba un sillón y fumaba un tabaco. De alguna manera sus ojos metálicos me recordaron nuestro primer encuentro en Leipzig.

—Siéntate —me ordenó perentorio y yo obedecí. Guardó silencio mientras Margarita salía de la sala y se ocultaba en el cuarto contiguo.

—Mira, coño, esta es la última vez que quiero verte aquí —dijo Cienfuegos clavándome sus ojos fieros—. Has sido un malagradecido con nosotros y la Revolución. Estoy al tanto de todas tus relaciones con estudiantillos desafectos e intelectualoides contrarrevolucionarios, y de tu rechazo a las FAR. Lamento lo que hice en tu beneficio, coño. Márchate lo más pronto.

—Si pudiera, me iba de Cuba —repuse sin detenerme a pensar en lo que decía—. Pero no tengo pasaporte para hacerlo.

—Pues te jodiste —espetó indiferente y aspiró el cigarro—. En lo que a mí concierne, no quiero verte más por aquí.

—Usted sabe que no tengo dónde vivir. A fin de cuentas, usted me trajo a Cuba.

—Pues no tengo nada que ver contigo —afirmó enfático, displicente, definitivo—. Así que hazme el favor de retirarte en el acto y dejar en paz a mi hija y al niño. Pronto un abogado te ubicará para arreglar el divorcio.

—Ese asunto nos compete solo a mí y a Margarita.

—Aquí estas cosas las veo yo, coño.

—Prefiero conversarlas con Margarita.

—¡No queremos verte más! ¡Nunca más! —aclaró separando las palabras.

—No tengo dónde ir.

—Mira, coño —dijo de pronto y extrajo con violencia de debajo de la guayabera una Luger bruñida, que depositó sobre su muslo—. En este país yo me cago en todos de Vilma Espín para abajo, por algo soy quien soy, y no voy a permitirle a un pendejo que venga a perturbar mi paz. Quiero que sepas que puedo meterte un tiro en la cabeza y que nadie en Cuba moverá un dedo para investigar cómo sucedió.

Mi mundo de sueños revolucionarios, de simpatía por la justicia de la Revolución y la honestidad de sus líderes terminó de desplomarse en ese instante. Estuve tentado de decirle que su actitud retrataba la arbitrariedad que reinaba en la isla, pero no lo hice por miedo, porque sus amenazas no eran hueras. Si yo acababa muerto en aquel salón, él sería capaz de hacer aparecer mi cadáver bajo las ruedas del tren La Habana-Las Villas. Un cadáver más no podía estremecer la conciencia de quien había ordenado en una noche el fusilamiento de decenas de opositores sin perder el sueño.

—Y ahora vete de aquí si no quieres que me enca-
brone —me dijo cogiendo el arma.

Me levanté tratando de disimular el miedo que me
agarrotaba los músculos y comencé a retroceder de
espaldas, sin perder de vista el cañón, tal como Michael
Caine se retiraba de una derrota en las electrizantes
películas que yo veía en las tardes de viento en los cines
de Valparaíso, pero al trastabillar por causa de un jarrón,
perdí la flema del actor. Próximo ya a la salida, deseé
que mi hijo estuviese durmiendo y no presenciando la
escena. Cienfuegos me seguía desde el sillón con sus
ojos penetrantes y el tabaco en una esquina de la boca.

En cuanto hube cerrado la puerta, me lancé escaleras
abajo a todo lo que permitían mis piernas. Rodé un par
de veces y los peldaños se me incrustaron en las costillas,
pero impulsado por el pánico volví a incorporarme y
continué brincando escaleras abajo con la cabeza convertida en un hervidero hasta llegar al primer piso, exhausto,
trémulo y confundido, con el presentimiento de que en
cualquier instante se abrirían las puertas del elevador y
emergería mi suegro cargando la Luger.

Cuando volví al bullicio de la calle Línea tropecé en
la acera con una maleta abierta y prendas desparramadas
a su alrededor. Mientras unos muchachones se disputaban unos pantalones de mezclilla y otros huían agitando
camisas, un niño comprobaba que mis botas de plástico
le quedaban grandes.

38

A la mañana siguiente, tras tomar un café con panetela de guayaba en la terminal de buses de la ciudad, donde había pernoctado, no me dirigí a la Cancillería, sino al apartamento de Heberto Padilla, a quien le conté en su salita de estar plagada de libros alemanes lo sucedido la noche anterior.

—Tú sabes lo que significa eso, ¿no? —me preguntó estupefacto y se puso de pie y comenzó a pasearse de un lado a otro.

—Que me quedé sin techo ni comida —repuse fingiendo sosiego.

Heberto me miró como preguntándose detrás de sus gruesos cristales qué extraño conjuro me había llevado a abandonar la abundancia de Berlín Este para hundirme en las penurias de la isla.

—Quiero advertirte que afrontas una situación extremadamente peligrosa —comentó serio—. Jamás debiste haber roto con esa familia. Ella constituye tu seguro de vida en la isla y tu única garantía de retorno al mundo exterior. Espero que lo sepas.

Creí descubrir en su frente un surco de preocupación mientras meneaba la cabeza de un lado a otro, como queriendo librarse de esta pesadilla que le presentaba su maestro de alemán. Optó por llamar a Sammy Byre, quien apareció dichoso y frágil como siempre en la puerta de la cocina, y le ordenó café.

—He visto a muchos extranjeros que han terminado destruidos en la isla —agregó—. Llegan como tú, bien vestidos, optimistas, rebosantes de ideales y buenas intenciones, enterados de cuanto ocurre en el mundo, y aquí se pauperizan. Primero se les percude la ropa, después pierden el acento y los ideales, y al final terminan mimetizados en las colas con el resto de los cubanos y nunca más pueden irse. La isla es una trampa, por si lo ignoras.

El poeta atribuía a cierta inmadurez mía la incapacidad que yo demostraba para reconciliarme con mi mujer y mi suegro. Ignoraba, por cierto, el frustrado intento de fuga en Berlín. Opinaba que yo debía haberle solicitado a Cienfuegos, al comienzo de la crisis matrimonial, que Margarita y yo nos fuésemos a la Europa socialista mientras se consolidaba el matrimonio, de lo contrario sufriríamos lo que sufría todo el mundo en la isla, el divorcio. En medio de la crisis era difícil que una pareja sobreviviera.

—Pero aún no logro explicarme cómo se te ocurrió venir a un lugar como este, en el cual muchos arriesgan su vida con tal de abandonarlo —se preguntó al rato—. ¿Es que no sabes que lo primero que hicieron los tupamaros asilados aquí fue conseguir invitaciones para participar en la Revolución de los Claveles en Portugal? Deseaban salir de la isla, cuando en Uruguay se la habían jugado por imponer este socialismo.

—¿Y lograron salir? —pregunté, pues nunca había escuchado nada tan inverosímil.

—Lo que necesita un extranjero para dejar Cuba son buenas relaciones y un pretexto que le permita a todos, al invitado, a quien invita desde fuera y al funcionario cubano que autoriza la salida, mantener intacta la imagen revolucionaria. De ser así, el cubano te ayudará por si necesita algún día un agente afuera o, si esto se acaba, alguien a quien recurrir.

—A estas alturas no dispongo ni de buenos pretextos para marcharme.

—Tienes que aprender de Bertolt Brecht, coño —afirmó entusiasmado—. Después de la guerra, este comunista se instaló en la Alemania del Este, pero con pasaporte austriaco y sus derechos literarios vendidos a una editorial occidental, que le depositaba en un banco de Zurich. ¿Entiendes? En la aventura política hay que ser como los trapecistas: no hay salto mortal sin cuerda de seguridad disimulada en alguna parte.

Calló de improviso, acoquinado tal vez por la probabilidad de que sus palabras pudiesen estar siendo grabadas. En las últimas semanas creía haber descubierto que el traslado a Weimar puesto en perspectiva por la seguridad era solo un vil engaño, pues ni La Habana ni Berlín Este deseaban recompensar a un traidor al socialismo. Ahora solo se aferraba a la remota posibilidad de que Adolfo Suárez, el primer ministro español, le agenciase su salida del país. Sammy Byre ingresó de pronto a la salita con las tazas de café humeantes.

—Ahora necesito con urgencia un sitio donde vivir —añadí cuando el jamaiquino se hubo retirado—. Y no te sientas obligado a ofrecerme techo, sé que atraviesas una situación complicada, ¿pero crees que Pacheco pueda ayudarme a conseguir algo?

—¿Pacheco? —dijo desdeñoso—. Pacheco no va a hacer nada por ti. Nada —repitió mientras caminaba hasta el balconcito de la sala, que se abría al follaje espeso de los árboles de la calle—. Debes saber que Pacheco es, en primer término, amigo de Cienfuegos, y que no piensa en ayudar a quien se encuentre en conflicto con él.

—Estoy jodido, entonces, condenado a vivir en la calle.

—¿Y tu organización juvenil, chico? ¿No puede ayudarte? —preguntó entusiasmado, como si se tratase de una excelente idea—. ¿Conseguir una vivienda, un apartamento? A los partidos chilenos les asignaron viviendas en Alamar, Altahabana; en fin, en varios repartos. ¿No puedes conseguir algo con tus camaradas?

—Imposible, estoy pensando incluso en renunciar a la Jota.

Advertí que el poeta perdía la paciencia y que sus dedos hacían girar con virulencia el tabaco.

—Mira, chico, no se puede ser tan irresponsable —reclamó molesto—. Tú escogiste este camino y te metiste en el socialismo sin conocerlo. Quiero decirte que la única forma para salir de la isla es identificándote con alguna línea política aceptada aquí.

—No te entiendo.

—Hazlo como los tupamaros, chico —recomendó con un suspiro hondo—, que se fueron a Portugal con etiqueta de revolucionarios, o aprende de Bertolt Brecht. Te conviene arrimarte a la sombra de un buen árbol. Ya sin el apoyo de Cienfuegos, no puedes perder ahora el de la Jota. Aquí no se subsiste huérfano de respaldo político.

—No sé, estoy muy confundido —repuse con cierta opresión en el pecho—. Una de las cosas que más me preocupan ahora es la amenaza de Cienfuegos. ¿Tú crees realmente que pueda matarme?

—¿Que si creo? Es capaz de todo —afirmó enfático y volvió a sentarse. Luego, en voz baja, me preguntó—: ¿Tú conoces el sobrenombre que la oposición le da a tu suegro?

—¿Qué oposición?

—Vamos, chico, la gente que no está de acuerdo con esto, aquí y en Miami.

—No.

—Charco de Sangre —susurró mirándome de hito en hito.

—¿Charco de Sangre?

—Y esos motes no se borran jamás, son como los apellidos, se llevan de generación en generación. Charco de Sangre.

—Nunca nadie, ni siquiera mis compañeros universitarios, me mencionó ese mote.

—Nadie se atreve a mencionarle esas cosas al yerno del fiscal, mi amigo —sonrió el poeta—. Lo mínimo que uno hace antes de casarse es averiguar sobre la familia a la que se integra, y debiste haber sabido que la cabeza de tu suegro tenía precio.

39

Vicente Robledano, el ex alumno de la Escuela de Carabineros, me aguardaba un miércoles por la noche, al término de la reunión de la Jota, frente al Comité de la Resistencia Chilena. Noté enseguida que traía unas copas en el cuerpo, que estaba deprimido y necesitaba hablar con alguien. Hubiese preferido evadirlo, porque sus relatos críticos a la Revolución me incomodaban, pero después me dije que esa noche tal vez pudiera pasarla en su casa.

—Jamás debí haber venido a Cuba —fue todo cuanto comentó mientras caminábamos bajo la sombra rumorosa de los árboles de la avenida de los Presidentes en dirección a Línea.

A lo lejos la mar estaba picada y el cielo cuajado de nubarrones negros. Nos ubicamos en la cola que aguardaba frente a la pizzería La Vita Nuova, donde los camareros, con su invariable pantalón oscuro, camisa blanca y humita negra, atendían solo ciertas mesas y mantenían el resto vacías, abusando de la paciencia de los clientes. Desde la calle podíamos aspirar al menos el sabroso aroma a masa caliente y hasta imaginar suculentos platos italianos, mera ilusión, desde luego, pues la pizza del local se reducía a un disco reseco, cubierto con una película de queso y otra de salsa de tomate.

—¡Cómo abusan de la gente! ¡No soporto más vivir aquí! —se quejó Vicente mientras esperábamos apoyados al muro de La Vita Nuova. Los buses, repletos de pasajeros, pasaban por la calle en dirección al mar sin detenerse ante la parada atestada—. Me da lo mismo si me denuncias, pero yo ya no aguanto más aquí. Voy a enloquecer.

—¿Y por qué no te marchas? —le espeté, temeroso de que alguien en la cola escuchara sus comentarios.

—Si pudiera, lo haría mañana mismo.

—¿Y qué te lo impide?

Me preguntó decepcionado:

—¿Cuánto tiempo llevas aquí?

—Años.

—Pues no lo parece. Mi pasaporte está vencido y no puedo salir.

—¿Y qué dice tu partido? —le pregunté constatando que estábamos en las mismas.

—¿Qué partido? —le fascinaba responder con preguntas, tal vez lo había aprendido en la Escuela de Carabineros—. Si yo era independiente en Chile. Simpatizante de la Unidad Popular. Por eso me rehusé a dar el golpe. ¿Ya se te olvidó? Deserté para no rebelarme contra el gobierno del compañero Allende. Al final tuve que asilarme.

Su aspecto prolijo —pelo corto, mejillas bien rasuradas, andar recto— me recordaban a ratos a Emilio Soto, alumno que había conocido en la universidad en Santiago poco antes del golpe. Era independiente y asistía a las marchas de la Unidad Popular. Me parecía un tipo demasiado cándido para sobrevivir con su mujer y dos niños pequeños en aquella época de crisis. Solía vestir ternos grises, aunque sin corbata, y concurría a cuanto acto de apoyo al gobierno de Allende se organizaba. Al abandonar Chile, Alberto Arancibia, el compañero del Colegio Alemán, me comentó que el 11 de septiembre Soto había aparecido en el Pedagógico vistiendo uniforme del Ejército para dirigir la detención de izquierdistas.

Pero ahora yo no tenía ante mí a un infiltrado, sino a Robledano, y no estaba en Santiago, sino en La Habana, donde, por fin, tras paciente espera, un mozo malhumorado nos indicaba la mesa que podíamos ocupar mientras el viento hacía cimbrar con furia las palmas y olía a lluvia. En el Caribe uno siempre huele la lluvia, esa fragancia a tierra húmeda, hojas descompuestas y agua cristalina, mucho antes de que llegue. Nos sentamos cuando un trueno furibundo estremeció la ciudad.

—Capaz que ahora estos comemierdas no atiendan por el aguacero —comentó Vicente en voz alta.

Los comensales de una mesa nos miraron extrañados. A veces surgían locos que protestaban en lugares públicos. Era gente que perdía los estribos y con ello su expediente de buena conducta revolucionaria, pues no tardaban en llegar los agentes del orden, que los detenían. Yo había presenciado tiempo atrás una escena callejera sobrecogedora cuando un anciano iracundo había comenzado a gritar en El Vedado que prefería el sistema de salud estadounidense al cubano. Mientras exponía a gritos sus razones ante los transeúntes que se detenían azorados a su alrededor, se apearon de un Lada tres hombres de guayabera y anteojos de sol, lo cogieron de los brazos, lo arrojaron dentro del vehículo y desaparecieron con chirrido de neumáticos.

Inquieto por la posibilidad de que Vicente fuese un agente provocador, que tuviera la misión de probar mis reacciones, le dije que si bien Cuba no era nuestra patria, en gesto noble y encomiable nos había abierto sus puertas para que viviéramos, trabajáramos y estudiáramos.

—Tienes razón, pero olvidas la otra cara de la moneda —reclamó—. No hay espacio para chilenos aquí. Desconfían de nosotros, porque saben que un día nos iremos.

Era sorprendente, Robledano repetía en forma textual, pero desde la otra orilla, las mismas palabras de mi mujer, las que ella esbozaba para que yo adoptara la nacionalidad cubana.

—Con el tiempo todo eso cambiará —dije sin convicción.

—Es probable —masculló tratando de llamar a un mozo para ordenar la comida.

Durante aquel atardecer de aguacero y relámpagos me sorprendió la lucidez pesimista con que avizoraba el retorno a Chile de los exiliados en Cuba. Decía que allá nadie nos esperaba y que acaso solo nuestros parientes más próximos lloraban nuestra ausencia. La emigración chilena, especialmente aquella que se hallaba en países pobres, como Cuba, era una hoja a merced del viento, una modesta nota al pie de página, que no interesaba a nadie. En el mejor de los casos, podríamos volver algún día a Chile sin enfrentar riesgos, pero irremediablemente marcados por nuestro paso por la isla. Arribaríamos con un acento y una mentalidad, con una gesticulación y una afabilidad que nos delatarían, nos caricaturizarían y nos cerrarían puertas. Llegaríamos sin un peso en los bolsillos, pues el dinero cubano no era más que papel impreso.

Devorábamos ya la masa reseca e insípida, acompañada de cerveza tibia, cuando la lluvia arreció. Sin embargo, la cola adosada al muro exterior del local desplegó rauda hojas del *Granma* para no empaparse y siguió resistiendo compacta, murmurante, añorando las pizzas de La Vita Nuova, mientras los meseros conversaban de brazos cruzados entre mesas vacías. Nadie de los que disfrutaban de un puesto, y con ello de la posibilidad de comer, osó recordarle a los meseros que afuera aguardaba gente.

—Estoy pensando en marcharme en balsa —dijo de pronto Vicente con la boca llena—. No tengo lugar en la isla, ni siquiera me llamaron para reclutarme, me ignoraron, a mí, que tengo experiencia en armamento por la Escuela de Carabineros.

—No vayas a cometer esa locura —alegué, desviando deliberadamente el tema hacia su fuga, evitando hablar de la política militar del partido con alguien que no parecía ser trigo limpio—. Eso es contrarrevolución y te puede costar muy caro, mi hermano.

La mayoría de las personas, y Robledano era una de ellas, se confundía al contemplar el Caribe liso y cabrilleante desde la costa. En alta mar, en cambio, cuando soplaba el viento y caía la noche, las olas podían alcanzar gran altura. Era fácil naufragar y convertirse en bocado de tiburones, o morir de sed o achicharrado por el sol. El Caribe no era sólo ese lánguido mar de tarjetas postales frente al cual Ernest Hemingway solía beber un mojito.

—En el peor de los casos, me echan siete años por intento de abandono ilegal del país —afirmó con desdén.

—Y no habría nadie para defenderte. Ni siquiera una embajada, ni una organización política, ni una mujer.

—Yo ya estoy jodido. Ya no tengo vuelta en la isla. El solo hecho de que se avecinen congresos internacionales no me deja dormir.

—¿Por qué?

Aspiró profundo y miró en derredor para cerciorarse de que nadie nos escuchaba. En realidad, el estrépito del aguacero cayendo sobre el techo de lata de La Vita Nuova y el bramido de los motores de las guaguas Leyland que pasaban en carrera enloquecida ignorando la parada, así como el murmullo de los comensales, impedían que un tercero pudiera enterarse de lo que hablábamos.

—Poco antes del Primer Congreso del Partido Comunista Cubano —continuó con voz apenas inaudible—, recibí una citación del Ministerio del Interior para presentarme en una plaza de El Vedado. No había motivo para la citación, pero la orden era perentoria: debía presentarme allí con muda para varios días.

—¿No averiguaste antes de qué se trataba?

—¿Con quién?

—No sé. Ignoro con quién puede hablarse aquí de ese tipo de temas.

—Pues me presenté y encontré a un centenar de extranjeros en idéntica situación. Cargaban bolsas con ropa y parecían desconcertados. Efectivos del Ministerio del Interior, vistiendo de verde olivo y con arma al cinto, pasaron lista y nos embarcaron en buses especiales.

—¿Adónde los llevaron?

—A una gran finca vigilada por militares, en las cercanías de Camagüey, donde nos instalaron en barracas —continuó con ojos húmedos, mientras afuera los rayos restallaban como latigazos. Vertí lo que quedaba de mi cerveza en su vaso y ordené más botellas, azorado por su relato—. Nos hicieron formar y nos comunicaron que permaneceríamos allí bajo disciplina militar hasta que terminara el congreso.

—¿Y nunca supiste por qué los concentraron allí?

—Lo dedujimos con el tiempo. Todos tenían alguna manchita —comentó tratando de esbozar una sonrisa que se trocó en mueca—. Yo había estado tiempo atrás pidiendo información en la embajada sueca para marcharme.

—Que fue cuando te detuvieron.

—Los demás habían hecho algo parecido o protestado en colas o centros de trabajo. En fin, era claro que nos mantenían allí para evitar que en La Habana contactáramos a periodistas o invitados occidentales.

De pronto bajó la cabeza y guardó silencio. Un relámpago recobró el día por una fracción de segundo y su trueno me sobrecogió de pavor. ¿Era cierto todo aquello que me contaba el ex estudiante de carabinero o solo trataba de provocarme? ¿Debía yo denunciar su plan de fuga al Ministerio del Interior? Tal vez, si no lo hacía y se trataba de un agente cubano, la seguridad registraría mi silencio cómplice; y si su plan era cierto y escapaba, la seguridad, tarde o temprano, se enteraría de mi silencio cómplice. Pensé que almacenar libros contrarrevolucionarios también sería motivo suficiente para concentrar a alguien en aquellos campamentos.

—Nos detuvieron durante veinte días, lo suficiente como para que se fuera de la isla hasta el último invitado —añadió al rato enjugándose las lágrimas con el dorso de la mano.

—¿Y qué hacían?

—Nada. Nos mantenían en la granja, no más. A veces nos llevaron en pequeños grupos a actos de solidaridad organizados en pueblos remotos. En un estrado nos presentaban como revolucionarios extranjeros, pero nos prohibían hablar con los guajiros, que nos miraban desde la distancia y aplaudían a rabiar.

Guardé silencio sin saber qué decir. Vicente estaba a punto de romper en llanto.

—¿Lo denunciaste a alguien? —atiné a preguntarle.

—¿A quién? ¿Al Comité Chileno? ¿Al gobierno cubano? ¿Al *Granma*? ¿A un abogado independiente?

—Era un decir, disculpa, viejo.

—Cada vez que hay congreso me recogen —agregó sollozando bajo el fragor de los truenos y la lluvia que se precipitaba iracunda sobre La Habana—. ¿Crees que puedo seguir viviendo bajo estas condiciones? Soy un paria y no puedo marcharme. Si solo tuviera un arma, como la que tenía en la escuela, me pegaba un tiro y este tormento se acababa, coño.

40

Días más tarde, al término de las clases de alemán en el Ministerio de Relaciones Exteriores, María de los Ángeles Periú, la directora del Departamento de Capacitación, me citó con urgencia en su despacho. Era una sesentona voluminosa de rostro pálido, severo, fláccido, que siempre llevaba cola de caballo y faldas muy largas, y tenía un hablar pausado, de agobio, como si sufriese de asma.

—Te hice llamar —me dijo desde su escritorio en orden, bajando los párpados, sin dirigirme la mirada— porque tengo una lamentable noticia que darte: se suspenden indefinidamente las clases de alemán. Pero no te preocupes, pues se te pagará lo que has trabajado hasta hoy y así mañana no necesitas molestarte en venir.

Me quedé perplejo pensando en que ahora me hallaba sin trabajo y debía continuar pagando de alguna manera la pensión alimentaria de mi hijo. A través de la ventana abierta que daba a la hermosa avenida de los Presidentes, vi la torre de la Casa de las Américas y, en su cercanía, la silueta del edificio del Hotel Presidente, que años atrás había servido de refugio a los primeros exiliados chilenos que llegaron a la isla y que ahora se caía a pedazos. La noticia me cogió por sorpresa. Hasta ese momento las clases me parecían aseguradas y con ello mi supervivencia en Cuba. Llevaba meses pernoctando bajo techos ocasionales y asistiendo a clases, pero siempre con mi salario de ciento ochenta pesos en el bolsillo.

—¿Y qué sucedió? —atiné a preguntar. No había alcanzado a sentarme en el butacón que la doctora Periú tenía para las visitas.

—Órdenes superiores —me dijo y desvió su mirada, lapicera en mano, a uno de los documentos que tenía ante sí, pasando a los asuntos importantes del día, como si lo mío fuese algo menor y superado.

Su actitud contrastaba radicalmente con la de la mañana en que yo había arribado allí por primera vez con Cienfuegos. Esa cita había comenzado entre halagos a la gestión del embajador y tacitas de café, pese al desdén de mi suegro, pues ella había votado en la última elección organizada por Batista, en lugar de abstenerse, como lo había orientado Fidel desde la Sierra Maestra. Con ese antecedente, ahora de dominio público, me había dicho años atrás Cienfuegos mientras viajábamos en su automóvil a la Cancillería, la mujer jamás militaría en el partido. Pero ahora, la doctora, al tanto seguramente de mi separación, mostraba cierto morboso placer al despedir al familiar de alguien a quien respetaba y odiaba al mismo tiempo.

No recibiría un mes de aviso por el despido ni indemnización por el período trabajado, y era iluso esperar que el sindicato, bajo el control del partido cubano, fuese a interceder a mi favor. Una cosa resultaba evidente y debía servirme de advertencia: el círculo en torno mío se estrechaba. Era probable que el propio Cienfuegos hubiese ordenado mi despido; una mera observación suya al pasar, la simple mención de que ya nada me unía a su familia, bastaba para activar el despido. Era comprensible que prefiriera deshacerse de quien solo trabajaba allí gracias a gestiones suyas y ya no gozaba de su confianza.

En todo caso, debía cuidarme. Heberto me lo había advertido. La ruptura de relaciones con esa familia vinculada a la dirigencia era lo peor que podía haberme ocurrido, pues afectaba mi ya precaria seguridad. El simple hecho de que el capitán Pacheco comenzara a perder, después de mi separación de Margarita, el entusiasmo por las clases de alemán demostraba que mi situación se tornaba delicada. Un astuto ajedrecista movía las piezas del tablero —de forma silenciosa, paciente y comprometedora— para lograr mi jaque mate.

Abandoné el Ministerio de Relaciones Exteriores con la copia de un curioso término de contrato «por acuerdo mutuo» y unos pesos en el bolsillo. Mientras caminaba hacia la universidad me dije que bajo ningún motivo debía interrumpir mis estudios, pues eran lo único que confería cierto sentido a mi vida. Huérfano de objetivo preciso en la isla, terminaría por sucumbir, tal como el ex carabinero Robledano, quien deambulaba ahora como un fantasma por La Habana.

La maleta lanzada por Margarita a la calle con mis pertenencias se encontraba ahora en la vivienda de Armando Suárez del Villar Fernández-Cavada, dramaturgo que había conocido en el Teatro Hubert de Blanck, donde dirigía un elenco. Descendía de una de las familias rancias de la aristocracia cienfueguera, la totalidad de cuyos miembros había escapado de Castro en los años sesenta para asentarse en Estados Unidos. Armando me ofreció hospedaje en la terraza cubierta de su apartamento de Miramar, situado en lo alto de un edificio de cuatro pisos, desde el cual se dominaba la costa y la residencia del presidente de la República, Osvaldo Dorticós, con cuya mujer el teatrista estaba emparentado. Su ofrecimiento me vino como anillo al dedo, pues era indefinido y me libraba de dormir en la calle, donde podía ser detenido por violar la Ley contra la Vagancia, que exigía a todo cubano, so pena de ir a la cárcel, contar con un puesto de trabajo regular.

—Es mi cuarto de huéspedes, ocúpalo todo el tiempo que necesites —dijo Armando al enterarse de que yo carecía de techo desde hacía meses.

Se accedía al edificio después de franquear una puerta metálica herrumbrosa de cristales trizados y pasar frente a una enorme pancarta de letras desteñidas que anunciaban el nombre y el número del CDR y la consigna «Comandante en jefe: ordene para lo que sea, donde sea y cuando sea». En la claridad del cuarto encontré una cama dura y estrecha, cientos de libros amarillentos y, cosa curiosa, un grueso poncho del sur de Chile, obsequio de un actor argentino asesinado en Mendoza.

Instalé, pues, la maleta bajo el camastro y me di a la tarea de ver cómo hallaba trabajo y un lugar donde vivir en forma definitiva. Y mientras buscaba infructuosamente una plaza en dependencias estatales, recurría a episodios de la vida de mis abuelos para levantarme el ánimo. No, yo no podía desmayar o pedir ayuda a mis padres a Chile, primero porque era imposible comunicarse con ellos y, en segundo lugar, pues no habrían podido ayudarme, ya que yo carecía de pasaporte vigente. Por el contrario, yo debía recordar que por mis venas corría la sangre de unos bisabuelos que, amenazados por la miseria que asolaba a gran parte de Europa a fines del siglo XIX, habían abandonado la ciudad normanda de Granville y viajado con sus niños en un vapor al fin del mundo, a la isla de Chiloé, en el sur de Chile, en cuya exuberante selva fría, barrida en el invierno por el viento polar, el inmutable bisabuelo Auguste Brulé había recibido de las autoridades de colonización diez hectáreas de bosques y un par de bueyes. El resto —la comida, el techo, la salud y la vestimenta— debía procurárselo por su cuenta.

Pero los bisabuelos no se habían echado a morir. Por el contrario, se dedicaron a levantar su cabaña y a conquistar tierras de cultivo y pastoreo, y a trazar senderos que condujeran a la costa, donde se las ingeniaron para construir barcazas que les transportaban hacia las naves que entonces, cuando no existía el canal de Panamá, cruzaban el temible cabo de Hornos y buscaban en la costa suministros de víveres frescos.

En las tardes grises y ventosas del invierno de Valparaíso, me contaba mi abuela Geneviève, hija de Auguste, que su padre enfrentó la soledad y el aislamiento de Chiloé nutriéndose de los recuerdos de sus antepasados. Era un viejo porfiado y tenaz, amante de la historia y la música, y anticlerical en extremo, afirmaba Geneviève. Cuando el obispo de Ancud, el principal pueblo de la isla austral, con quien solía discutir en francés sobre la eternidad, le dijo que Dios premiaría sus esfuerzos terrenales en el cielo, Auguste le respondió que prefería que lo premiara en la Tierra, porque en el cielo, de creerle a la Biblia, nada necesitaría. Su anticlericalismo emanaba de sus antepasados, entre los cuales se encontraba uno que le había vendido caballos percherones a Luis XIV a precio de huevo, y otro, un albañil masónico, que murió alcanzado por una ballesta en el ataque a La Bastilla, cuando, decían las malas lenguas, intentaba vengarse de la estafa real de que había sido víctima su abuelo con los percherones.

—Cuando tu bisabuelo Auguste agonizaba —me contó Geneviève— vino el obispo a casa y le dijo que debía confesarse para obtener la extremaunción.

—No me confesaré. No lo he hecho nunca en mi vida —repuso Auguste.

—Si no lo haces te irás al infierno, hijo mío —advirtió el cura.

—Pues entonces allá nos veremos —sentenció Auguste.

También intentaba yo obtener aliento de Gregorio Segundo, bisabuelo materno, quien a comienzos de siglo XX se había endeudado e invertido todo su capital en la compra de bosques en el sur de Chile para un negocio promisorio: venderle durmientes a los ferrocarriles franceses. Sin embargo, un día antes de que los cargara en Valparaíso con destino a Saint-Malo, le llegó un mensaje terrible: acababa de estallar la Primera Guerra Mundial y Francia no compraría los durmientes. Su ruina fue tan descomunal que no le quedó sino escapar, pero no se descerrajó un tiro ni echó a morir. Diez años más tarde volvió a ser un hombre sólido y de respeto.

Sí, en el apartamento del teatrista destiné parte de mi tiempo a hacer lo mismo que tal vez Auguste hizo bajo circunstancias parecidas en la otra isla, la de Chiloé: nutrirme de coraje recordando los relatos familiares. Me di cuenta de que sentirme parte de un linaje y observado desde la historia me fortalecía y dotaba de mayor dignidad, entereza y valentía. No era yo el primero de mi sangre que debía enfrentar adversidades semejantes. Yo era solo un eslabón dentro de una larga cadena de hombres y mujeres que venían desde tiempos inmemoriales a cumplir al mundo una tarea. Yo tenía que aprender de mis antepasados y no sucumbir y brindar a mis descendientes una experiencia en la cual pudieran apoyarse un día para enfrentar sus propias dificultades. Si todos formábamos un tronco, la corteza, aquella costra que lo tornaba robusto y macizo, la aportaba el dolor de cada eslabón de la familia.

Sin embargo, en La Habana no tardé en percibir la mirada reprobatoria de los integrantes del CDR, que sabían del celibato de Armando y registraban cada vez que yo salía o ingresaba al edificio. En cualquier momento alguien podía perder la calma y acusarnos de formar pareja. Correríamos el peligro de ser condenados y denostados por supuesta homosexualidad. Armando no asistía a las reuniones del CDR, pero defendía el proceso revolucionario. Sin embargo, era el único del edificio que había vivido toda su vida en Miramar y el único de procedencia aristocrática, lo que lo tornaba vulnerable frente a una eventual acusación de simpatizar con la contrarrevolución.

—Yo soy revolucionario porque sé que mi clase fue incapaz de darle a este país dignidad, justicia social, democracia e independencia —me dijo una noche mientras comíamos arroz con frijoles y yuca hervida en platos de loza fina comprados en la década del cincuenta en Manhattan—. La Revolución surgió porque mi clase fue incapaz de cumplir su tarea histórica y yo asumo esa responsabilidad.

—Eres un masoquista —le comenté.

Sobre el mantel bordado de Brujas se alzaban sendas copas de pesado cristal llenas con agua de la llave. Entre los cuadros del comedor se hallaban dos telas de Diego Rivera, que Armando había adquirido en México antes de la Revolución, y un esbozo de Camille Pissarro, comprado en una subasta parisina.

—La mayoría es feliz así —repuso sarcástico—. Esta gente —se refería a los que ocupaban el edificio desde que sus verdaderos propietarios habían huido al extranjero— nunca conoció algo mejor. La vida la disfrutaban aquí unos pocos y casi todos se marcharon al Norte. Los que quedaron no añoran la democracia, ni un sistema parlamentario británico, ni las supertiendas norteamericanas. ¿Entiendes?

Los familiares de Armando, terratenientes y próceres de la independencia cubana, vivían en Estados Unidos. Allá continuaban una existencia despreocupada gracias a sus fortunas, esperando la caída de Fidel para regresar. También el teatrista había tenido la posibilidad de irse hasta comienzos de los años sesenta.

—Opté por la Revolución —me dijo mientras comíamos trozos de una piña ya pasada.

Seguía siendo revolucionario, defensor de Fidel a todo trance y convencido de que como su clase había fracasado en la conducción de Cuba, él debía expiar sus culpas mediante la entrega y el sacrificio. Era una actitud que me recordaba la que exigían los comunistas chilenos de su militancia «pequeñoburguesa» recién llegada al socialismo de la República Democrática Alemana.

Una mañana en que traducía en el apartamento un cuento de un escritor alemán para presentarlo a una editorial con la esperanza de que me contrataran como traductor, pese a que la situación económica del país empeoraba y disminuían los títulos por publicar, recibí una llamada de Miryam, maestra de ruso del Departamento de Capacitación del Ministerio de Relaciones Exteriores.

—Te hablo desde la calle —dijo—. Ahora tus alumnos tienen otro profesor, pero te llamo para decirte que una escuela de capacitación sindical necesita un maestro de alemán. Estás pintado para ello.

III
ALTAHABANA

41

El centro de capacitación pertenecía al Ministerio de la Industria Ligera y consistía en una suerte de campamento desplegado sobre una finca de varias caballerías en las afueras de La Habana. Cuatro galpones de madera que albergaban oficinas, salas de clases y el casino, cerraban el patio de ceremonias, donde se elevaban unas palmas añosas y un asta desde el cual solía flamear la bandera cubana.

Bárbara, su directora, era una blanca de treinta años, carnes rubensianas, ojos oscuros y una densa cabellera azabache, que le cubría la espalda.

—Pues sí, necesitamos a un profesor de alemán para los compañeros que marchan a la República Democrática Alemana —me dijo en su oficina de ventilador chino y ventanas abiertas a la campiña enceguecedora.

El centenar de trabajadores que vivían en el centro viajarían a Europa dentro de unos meses gracias a un convenio suscrito entre los gobiernos de La Habana y Berlín Este, que obligaba a los europeos a emplear y capacitar a miles de cubanos durante dos años y a repatriarlos al término del plazo. Se trataba de una operación beneficiosa para todas las partes, pues Alemania del Este paliaba la escasez crónica de mano de obra experimentada por la fuga de ciudadanos a Occidente, Cuba reducía la alarmante tasa de desempleo y los trabajadores lograban capacitarse, adquirir bienes inalcanzables en la isla y protagonizar sonados romances con alemanas, que concluían indefectiblemente en dramas pasionales, pues el obrero retornaba a Cuba y su compañera, con la cual no podía casarse por motivos burocráticos, permanecía en Alemania.

Sin embargo, aquella aventura laboral en Europa era mil veces preferible a la de los contingentes de cubanos enviados a combatir como voluntarios a África, donde la guerra continuaba prolongándose sin visos de solución ni triunfo.

Le conté a Bárbara que había estudiado en un colegio alemán, enseñado el idioma en el Ministerio de Relaciones Exteriores y vivido en la República Democrática Alemana, lo que permitió que llegáramos a un rápido acuerdo. Yo impartiría las clases temprano por la mañana, con excepción de los miércoles, día libre para asuntos personales, recibiría un salario superior al de la Cancillería y asistiría a la universidad. Tomamos un café y salimos a conocer al alumnado.

Las aulas de clases estaban llenas de trabajadores que siguieron a través de los ventanales el paso sandunguero de Bárbara. Ella caminaba coqueta, ordenándose el cabello, alzando los brazos para que sus senos emergieran con mayor brío, mostrándome los pabellones y caminos.

Ascendimos por un sendero oculto entre plátanos y mangos cargados de fruta y alcanzamos, en la cima de una colina exuberante y verde, una barraca de madera bajo cuyo alero conversaba gente.

—Caballeros, aquí llegó su maestro —anunció Bárbara—. Es un compañero chileno.

Me recibieron con auténtico regocijo y muestras de simpatía. Era mi ingreso a un mundo popular desconocido para mí, alejado de los salones diplomáticos, barrios exclusivos y funcionarios de nivel. Si mi suegro me había catapultado del horno de cocer ladrillos a la Cancillería, ahora me despeñaba yo de la Cancillería a una escuela de obreros y campesinos, sueño de todo revolucionario chileno en los años de Allende. Pero aunque desde un punto de vista romántico me agradaba aquel mundo rústico y proletario, asentado en la naturaleza paradisíaca de la mayor de las Antillas, en el fondo yo no podía engañarme: jamás daría allí yo con un funcionario medianamente influyente que pudiera ayudarme a abandonar la isla.

—Profesor, coño, si hay que fajarse un día en Chile con Pinochet, nos avisa y seremos los primeros voluntarios —anunció un alumno joven y robusto, mutilado de un brazo, mientras el resto aprobaba su disposición—. Somos gente con experiencia, varios estuvimos en la defensa de Luanda.

Tendrían entre treinta y cuarenta años. Vestían la camisa de mangas cortas y cuatro botones, los pantalones estrechos de la China y zapatos de plástico. Eran guajiros, gente de esfuerzo y sacrificio, transparente, con la cual se traba amistad sin complicaciones.

Se alojaban en el barracón, una larga y estrecha nave con piso de cemento con decenas de camas de camarote y armarios individuales, que formaban un pasillo. Todo estaba en orden allí, y por las celosías abiertas soplaba una brisa que si bien hinchaba los mosquiteros, era incapaz de paliar el insoportable calor que producían las planchas de zinc del techo.

La posibilidad de habitar aquel espacio me pareció más digna que seguir viviendo de allegado o en la calle. Recordé por unos instantes mi infancia en la casa paterna del Valparaíso que conservaba aún reflejos del esplendor de antaño y acudieron a mi memoria, no sin dolorosa melancolía, la desordenada arquitectura de mi colegio descollando entre las casonas victorianas del cerro Concepción, el imponente campanario de la iglesia luterana, donde había aprendido a disentir, si bien no en política, al menos en religión, del catolicismo mayoritario, y emergieron en mi mente los rostros de mis compañeros de clases y las preocupaciones de entonces, el *handball*, el último disco de Creedence Clearwater Revival, ir a ver *Al maestro con cariño*, los pantalones pata de elefante, la discoteca Topsy Topsy; preocupaciones todas ajenas al escalofriante hecho de que a la vuelta de la esquina nos aguardaba la historia, vestida de intolerancia y con un garrote en la mano, para destruirnos.

Ahora mis compañeros no eran hijos de profesionales de éxito o empresarios de la costa central de Chile, sino estos obreros y campesinos educados por la Revolución, para los cuales nada significaban los nombres de Heberto Padilla, Guillermo Cabrera Infante, Soljenitsin o Bulgákov, ni los de los pintores, escultores o compositores destacados, ni tampoco la moda, los perfumes, el arte culinario o los libros prohibidos. Se trataba de gente sin dobleces, bondadosa, que hablaba y gesticulaba con escándalo, contaba sus intimidades y se encuclillaba para conversar, gente sacrificada, con experiencia de guerra y dispuesta a brindar la vida por la Revolución.

Era la primera vez, desde que vivía en la isla, que me relacionaba con el pueblo en cuyo nombre se había realizado supuestamente la Revolución. Estaba muy lejos de los pasillos de la Cancillería, las intrigas de la federación, las recepciones diplomáticas y las mansiones de Miramar, de los guardaespaldas de verde olivo y de la avidez por conseguir ropa a la moda, nuevos carros o casonas más amplias. En la campiña cubana, en un ambiente rural y austero, reinaba una atmósfera donde los apetitos de poder parecían no tener lugar. No pude más que recordar las palabras de Suárez del Villar en el sentido de que la Revolución había sido hecha para beneficiar al pueblo.

Entré con Bárbara a la barraca del comedor en los momentos en que una campana convocaba al almuerzo.

No tardó mucho en formarse frente a una ventanilla una larga y alegre cola de trabajadores a los cuales una cocinera negra y gorda les servía el rancho en platos hondos de aluminio. Dos croquetas, fufú de plátano, un vaso de café y un trozo de pan por persona.

—¿Qué posibilidades hay de que yo pueda vivir aquí? —le pregunté a la directora mientras nos preparaban una mesa especial, a un costado de la cocina, donde nos servirían el almuerzo.

—¿Vivir aquí? —preguntó ella frunciendo el ceño.

Supuse que Miryam, la maestra de ruso de la Cancillería, no la había puesto al tanto de mi situación matrimonial, probablemente con el ánimo de no perjudicarme.

—Sí, al menos de lunes a viernes. De lo contrario no llegaré a la hora si viajo a diario desde Miramar —dije acoquinado, sin entrar en detalles.

Pero creí intuir por el brillo de sus ojos, de esos enormes ojos negros y vivaces, que ella imaginaba lo que me sucedía. Mal que mal, casi todo el mundo en la isla trataba entonces de casarse o divorciarse.

—No hay aquí albergue para profesores —aclaró seria—, pero si estás dispuesto a dormir en la barraca que visitamos, donde aún hay camas libres, no tengo inconveniente. Tendrás además la comida diaria.

—¿Lo descontamos del acuerdo, entonces?

—Pero chileno —exclamó abriendo los brazos—, ¿dónde crees que estamos que vamos a empobrecernos por un plato más de chícharos? Vaya, chico, yo pensaba que con tanto tiempo en Cuba te habías aplatanado. ¡Trae tus cosas cuanto antes, que los alumnos estarán felices de convivir con su maestro!

42

Me instalé en la barraca ocupando la última cama, en el rincón opuesto a la puerta de ingreso, e introduje mis escasas pertenencias, libros prohibidos y cuadernos entre ellas, en el estrecho armarito con candado que cada uno tenía a su disposición. La jornada se iniciaba a las seis y treinta en punto de la mañana. Tras ducharnos y cantar el himno nacional en el patio central, donde se izaba la bandera cubana, y desayunar, comenzaban las clases.

Ninguno de mis sesenta compañeros, todos obreros o campesinos, había viajado al exterior y para la gran mayoría yo era su primer contacto con un extranjero. Me preguntaban una y otra vez por Chile, por el golpe militar y el general Pinochet, y me escuchaban con gran curiosidad y atención, aunque siempre alguien, en forma de epitafio, señalaba:

—Profe, lo que a ustedes les faltó fue un Fidel. Y si no lo tienen, entonces jamás van a derrotar a Pinochet.

Los fines de semana eran deprimentes, porque los alumnos pernoctaban en sus casas, ubicadas, por lo general, en pueblos distantes, y solo volvían el domingo ya tarde por la noche. Durante esas jornadas la vida se me hacía cuesta arriba en medio de la soledad y la tristeza que reinaban en el centro, en el cual solo se escuchaban el rumor del follaje estremecido por el viento y el triste canto de las ranas que se sentían amenazadas por las serpientes de los pantanos.

A veces, en esos fines de semana, buscaba la compañía de May, la mujer del guardaespaldas, o de Ileana, una compañera de estudios delgada, de grandes ojos oscuros y aterciopelada suavidad, que ocupaba junto a su madre un garaje convertido en modesta vivienda en El Vedado, donde solíamos amarnos en cuanto la señora se marchaba a la cola del pan. Eran lances brevísimos, fogosos y múltiples, en que nos desvestíamos a medias, pendientes siempre del eventual regreso de la mujer o de la llegada de algún visitante inesperado. Nos vestíamos a la carrera en cuanto escuchábamos el rechinar del portón que conducía al garaje, nos acomodábamos en el portalito de la construcción y hablábamos de Alejo Carpentier, Pablo Neruda o Carlos Fuentes, o bien de la última película del cine cubano o de la más reciente actuación de Alicia Alonso con el Ballet Nacional de Cuba. Ileana era una cubana especial en varios sentidos. Amaba en silencio, concentrada en alcanzar su placer y procurarme el mío, tenía un trasero de carnes firmes y estilizado, de anglosajona, y no exuberante como el de las cubanas, y despreciaba los carnavales y la conga, no sudaba y no bebía café, aunque fumaba tabacos con una fruición tan excitante que me despertaba el deseo.

También solía yo en aquellos fines de semana recurrir a los favores de Diana, integrante del Ballet Acuático de Cuba, una muchacha de cabellera rubia y ojos del color de la miel que vivía en una beca estudiantil frente al mar. Era una inagotable contorsionista del amor, una hembra de carnes enjutas, pero formas armónicas, que se entregaba al sexo con la misma severidad y frialdad con que realizaba sus ejercicios acuáticos, y que tenía tantos amantes como amigos, o bien a Ángela, una negra de una belleza y finura únicas, a la que le atraían los blancos, aunque estaba comprometida ya con un negro fornido y de buen aspecto, que la idolatraba. Cuando me reunía con ella, prefería hacerlo con cierto disimulo, en la noche y en las cercanías de una posada, porque pese a los años de Revolución, nadie veía con buenos ojos a un blanco que mantuviera amoríos con una negra, a la que la gente calificaba de «refinadora de petróleo», ni menos a una blanca que se acostara con negro, la que sufría el desprecio de la gente de su color. Sin embargo, pese a esos encuentros apasionados en el garaje, el internado universitario, una playa o una posada, los días sábado y domingo no adquirían consistencia y eran la soledad misma para mí.

Pero durante la semana todo cambiaba. Cada día, después del almuerzo, caminaba largo rato a campo traviesa hasta llegar al terminal de las guaguas Leyland que viajaban a La Habana. Tardaba cerca de hora y media en llegar a la universidad, pero como abordaba la guagua en el paradero del recorrido, aseguraba un asiento y la posibilidad de viajar leyendo. De ese modo los desvencijados y escandalosos buses de giros sorpresivos y frenadas bruscas, atestados de pasajeros sudorosos y conversadores, se convirtieron en mi mejor biblioteca. Yo leía las novelas prohibidas, debidamente encuadernadas, que me transportaban a otros países y circunstancias, mientras Cuba se reducía a la agradable brisa tibia que me refrescaba el rostro a través de la ventanilla abierta.

En el centro de capacitación recuperé la independencia que había perdido al salir del internado de Leipzig, pues la comida, el salario y el techo no los debía más que a mi propio esfuerzo. Gradualmente el dormitorio, mi lecho y el pequeño guardarropas donde tenía todas mis pertenencias, la sala de clases y el comedor se convirtieron en mi verdadero hogar.

Fue en aquellos días, en los que llegaba al menos duchado y alimentado a la escuela de letras, que conocí a Grisell.

Era una mulata de veinte años, que estudiaba bibliotecología. Dueña de un rostro angelical, enmarcado por una cabellera azul de tan negra y brillante, tenía la tez color del tabaco, un cuerpo de guitarra y una dulzura hipnotizadora.

—¿Es cierto que eres chileno? —me preguntó una tarde, antes de que comenzaran las clases, bajo la gran ceiba que se alza frente al edificio de la escuela de letras. Allí se inició aquello.

Levanté mi vista de la *Bohemia* que hojeaba y quedé asombrado, pues el suyo era un rostro estremecedoramente perfecto. Le respondí que venía de Chile y le pregunté por qué le interesaba mi procedencia.

—Me lo habían dicho, sencillamente, y yo no lo creía —repuso sin dejar de sonreír—. Pues hablas y gesticulas como cubano.

Hija de un ejecutivo de Cubana de Aviación, estaba casada con un miembro influyente del Partido Comunista Cubano, mucho mayor que ella. Su vestimenta —*jeans*, blusa de marca y zapatos de cuero— y el fino perfume extranjero que la envolvía delataban a la legua a la integrante de la *nomenklatura*.

De algo hablamos, ella risueña y muy segura de sí misma, yo perturbado por su belleza y el brillo de sus ojos marrones, hasta que alguien la llamó. Antes de que se fuera le dije que quería verla nuevamente.

—Esto no es lo que tú crees —respondió—. Solo quería preguntarte lo que te pregunté. No es lo que tú crees.

—¿Tienes tiempo hoy? —insistí nervioso—. Estaré a las ocho de la noche en la colina universitaria. ¿Sabes a qué me refiero?

—¿Junto a las cadenas?

—Junto a las cadenas.

Llegó en un pequeño vw escarabajo de color verde a las ocho en punto. Vestía una saya blanca holgada, llevaba trencitas jamaiquinas y un perfume excitante, que olía a calles de París. Me subí al auto, la besé sin circunloquios y le propuse que fuésemos al bosque de La Habana.

Nos detuvimos entre los árboles de troncos retorcidos y raíces aéreas, entre lianas, arbustos y cocuyos, junto a una aguada de la que emanaba un rumor cristalino y refrescante. Era noche plena. Pasamos al asiento trasero sin palabras y comenzamos a besarnos con desesperación, como si nos hubiésemos deseado desde hacía años.

Alcé cuidadosamente su saya blanca por sobre su cabeza y su cuerpo de color mate emergió completamente desnudo ante mis ojos. Podía apreciar solo a retazos, cuando la luz de algún vehículo lejano se reflejaba en la vegetación que nos ocultaba, sus carnes duras, cintura leve y caderas redondeadas. Me desnudé a medias, nervioso, torpe, y acomodé con ternura su vientre tibio y lubricado sobre el mío. Un espasmo profundo nos unió en las penumbras perfumadas del bosque de La Habana.

43

Una mañana de miércoles en que llegué al departamento de Heberto Padilla, este me esperaba con la mala noticia de que su traslado a Alemania Oriental con la familia estaba definitivamente descartado. El agente de la inteligencia que lo «atendía» le había dicho que se olvidara de la alternativa. Ni el gobierno cubano ni el de Berlín Este estimaban adecuado premiarlo con una estadía en Europa después del daño que su libro *Fuera del juego* le había infligido a la Revolución.

Heberto estaba virtualmente destruido y había comenzado a beber con inusitada frecuencia. Semanas atrás Belkis, su mujer, me había solicitado ayuda mientras esperábamos el retorno de Heberto, pues estaba convencida de que él se alcoholizaría, dándole en el gusto al gobierno. Yo, aprovechando mi supuesto ascendiente sobre su marido, no debía permitirle que bebiera. Belkis había adoptado incluso la precaución de guardar bajo llave las escasas botellas de ron que existían en casa y de ocultar el dinero para que Heberto no comprara el detestable ron Coronilla, que vendían en bodegas y pilotos.

Pero sus desvelos eran inútiles. Una mañana de miércoles, mientras le enseñaba la estructura de las oraciones subordinadas del idioma alemán, Heberto me dijo:

—¿Quieres ver cuán jodido es mi bailarín de *tap dance*?

Me condujo hasta la parte posterior del apartamento, donde había un baño en penumbras, que olía a humedad. Allí el poeta alzó con cuidado la tapa del estanque y me enseñó una botella de ron medio vacía que flotaba en el agua.

—¿No te parece increíble lo que hace Sammy Byre? —me preguntó con una sonrisa incrédula, extrayendo la botella para destaparla, robarle un largo sorbo y volver a colocarla en el estanque—. Esto es porque Belkis le prohibió que bebiese alcohol en casa. La pobre cree que voy a alcoholizarme e ignora que el jamaiquino es un borracho consuetudinario.

En aquellos días Heberto comenzó a leerme capítulos de *En mi jardín pastan los héroes,* la novela que escribía en secreto y que solo publicó tras salir de Cuba. Decía haber repartido copias de ella entre amigos de confianza para que la seguridad del Estado no pudiese incautarla. Leer aquellas páginas críticas en medio de la isla no solo implicaba una muestra de confianza del poeta hacia mí, sino también involucrarme en el delito que en Cuba se denomina difusión de propaganda enemiga. Pero si bien no nos convenía ese tipo de tertulia, yo me dejaba arrastrar a la aventura sin oponer resistencia, estimulado por el placer de desafiar un orden inaceptable.

Aún ignoro la razón por la cual Heberto perdió su tradicional prudencia. Es probable que perdiera las ansias de vivir al enterarse de que ya no saldría del país, o tal vez buscó simplemente la confrontación suicida con la policía política para romper la incertidumbre desquiciante a la que lo sometía el poder. No sé, lo cierto es que de pronto Heberto, quizás por culpa de los vasos de ron, renunció a su prudencia galileana.

—Solo un tratamiento de desintoxicación puede salvarlo —me dijo Belkis en aquella oportunidad—, pero me aterra iniciarlo en un hospital estatal.

—¿Por qué?

—¿Cómo que por qué? —me espetó con cierta agresividad—. Chico, lo pueden matar.

Una vez más me parecía inconcebible que aquel mundo cálido, húmedo y exuberante, de mujeres culonas y sandungueras, de playas de arenas blancas, palmas y mar turquesa, la patria de José Martí, el padre Varela, Amadeo Roldán, Ernesto Lecuona, Israel Bórquez, la cuna del chachachá, el bolero, la rumba, la conga y la salsa, pudiera ser al mismo tiempo tan siniestro como el cuadro que imaginaba Belkis o pintaban las novelas de Arthur Koestler, que yo ocultaba en casa de Grisell.

En aquellos días Belkis, al borde de la desesperación, había establecido contacto con un modesto sitio de reposo de un monasterio para que atendieran al poeta, lo que le ofrecía cierta tranquilidad. Sin embargo, el miedo seguía dominándola. Temía que un agente secreto se infiltrase en el lugar e inoculara algún veneno a su esposo. Después vendrían el entierro, cierto revuelo internacional y finalmente, y de modo irremediable, el olvido. La Revolución se desprendería así de su crítico más incómodo y de mayor eco en el extranjero.

Un mediodía, poco antes de que me marchara hacia la universidad, recibí en el centro de capacitación la llamada del bufete de un abogado de apellido Cantón Blanco.

—Represento a la compañera Margarita Cienfuegos —anunció una voz al otro lado—. Lo llamo para que iniciemos lo antes posible el trámite de divorcio. Espero contar con su apoyo. En todo caso, si usted se opone al divorcio, este tendrá lugar de igual modo.

No acudí aquella tarde a la universidad, sino que fui de inmediato a ver a Heberto. El hecho de que Margarita precipitara el divorcio podía encerrar riesgos para mí. Cuando llegué al apartamento del poeta, lo encontré deprimido, solitario y oliendo a ron. Desde hacía días que no escribía una sola línea. Ubicaba al abogado: era un tinterillo servil, sin figuración alguna antes de la Revolución, que realizaba trámites para los dirigentes.

Sammy Byre nos preparó un café y luego nos asomamos al balcón para contemplar las copas de las jacarandás y conversar en calma. Era un día espléndido, de nubes escasas y ligeras, con una brisa que recorría la calle. Advertí que el comején estaba a punto de acabar con los centros de las puertas del balcón y que las bibijaguas bajaban por el muro descascarado cargando astillas y retazos del diario *Granma*.

—¿Ves ahí? —me preguntó Heberto—. Ese escarabajo —se refería a un Volkswagen cercano, en cuyo interior divisé la silueta de dos hombres—. Son de la seguridad, llevan pistolones. Se instalan allí a vigilarme.

Su rostro pálido sudaba copiosamente y sus ojos parecían desorbitados. En una mano llevaba un pañuelo con el cual se enjugaba las mejillas y el cuello, sin dejar de mirar e indicar hacia el Volkswagen.

—Si solo pudiese irme de esta isla —masculló soplando bibijaguas, que se despeñaron al vacío—. Irme y no sentir más este calor que estrecha las mentes e idiotiza. Si solo pudiera abordar un avión que me llevara lejos de aquí y del hombre de verde olivo que maneja todo esto, y pudiera vivir en una ciudad pulcra, de gente normal, donde hubiese una tienda y una librería bien surtidas, y nevara y yo tuviera paz para leer y escribir.

Se hallaba al borde del delirio. Ya me lo había advertido durante nuestras conversaciones, el Caribe enloquecía y no era una zona geográfica, sino un estado de ánimo. Lo corroían la angustia, la impotencia y la incertidumbre, y, al igual que mi compatriota Robledano, solo deseaba abandonar la isla al precio que fuera.

—Me quieren liquidar, sí, coño, ¡me quieren liquidar, pero no lo lograrán! —gritó de pronto hacia el escarabajo, y el grito atravesó claro y desgarrador la calle, y yo temí que los ocupantes del auto viniesen a detenernos, pero no se daban por aludidos y continuaban en silencio, inmóviles, en el vehículo—. ¡No me liquidarán!

Una vez más me pregunté qué diablos hacía yo en esa isla deprimente, en ese apartamento vetusto, junto a un poeta delirante, que podía ser detenido en cualquier instante. ¿Es que todo había comenzado en el sur del mundo, con el bombardeo a La Moneda, donde había muerto el presidente Allende? ¿O quizás antes, cuando Allende fue elegido con una frágil mayoría relativa? ¿O tal vez mucho antes, en el momento en que, movido por mi ímpetu juvenil, ingresé a la Jota? ¿En qué momento se había puesto en marcha, coño, aquel círculo infernal que me había hecho naufragar en la isla y me impedía escapar de ella? Si yo lo único que había añorado era una patria mejor.

Bajo aquellas circunstancias, yo sería un derrotado antes de cumplir los treinta. Resistir quince años más de forma cotidiana ese tipo de penurias era la muerte misma. El conflicto con mi mujer, la pérdida del pasaporte, la falta de techo y de trabajo seguro, el racionamiento, el esfuerzo diario para conseguir alimentos, la isla que la mayoría anhelaba abandonar; en fin, todo aquello iría esculpiendo en mi rostro la misma amargura y resignación que asomaba en los cubanos.

Coloqué una mano sobre el hombro del poeta y lo conduje a la salita. No convenía desafiar al poder, él mismo me lo había enseñado, él era Galileo Galilei, no Giordano Bruno. Su exabrupto en el balcón solo podía haberle causado gozo a la policía. Terminarían destruyéndolo como lo deseaban. Le insté a ser fuerte, a recordar que era un intelectual de prestigio internacional, que en la isla se recitaban en secreto sus poemas.

—Te habrás dado cuenta de que soy la persona menos indicada para ayudarte —me dijo desparramándose como un muñeco de trapo sobre su sillón, con la mirada fija en el anaquel rebosante de los libros regalados por Günter Maschke y Hans Magnus Enzensberger—. Lo lamento de veras, *mein Freund,* ya no soy el que conociste.

44

La vida siguió por años su agitado curso en la isla, pero nuestros camaradas de las FAR continuaban sin aparecer, seguían envueltos en un velo de misterio e incertidumbre, realizando tal vez ejercicios en la sierra o combatiendo en Angola o Centroamérica, donde parecían comenzar a madurar las condiciones para una ofensiva guerrillera de envergadura en contra de los regímenes de Guatemala, El Salvador y Nicaragua.

Solo sus mujeres o familiares más cercanos estaban quizás al tanto del paradero de los combatientes, pero lo guardaban en secreto, sintiéndose parte de un selecto grupo de iniciados. A ratos, mientras estudiaba en el Instituto de Marxismo-Leninismo obras de Marx, Engels, Lenin o Fidel, pues en el tercer año de la carrera me habían nombrado ayudante de la cátedra de filosofía, me preguntaba si en vez de especular a diario con tanta teoría dudosa, no hubiese sido preferible haber aceptado en su momento el ofrecimiento de Aníbal, que permitía, al menos, brindar un aporte concreto a la lucha por la democracia y la justicia en Centroamérica.

Las noticias sobre Chile eran deprimentes. La DINA continuaba la detención, tortura y aniquilamiento sistemático de los militantes de los partidos de izquierda. Eran miles los asesinados y desaparecidos, y esta tragedia parecía concederle la razón al partido en el sentido de que solo recuperaríamos la democracia mediante una guerra frontal contra el Ejército. Para nuestra dirigencia, el análisis de la coyuntura era acertado: había llegado la hora de los mameyes, de los hierros, de los cojonudos. Mientras continuásemos siendo un pueblo desarmado, estaríamos a merced de la dictadura.

Los asesinatos, las torturas y las desapariciones que perpetraba la dictadura propiciaban la formación de un ejército de liberación y el traspaso de la conducción política del partido a las manos del poder militar en ciernes. A ratos se rumoreaba entre militantes de la Jota que los viejos políticos tradicionales del partido, acostumbrados a conciliábulos y compromisos, comenzaban a ceder su lugar a los jóvenes, que si bien eran inexpertos en política, daban muestras de una entrega sin límite a la causa proletaria. Impedido de preguntar por razones de seguridad sobre lo que sucedía y quién manejaba todo aquello, yo me refugiaba a ratos en alguna posada con Grisell, quien me prestaba allí un boletín informativo de circulación restringida del Comité Central del partido cubano.

Sus noticias eran similares a las que aparecen en los diarios influyentes del mundo occidental, pero iban acompañadas de un breve análisis orientador, elaborado tal vez por la inteligencia cubana, de modo que yo recibía una información bastante objetiva de lo que ocurría dentro y fuera de la isla. A través de ellas tuve la confirmación de lo que me temía desde hace mucho: que el Partido Comunista Chileno no constituía un factor de peso en ninguna instancia opositora y que nuestros análisis eran más bien fruto del deseo que de la realidad.

Había que manejar con extrema cautela aquellos boletines de páginas codificadas, pues solo podían circular entre los miembros del Comité Central, los que debían devolverlos al término de la lectura. Yo utilizaba un pañuelo para leer esos documentos sin dejar huellas, de modo que Grisell pudiera reintegrarlos sin temores al despacho de su marido.

La lectura del boletín y de los libros prohibidos eran, desde luego, actos ilegales, que estaban en flagrante contradicción con el hecho de que yo obtenía año a año la distinción de estudiante ejemplar. Esta acreditaba no solo el cumplimiento cabal de las tareas universitarias, sino también de las militares e ideológicas, es decir, expresaba que el portador de la distinción era plenamente fiel a la Revolución.

Las distinciones se otorgaban durante la celebración de prolongadas asambleas de curso, en las cuales se analizaban, bajo la dirección de la UJC, los méritos y deméritos de cada estudiante. El análisis, que a menudo tardaba hasta la madrugada, comprendía el rendimiento en el estudio y el trabajo, la conducta revolucionaria en el barrio y entre amigos, la participación en las guardias del Comité de Defensa y la universidad, así como la actitud ante quienes criticaban la Revolución o mostraban una postura fatalista ante la vida.

Solo una vez realizado el análisis, que tenía lugar ante el pleno del aula, esta decidía por simple mayoría si la persona merecía o no el título de ejemplar. De este modo, la vida privada de cada cual salía a la luz pública y no había modo de oponerse a ello. En algunas de aquellas sesiones se negó a estudiantes el título de ejemplar por haber sido sorprendidos un fin de semana vistiendo pantalón pata de elefante, por haberse burlado de algún editorial del *Granma,* no asistir a las guardias o haber dado muestras de inclinaciones homosexuales.

Me resultaba evidente que yo obtenía cada año la distinción gracias a la doble personalidad que había desarrollado. En la universidad y el trabajo era un revolucionario de patria o muerte, un lector afanoso del *Granma,* un despreciable halagador de la política oficial, un seguidor atento de los maratónicos discursos de Fidel en la Plaza de la Revolución, a la cual acudíamos con el aula formando un grupo compacto, pues el encargado de la UJC apuntaba tras las palabras del máximo líder los nombres de los ausentes, a quienes solo un certificado médico los libraría de una sanción. Pero ya en la intimidad con mis amigos del quinteto o el poeta Padilla me atrevía a dar rienda suelta a mis verdaderos sentimientos políticos. Solo el miedo a una sanción, a ser marginado de la universidad o a caer en el grupo de los desafectos, de los leprosos políticos, como el doctor Madan o Vicente Robledano, me impedía manifestar lo que pensaba. Al igual que la mayor parte de los cubanos, había aprendido a reservar mis auténticas opiniones para los amigos de absoluta confianza.

Durante una reunión de base, celebrada una tarde en que caía un aguacero ensordecedor sobre La Habana, Viciani nos anunció que dentro de una semana realizaríamos en un teatro de La Habana una ceremonia de recibimiento a los camaradas que ya se especializaban en las FAR. La noticia nos llenó de alegría y curiosidad; al fin, después de tanto tiempo, volveríamos a verlos.

—Pero deben guardar la información en el secreto más absoluto, ya saben que el enemigo acecha —aclaró Viciani—. Solo los militantes comunistas tendremos acceso al teatro de la Central de Trabajadores de Cuba. Todos los jóvenes deben vestir la camisa amaranto.

Una semana más tarde, los miembros civiles de la juventud y el partido, en su mayoría mujeres, muchachas y hombres mayores de cuarenta años, repletamos las graderías y la platea del teatro. Los jotosos vestíamos nuestra camisa amaranto y por los parlantes resonaban los himnos de lucha y agitación política de los años de la Unidad Popular. Reinaba una efervescencia y combatividad alegre en el lugar, y nuestros dirigentes ocupaban orgullosos y circunspectos la primera fila de butacas. Los niños miembros de la organización de pioneros comunistas chilenos vestían de huasos y chinas, listos para brindar una exhibición de nuestro folclore. Por allá se escuchaban guitarras y charangos y bombos, por acá gritos y abrazos de entusiasmo, acullá sonreían los rostros de piel curtida, dentaduras incompletas y rasgos indígenas.

A las siete y treinta de la noche en punto, tras el toque de atención de una diana, entraron marchando al teatro, encabezados por las banderas de Chile, Cuba y del partido, un centenar de camaradas vestidos de verde olivo. ¡Eran nuestros camaradas, ahora de uniforme! La sala completa estalló de inmediato en aplausos, vítores emocionados y lágrimas. Gallardos, como un ejército verdadero, con años de entrenamiento riguroso y quizás ya con experiencia de guerra, los combatientes se formaron marciales en el escenario, donde aguardaron el fin de *La Internacional,* que cantábamos con el corazón en la garganta.

No tardé en divisar a varios camaradas que no había vuelto a ver. ¡Allí estaba Toño, el ex estudiante de medicina, el que quería marcharse a Chile a atender gratuitamente a los pobres o seguir el ejemplo de Albert Schweitzer en el África descolonizada! ¡Y allá, coño, Aníbal, el argentino, más tostado y espigado que cuando me ofreció en la piloto de El Vedado integrarme a las FAR para dedicarme a actividades limpias! Y había tantos otros rostros que reconocía o me parecía reconocer y de los cuales ignoraba sus nombres. Y había tantos —todos jóvenes, serios, convencidos de la justeza de su decisión— que nunca había visto y que habían llegado desde países remotos a cumplir con la patria. Lucían tostados y angulosos, delgados, pero saludables. Sus familiares los llamaban desde la platea y las graderías y a ratos todo aquello era una fiesta, una gran fiesta de reafirmación revolucionaria, de celebración auténtica, pues el partido mostraba con hechos que no perdía el tiempo y que constituía la vanguardia del movimiento popular chileno. Resultaba, en verdad, escalofriante contemplar a algunos de los miembros del futuro Ejército de Liberación de Chile. Julieta Campusano, la dirigenta más antigua del partido en La Habana, sonreía emocionada por la presencia del Ejército que derrotaría a la tiranía y agitaba desde la platea un pañuelo rojo.

Una pena profunda se apoderó de mi ser por no encontrarme en el escenario vistiendo el uniforme verde olivo. Habría dado todo aquella noche porque las cosas las hubiese decidido de otro modo. Me parecieron proféticas las palabras de Aníbal en la piloto; ahora yo estaba al margen de la historia. Las opiniones de Heberto Padilla y de mis amigos del quinteto me parecían ahora pálidas y pusilánimes, las de mi padre en Belgrado lejanas e inservibles frente al atronador aplauso con que recibíamos a los combatientes. ¿Por qué no me encontraba allá arriba, entre aquellos que habían renunciado a sus proyectos personales para tomar las armas y liberar la patria? ¿Cómo explicaría yo un día a mi hijo que bajo la dictadura yo había preferido las letras y la filosofía en lugar de los fusiles y cañones?

De pronto retumbaron los acordes del himno nacional. Todos se pusieron nuevamente de pie y lo entonaron con marcialidad y lágrimas en los ojos. Estábamos frente a quienes nos salvarían del dolor y vengarían de la derrota sufrida el 11 de septiembre de 1973. Tras el himno, celebrado con vivas y aplausos, Rodrigo Rojas, el nuevo encargado del partido en Cuba y, según los rumores, uno de los promotores de la línea armada, inició un discurso inflamado de espíritu patriótico y revolucionario.

—Camaradas en las FAR: quiero decirles que nos sentimos profundamente honrados de contar al fin con el núcleo del Ejército revolucionario que mañana enfrentará al tirano para salvar a la patria de la dictadura y conducirla al socialismo. A partir de ahora los días de Pinochet están contados, y la ley será ojo por ojo, diente por diente, pues no quedará un solo camarada o miembro del pueblo chileno cuyo asesinato no sea vengado. Se acaba así la impunidad, ya no somos un pueblo indefenso a merced de los fascistas. Basados en las mejores tradiciones militares de la historia del Chile independiente, estamos formando combatientes revolucionarios, que exhiben ya un altísimo nivel profesional gracias al apoyo del pueblo cubano, de sus gloriosas Fuerzas Armadas

Revolucionarias y del camarada Fidel, máximo líder de nuestra América.

Interrumpimos en repetidas ocasiones sus palabras con aplausos estremecedores y gritos de guerra. Si en aquel instante nos hubiesen preguntado si estábamos dispuestos a desembarcar en Chile, habríamos respondido sin vacilar y al unísono que lo estábamos. En nuestras cabezas se afincaba la convicción de que si el partido hubiese dispuesto años atrás de un ejército como el que formaba ahora, Chile ya sería, después de Cuba, la segunda revolución socialista de América.

Mientras Rojas pronunciaba amenazas en contra de los torturadores y soldados fascistas, yo contemplaba los rostros de nuestros camaradas de verde olivo. Se veían seguros de sí mismos, desafiantes, convencidos de lo que debía hacerse en Chile, como si, a partir de aquel momento, fuesen los llamados a guiar la lucha popular contra Pinochet.

—Esto es solo una parte de la gente que tenemos en formación —aclaró a mi lado Viciani emocionado, dándome a entender una vez más que yo debería haber optado por la carrera militar—. Hay camaradas venidos de Europa, África, América Latina y del interior. Y muchos más se preparan en otros países. El partido entero se viste a partir de hoy de verde olivo.

—¿Y los demás partidos de izquierda están en lo mismo? —pregunté.

—¿Los demás? —repitió extrañado entre los vítores y aplausos a nuestros combatientes—. Somos la vanguardia, ellos no tardarán en seguirnos.

En cuanto Rojas cerró sus palabras en medio de estruendosos aplausos y hurras, uno de los soldados comenzó un discurso que me sorprendió más por su acento cubano que por su generoso anuncio de estar dispuesto, al igual que el resto de los combatientes, a entregar la vida por la liberación de Chile. En cosa de meses nuestros camaradas habían hecho suyos no solo el tono grave, las jotas aspiradas y las inflexiones melódicas propias de los militares cubanos, sino también su sintaxis barroca, sus giros melodramáticos y su inclinación a lo teatral. Nuestro camarada, a quien no conocía y que probablemente venía del interior, ya hablaba como cubano y lo hacía con rostro huraño, estilo cortante y citando a Fidel.

Una vez más me avergoncé de mi pacifismo ingenuo. Mis manos me resultaron demasiado suaves y lisas, acostumbradas, como estaban, al porte de lápices y libros, al tacto de la adorable piel canela de Grisell. Las manos de mis camaradas de verde olivo, en cambio, lucían callosas y resecas, pues habían optado por el fusil, la mochila y las botas, por el monte y la jungla, por la historia, relegando a un segundo plano sus aspiraciones individuales para entregarse de lleno a la misión de liberar la patria. Mientras ellos integraban el panteón de los hombres ejemplares, yo pertenecía al de los prescindibles, según Bertolt Brecht.

Recorrí entonces con ojos tristes el teatro en busca de otros despreciables, pero me sobrecogió la repentina impresión de que en ese momento solo soplaban vientos para los futuros comandantes chilenos.

45

Corrían rumores de que la vía militar escogida por el partido había producido una fisura en su interior y que sus propugnadores desalojaban de las posiciones de poder a los denominados pacifistas en una lucha sorda y soterrada, que dejaba a la militancia de base en la más completa ignorancia de lo que sucedía en la cúpula.

—Los cambios de dirección en el partido y la juventud, que mantienen su unidad monolítica, nos permitirán reagruparnos de mejor forma para pasar a la ofensiva contra la dictadura —explicó Vladimiro, un muchacho nuevo, distante y misterioso, de barbita de chivo y lentes, que acababa de llegar a Cuba a sustituir a Viciani como encargado de la Jota. Viciani, al parecer, se había trasladado en secreto a Caracas—. A partir de ahora entramos en una nueva fase de la lucha popular.

Aquella visión de las cosas difería de la información que yo obtenía de Heberto Padilla, auditor fiel de La Voz de América, y de los boletines reservados del Partido Comunista Cubano, que me entregaba Grisell. Ambos informativos coincidían en referirse a Chile como un país que atravesaba una fase de profundas reformas económicas bajo la férrea conducción política de Pinochet, pero nada decían de una eventual amenaza opositora al régimen comandada por los comunistas. El boletín reservado añadía que la dictadura ya había logrado destruir al MIR y que ahora se empeñaba en lograr lo mismo con los Partidos Comunista y Socialista.

Fidel, por su parte, había llamado en aquellos días, durante una gigantesca concentración en la Plaza de la Revolución, al «pueblo combatiente» a iniciar una nueva campaña masiva, esta vez en contra de la delincuencia común. En su discurso llamó a las masas a denunciar y perseguir los actos delictivos, los perpetrase quien los perpetrase, sin importar el rango, los méritos o la posición del delincuente.

El líder máximo solía recurrir cada cierto tiempo, especialmente en los momentos de crisis o descontento mayor de la población, a las campañas del «pueblo combatiente», las que servían de válvula de escape a la presión popular. Hoy era la lucha contra la delincuencia, ayer había sido la lucha contra el economicismo, anteayer contra los fatalistas y derrochadores de los recursos del pueblo, y mañana podría iniciar una campaña contra las concepciones burguesas.

—Esta campaña, como podrás imaginar, no apunta contra los delincuentes, sino contra dirigentes que deben haber criticado a Fidel —me explicó Heberto una mañana, después de clases, mientras tomábamos el cafecito de despedida—. La guerra de Angola está costando muchos muertos, de los cuales, por cierto, el *Granma* no habla, y al parecer despierta críticas entre ciertos dirigentes.

Sin embargo, era muy poco lo que estos podían hacer. Todos sabíamos que los dirigentes gozaban de prebendas y privilegios que irritaban al pueblo, y que Fidel conocía al dedillo y toleraba en silencio, pues en algún momento las esgrimía como armas. El máximo líder solo convertía esas ventajas en algo deleznable y repudiable cuando la seguridad detectaba que sus usufructuarios se mostraban críticos a su gestión. Entonces la campaña, respaldada previamente por las masas, dirigía su golpe maestro en contra de ellos, aunque sin referirse jamás a los verdaderos motivos para las destituciones. La política, como decía José Martí, era aquello que no se ve.

En el centro de capacitación donde yo impartía clases de alemán, la campaña encontraba solo entusiastas adherentes, aunque hasta ese momento nadie había hecho ni siquiera el amago de criticar los privilegios de la dirigencia. Las palabras de Fidel en la plaza les había soltado la lengua.

—A Fidel no se le escapa nada —afirmaban ufanos—. Uno cree que el Caballo está durmiendo, pero Fidel tiene un servicio de inteligencia que está al tanto de todo, hasta de lo que ocurre en los rincones más apartados de la isla. Ahora van a ver los comemierdas que se han aprovechado de la Revolución.

La radio, la televisión y los diarios no tardaron en difundir entrevistas de obreros irritados por la corrupción y la vida fácil de algunos dirigentes, y posteriormente noticias sobre funcionarios que perdían sus cargos por «exigencia del pueblo combatiente». La televisión mostraba asambleas enardecidas del pueblo denunciando el estilo de vida burgués de ciertas personas y exigiendo sus cabezas. Ante las exigencias populares cundía el pánico entre dirigentes de la isla, pero en la masa surgía al mismo tiempo la convicción de que a partir de ahora todo mejoraría radicalmente, ya que al fin se había identificado a los culpables de los problemas económicos.

Entre los «tronados» encontré un día en el *Granma* el nombre de alguien a quien yo conocía: Mauro García Triana, el embajador cubano en Berlín Este, que había avisado a mi suegro de mi romance con Margarita en Leipzig. El diplomático acababa de ser destituido y devuelto a La Habana, y ahora estaba a cargo de una lancha del Instituto de Biología Marina.

—Terminan atendiendo pizzerías o plantando boniato —me explicó Willy en la universidad.

—¿Para siempre? —pregunté yo, azorado por la cantidad de «tronados», que surgían como hongos después de la lluvia.

—Eso depende. Si cumplen la nueva misión que les encomiendan, pueden aspirar a recuperar terreno. Pero hay algunos de los que Fidel se olvida para siempre y desaparecen entre el pueblo, sin importar el historial revolucionario que ostenten. Lo peor que te puede suceder es que Fidel se olvide para siempre de ti. Si es así, estás enterrado de por vida.

Con el tiempo la campaña arreció y el *Granma* comenzó a informar de funcionarios sometidos a juicio sumarísimo. Era increíble. El día anterior vivían en Miramar, con auto y chofer, suministro especial de alimentos, viajes al exterior y asistencia a las recepciones, y a la mañana siguiente estaban en prisión o administraban una cafetería desabastecida.

El teatrista Suárez del Villar justificaba las purgas. Consideraba que era la única forma de preservar la pureza espiritual de los primeros revolucionarios, Frank País, Camilo Cienfuegos, el Che o René Ramos Latour, por lo que cada cierto tiempo la Revolución debía sacudirse de los oportunistas que la apoyaban por conveniencia material.

—Ahí reside la gran diferencia con el capitalismo —me explicaba en su apartamento de Miramar—. Los capitalistas son dueños de los medios de producción y aunque cometan errores, los siguen detentando, pero los comunistas administran la propiedad del pueblo y son relevados de la responsabilidad y regresan de inmediato al pueblo si fracasan en su tarea.

Un miércoles por la noche, al finalizar la reunión de la Jota, Vladimiro comentó que días atrás la seguridad del Estado había detenido a un militante de un partido chileno hermano, que se disponía a viajar a Panamá a renovar pasaporte, con información clasificada para la CIA. Afortunadamente, precisó, el elemento ya se encontraba detenido y confeso, y era probable que le condenaran a muchos años de prisión.

—¿Quién es el traidor? —preguntó una camarada. Vladimiro lo dijo y explicó que se trataba de un tipo de alrededor de treinta años, casado, con tres hijos, miembro del Partido Socialista.

—¿Y quién iba a imaginar que el Pepe era agente de la CIA? —comentó consternada una militante—. Mientras nuestros maridos se preparan para enfrentar a la dictadura, algunos colaboran con la CIA. Ojalá lo fusilen.

—Por ello es necesario redoblar la vigilancia, como dice Fidel —recalcó Vladimiro—. El enemigo nos ablanda con comentarios y críticas que son en apariencia insignificantes, pero que aspiran a corrompernos. De allí a la traición, como la de este elemento, no media ni un paso.

—¡El Pepe! Estuvo hace poco en casa —exclamó una camarada—. ¡Si tan solo hubiese sabido que era de la CIA, lo estrangulo con mis propias manos!

—El enemigo no descansa —continuó Vladimiro—. No hay que comentar con nadie nuestra política militar, eso es oro para la CIA y la dictadura. Por ello el partido decidió restringir aún más los viajes al extranjero.

Me retiré solo en dirección al Coppelia, donde pensaba tomarme un helado con galleticas a modo de cena. Me inquietaba aquel clima de incertidumbre, que había conocido en la casa del lago congelado, en Berlín Este, y que ahora se extendía a toda la isla, y me irritaba que la detención del agente de la CIA hubiese llevado al partido a restringir los viajes al extranjero. El mensaje era claro: había que desconfiar de todos y no aceptar críticas a la Revolución, porque representaban el despeñadero individual, el primer paso como candidato ideal para ser reclutado por el enemigo.

—Pero ya hay varios que se marcharon a Suecia —me dijo una noche Vicente Robledano. Bebíamos ron Coronilla en una piloto del reparto de Marianao—. Sí, en serio, escuché que hay mucha gente que desea arreglar sus pasaportes para irse a Europa.

—No te creo —repuse.

—Lo sé todo —porfió vaciando medio vaso al seco—. Muchos compatriotas cansados de esto viajan con invitación a Panamá, donde convalidan pasaporte y después se van. Siempre tienen a alguien que los pide desde Europa. No vas a creer que todos los que faltan están en las FAR.

Nuevamente me mencionaba el tema de los chilenos y las FAR. Desde hacía años, en cada encuentro se las arreglaba para llevarme a ese asunto. Tal vez era casualidad o exceso de celo mío, pero yo no deseaba hablar con nadie —menos, con sospechosos— sobre las FAR, aunque ya estaba convencido de que el reclutamiento chileno era un secreto a voces en la isla y con ello en los círculos de inteligencia de la dictadura.

—¿Y dónde están, entonces? —le pregunté.

—¿No se te ocurre? — respondió elevando un brazo hacia el mar—. Muchos se marcharon simplemente.

—Pero no los comunistas. No podemos salir de aquí.

—Pero sí gente de otros partidos.

—¿Y cómo lo sabes?

—Créeme. Se están yendo militantes de otras organizaciones, pero tu partido y el MIR califican de traidores a quienes desean irse.

—¿Y es fácil irse si uno no es comunista?

—Tienes que conseguir a alguien que te invite desde el extranjero, como los tupamaros que se marcharon a respaldar la Revolución de los Claveles —repuso secándose el sudor de las mejillas—. Pero yo estoy jodido, me encierran antes de cada congreso.

Su mujer vivía ahora con un cubano en Camagüey. Solo de vez en cuando su hija venía a visitarlo a La Habana. A su juicio, ya era un hombre fracasado. Su mujer y su hija echarían raíces en la isla, y él terminaría de vagabundo. Tendría que esperar a que algo pasara en Chile. O en la isla.

—No te preocupes, de todos modos va a ser muy difícil que puedas marcharte —comentó irónico.

—¿Por qué?

Solo en ese instante me di cuenta de que acababa de admitir mi intención de abandonar la isla. Si mi compatriota era un agente provocador y yo estaba en la mirilla de alguien del partido o la seguridad cubana, enfrentaría obstáculos adicionales para marcharme.

—Primero, porque careces de pasaporte válido —repuso con aire de superioridad—. Segundo, porque no tienes a nadie en el extranjero que pueda reclamarte bajo buen pretexto, y tercero, porque ahora la cosa va a ser más difícil.

—No entiendo.

—¿No entiendes? —preguntó meneando la cabeza, empequeñeciendo un ojo como si apuntara a mi frente—. Me asombra tu ingenuidad después de tantos años en la isla. ¿No entiendes?

Vertió una nueva medida de ron en su vaso y lo tomó entre las manos, contemplándolo con una sonrisa prolongada y un mechón de pelo lacio sobre la frente, que ponía de manifiesto la pérdida gradual e irremediable de su antiguo aspecto de carabinero escrupuloso.

—¿No se te ha pasado por la cabeza que la famosa detención del socialista en el aeropuerto no sea más que una treta para paralizar la emigración de chilenos al capitalismo?

—Sigo sin entender mucho.

—En estos momentos hay divisiones internas en los partidos de izquierda por la cuestión militar. A lo mejor, a Pepe le tendieron una trampa y lo hicieron caer. Ahora está preso y sus adversarios satisfechos. Sé que era medio socialdemócrata y estaba por la vía pacífica.

Sonreía malévolo, mostrando una amplia dentadura amarillenta. Su mensaje cargado de insidia no era del todo descabellado, pero le dije que me parecía sacado de una película anticomunista de la era de McCarthy.

—Como quieras —añadió inclinando la cabeza con indiferencia—. Pero tendrás que admitir que es extraño que el Pepe esté neutralizado y se hayan suspendido los viajes de chilenos al extranjero.

Experimenté de pronto un ataque de lucidez. Era evidente que a los partidos chilenos no les convenía que sus militantes abandonaran la isla y se marcharan a Occidente, pues estaban al tanto de la opción militar y podían revelarla al enemigo. Pinochet se enteraría de los detalles de lo que se tramaba en la isla y aprovecharía para asestar nuevos golpes a la oposición y enfrentar la guerra de guerrillas. Había que impedir que los chilenos abandonaran Cuba.

—¿Te imaginas qué harían los dirigentes chilenos en Cuba si su militancia se marchase? —preguntó Vicente y su pregunta me convenció de que trabajaba para alguien, para el partido, los cubanos, Estados Unidos o Pinochet, pero para alguien—. ¿Qué pasa con dirigentes sin base? ¿Qué destino corren sus viajes, salarios, viviendas y acceso al poder cubano?

—Estás enfermo, enfermo de resentimiento, Vicente. Cuídate —le advertí en tono amenazador.

—Caímos en nuestra propia trampa —afirmó mientras volvía a vaciar, indiferente, el vaso de Coronilla—. ¿Quién nos salvará ahora de esto, camarada? Somos rehenes de nuestros propios partidos.

46

Algo tan inquietante como inasible vibraba aquella tarde de lunes frente a la Escuela de Filosofía y Letras. Al entrar al edificio, Mercedes, la secretaria de la Unión de Jóvenes Comunistas, me indicó que me dirigiera de inmediato al aula, a la que subí con un presentimiento extraño.

La sala estaba repleta de compañeros murmurantes. Faltaban escasos minutos para las dos y alcancé a sentarme en la última silla libre. Adelante, junto al pupitre del profesor, se encontraban los dirigentes de la escuela: Sonia Almazán, la bella directora; Freddy, el presidente de la Federación de Estudiantes, y Yoyi, el secretario de la Unión de Jóvenes Comunistas, presencia inusual que presagiaba un anuncio de importancia.

—No sabemos qué sucede —me contó Ángel Silva, quien seguía postulándose a ingresar a la UJC—, pero es algo grande.

A las dos en punto ingresó al aula Mercedes, cerró la puerta tras de sí y anunció con rostro tenso y voz sofocada:

—Compañeros, nos reunimos para comunicarles una medida dolorosa pero necesaria. Hemos expulsado de la escuela a Lázaro por actividades contrarrevolucionarias, que ya ha confesado.

Un escalofrío me recorrió la espalda, pues intuí de inmediato que se trataba del rescate de los libros censurados. Busqué con disimulo la mirada de Willy y de los jimaguas, pero ellos me ignoraron. Mercedes solicitó al encargado de la UJC que detallara los pormenores del asunto y él nos explicó que el «elemento» había sido sorprendido mientras almacenaba propaganda enemiga desde el puesto que la Revolución le había confiado.

La noticia me sumió en sudor copioso. Intercambié una mirada de horror con Willy mientras el dirigente calificaba a Lázaro de ciudadano malagradecido con la Revolución. No reveló, sin embargo, el delito preciso de nuestro compañero, quien seguramente estaba siendo interrogado por la seguridad del Estado y no tardaría en revelar nuestros nombres, lo que significaría nuestra detención en las próximas horas. Una cosa estaba clara en Cuba: los culpables de difundir literatura enemiga, contrarrevolucionaria, como lo eran, desde luego, los textos de Heberto Padilla, Alexander Soljenitsin, Jorge Mañach, Antón Arrufat o Mario Vargas Llosa, pagaban con la cárcel su osadía.

El encargado de la UJC añadió que Lázaro venía siendo observado desde hacía tiempo en su actuar ilegal y que solo había sido detenido el sábado pasado, cuando se habían acumulado suficientes pruebas en su contra. Al rato afirmó que el mulato amante del arte merecía un

411

castigo ejemplar, puesto que se había aprovechado de la beca otorgada por la generosidad de la Revolución para dañarla y desprestigiarla ante el pueblo y sus enemigos.

Los compañeros que hasta el día anterior departían y bromeaban con Lázaro, escuchaban ahora perplejos, sin atinar siquiera a preguntar por el delito cometido por su amigo. Sabían que la UJC no se equivocaba y que la acusación era seria, pues solo podía provenir de la seguridad del Estado.

—¡Caiga la vergüenza sobre esta carroña humana! —gritó el encargado de la UJC—, carroña que hasta hace poco fingía ser hijo digno de este pueblo y su Revolución. ¡Viva la Revolución!

—¡Viva! —respondió a coro el aula y se dispersó rápido y en silencio.

Después las clases continuaron como de costumbre, aunque podía percibirse una atmósfera densa y fría, inhibidora.

Nadie sabía en realidad qué pensaba el alumnado sobre lo acaecido a Lázaro. Nosotros, los del quinteto, guardamos silencio consternados, imaginando que nuestro amigo había incurrido en un acto imprudente al apoderarse de las decenas de ejemplares de la revista *Pensamiento Crítico*, que en los años sesenta había publicado artículos y opiniones sobre el socialismo y la Revolución que eran absolutamente inimaginables bajo las circunstancias actuales.

Cerca de las siete de la tarde me reuní con Willy y los jimaguas en el Fruticuba cercano a la Ciudad Deportiva. Llegamos aterrados al local, donde un dependiente, ante la falta de fruta, nos sirvió al menos vasos del único jugo que tenían, guayaba.

—A lo mejor en este mismo instante nos están buscando —masculló José Antonio—, o quizás están observándonos para estudiar nuestra reacción después del anuncio.

—O tal vez Lázaro guarda aún nuestros nombres —opiné con leve tartamudeo mientras escudriñaba los alrededores del Fruticuba sin ver a nadie sospechoso. Solo de vez en cuando una guagua azul pasaba atestada de pasajeros amenazando con destrozar nuestros oídos.

—No te hagas ilusiones. Si lo tienen, confesará —opinó Willy.

—Pues si lo hubiese hecho, ya estaríamos presos.

—Tú ignoras cómo trabaja la policía en la isla —terció María Elena.

El temor de los jimaguas me contagió. No me quedó más que rogar una y otra vez al cielo porque Lázaro no nos delatase, de lo contrario terminaríamos presos. Mis amigos recibirían al menos la visita de sus familiares, pero yo, sin parientes y prácticamente sin amigos de verdad en la isla, quedaría condenado a la más pasmosa soledad. Ni el poeta ni el teatrista se atreverían a visitarme, del mismo modo en que nosotros no nos atrevíamos a levantar nuestra voz en contra de una detención injusta. La Jota no me defendería, mi mujer y mi suegro renegarían de mí, y mi hijo era demasiado pequeño aún para discernir.

—Solo nos queda esperar que Lázaro sea valiente —barrunté.

—Es mejor preparar lo que diremos cuando nos detengan —recomendó la jimagua.

—Pues la verdad —repuse con desfachatez—. Que queríamos leer esos libros, solo eso, que no los comentamos con nadie, que los devolveremos de inmediato. Eso no puede estar penado.

—Aquí está prohibido todo lo que no está expresamente permitido, mi amigo —repuso el jimagua con frialdad, recordándome de modo indirecto el destino de la alemana en la FMC. Nadie aprendía por experiencia ajena, me dije—. Y me parece increíble que después de mamarte tantos años en Cuba aún lo ignores.

—Déjate de filosofar. Debemos reconocer los hechos y devolver los libros —insistí.

—Les da lo mismo que leamos esos libros o no. Nos acusarán de algo distinto, de distribuir literatura enemiga, por ejemplo, con eso nos liquidan igual.

Los muchachos tendían a pensar que Lázaro estaba detenido por razones que desconocíamos y que la policía utilizaba la sustracción de los libros tan solo como pretexto. En su opinión de cubanos con cierta experiencia en los asuntos de la isla había algo que no cuajaba en todo aquello, algo que parecía más bien un mensaje dirigido a un grupo desconocido que una medida coercitiva pura en contra de alumnos sin importancia. La acción, de eso estaban convencidos, era una advertencia en contra de alguien importante, que podría ser atribuida a una nueva purga en el interior del partido cubano, que por lo general comenzaba entre la población y luego remontaba el vuelo hasta alcanzar a la cúspide dirigente.

De todos modos, yo me sentía culpable de haber violado la institucionalidad revolucionaria. Debía admitirlo con modestia y resignación: el rescate de esos libros constituía delito, pues la Revolución no deseaba que circularan ni que los cubanos los leyeran, y yo no solamente me había prestado como cómplice de la sustracción, sino también como agente distribuidor. En términos objetivos me había convertido en un difusor de literatura enemiga.

—Si te van a buscar esta noche, diles que ignorabas que eran libros prohibidos, que pensabas que solo eran robados —me sugirió la jimagua cuando ya, tarde por la noche, nos despedíamos delante del Fruticuba sin luz debido a un sorpresivo apagón—. Por robo te corresponde una pena menor a la de difusión de propaganda enemiga.

47

Lázaro nunca más retornó a clases. Se rumoreó durante un tiempo que había sido condenado a tres años de cárcel y luego que le habían remitido la pena, aunque sin dejarlo volver a la universidad y ubicándolo en un trabajo desconocido. En rigor, nadie sabía algo sobre su paradero y, lo que era más grave, nadie osaba averiguarlo.

Los días y las semanas que siguieron a su detención fueron de angustia, incertidumbre y desvelo para el quinteto. Yo continuaba asistiendo a clases desde el centro de capacitación, donde mis alumnos llevaban ya un año aprendiendo alemán, ignorando si Lázaro había revelado los nombres de sus cómplices.

Durante esos meses aprendí que el miedo corroe y se instala en los huesos y la mirada, y hace sudar en los sitios más frescos y sentir frío en medio de la canícula, y constaté que el miedo es también un revoloteo de murciélagos en la barriga, una mano que oprime la garganta, afloja los intestinos, apergamina la boca y entorpece el razonamiento. Sí, debía ser cauteloso, aunque ya fuese demasiado tarde, como presumía el poeta. La cautela no era algo vergonzante, sino una proyección menguada del miedo, y el miedo no era ingrediente de la cobardía, sino fruto de la prudencia.

—La Revolución ha resuelto ser generosa con este elemento contrarrevolucionario —me informó una tarde Mercedes—, y le brindó una oportunidad para que se regenere. Claro que el pueblo no le financiará una nueva incursión universitaria, y de paso, chileno, te recomiendo alejarte de él.

Con Willy y los jimaguas habíamos estudiado la posibilidad de contactar discretamente a Lázaro en casa de sus padres. Queríamos saber qué hacía y si pensaba revelar nuestros nombres. Sin embargo, la incertidumbre nos paralizaba y solo al cabo de los meses nos convencimos de que se había autoinculpado. El hecho de que no nos hubiese interrogado la seguridad fortalecía esa suposición.

Willy intentó en dos oportunidades establecer contacto telefónico con Lázaro, quien vivía en las inmediaciones de la universidad con sus padres —un anciano delgado, arterioesclerótico, de larga melena blanca, y una mulata tranquila y tímida, con una sombra de bozo, que rondaba los cuarenta y cinco años—; sin embargo, la mujer, que conocía bien a Willy, se mostró siempre parca:

—No. No vive con nosotros e ignoro dónde está parando ahora.

Prefirió no insistir. Tal vez la policía había ordenado a Lázaro cortar todo vínculo con sus ex compañeros universitarios, pero nosotros nos mantuvimos a la expectativa durante mucho tiempo, paseándonos a veces por las inmediaciones de su casa para ver si lo encontrábamos, pero los esfuerzos resultaron infructuosos. Cuando nos reuníamos en el estrecho y largo apartamento de la tía de Willy —una anciana culta, de aspecto aristocrático y sensibilidad exquisita, que se ganaba la vida impartiendo clases de piano en su hogar, ubicado en una barriada pobre de La Habana Vieja— o en el Fruticuba de las cercanías de la Ciudad Deportiva, que ofrecía raciones cada vez más magras de frutas y jugos, recordábamos con gratitud y nostalgia a Lázaro, a sabiendas de que nuestra libertad la debíamos a su silencio y de que el episodio de los libros jamás desaparecería de su expediente, con lo que podía olvidarse de estudiar alguna carrera universitaria.

Sin embargo, yo presentía que el peligro aún no amainaba y que podían detenerme mientras asistía a la universidad, impartía clases de alemán o dormía en la barraca, y arrojarme a un calabozo de la temida Villa Marista de la seguridad del Estado. Al quinteto, ahora cuarteto nuevamente, no le quedaba más que aguardar. En año y medio terminaríamos la carrera y podríamos respirar tranquilos, a menos que alguien estuviese reteniendo la información sobre nuestro delito para enarbolarla en un momento propicio. Vivíamos en ascuas, atentos al menor indicio que pudiera revelar peligro.

Y ese indicio emergió prístino, cuando un llamado telefónico del abogado Cantón Blanco me convocó a su despacho para firmar el documento de solicitud de divorcio con Margarita. ¿Cuánto había transcurrido desde que yo había salido del apartamento? Ya no lo sabía con exactitud. La crisis familiar y mi vida errante me habían llevado a perder la noción del tiempo. ¿Y por qué recurría ella recién ahora al divorcio? Me sorprendió y llenó de incertidumbre que mi mujer decidiera separarse con todas las de la ley justo cuando yo me sentía amenazado por la sanción de Lázaro. Supuse, para tranquilizarme, que ella deseaba tal vez volver a contraer matrimonio. Alguien me había comentado que la veía a menudo en compañía de Luis Orlando Domínguez, el secretario general de la UJC, o de José Abrantes, el encargado de la seguridad personal de Fidel y futuro ministro del Interior. Ambos amores efímeros e imposibles de Margarita —según supe años más tarde— tuvieron un final horrendo: Domínguez fue condenado a treinta años de presidio por supuesta corrupción en el Instituto de Aeronáutica Militar, que dirigía, aunque se rumoreaba que la causa de su caída en desgracia era la deslealtad hacia Fidel, y Abrantes, la sombra del máximo líder en la época en que este visitó Chile bajo el gobierno de Allende, murió de un ataque al corazón en la cárcel, cuando cumplía una condena perpetua por supuesto narcotráfico, desenlace difícil de aceptar, al menos para mí, porque yo había jugado con él frontón en Miramar, y advertí entonces que era un hombre joven y alegre, que gozaba de un envidiable estado físico.

—Es un asunto de minutos y espero que venga, mañana a las nueve de la mañana, a mi despacho en la universidad y no presente objeciones, que solo retardarán, pero no impedirán el divorcio —dijo Cantón Blanco.

Al día siguiente salí temprano del centro de capacitación para llegar puntual a la cita. Temía que el trámite estuviese relacionado con las acciones ilegales del quinteto y que mi mujer buscara de este modo distanciarse de cualquier condena que pudiese perjudicarla en su trabajo. Tenía que cuidarse las espaldas, de lo contrario algún adversario podría emplear un asunto de esa envergadura para comprometerla. Crucé los amplios pasillos de mármol del edificio central con el alma agitada por el miedo y la perspectiva de volver a ver a quien seguía siendo mi mujer después de tanto tiempo. Cuando yo iba los días domingo a su apartamento para sacar a pasear a Iván, ella nunca me entregaba personalmente al niño, sino que lo hacía Caridad del Rosario, pero yo intuía que Margarita nos espiaba desde alguna parte.

Una secretaria me condujo desde el despacho de Cantón Blanco a la sala de sesiones del rectorado, donde el jurista y mi mujer me aguardaban sentados ante una enorme mesa, como si fuésemos a firmar la paz entre dos estados imperiales. Margarita me miró con algo de afable incredulidad. Nos acomodamos, con Cantón Blanco de por medio, como buenos alumnos, a firmar documentos.

—Lo único que queda pendiente, ya que no hay bienes comunes, es el asunto del niño —explicó el abogado, un hombrecillo escuálido y calvo—. El menor debe quedar en casa de la madre, ya que usted no tiene donde vivir, pero podrá verlo dos veces a la semana, cuatro horas cada vez. Firme acá.

—¿Qué sucede si me voy del país? —pregunté y Margarita alzó sorprendida el rostro.

—En ese caso pierde, obviamente, la patria potestad —repuso Cantón Blanco—. No le aconsejaría irse de Cuba.

Firmé. Margarita hizo lo mismo y el abogado dio por terminada la sesión, anunciando que, gracias a sus relaciones, el tribunal popular de Marianao aprobaría el divorcio en menos de una semana. Al salir al gran pasillo y consultar la hora en mi Poljot ruso admití que nunca había imaginado que un divorcio fuese de trámite tan rápido. Esperé a Margarita largo rato, en silencio, observando desde un ventanal la plaza de la colina universitaria.

Cuando mi mujer cerró tras de sí la gran puerta de caoba, nuestras miradas se cruzaron. Ella traía los ojos llorosos. Lucía bella como siempre, aunque más delgada y algunos de sus rasgos, especialmente el rictus de sus labios, comenzaban a endurecerse. Le pregunté si podía acompañarla, a lo que asintió con la cabeza, mientras se enjugaba con un pañuelo las lágrimas, y cruzamos los pasillos neoclásicos sin pronunciar palabra, solo acompañados por el eco de nuestros pasos, y desembocamos en la escalinata universitaria. El hecho de que hubiese acudido sola a la cita, sin su chofer, me pareció que era una suerte de mensaje, de que ella necesitaba hablar aquel último día.

—¿Y qué le dijiste al niño hoy? —pregunté con la garganta seca.

—Que venía a esto —repuso soltando un suspiro y me miró a los ojos con tristeza y me sentí tentado de abrazarla y besarla y pedirle que olvidáramos todo y volviésemos a empezar, pero La Habana con su estrépito implacable, su calor, sus Leyland fragorosas y la resolana de las aceras matinales me inhibió, me dejó sin articular palabra al bajar los peldaños y sumergirnos en la ciudad.

Seguimos caminando sin poder hablar, rumiando simplemente la tristeza, pensando ambos tal vez en que ahora sí la separación era definitiva e irreversible. Con cada paso que dábamos entre la muchedumbre, en esa ciudad donde todo era tan difícil y extenuante, nuestra eventual reconciliación se tornaba más remota. Nuestro amor de Leipzig, que había surgido en el cuarto de un internado invernal donde Jimi Hendrix cantaba suave *The Wind Cries Mary* mientras afuera caía la nieve, naufragaba y se destrozaba ahora en el Caribe.

—Vamos por un helado —le dije indicando con la cabeza hacia el Coppelia, sin saber en realidad de qué hablaríamos allá, pero creí que el solo hecho de permanecer juntos nos venía bien a ambos.

Cuando dirigimos nuestras miradas hacia el Coppelia, que refulgía en la mañana despejada, descubrimos lo de siempre, una irritante cola que hacía imposible un encuentro sosegado a la sombra de los árboles. Más allá, la pizzería La Vita Nuova mostraba idéntico espectáculo: una larga cola de gente resistiendo estoica bajo el sol con tal de comer aquella pasta seca y requemada, cubierta con queso de mala calidad y salsa de tomate agria.

—Ya lo ves —dijo ella aferrándose a mi brazo—. Acá nunca podrás ser feliz.

Acercó su rostro al mío, de modo que pude percibir su aliento tibio y aromático, el mismo de la noche invernal de Leipzig cuando nos amamos por primera vez, y me estampó un beso en los labios y se alejó con los ojos húmedos, a paso rápido, por la avenida Veintitrés en dirección al mar.

Llegué temprano aquel día al centro de capacitación, pues no tuve ánimo para asistir a la universidad, confundido como estaba por la actitud contradictoria de Margarita. Mis alumnos se hallaban bajo el alero de la barraca, donde discutían a gritos. Me acerqué preocupado, pues algo grave tenía que haber ocurrido.

—¿No sabe la última, profesor? —me preguntó alguien a quemarropa.

—¿Qué sucede, chico?

—Bárbara nos acaba de anunciar que ya no viajamos a Alemania, que se acabó el curso y que hay que volver a casa.

Solo podía tratarse de una broma, era inconcebible que el curso de idiomas, después de un año de clases diarias, cesara de modo abrupto. No podía ser verdad. Aquellos obreros y campesinos habían renunciado a sus respectivos trabajos, se habían separado de sus familias y dedicado día y noche a estudiar alemán solo con el propósito de marcharse a Europa, y ahora les comunicaban que podían olvidarse de todo lo prometido, que el programa se interrumpía y debían volver a casa.

—Así que mañana, a primera hora, nos vamos, profe —me anunció un alumno con deje de desesperación—. Lo que es yo, no sé dónde voy a vivir, porque me divorcié y abandoné mi hogar con tal de viajar a Alemania.

El desaliento y una suerte de reprimida irritación se apoderaron de mis alumnos. Al tacho habían ido a dar sus planes de conocer la nieve, viajar en tranvía, conquistar a una rubia de ojos azules, entrar sin más ni más a un restaurante y ordenar un plato de carne con cerveza fría o a una tienda para adquirir productos sin libreta. Probablemente algún funcionario medio, cubano o germano-oriental, se había percatado a última hora de que el programa no obedecía nada más que a cálculos erróneos y lo canceló.

Los dejé en medio de sus lamentaciones y eché a caminar por un sendero, monte adentro, con la triste convicción de que nuevamente me hallaba sin trabajo, sin comida y sin techo.

48

Pocos días más tarde yo vagaba por las barracas y los patios desiertos del centro de capacitación de la industria ligera. Mis alumnos habían retornado a sus pueblos, sumiéndome en soledad y silencio mientras los mosquiteros, henchidos por la brisa que aireaba el pasillo, continuaban colgados sobre las camas y sus colchonetas desnudas. Durante los atardeceres ya nadie charlaba ni fumaba bajo el alero, y por las mañanas las duchas apenas devolvían el eco de mis propios pasos.

Fue la época en que Fidel lanzó la campaña contra el despilfarro, una de sus acostumbradas e infructuosas empresas en contra o a favor de algo, o quizás corrían los días de la lucha por la educación proletaria, que intentaba restablecer reglas de cortesía y urbanidad en la isla, relegadas al olvido por burguesas tras el triunfo revolucionario, o tal vez fue la noche en que convocó a desarrollar la guerra frontal contra las bibijaguas y el comején, insectos que parecían dispuestos a aniquilar sin contemplación alguna al socialismo.

En medio del ambiente febril generado por la campaña, compañeros del partido y los CDR calificaron a los insectos de aliados objetivos del imperialismo, demostrando, a la vez, mediante estadísticas y proyecciones, que eran en gran medida los responsables del desabastecimiento, que ya duraba casi veinte años. Llovían acusaciones en contra de la CIA por haber arrojado mediante aviones espías millones de larvas de bibijagua y comején sobre la isla en un nuevo intento por destruir la Revolución, y por haber activado el desastroso terremoto que asoló entonces a Centroamérica, que inicialmente se había proyectado supuestamente en contra de Cuba.

A la hora de la alborada o del crepúsculo, La Habana se convertía en una ciudad surrealista. Millares de pequeños objetos —hojas, papeles, telas, astillas, botones— se desplazaban presurosos y como por arte de magia por calles y veredas, y ascendían por muros y paredes, o se introducían en agujeros y hendijas, emergían de grietas o escalaban por los postes del alumbrado público, y cubrían las vallas que lucían el rostro de Fidel y consignas revolucionarias. Solo con el tiempo descubrí que aquel espectáculo lo brindaban las bibijaguas más grandes y acinturadas del mundo, que ahora, al escasear los alimentos en almacenes y bodegas, se apoderaban de todo cuanto pudiera paliar su voracidad y lo cargaban a sus guaridas en las horas del fresco.

Tampoco descansaba el comején, insecto ínfimo, invisible, solo palpable a través de la desaparición de las cosas. Como la isla no disponía de recursos para importar

insecticidas, el comején horadaba tranquilo sus interminables galerías en el interior de muebles, pilares y piezas
de madera o bien en los muros. Casas antiguas, alzadas
sobre vigas de madera preciosa, se desplomaban de pronto
como por encanto en La Habana Vieja, sembrando la
muerte y la desolación, dejando a la intemperie a ejércitos
de baratas que huían despavoridas ante el avance de las
bibijaguas, que en pocos días daban cuenta de los últimos
escombros. Meses más tarde habían desaparecido hasta
las evidencias más mínimas de la antigua construcción,
quedando solo un sitio eriazo, yermo y nivelado.

—Lo siento, pero tengo que clausurar la barraca —
me dijo la directora del centro de capacitación una tarde
en que yo veía en el casino un reportaje televisivo sobre
la exitosa batalla que el «pueblo combativo» libraba en la
ciudad de Las Tunas contra las bibijaguas. Estábamos solos
en aquel gran espacio vacío. Noté que no le resultaba
fácil despedirme—. Los muchachones ya están en sus
hogares, el ministerio canceló su viaje, tú sabes, se acabó
el despilfarro ahora, y ya no puedo seguir ofreciéndote
albergue aquí, profesor.

Aquella tarde me marché del lugar. Tras despedirme
de los cocineros y la directora, introduje mis pertenencias en la bolsa de El Corte Inglés y volví a La Habana
en un destartalado Leyland que atravesó los trechos de
selva que me sabía de memoria antes de arribar al asfal-
to reblandecido de la ciudad. Mientras viajaba inmerso

en un sopor paralizante, reparé en que ya no recordaba cuándo había llegado a Cuba ni en qué fecha salido de la casona de Cienfuegos. ¿Cuándo habían ingresado mis camaradas a las FAR y cuándo había desaparecido Lázaro de la universidad? Era cierto, el Caribe no era una zona geográfica, sino un confuso estado del espíritu.

Solo recuerdo que Brezhnev seguía siendo el secretario general del Partido Comunista Soviético y que la guerra de Angola, de epílogo incierto, abarcaba ahora también Etiopía, Eritrea y Somalia, donde los cubanos seguían muriendo sin que el *Granma* informara al respecto, dedicado, como estaba, a destacar las victorias de las FAR, que se asemejaban de modo sospechoso a los eternos «sobrecumplimientos» de los planes de producción de empresas y centrales azucareras anunciados por el partido. En Chile, Pinochet se mantenía en el poder, pero en Centroamérica, especialmente en Nicaragua, El Salvador y Guatemala, los movimientos guerrilleros establecían zonas liberadas y en La Habana muchos soñaban con el establecimiento de gobiernos revolucionarios identificados con Cuba.

Ya en la ciudad, sin saber adónde ir, sintiendo que retornaba a mi antiguo punto de partida, entré al Cine Yara, ubicado frente al Coppelia, a ver una película soviética. Quería aprovechar el fresco y la oscuridad para ordenar mis pensamientos. No podía volver a solicitarle ayuda al poeta ni al dramaturgo, de algún modo debía preservar mi precaria independencia. Al menos no vivía en Moscú o Bucarest, donde los indigentes no lograban sobrevivir una noche de invierno. La Habana, en cambio, con sus bosques, plazas y amplios portales, brindaba refugio amable.

Salí del cine cuando ya había escampado y era de noche, y me situé en la cola del helado en el Coppelia sin saber aún dónde dormiría. Más allá, la parada era un colmenar de gente aguardando buses. Estos se detenían metros más allá para que se apearan quienes pudieran hacerlo y subiesen a bordo los más veloces. Envidié la suerte de tanta gente que deseaba llegar a su hogar.

Después de mi helado con galletica, me acomodé en un banco de la plaza del Coppelia, donde la bolsa me sirvió de almohada. Era una noche tranquila, fresca y sin mosquitos gracias a la lluvia de la tarde. Era una noche estrellada y generosa, cruzada por el destello intermitente de cocuyos, que cuando se apegaban en la oscuridad, me traían a la memoria la pregunta de Jorge Luis Borges: «¿Es un imperio aquello que allá se apaga, o solo una luciérnaga?».

Por la madrugada me despertó un gemido. Provenía de un escaño cercano, de una muchacha sentada de grupas sobre las faldas de un hombre cuyo rostro permanecía oculto por las penumbras. Ella vestía una saya recogida hasta la cintura, dejando al descubierto sus piernas de muslos blancos y gruesos. Él, fuerte, silencioso, anónimo, la frotaba acompasadamente contra su vientre asida por las caderas. Mi presencia les era indiferente. Aún recuerdo las nalgas redondeadas de la muchacha, sus gemidos de placer y el movimiento sereno del amante misterioso.

No pude volver a conciliar el sueño, pues recordé la prohibición que pendía sobre la obra del poeta, las torturas a que había sido sometido junto a su mujer, la eliminación de libros, la condena de Lázaro, los campos para homosexuales, la gente a quien se despojaba de su propiedad por dejar la isla, el despido de la alemana de la FMC, la prohibición de viajar al extranjero impuesta a los cubanos, el reclutamiento de mis camaradas en las FAR; en fin, todo aquello que en cierto modo se asemejaba a las medidas que adoptaba la dictadura chilena.

Admití con escalofríos que rodaba por el barranco ideológico. Cienfuegos tenía razón: un revolucionario jamás podía darse el lujo de permitir fisuras en su dique ideológico. Ellas no tardaban en convertirse en grietas y en permitir que el agua del enemigo, fluyendo a borbotones en un comienzo, en riadas después, derribara el dique. Yo había comenzado aceptando las críticas veladas del poeta, me había dejado seducir más tarde por los libros condenados y ahora llegaba a lo más ruin, a establecer cierta simetría entre el socialismo de Cuba, única tierra latinoamericana donde reinaba la igualdad social, y la dictadura de Pinochet, el responsable de miles de torturados, muertos y desaparecidos. No podía seguir enlodándome en esas especulaciones demenciales. En el fondo, Vladimir Ilich Lenin tenía razón: los pequeño-burgueses —y yo lo era— jamás podían librarse de su conciencia de clase y tarde o temprano terminaban por traicionar a la clase obrera y su vanguardia.

Mi corazón galopaba enloquecido aquel amanecer buscando el equilibrio, el camino intermedio, que había perdido quizás para siempre. Por más que tuviera presente que había arribado al socialismo impulsado por ideales, huyendo de la dictadura, ansioso por aprender de aquel orden nuevo para volver a la patria a instaurarlo, no podía restablecer el equilibrio. Debía serenarme y olvidar mis juicios sobre la isla. Ningún cubano había ido a Chile a buscarme para que yo experimentara todo aquello, por el contrario. Y en la isla había encontrado un país modesto, bloqueado por Estados Unidos, que me recibió con los brazos abiertos y brindó la posibilidad de estudiar y trabajar. Debía reconocerlo con hidalguía, Cuba me entregaba lo que me negaba la patria, y solo exigía a cambio fidelidad al socialismo y su líder. ¿No era ello acaso razonable?

Me sorprendió la alborada sin que hubiese logrado serenarme. El bramar ronco de las guaguas matinales agitaba nuevamente la ciudad, las lechuzas dormitaban ya en sus guaridas y los cocuyos se habían extinguido como los imperios antiguos de los que hablaba Borges. Me ordené a la rápida el cabello, cogí la bolsa con mi ropa y me eché a andar.

La Habana me esperaba.

49

Afortunadamente pocos días más tarde conocí a Cristina. Era una amable compatriota que ocupaba con sus hijas un apartamento en un edificio de cuatro pisos de Altahabana, reparto popular en el camino al aeropuerto, donde vivían familias chilenas. Era espigada, de pelo rubio y rizado, boca grande y ojos vivaces, algo ingenua. Militaba en el Partido Socialista de Chile y trabajaba en una oficina de contabilidad.

Supe de ella por intermedio de Vicente Robledano, quien me informó que Cristina estaba dispuesta a brindarme albergue en su hogar, donde disponía de un cuarto vacío. Me lo anunció la noche en que me presentó a dos camaradas de la Jota que acababan de renunciar al ITM, el Instituto Técnico Militar. Ellos carecían de hospedaje, ya que la organización no contemplaba planes para reubicar a desertores. Eran, desde luego, los primeros arrepentidos de la aventura militar y hablaban sin tapujos de sus tres años en las FAR, de su especialidad como artilleros y del estado de ánimo de sus compatriotas de verde olivo. Habían renunciado a la carrera de las armas tras descubrir que varios chilenos habían sido enviados a combatir a África.

—A algunos los mató la guerra, otros se contagiaron el «sapito» —dijo Juan, que había salido de Praga, donde vivía exiliado junto a sus padres, para sumarse al programa militar de la Jota—. Estás en la selva tupida, entre serpientes y alacranes, y de pronto comienzan a hincharse los pies, las manos, el rostro y hasta los genitales, y te dan náuseas y una vomitadera del carajo, hasta el día en que se te inflama la garganta y mueres asfixiado.

Escuché aquellos relatos con el alma pendiendo de un hilo, asustado por el hecho de que me enteraba en casa de un sospechoso político de aquel programa que la Jota manejaba con discreción y sigilo, preocupado por la eventualidad de que un día reuniones como esa se convirtiesen en un insalvable obstáculo para abandonar la isla.

—No podemos volver a Checoslovaquia, porque ahora dicen que somos portadores de información sensible para la seguridad militar cubana —comentó Juan con aire de importancia, ajeno a lo que ello significaba—. A lo mejor vamos a entrar a estudiar algo por ahí.

Aquella noche arribé tarde a la vivienda de Cristina, donde me contó que estaba separada desde hacía meses de René, su marido, un teniente de las FAR y ex guardaespaldas de Allende, que ahora vivía en el edificio de enfrente con una cubana.

—Hay que tener cuidado con él —me advirtió Cristina mientras me enseñaba a sus pequeñas hijas que dormían en su cuarto—. Angola lo dejó medio loco, le gusta infundir temor y como carga el arma de servicio, la gente le teme.

Aunque ya era tarde, Cristina me brindó el resto de una sabrosa cazuela que había preparado con unas raquíticas presas de pollo suministradas por la bodega del reparto. Las raciones de víveres seguían empeorando, pese a que Cuba ya integraba el Mercado Común de los países socialistas y había instaurado el cálculo económico en las empresas, el mismo que la Revolución había suprimido años atrás por considerarlo un resabio del orden capitalista. Humberto Pérez, destacada figura del gobierno de la noche a la mañana, había logrado convencer a Fidel de la necesidad de introducir cierta racionalidad en la economía de las empresas. Tiempo después, en medio de la perpetua crisis económica en que se debatía la isla, agudizada por la intervención cubana en África, Fidel responsabilizó a Pérez de la situación y lo condenó a labores menores en una oscura oficina pública.

En el apartamento reinaba una austeridad extrema: cama y velador en los dormitorios, dos sofás, cuatro sillas, televisor y una mesa en la salita, y refrigerador chino y hornilla, así como una radio Zenith en la cocina. Nada más. Como no existían tiendas del hogar, los cubanos equipaban sus viviendas con lo que heredaban de los familiares, bienes adquiridos en su gran mayoría antes de la Revolución.

—El apartamento se lo debo a los compañeros cubanos —me aclaró Cristina mientras tomábamos café y yo trataba de sintonizar un canal de televisión de Miami, que en cierta época del año se captaba durante la madrugada en Altahabana—. Cuando llegamos los exiliados, los cubanos estaban a punto de recibir estos apartamentos, pero nos los entregaron a quienes veníamos huyendo de Pinochet.

A ella, criada sin preocupaciones en una familia de clase acomodada de Viña del Mar, egresada de un colegio privado, le resultaba difícil comprender la actitud de desprendimiento de un pueblo que vivía en una pobreza franciscana. También a mí me costaba entenderla, sobre todo si recordaba la actitud de los dirigentes, empeñados en adueñarse de las mansiones de los antiguos ricos, conseguir mejores puestos y viajar al extranjero para disfrutar del consumo vedado en la isla.

Pronto advertí que mi compatriota concebía los asuntos políticos de modo simple y tajante, como mi amigo el teatrista. La Revolución se había instaurado en beneficio de los pobres, quienes gozaban ahora del derecho a la educación, salud, vivienda y trabajo digno, y no de los pequeñoburgueses, como ella o yo, que jamás se acostumbrarían a las penurias cotidianas. Sin embargo, para los pobres de América Latina el diminuto apartamento y la paupérrima cuota de alimentos distribuidos por la libreta de racionamiento representaban un sueño inalcanzable.

—Los dirigentes que ocupan ahora las mansiones de los gusanos que huyeron a Estados Unidos son unos cabrones —opinaba bajando la voz cada vez que un manipuleo de perillas de mi parte mostraba el fantasma de un canal de Miami—, pero ya Fidel se encargará de tronarlos y ponerlos en su lugar.

Cuando en las noches de diciembre, como aquella, el cielo se encapotaba, era posible captar transmisiones norteamericanas desde Altahabana. Miles de vecinos permanecían entonces frente a sus pantallas hasta el amanecer con tal de contemplar las imágenes borrosas y sin sonido de un mundo tan cercano como inalcanzable, situado noventa millas al norte, que les brindaba, entre rayas y fogonazos, hamburguers gigantescos y Coca-Cola, zapatos, pantalones y sayas al último grito de la moda, parques de diversiones, automóviles de parachoques cromados, y fastuosos apartamentos con aire acondicionado junto a la Collins Avenue de Miami Beach. Durante horas seguían el desarrollo de películas sin sonido y que, por cierto, no entendían, pero sobre las cuales discutían acaloradamente hasta que se iniciaban las emisiones matutinas de la televisión cubana con el noticiero revolucionario y desaparecían de las pantallas los fantasmas norteamericanos.

—Puedes quedarte todo el tiempo que desees en el dormitorio que yo ocupaba con René —me dijo

Cristina cuando se nos hizo evidente que aquella noche no captaríamos la señal de Miami—. En este hogar hace falta un hombre para que me respeten.

Su rostro blanco y fino, de boca grande y labios rosados, ojos color miel y mirada intensa, era a ratos de un atractivo perturbador, pero la separación había cincelado en él una huella de amargura. Me confesó que detestaba a su marido, que había sido su primer y único hombre y que el fin de todo había comenzado en Chile, poco después del casamiento, cuando René integraba la escolta de Salvador Allende y solo aparecía por casa para embarazarla. En el exilio la crisis se había ahondado a causa de la inestabilidad de su marido, que también había servido de enlace entre el Partido Socialista y la guerrilla del Che en Bolivia. Había tenido que soportar durante mucho tiempo a un hombre que sufría de delirio de persecución y que una noche, delante de las hijas, había llegado al extremo de amenazarla con su arma, acusándola de engañarlo. Fue el fin del matrimonio.

Me acomodé en un cuarto minúsculo, que tenía una ventana con celosías de madera que daban a un pasaje delimitado por otro edificio de cuatro pisos, una cama de media plaza, un velador y una cómoda con la ropa de las niñas, y coloqué mis escasas pertenencias en una división del clóset. Calculé que mis ahorros de la época en el centro de la industria ligera, que acarreaba en mi pantalón, alcanzarían para financiar durante semanas mi estadía en aquel apartamento y que debía conseguir un trabajo de media jornada para finalizar los estudios.

Días más tarde Cristina me presentó a Motaia, compatriota casada con Baltasar, un cubano muy afectuoso y transparente que había sido campeón latinoamericano de kayak y ahora se desempeñaba como entrenador del equipo olímpico de la isla. Vivían en los altos del popular restaurante Bodeguita del Medio, pues el tío de Baltasar, antes de la Revolución propietario del local, era ahora su administrador. El deportista, al igual que yo, había pasado un tiempo en Leipzig y hablaba alemán.

—Tengo textos para traducir por si te interesan —me dijo al enterarse de que yo también dominaba el idioma y afrontaba una situación económica desastrosa—. Te van a interesar, son de la embajada de la RDA y los pagan en peso convenio.

No podía creerlo. El peso convenio era una moneda ficticia que le permitía a los ciudadanos de países socialistas europeos consumir en la tienda diplomática, libres de las libretas, las colas y las malolientes y desabastecidas bodegas, escapando así de la miseria cotidiana que afectaba a la población desde 1959. Era una unidad de cálculo intangible, que operaba a través de inventarios estatales y abría las puertas a locales surtidos como los de Moscú, Varsovia o Berlín Este, verdaderos paraísos de consumo frente a las desabastecidas bodegas de la isla.

—Pero tienes que hablar personalmente con el hombre de la embajada encargado de las traducciones —precisó Baltasar—. Dile que vas de mi parte. Se llama Bernd Leucht.

50

Bernd Leucht tenía aspecto de turkmeno. El pelo negro y rizado, la piel tostada por el sol de las Antillas y los grandes bigotazos oscuros ocultaban su ascendencia germana. Era un tipo afable, modesto y transparente, oriundo de Dresde, que se había titulado de ingeniero comercial en la Universidad Humboldt de Berlín Este y estaba casado con Ulla, una mujer inteligente y atractiva, que también trabajaba en la embajada.

Ambos se habían desempeñado con anterioridad en Ciudad de México, lo que revelaba que eran funcionarios de plena confianza del régimen. No tenían hijos y disfrutaban, gracias a sus elevados sueldos, de una excelente situación económica. Leucht representaba ahora a Technocommerz, un importante conglomerado de empresas de maquinaria industrial.

Mi primera tarea consistió en acompañarlo a una recepción que ofrecía a su contraparte cubana en el *mezzanine* del Hotel Habana Libre, donde me sorprendió ver después de tantos años una larga mesa con aperitivos, bebidas y refrescos. Después de los discursos de rigor, los cubanos se abalanzaron sobre los trozos de carne, pollo y marisco que les brindaban, mientras la viuda de Lázaro Peña, un legendario dirigente sindical ya fallecido, merodeaba alrededor de la mesa cargando una bolsa plástica en la que arrojaba, ante la mirada atónita de los alemanes, todo cuanto guardara proteínas.

Era lamentable el espectáculo que ofrecía la viuda de uno de los personajes históricos del sindicalismo. El viejo comunista, muerto cinco años atrás, se había ganado el respeto de todos gracias a su permanente y consecuente defensa de los intereses de los obreros durante el periodo prerrevolucionario, y bajo el socialismo había criticado la docilidad de los sindicatos ante las autoridades de gobierno.

Pese al revuelo que causaba en mi estómago vacío el bufé en disputa, guardé las formas con disciplina. Sabía que Leucht me tenía en la mira. Ese día, muy a mi pesar, no probé bocado y me limité a observar el correcorre de los huéspedes convertidos en marabuntas. Ni siquiera los vasos plásticos ni las servilletas de papel se libraron de ir a dar al fondo de las carteras y los bolsillos de los invitados, y el equipo de mozos recuperó a duras penas los cubiertos del hotel, instrumentos, por cierto, inexistentes en la isla desde los sesenta.

—Vamos a tomarnos un café a la embajada —me dijo Leucht con sonrisa patética cuando el salón y la mesa quedaron vacíos.

El trabajo allá era simple y bien remunerado en términos isleños. Consistía en realizar traducciones de textos económicos o políticos en casa, y servir de traductor a Leucht en los sitios donde se reuniera con cubanos. Recibiría la mitad de mis ingresos en pesos cubanos y el resto en pesos convenio, los que me abrirían las puertas a las bien surtidas tiendas diplomáticas.

Ingresar a las oficinas comerciales de la representación diplomática, tras franquear el control de una portera alemana, era acceder al seductor mundo europeo. Quedaban en el tercer piso de un edificio que miraba hacia el Hotel Capri, antes de la Revolución propiedad de Lucky Luciano, y a una cuadra del imponente Hotel Nacional, sin duda el más bello de las Antillas. Adentro el aire acondicionado, los pisos alfombrados y el olor a café aislaban a sus funcionarios, eficientes, corteses y bien vestidos, del estrépito habanero.

Mi segunda misión con Leucht, al cual la situación económica de Cuba parecía deprimir de modo permanente, consistió en acompañarlo a una agencia naviera cubana ubicada en una magnífica casona de Miramar. La agencia no encontraba repuestos para una nave adquirida un año atrás a un astillero de Rostock, lo que ya irritaba a su gerente, que nos recibió en una sala con arañas de cristal y muebles de caoba, cuyos auténticos dueños se hallaban seguramente en el exilio.

—Dile al compañero *Loij* que la nave todavía está inmovilizada en Génova a la espera del famoso repuesto que me prometió hace quince días —dijo con tono grave tras vaciar la tacita de café que nos había servido una secretaria muy maquillada, de saya corta y blusa estrecha.

Traduje, pero Bernd ya había entendido.

—Ese repuesto tenemos que comprarlo primero en Hamburgo, Alemania capitalista, que es la que nos suministra esas partes —repuso Bernd—, y tú sabes que los alemanes occidentales tratan de crearnos dificultades. En una o dos semanas lo tendrán.

—¡Nanija! Esto necesita una solución ahora mismo.

—Imposible.

—Pues, mira, que entonces el Consejo de Ministros va a enviar una queja al propio compañero Honecker, porque ese barco, para que tú sepas, trae cuanto hay de cosas urgentes, hasta la hélice de un yate del comandante en jefe, con eso te digo todo.

—No creo que el compañero Honecker pueda hacer algo —dijo Leucht afligido, ya que él mismo les había vendido la nave a los cubanos.

—Pues al menos lo sabrá. Ese barco tiene la delicada misión de traer también la materia prima que requiere la nueva fábrica de calzado plástico, que proyectó el comandante en jefe. ¿Sabes tú lo que me sucede a mí si fracaso en esto?

Se llevó la mano abierta al cuello como si fuese un cuchillo afilado.

—Ya lo solucionaremos —musitó Leucht.

—Hace medio año que no se produce un solo zapato en Cuba —gritó el gerente—. ¿Tú sabes lo que eso significa para el pueblo?, porque, chico, al final de cuentas, gente como tú o yo usamos zapatos de cuero.

—De todos modos, habrá que esperar —insistió reflexivo mi jefe—. El pedido está ya hecho y son los de Hamburgo quienes retardan la operación.

—Pues mira —agregó el cubano dirigiéndose a mí—. Repítele que esa fábrica de calzado la diseñó el comandante en jefe en persona y que está encabronadísimo por la paralización, porque desea que los zapatos comiencen a fabricarse de inmediato.

Bernd entendió que el asunto era más delicado de lo que imaginaba. Le pidió al cubano un plazo de tres días para darle una respuesta definitiva y salimos de la oficina entre los abrazos y parabienes del funcionario.

—¡No sé por qué esta isla no siguió comerciando con Estados Unidos! —reclamó mientras conducía su Wartburg a El Vedado—. Media humanidad tratando de comerciar con Estados Unidos para conseguir su tecnología, y Fidel, en las puertas mismas de Estados Unidos, se encapricha en comprar tractores rusos y conservas rumanas a miles de kilómetros de distancia.

A su juicio, el Mercado Común socialista era una bolsa de gatos, en la que solo funcionaba la economía alemana oriental. Los planes quinquenales, invento de Stalin, no servían más que para brindarle tiempo a los burócratas para adulterar las cifras oficiales y para que los máximos dirigentes los suscribieran con prosopopeya en cumbres inútiles.

—Es una cuestión de tiempo —dijo mientras subíamos por las gradas a su oficina—. Ningún país socialista ha alcanzado aún el grado de modernidad que tuvo La Habana antes de la Revolución. En el socialismo no hay nadie capaz de construir edificios como los de los años cincuenta de esta ciudad, no hay un solo carro superior a los Chevrolet, Ford o Pontiac que aún corren por estas calles. Cuba debe volver a lo que sabe: al turismo, el tabaco, el ron y el azúcar.

No podía entender que yo hubiese abandonado el confort de Leipzig para vivir en Cuba. De algún modo debía salir de la isla, aunque fuese hacia la Europa socialista. No debía hacerme ilusiones, la economía cubana jamás se recuperaría bajo el socialismo, sus problemas solo empeorarían y el ambiente político se enrarecería aún más. Y mientras escuchaba su sarcasmo me preguntaba si no me encontraba de nuevo ante un agente provocador, porque era inconcebible que un funcionario de su rango, que contaba con la confianza del régimen y, por ende, de la temida Stasi alemana, fuese tan crítico al socialismo.

—Tienes que irte de la isla —empezó a sugerir desde entonces, cada vez con mayor insistencia—. Con el alemán que hablas, ganarías bien en la RDA, tendrías apartamento y hasta un carrito. Tienes que marcharte.

51

Un día me llegó a través de Cristina el rumor de que Aníbal, el camarada argentino, había resultado herido de gravedad en un ejercicio militar. Viajé de inmediato al Comité de la Resistencia Chilena a confirmar el asunto, pero en la Jota carecían de información al respecto y Vladimir aprovechó la oportunidad para recordarme que la vida de nuestros camaradas en las FAR debía manejarse con absoluta reserva. Volví a Altahabana agobiado por la incertidumbre.

Sin embargo, poco después, Vicente Robledano, quien al parecer contaba con un informante en el Ejército cubano, me fue a buscar a la universidad para contarme que era completamente cierto lo del argentino, a quien las esquirlas de un mortero habían herido en el pecho y el rostro, dejándolo ciego.

—Por cierto, no ocurrió en Cuba, sino en Nicaragua, donde luchaba en las filas del Frente Sandinista de Liberación Nacional —precisó Robledano mientras caminábamos hacia la terminal de omnibuses de La Habana para tomarnos un café—. Era en verdad un internacionalista.

Entonces era cierto que ya había chilenos luchando en la guerra contra la tiranía de Anastasio Somoza, que aún no llegaba a su etapa final, en la que participarían cientos de oficiales chilenos formados en las FAR. Cuba se limitaba a respaldar con armas a los sandinistas, impedida de enviar tropas ante el peligro de que Estados Unidos aprovechase la coyuntura para invadir la isla. Los chilenos, en una gesta noble y anónima, estaban entregando ahora sus vidas en una tierra ajena por la causa de la democracia, lo que en su patria no habían podido realizar por carecer de armas. Era posible que la Jota mantuviera en reserva aquella campaña internacionalista para no echar agua al molino de la dictadura de Pinochet, que podría utilizarla de pretexto para intensificar aún más la represión contra la izquierda.

—Nicaragua es el único lugar del mundo donde se enfrentan los dos ejércitos chilenos —agregó Robledano con sonrisa mefistofélica—, porque la dictadura respalda con asesores militares al somocismo.

Días más tarde, durante la reunión semanal de la Jota, Vladimir, el nuevo encargado de la organización en La Habana, intentó rebajarle el perfil al asunto ya innegable, afirmando que el argentino solo había sufrido una pérdida temporal de la vista mientras realizaba ejercicios en un campo de las FAR. Lo más importante era evitar el alarmismo y los comentarios sobre el tema, ya que eso solo facilitaba la recolección de información del enemigo.

Sin embargo, sus palabras no pudieron aplacar la inquietud de las mujeres que tenían a compañeros en el Ejército. Ellas no eran ya las camaradas altivas y osadas de la época en que sus maridos, envueltos en un aura romántica, comenzaban a vestir el uniforme verde olivo, en que la guerra y, con ello, la posibilidad de morir se mantenían en un horizonte difuso y remoto. Ahora, debido a los conflictos de Angola y Centroamérica, la muerte golpeaba a sus puertas y exigía su botín. Tampoco era lo mismo ir a luchar a la patria, en contra de los torturadores y asesinos del pueblo, que desembarcar en un país ajeno y terminar enterrado en la selva tropical sin familiar alguno que pudiese llevar hasta allí un sencillo ramo de flores.

Advertí de pronto que se acumulaban sentimientos contradictorios entre las mujeres de los combatientes, inquietas por los insistentes rumores que se referían a bajas chilenas en Angola y Nicaragua y a una división del partido entre quienes respaldaban la lucha armada y quienes preferían una alianza política con todos los opositores del país para aislar a la dictadura. También las irritaba el hecho de que un número creciente de exiliados chilenos, al tanto de los chilenos en las FAR, traicionaba la causa revolucionaria y se amparaba en subterfugios para marcharse de Cuba a Europa Occidental, donde podían revelar detalles importantes sobre el Ejército libertador que se estaba formando en secreto.

Como si esto fuese poco, la repentina aparición de las «mariposas» en la isla contribuyó a crear incertidumbre entre mis camaradas, la cual, tal vez, reflejaba la que sufrían sus compañeros en las FAR. La causa de esto radicaba en que, entre gallos y medianoche, constreñido por la necesidad de conseguir divisas, el gobierno había llegado a un acuerdo con sectores del exilio cubano en Miami para que pudiesen viajar a Cuba a visitar familiares. Los mismos cubanos que se habían marchado como «gusanos» y «vendepatrias» volvían ahora elogiados por la prensa como «comunidad cubana en el exterior» y con dólares en los bolsillos, convertidos, gracias a una curiosa metamorfosis, en «mariposas».

Pero ante nuestras dudas, que nunca planteábamos de modo claro, pues temíamos que fuesen malentendidas, Vladimir respondía con citas de documentos del partido y la Jota y sugiriéndonos que volviésemos a leer las novelas de Nikolai Ostrovski y Konstantin Simonov, que enseñaban a confiar en la sabiduría del partido durante las circunstancias más complicadas.

Y mientras Vladimir nos hablaba de la necesidad de elevar nuestra cuota de sacrificio en bien de la Revolución Cubana y la chilena, acudiendo asiduamente a las jornadas de trabajo voluntario y estudiando con mayor ahínco los textos partidarios y los discursos de Fidel, en el sótano del comité, el camarada Miguel Beltrán, encargado desde 1974 de la impresión a mimeógrafo de nuestros documentos políticos, intensificaba aún más su ya febril actividad de impresión, encuadernación y difusión de los combativos informes y acuerdos del Comité Central dirigidos a la militancia y el pueblo de Chile, plagados de lugares comunes y consignas que ni los más disciplinados tomaban en serio. Una mezcla de desaliento, desorientación y escepticismo, solo paliada por las noticias que anunciaban escaramuzas ganadas por los sandinistas, comenzaba a envolvernos en aquellos días.

Días más tarde Vladimir convocó a la militancia a una reunión extraordinaria a la que debíamos acudir con la camisa amaranto y las distinciones que habíamos obtenido en Cuba como estudiantes, trabajadores o miembros de los CDR. Una vez más debíamos guardar absoluta reserva sobre la cita, que tuvo lugar un sábado por la noche, cuando el edificio del comité chileno se encontraba vacío y en penumbras, y en las casas derruidas de El Vedado se comenzaba a celebrar el fin de semana.

Al llegar a la sala de la Jota me sorprendió encontrar, entre el centenar de militantes que vestía la camisa de la organización con sus medallas al pecho, a camaradas que yo imaginaba aún en las FAR, pero que ahora volvían a vestir de civil. O bien habían terminado ya su capacitación o habían sido dados de baja por razones de salud. Sin embargo, sin renunciar a su amabilidad, guardaban estricta reserva respecto a su pasado militar y las causas del retorno al mundo civil. Nadie, ni siquiera los ex militares, que ignoraban cuál sería ahora su destino, conocía el motivo de aquella misteriosa citación.

A las nueve de la noche en punto apareció en la sala Rodrigo Rojas, el encargado del partido en Cuba, seguido de Vladimir y dos dirigentes más de la Jota, quienes se sentaron a una mesa cubierta con un paño burdeos, frente a las hileras de sillas que ocupábamos los militantes. Las camisas amaranto y los rostros tensos de nuestros líderes presagiaban que se trataba de una reunión trascendente.

—Los hemos citado —anunció Vladimir en tono solemne— porque el camarada Rodrigo Rojas se va de Cuba. El Comité Central le ha encomendado una nueva misión, más ardua, compleja y, por cierto, muchísimo más riesgosa en esta coyuntura en que comenzamos a desafiar por la vía de las acciones a la dictadura de Pinochet.

Nos sobrecogió de emoción escuchar esas palabras que sugerían a las claras que Rodrigo Rojas, el coordinador en la isla de las gestiones para formar el Ejército chileno revolucionario, se marchaba ahora, dando muestras de coraje y arrojo admirables, al interior. Eso implicaba el riesgo de caer en manos de la DINA, de ser torturado, asesinado y hecho desaparecer, pero también que el partido estaba llevando a la práctica su tesis de la insurrección popular, en la que Rojas jugaba un papel clave.

—Hemos invitado al camarada para que nos cuente algo de su ejemplar vida de permanente servicio y fidelidad al partido, y nos hable de los sacrificios que aún son necesarios para derrocar a Pinochet —continuó Vladimir en una sala donde ahora podía escucharse el zumbido de una mosca—. Pero antes de que nos hables, camarada —continuó Vladimir dirigiéndose hacia el rostro de gran quijada y ojos pequeños de Rojas—, quiero decirte que los jotosos acordamos regalarte, en emocionado reconocimiento a tu abnegada entrega al partido, y para que te acompañen en la lucha, las condecoraciones que hemos obtenido en esta isla fraterna.

Rompimos en un aplauso estruendoso, aprobador, y luego uno tras otro, como en una ofrenda ritual, concurrimos hasta la mesa presidencial, donde nos despojamos de nuestras medallas y las depositamos sobre el paño burdeos. Después de mi ofrenda, aproveché para escrutar el rostro de Rojas mientras los camaradas se despojaban de sus distinciones. Rojas lucía serio, tranquilo, en sosiego asiático, señorial con su impecable guayabera azul. Me llenaron de admiración su sencillez y consecuencia, su discreción y valentía. Renunciaba a la vida familiar en la placidez del Caribe, a su *suite* en el Hotel Habana Libre y a los viajes que lo llevaban a otros países por razones políticas y se marchaba a Chile a combatir la dictadura. Sentí orgullo por Rodrigo, por contar con líderes de su talla y envergadura, y me avergoncé una vez más de mis temores pequeñoburgueses, que solo me conducían a buscar la satisfacción de mis propios intereses. Este era un dirigente que no utilizaba a los jóvenes como carne de cañón, un dirigente del cual el propio Aníbal, internado aún en algún hospital que se mantenía en secreto, podía ufanarse.

Al cabo de los minutos, en medio de un silencio sepulcral, el paño se llenó de medallas, prendedores y banderines con los rostros de Marx, Engels, Lenin, el Che y Fidel, que las organizaciones de masas entregaban a quienes se hubiesen destacado en el cumplimiento de las tareas que la Revolución encomendaba.

Tras esa ceremonia, Rodrigo comenzó a hablarnos con ternura acerca del partido, la organización juvenil y los desafíos que nos aguardaban en Chile, y elogió a la dirección de la Jota en la isla y en especial a los camaradas que se adiestraban en las FAR para enfrentar a los fascistas. Disponía de una voz poderosa, profunda, grave, que retumbaba en aquella sala y me hizo evocar, cuando saludaba, años atrás, en un teatro de La Habana, a nuestros camaradas en las FAR, anunciando la inminencia de una guerra a muerte contra la dictadura. Era, por cierto, un hombre sin dobleces ni vacilaciones, el arquetipo comunista por excelencia, el militante consecuente y honesto, en quien armonizaban las palabras y los hechos, la teoría revolucionaria y la práctica revolucionaria. Con dirigentes así uno estaba dispuesto a arriesgar la vida, pensé. Una cerrada descarga de aplausos y de escalofriantes gritos de «al partido salud, aquí está la juventud», que nos recordaban los años en el Chile de Allende, premió las palabras de Rodrigo.

Y luego un grupo de camaradas, acompañados de guitarra, charango, quena y bombo, leyeron poemas de Pablo Neruda e interpretaron canciones de Víctor Jara y Carlos Puebla. La proximidad del momento de la despedida humedeció los ojos a los hombres, y les arrancó lágrimas a las muchachas. Lo intuíamos, pero nadie se atrevió a mencionarlo: era nuestro último encuentro con Rodrigo. Él se marcharía para siempre y se llevaría consigo no solo el eco de nuestras canciones de fidelidad y entrega a la causa del partido, sino también los mejores testimonios de nuestra dedicación inquebrantable al socialismo.

Ya tarde en la noche, entre las lágrimas, los abrazos efusivos y los parabienes interrumpidos por la emoción, el camarada Rojas, cargando el pañuelo preñado de distinciones, se sumergió lentamente en las sombras habaneras para ir a cumplir con su deber revolucionario.

52

Divisé a Lázaro meses más tarde, en las inmediaciones de la casa de sus padres, en la antigua avenida Carlos III, que a partir de 1973 se llama Salvador Allende.Yo tomaba un cafecito acodado a la barra de una cafetería que en el período prerrevolucionario debió haber conocido mejores tiempos, pero que ahora solo ofrecía café y panetelas de guayaba, cuando lo vi pasar reflejado en el gran espejo trizado que colgaba de una pared.

—No te conviene hablar conmigo, chileno —me advirtió, elevando una ceja con cara de pocos amigos, en el instante en que lo cogí por un brazo en la acera—. Soy un leproso y tú lo sabes.

Lo abracé y no me resultó fácil convencerlo para que me acompañara al local. Lucía más esmirriado y pequeño que de costumbre, llevaba el pelo largo, símbolo de persona «no integrada», y cargaba una bolsa de género sucia por cuya boca asomaban alambres y tubos. En su mirada refulgía cierta amargura.

Si bien mi reacción de detenerlo y conducirlo a la barra había obedecido a un impulso espontáneo, ya en el mesón caí en la cuenta de que me iba a resultar tortuoso reanudar una conversación interrumpida hacía años. En rigor, los jimaguas, Willy y yo lo habíamos abandonado a su suerte al guardar silencio mientras la seguridad del Estado lo interrogaba. Sí, nos habíamos limitado a guardar un silencio cobarde, parapetados en las madrigueras de nuestras conciencias, anhelando tan solo que pasase el tiempo y que Lázaro supiese callar en beneficio nuestro.

Y él había callado y su silencio nos había permitido continuar la carrera. No solo lo habíamos traicionado en el momento de la detención, sino que más tarde ni siquiera nos habíamos atrevido a acudir a visitarlo para expresarle nuestra solidaridad. La advertencia de Mercedes, encargada de la Unión de Jóvenes Comunistas del aula, en el sentido de que los revolucionarios debíamos evitar contacto con «elementos desafectos», había calado profundo en nosotros y no habíamos osado desafiarla.

Ordené más café y panetelas, y nos trasladamos con el pedido a una mesa pringosa, desde la cual podíamos observar a través del ventanal abierto el agitado ir y venir de la gente en blusa, pantalón corto y chancletas, la larga cola frente a una bodega y un arroyuelo de agua fluyendo por la avenida desde alguna cañería rota. Era un sinsentido: el agua potable que se racionaba a diario por horas en los hogares, se desperdiciaba en las calles y nadie hacía nada por remediar aquello.

—Hace mucho quería decirte que te debemos la carrera —atiné a decirle a Lázaro.

—Les faltan exactamente cinco semanas para terminarla —repuso con un suspiro—. Yo también estaría graduándome —agregó con una sonrisa nostálgica y la mirada perdida.

—Lo sé. Gracias por todo —dije ruborizado.

—No tienes nada que agradecerme. Yo cometí errores. Quizás fue mejor no haber seguido en la universidad. Hoy me las arreglo vendiendo artesanía en la plaza de la Catedral y soy más libre, más que ustedes, por lo menos.

En realidad el gobierno toleraba desde hacía tiempo, aunque de modo controlado, ciertas actividades artesanales privadas en un intento por paliar la escasez de productos y servicios que asolaba a la isla. Sin embargo, los sectores más ortodoxos del régimen veían en los artesanos el germen de una nueva burguesía, una amenaza potencial para el socialismo y la igualdad de clases, por lo que no dejaban de hostigarlos. Con gestos reposados Lázaro admitió que afrontaba una etapa incierta, pues arreciaban los rumores en el sentido de que el gobierno lanzaría pronto una campaña en contra de los pequeños artesanos y maestros que trabajaban en forma independiente del Estado. Los signos eran inequívocos: hostigamiento creciente de la Policía Nacional Revolucionaria y artículos en el *Granma* que los acusaban de abusar del pueblo, de aspirar a convertirse en los nuevos burgueses y de privar a las empresas estatales de las materias primas que requerían para cumplir los planes quinquenales.

Eran innumerables las campañas de Fidel a favor o en contra de algo. Años atrás, pese a la opinión de los expertos agrícolas, había ordenado arrancar todos los frutales y huertos de los alrededores de La Habana para crear miles de hectáreas de cafetales, las que no solo permitirían satisfacer la demanda nacional de la bebida, sino convertir a Cuba en uno de los mayores productores de café del mundo. Amparado en unos libros sobre caficultura que su embajador en Francia le había comprado a un anticuario de las orillas del río Sena, que sostenían que el café crecería en cualquier punto geográfico de las tierras caribeñas, y haciendo caso omiso de los expertos isleños, el máximo líder ordenó al pueblo arrancar los frutales y huertos para plantar millones y millones de matas de café, las que, tal como lo habían pronosticado los especialistas, nunca prosperaron. Desde entonces la isla se quedó sin café, sin frutas ni verduras.

Tiempo después Fidel inició la campaña en favor del consumo de pescado. Era un absurdo, sostenía a través de interminables cadenas de radio y televisión, así como en los periódicos y las vallas propagandísticas, que los cubanos, habitando una isla, no comieran pescado. De la noche a la mañana se importaron miles de casetas metálicas refrigeradas desde la Argentina, que expenderían pescado a la población, alimento mucho más sano, nutritivo y conveniente para el pueblo que la carne de vacuno, que rara vez se dejaba ver en las bodegas. Y las vistosas casetas azules, de amplios ventanales, siempre deliciosamente frías, se llenaron de golpe de pescados, mariscos y algas, causando alegría y revuelo entre los cubanos, porque ahora sí, tras quince años de penurias, parecía que el racionamiento se acababa de modo definitivo, y el comunismo, tal como lo anunciaba Karl Marx, comenzaría a entregarle a cada uno según sus necesidades y no según sus posibilidades. Sin embargo, meses más tarde las casetas no volvieron a recibir suministros del mar. Al parecer, algo grave ocurría con ciertos repuestos de la flota pesquera cubana. Corrían a la vez rumores espeluznantes de que el imperialismo, en su eterna lucha contra Fidel, se las arreglaba ahora para espantar los cardúmenes de las costas isleñas mediante una sofisticada tecnología desarrollada por la NASA, aunque no había motivo para desesperar, ya que los camaradas soviéticos estaban montando en el espacio un sistema satelital capaz de neutralizar las acciones diversionistas del enemigo. Fue así como la gente comenzó a aprovechar los puestos de pescado como lugar de reuniones de los CDR, del partido, la UJC o el sindicato, y también como centros de fiestas de cumpleaños, e incluso como posadas, ya que el aire acondicionado permitía a las parejas, que cubrían los ventanales con afiches a color de las embajadas socialistas, hacer el amor como si estuviesen en el invierno de Bucarest, Varsovia o Moscú.

—La verdad es que ahora están persiguiendo a los artesanos porque no quieren a nadie independiente del Estado —continuó Lázaro, arrancándome de mis recuerdos, enseñándome lo que acarreaba en la bolsa: simples trozos de cañería de cobre, madera y alambre, retazos de tela y elásticos, desechos que él retocaba hasta convertir en peines, brazaletes, ceniceros, sandalias o cubiertos de mesa—. Eso se vende como pan caliente, porque no existe en las tiendas.

En cualquier momento Fidel podría iniciar la gran campaña del pueblo combatiente contra los artesanos y maestros. Bastaría un discurso para que millones, organizados en el partido, la UJC, los sindicatos, la FMC y los CDR, ubicaran y denunciaran al enemigo. Y Lázaro intuía lo que eso significaba: la confiscación de materiales y herramientas, y una condena seria por reincidencia.

Pero al rato, intentando restarle importancia a la amenaza, me agradeció que lo hubiese detenido para expresarle mis sentimientos. Sin embargo, me pidió que no volviera a hacerlo. Durante los interrogatorios, los agentes de la seguridad del Estado le habían ordenado, fuera de no comentar la detención, olvidarse de sus ex compañeros de universidad y, sobre todo, evitar todo contacto con extranjeros. Al igual que muchos detenidos, había firmado un documento donde certificaba haber sido tratado correctamente por los agentes del orden.

—Entiendo —masculló cuando lo vi ponerse de pie dispuesto a marcharse.

Caminaba ya decidido hacia la puerta de salida, cuando intempestivamente volvió sobre sus pasos, a la mesa, donde aún lo esperaba la panetela, y me dijo en voz baja:

—Por cierto, hay algo sumamente importante que deduje de los interrogatorios, chileno.

Se mordió los labios en gesto dubitativo y luego añadió con frialdad:

—Que en el quinteto hay un chivato.

53

¿Quién era el chivato? ¿Uno de los jimaguas, tan inteligentes y suspicaces, o tal vez ambos? ¿O Willy, el compañero tímido y afable, de aire indefenso, que a menudo nos invitaba a platicar al apartamento de su tía, la exquisita pianista? No me quedó más que resignarme a vivir con esos interrogantes clavados en el alma, incapaz de revelarle a los miembros del cuarteto mi encuentro con Lázaro, ni las sospechas que me corroían con respecto a ellos, tratando de convencerme de que todo aquello era una treta de la seguridad para minar nuestra entereza.

El último día de clases fue uno como cualquier otro, sin festejos, discursos ni ceremonias, ajeno a la fanfarria revolucionaria del primer día, pues el gobierno promovía una campaña nacional de ahorro de recursos. En un ambiente de alegría forzada e incertidumbre, me despedí de mis compañeros y me reuní más tarde a conversar con los jimaguas y Willy en un Fruticuba. Ya nada era igual, la duda inoculada por Lázaro me impedía disfrutar de la antigua atmósfera de camaradería cómplice. Entre nosotros había un traidor, un informante.

La dirección de la escuela nos citó a la semana siguiente para hacernos entrega de los certificados finales e indicarnos nuestros futuros puestos de trabajo, que debíamos aceptar como una misión honrosa e ineludible por haber disfrutado, gracias a Fidel y la Revolución, del privilegio de estudiar. En nuestro grupo reinaban sentimientos mezclados: por un lado, la convicción de que las notas —teníamos las mejores del aula— nos permitirían trabajos apasionantes; por otro, el temor de que la seguridad revelase ahora nuestra complicidad con Lázaro para castigarnos.

Uno a uno fueron ingresando los alumnos a una salita de la escuela, donde la secretaria de la carrera nos comunicaba nuestro destino: Willy, el mejor expediente, fue destinado al archivo subterráneo de una fábrica de tolvas de camiones de La Habana; José Antonio, al prestigioso Centro de Estudios Martianos, y María Elena, a la principal casa de la cultura de la capital, cargo soñado por todos. Supuse entonces que uno de los jimaguas, o quizás ambos, era el chivato. Nadie me llamó, sin embargo, por lo que corrí a ver a Sonia Almazán, la directora de la escuela, para reclamarle por no haber sido «situado».

—Ni te situarán —repuso alerta con sus bellísimos ojos verdes—. Tú no eras estudiante-trabajador, que es a quienes situamos, sino trabajador-estudiante, alguien que ya tiene trabajo.

—Pero no lo tengo. ¿No me pueden situar? Mi expediente es bueno.

—Lo sé —dijo con tono conmiserativo—. Pero la ley es la ley.

No había nada que hacer. Ni siquiera mendigando hubiese podido modificar la actitud de Sonia, una mujer inteligente e inflexible, que cuando muchacha había combatido en playa Girón y dado muestras de coraje al hacer prisioneros a mercenarios. Volví al apartamento de Cristina amargado y durante esos días no dejé de preguntarme si el argumento que esgrimía Sonia no sería nada más que un pretexto para castigar mi amistad con Lázaro, Robledano o Heberto Padilla. Todo era posible.

La ciudad parecía entonces tomada por las «mariposas», que se reconocían a la legua por su vestimenta colorida, a la moda, el calzado de cuero auténtico, el brillo de la mirada y su alegre desplante. Se les veía en las diplotiendas comprando ropa y carne congelada, latas de conservas y de café, cajas de tabacos y bolsas de azúcar para sus pobres parientes que los aguardaban en la puerta. O bien se les divisaba transportando en taxis televisores y radiocaseteras para los familiares, o tomando el sol junto a la piscina de los hoteles mientras los isleños, a quienes les estaba prohibido el acceso a esos sitios, los contemplaban con arrobo desde la calle. Eran los gusanos, la escoria, los lacayos del imperialismo, los enemigos del progreso social, nuestros enemigos de clase, que ahora, gracias a la nueva política del gobierno, emergían en La Habana disfrutando, con boleto de regreso a Miami en el bolsillo, de todo aquello que a nosotros nos estaba vedado por el solo hecho de carecer de dólares.

En los días en que las «mariposas» se paseaban ufanas por la isla, aplaudidas por sus familiares y el gobierno, hablando de Miami y Nueva York, de automóviles y viajes de placer, eludiendo, por conveniencia, cualquier comentario sobre la deprimente realidad de su patria, yo me encontraba nuevamente sin trabajo. Acudí a la embajada germano-oriental a solicitarle ayuda a Bernd Leucht.

—Habrá cada vez menos traducciones, porque Cuba compra cada vez menos —me dijo con su bonhomía de siempre, atusándose el bigote turkmeno en el refrescante aire acondicionado de su oficina, turbado por mi situación—, pero tengo algo nuevo para ti.

Se trataba de que trabajase en una gigantesca planta de gases industriales que la RDA construía desde hacía años en las afueras de La Habana. Debía comenzar de inmediato como traductor e intérprete de los expertos alemanes. Firmaría contrato con la embajada, la que me garantizaba parte importante del salario en pesos convenio. No sería por mucho tiempo, pues ya se aproximaba la fecha de su puesta en marcha, pero me ayudaría a salir del paso al menos durante algunos meses.

—Pero no te desanimes —agregó—, porque mi empresa necesitará pronto un traductor en Dresde. Con los honorarios que ofrecen te alcanzaría para alquilar un apartamentito y librarte de las pellejerías de aquí. Con una recomendación mía, puedes considerar seguro el puesto.

Un ataque de euforia e incredulidad me hizo estremecer. Parecía mentira que salir de la isla fuese, después de todo, tan fácil y justo en el momento en que acababa de terminar la carrera. Pensé por unos instantes en que hasta podría ofrecerle a Margarita y a mi hijo la posibilidad de marcharse conmigo a la RDA.

—Solo necesitamos una carta de tu organización política apoyando el traslado a Dresde —aclaró—. Es un mero trámite, tu partido y el mío son hermanos.

Esa misma tarde acudí a la oficina de la Jota para solicitarle a Vladimir la carta. Tomó nota del asunto con rostro adusto y luego anunció que elevaría la petición a los niveles pertinentes y que me ubicaría en cuanto recibiese respuesta.

Al día siguiente llegué a la planta de gases industriales, situada a una hora de la capital. De nuevo regresaba al mundo obrero del que me había despedido en el campamento de la industria ligera.

Los expertos alemanes, dirigidos por el doctor Scholl —un hombre gordo, afable, de párpados enormes y cuello grueso—, habían trabajado en varios países construyendo plantas similares, pero nunca habían conocido ninguno en el cual reinara tal caos en su economía. Si bien la terminación de la obra se había atrasado en años

por la escasez de materiales, lo peor era que las autoridades cubanas aún ignoraban qué destino darles a los gases.

Por ello la planta liberaba cada noche miles de metros
cúbicos de gas al aire libre, que envolvían los alrededores en una neblina densa y fría. Durante los turnos de
la madrugada —los mejor pagados, aunque no hubiese
nada que hacer—, yo me echaba una manta encima y
dejaba pasar las horas envuelto por la nube blanca y
helada, que me permitía soñar con que ya vivía lejos de
Cuba y traducía textos en un cuarto de Dresde mientras
afuera caía la nieve sobre los techos de la ciudad.

Mientras tanto, afuera, los vecinos del barrio, en su
mayoría negros y mulatos de extracción popular, salían
de las viviendas envueltos en toallas y con gorros de
lana a recorrer azorados las calles nubladas. Era una
ciudad nueva, brumosa y fría, desconocida para ellos, la
que afloraba como por arte de magia con fachadas de
extraños perfiles, con calles cubiertas de una suerte de
nieve etérea, con árboles que parecían congelados. La
gente, asombrada y a ratos muda por aquel espectáculo
estremecedor, vagaba de un lugar a otro, fascinada, al igual
que yo, por ese artilugio que cada noche nos trasladaba
al invierno de alguna remota ciudad polaca o siberiana.

Sólo cuando despuntaba el alba y el doctor Scholl
impartía la orden de detener los compresores, que sol-
taban un resoplido de locomotora a vapor antes de en-
mudecer por completo, el tupido velo de gas comenzaba

a rasgarse y difuminarse, dejando al desnudo las casitas con gardenias y vicarias, el calor húmedo y la claridad celeste, y la gente volvía a sus viviendas y a la normalidad.

El día de la inauguración Fidel llegó seguido de miembros del buró político, algunos ministros, el embajador alemán y periodistas de radio, prensa y televisión. Lo aguardaban desde la madrugada cientos de guajiros con banderas cubanas y del partido, que habían sido trasladados hasta allí en camiones desde zonas lejanas, guajiros que no pararon de ovacionarlo a él y la Revolución hasta que se fue. Ninguno de ellos sabía, por cierto, que una semana antes miembros de la escolta verde olivo del máximo líder habían ocupado el lugar y peinado palmo a palmo las instalaciones y sus alrededores con la ayuda de perros y detectores de explosivos.

Fidel llegó en realidad cuando nadie, ni los guajiros, se lo esperaban, pues los ejecutivos de la empresa habían anunciado su visita demasiadas veces. Arribó pálido y demacrado, como si la guerra de África lo estuviese consumiendo. Se decía que en el edificio del Comité Central disponía de un cuarto especial donde había hecho construir una enorme maqueta de Angola, con cerros, bosques, ríos y poblados, con soldaditos de plomo, que representaban la infantería de las partes en conflicto, tanques de juguete, que mostraban las unidades mecanizadas, y avioncitos, que simulaban las escuadras en conflicto, y que desde allí, vía comunicación en clave con el general

Arnaldo Ochoa, el encargado de las tropas en el país africano, seguía a diario el despliegue de la guerra y le impartía instrucciones para derrotar a los sudafricanos. Ochoa, el héroe en Angola y más tarde en Nicaragua, el hombre más condecorado de la isla después de Fidel y Raúl Castro, fue fusilado años más tarde acusado por el propio Fidel de haberse dedicado al narcotráfico en África. Pero decía yo que el máximo líder llegó a la planta de gases industriales. Sí, e inauguró la obra afirmando que era fruto del indestructible internacionalismo proletario y que revestía importancia trascendental para la economía cubana. Luego, ante la expectación silenciosa de todos, accionó botones, palancas y ruedas y los compresores echaron a andar con un trepidante fragor subterráneo, como de terremoto, y los guajiros estallaron en aplausos y en nuevas consignas en favor de Fidel y del socialismo.

Una hora más tarde, después de haberse enterado de los detalles más nimios e insignificantes sobre el funcionamiento de los equipos y de entregar descabelladas sugerencias a los expertos alemanes e ingenieros cubanos para una explotación eficiente y racional de los recursos, que los cubanos apuntaron en sus libretas con meticulosidad, Fidel se embarcó en su Chaika y se marchó raudo, custodiado por los Alfa Romeo repletos de escoltas de verde olivo, y seguido a mucha distancia por los automóviles de los dirigentes invitados.

En cuanto se asentó la polvareda levantada por la comitiva oficial, y mientras un camión comenzaba a repartirles a los guajiros jugos y panetelas de guayaba, corrí con el doctor Scholl a la nave central, a paralizar la planta. Solo volvería a funcionar cuando las autoridades cubanas decidieran el destino que le darían a la producción de gases.

54

Al término de una reunión de la Jota, Vladimir me comunicó que yo había sido seleccionado para servir de secretario al camarada José Benavente, nuestro representante ante el Comité Preparatorio del Festival Mundial de la Juventud y los Estudiantes, que tendría lugar próximamente en Cuba. El dirigente acababa de llegar de Budapest, donde residía, y ahora tenía su oficina en una de las cabañas del Centro Nacional de Deportes.

Yo había visitado el recinto con anterioridad gracias a una invitación de René, el instructor de remo, quien contaba con permiso de ingreso. Allí, en medio de un vasto parque con césped bien cuidado, canchas de tartán, gimnasios y equipos de alto rendimiento, se preparaban los atletas cubanos para las competencias internacionales. Vivían internados, sometidos a una disciplina rigurosa, entrenando bajo la dirección de expertos y disfrutando —algo que me sorprendió e irritó en esa época de escasez— de una dieta tan generosa que parecía irreal. Aún recuerdo la obscena variedad que hallé en el bufé del casino central: carnes y pescados de primera, mariscos de exportación, salames y jamones húngaros, varios tipos de pan, frutas y verduras a discreción, leche, jugo, yogures y hasta pasteles franceses; en fin, allí estaba todo aquello que no existía desde hacía veinte años en las bodegas de la isla.

Llegué, pues, otra vez al centro de adiestramiento deportivo, que había sido evacuado para que las organizaciones juveniles del comité preparatorio dispusieran de oficinas y pudieran acordar los detalles del festival, que comenzaría dentro de tres meses. Eran los días en que los sandinistas continuaban su ofensiva contra el régimen somocista, la guerrilla salvadoreña del Frente Farabundo Martí para la Liberación Nacional liberaba nuevos territorios y la presencia cubana en África ya no solo se limitaba a Angola, sino que abarcaba también a Mozambique y Etiopía. Eran los días en que los militantes de la Jota ignorábamos cuántos de nuestros camaradas combatían en el mundo, cuántos habían caído y cuántos estaban heridos. De Aníbal, el argentino, solo se escuchaban rumores, que ya estaba fuera de peligro, en un hospital cubano, y que los médicos hacían esfuerzos por devolverle la vista.

El camarada Benavente era un hombre disciplinado y afable, alto, de anteojos de marco grueso y quijada grande, que gustaba vestir safaris y rociarse con perfume polaco. Parecía entusiasmarle la idea de permanecer en Cuba por un tiempo determinado, disfrutando, eso sí, de una situación privilegiada, pero no lograba ocultar su afán por regresar a Budapest, ciudad de la que estaba enamorado.

Mi labor como secretario privado se reducía a llevar de vez en cuando mensajes de Benavente a otras cabañas —a las de las organizaciones juveniles comunistas de la Unión Soviética, Polonia, Vietnam o Checoslovaquia, al buró central de la UJC en La Habana, o a la oficina nuestra en el Comité de la Resistencia Chilena. Era una labor de poca monta, que cumplía tres tardes por semana y que me obligaba a pasar gran parte del tiempo sentado a la sombra del alero de la cabaña, aunque me permitía a la vez comer a destajo y gratuitamente. Jamás pude establecer una relación de amistad con él, siempre impuso una de jerarquía, de deliberada distancia, no haciéndome jamás partícipe de los asuntos importantes de la Jota que manejaba. Nunca, por ejemplo, pude sacarle detalle alguno sobre el paradero final de Aníbal, el argentino, ni sobre los camaradas que habían caído hasta el momento en las guerras.

—¿En Angola? —preguntaba frunciendo el ceño, extrañado—. No tenemos camaradas en ninguna guerra, camarada. Esas son patrañas del enemigo. Además, no es bueno que nos prestemos para hablar de asuntos que promueven la CIA y la DINA.

Guardo la impresión de que Benavente, que siempre lucía prolijo, como recién salido de la ducha y arrastraba la erre, nunca entendió a las claras en qué consistía su labor en aquel comité preparatorio y que buscaba más bien subterfugios para reunirse a charlar con amigos o escapar por unas horas a la playa de Varadero. A menudo mataba el tiempo hablando por teléfono con Ernesto Ottone, el chileno que presidía en Budapest la Federación Juvenil Internacional, y con Antonio Leal, dirigente de la Jota radicado en Italia, que en aquel tiempo debe haber comenzado a coquetear con el eurocomunismo. En realidad, eran escasas las tareas de Benavente en La Habana, ya que la organización del festival estaba en manos de la UJC y la seguridad del Estado, esta última alerta siempre a cualquier contacto con extranjeros. Era, después de todo, un ser demasiado ingenuo como para integrar la dirección de una organización clandestina, aunque a veces me asaltaba la duda de si su ingenuidad era verdadera o simulada, una treta para mantenerse en la ventajosa posición que ocupaba en la ciudad más bella y libre del mundo socialista.

Fue en aquella época que di, por intermedio de Vicente Robledano, con camaradas oficiales de las FAR que estaban a punto de ser enviados a combatir a Angola. La certeza de que pronto se verían obligados a separarse de sus mujeres e hijos para marchar a una guerra de verdad, en la cual podrían dejar sus huesos, los mantenía en un estado de sobresalto, angustia y depresión, que solo lograban paliar ingiriendo botellas de ron y bailando hasta la madrugada al ritmo frenético de la música tropical. No me sorprendió que los camaradas, fieles militantes de la Jota, aceptaran departir sin más ni más en fiestas desesperadas con un sospechoso como Robledano. Era, hasta cierto punto, comprensible, pues al otro lado de ese mar que centelleaba pacífico durante las noches de luna, en el África remota, los esperaba la feroz guerra de desgaste entre Angola y Sudáfrica, entre la Unión Soviética y Estados Unidos, guerra en la que participarían no como chilenos, sino como oficiales del Ejército cubano.

El grupo de seis muchachos, ninguno mayor de veinticinco, se reunía los sábados por la tarde, después de salir de la unidad militar, en el apartamento de Isaura, una maestra de literatura y amante de un camarada. Allí llegaba yo también con Robledano y unas botellas de ron, y en cuanto caían las penumbras sobre la ciudad comenzábamos a beber y a bailar y a dar gritos de muerte a Pinochet y a Savimbi, y vítores a la Revolución y al MPLA hasta que nos sorprendían las luces del alba.

Las sesiones se inundaban de gritos estremecedores, de contorsiones febriles, de sollozos espontáneos y abrazos colectivos, de recuerdos de camaradas que habían sido asesinados en Chile por la dictadura o habían caído en Angola durante los enfrentamientos con las tropas del *apartheid*. Bajo el efecto del alcohol, el humo de los tabacos, el calor asfixiante y la música de un inolvidable *long play* de Boney M, el popular cuarteto integrado por tres negras espectaculares y un negro amariconado de vestimenta estrambótica, que Mercedes había conseguido en el mercado negro, escuchando las canciones que hablaban de Babilonia, Ma Baker y Rasputín, mis camaradas creían que ingresaban a la historia. Ignoraban, por cierto, que ninguno volvería de la guerra ni desembarcaría en Chile para liberarlo de Pinochet.

A veces llegaba a esas fiestas angustiantes Juan Gutiérrez Fischmann, el «Chele», entonces disciplinado y tranquilo militante de la Jota, que seguramente ya en aquellos años, en aquel departamento de Alamar que miraba desde un noveno piso hacia la corriente del golfo, empezaba a esbozar las misiones que habría de emprender en Chile. Lo acompañaba, siempre envuelta en silencio, Mariela, con la cual se casaría más tarde, la bella hija de Vilma Espín y el general Raúl Castro. El «Chele» solía contemplar aquel espectáculo indigno de auténticos combatientes internacionalistas guardando cierta distancia, grabando tal vez en su cabeza los sorprendentes efectos que la proximidad de la guerra causaba en el carácter del hombre. Desde el pasillo del edificio, amparado por la oscuridad, manteniendo la puerta del apartamento abierta, nos seguía con la vista un guardaespaldas de verde olivo, provisto de arma y radio, que permanecía allí serio y atento, desanimando con su sola presencia a todo vecino que se atreviera a llegar hasta el lugar a protestar por nuestro escándalo.

A veces Vicente Robledano echaba a llorar en esas fiestas sin motivo alguno. Le ocurría incluso cuando se encontraba bailando. Se libraba entonces del abrazo de su pareja e imploraba que no lo internaran más en campos especiales antes de cada congreso, que anhelaba vivir en libertad, que solo añoraba marcharse de la isla para iniciar una nueva existencia. Un llanto estremecedor y lastimero se apoderaba de su cuerpo y lo hacía caer de rodillas junto a algún camarada, a quien le rogaba que lo aceptara al menos como voluntario para ir a África y combatir a su lado. En ciertas ocasiones llegaba incluso a arrastrarse hasta donde el guardaespaldas de Mariela, para jurarle que era revolucionario y estaba dispuesto a dar su vida por el socialismo. Yo, pese a mi incipiente borrachera, me asustaba, pues intuía que al hombre de verde olivo le incomodaban las plegarias de Vicente y podían impulsarlo a reaccionar con violencia. Pero mi compatriota no se daba por aludido, su dolor le impedía percatarse de que jugaba con fuego, y continuaba sollozando en el piso de baldosas hasta que alguien lo acomodaba en un sillón diciéndole al oído que no tardaría en obtener un visado para abandonar la isla.

Creo que yo contemplaba todo aquello con la misma actitud distante e indiferente del «Chele», quien años más tarde, después de participar en el secuestro del hijo de Agustín Edwards y el atentado a Pinochet, sería el hombre más buscado por la policía y el Estado chileno. El apartamento del edificio de Alamar, magnífico reparto obrero construido por la Revolución al este de

La Habana, comenzaba ya a parecerme remoto durante aquellas celebraciones, pues me veía a mí mismo lejos del Caribe, instalado en un cuarto pequeño y acogedor de la ciudad de Dresde, trabajando como intérprete, ajeno a las penurias cotidianas de la isla, los discursos sempiternos de Fidel, el diario que no dejaba de halagar las conquistas de la Revolución, las interminables colas para obtener comida, las reuniones de los CeDeErre, los aburridos círculos de estudio de marxismo-leninismo, las estrepitosas manifestaciones del pueblo combativo, las librerías atestadas de textos de Marx, Engels, Lenin y Fidel y autores soviéticos, búlgaros y cubanos que ignoraban la frustración de vivir en el socialismo; lejos del cuarteto que desde la sombra espiaba a un chivato cobarde, lejos de Lázaro tras las rejas, del poeta castigado, de un hijo a quien no podía visitar; lejos de la algarabía, la música, el colorido y la sensualidad de la isla, y también de Vladimir y su estilo conspirativo, lejos de nuestros sacrificados camaradas de verde olivo que a final de cuentas no se preparaban para desembarcar en la patria y derrocar a Pinochet, sino que combatían ahora como simples peones, como carne de cañón, en cuanta guerra librara la Unión Soviética contra Estados Unidos por dominar territorios en el Tercer Mundo.

Yo solía mirar aquello como desde en lontananza, aguardando no sin nerviosismo y angustia pero, a la vez, con una cierta dosis de certidumbre, la respuesta de Vladimir sobre mi petición de traslado a Dresde. De algún modo yo confiaba en que no se opondría, en que la Jota me entregaría la carta con la luz verde para el trámite iniciado por Bernd Leucht en su empresa, y yo podría dejar al fin Cuba y reiniciar mi vida.

A menudo me preguntaba, en un ejercicio inútil, por cierto, qué pensaba Fidel del país que había construido tras veinte años de socialismo. ¿Estaría satisfecho o le asaltarían dudas? ¿Estaba en realidad tan convencido de la justicia de su causa como lo proclamaba en las manifestaciones de la plaza, cuando exigía por sobre todo fidelidad a la Revolución e intransigencia total ante sus enemigos? ¿Creía realmente que era justo despojar de sus propiedades a quienes abandonaban la isla, que correspondía acallar y encarcelar a todo disidente, adueñarse de la prensa y prohibir la circulación de libros críticos, enviar a miles de jóvenes a combatir y morir a África? ¿Y nuestros dirigentes —como Luis Corvalán, Volodia Teitelboim, Oriel Viciani, Aníbal, Vladimir— qué pensaban en verdad del socialismo que ahora conocían en carne propia? ¿Callaban y concedían porque estaban de acuerdo con todo aquello o por simple conveniencia, por apetitos de poder o la incapacidad de renegar de sus principios a esas alturas de la vida? No era yo, por cierto, el más indicado para enrostrarles su falta de valentía, pero me intrigaba saber qué pensaban sobre el socialismo desde sus apartamentos céntricos y sus cómodas oficinas de dirigentes políticos. De todos ellos sólo Rodrigo Rojas, el militante que se había marchado tiempo atrás a la clandestinidad, se libraba de mi enjuiciamiento. Es más, a ratos me imaginaba que tal vez una profunda decepción política lo había conducido a Chile a enfrentarse a la dictadura del mismo modo en que José Martí se había inmolado ante los españoles realistas. No era una probabilidad descabellada, pues, a final de cuentas, la decepción, es decir, el descubrimiento de la realidad última del socialismo cubano, era lo que había inducido al suicidio en la isla tanto a la hermana como a la hija de Allende.

Nunca sabríamos lo que pensaba Fidel. Heberto, el poeta, decía que el máximo líder no confiaba en nadie, que sus relaciones con los que le servían eran de dependencia, jamás de igualdad. Nadie podía estar a su lado, nadie podía ser su par. Era lo único que explicaba que fuera el único líder político del mundo que jamás presentara en sociedad a su mujer, la madre de cinco de sus numerosos hijos. Fidel no se hacía acompañar a ningún acto oficial, fuese en la isla o el extranjero, por su mujer, la que vivía en una suerte de penumbra, ajena a todo protagonismo, anónima, desconocida, sin rasgos que permitieran identificarla, inexistente para el pueblo cubano, el que en gran parte ignoraba que su dirigente máximo tenía cónyuge.

Una apacible madrugada de domingo en que salí somnoliento del apartamento de Mercedes con destino a La Habana y esperaba solitario en la parada el arribo de la guagua, se detuvo a escasos metros míos la caravana de Fidel. Recuerdo que el cielo, aunque todavía grisáceo, presagiaba un día despejado, que el aire estaba sosegado, y la temperatura agradable y, por sobre todo, recuerdo que la bruñida Chaika de Fidel se detuvo justo enfrente mío sin hacer ruido alguno, y que yo quedé paralizado al ver los escoltas de verde olivo que descendían con sus metralletas de los Alfa Romeo a apuntar hasta contra el sol que recién comenzaba a asomarse por la costa. Alamar y el mundo parecían despoblados. Yo, Fidel y sus guardaespaldas éramos los únicos seres humanos en aquellas calles y avenidas, y por un instante, aunque suene irrisorio, temí que la presencia de Fidel obedeciera a que él estaba al tanto de todo cuanto ocurría en las fiestas de los soldados chilenos. Mientras yo no atinaba ni a parpadear por la emoción, los escoltas oteaban una y otra vez el barrio desierto y posaban sus ojos de felino en mí.

Adentro, ocupando el asiento trasero del gran vehículo negro que le había obsequiado Leonid Brezhnev, junto a una ventanilla, con su perfil de nariz griega y gorra de comandante, iba Fidel. Viajaba solo. Lo recuerdo hierático como una estatua, con la vista perdida más allá del parabrisas, ajeno quizás a la calma que envolvía La Habana, disfrutando de algún modo de esa magnífica soledad que solo violaba mi presencia. Tal vez el máximo líder, que sufría desde siempre de insomnio, aprovechaba la luz de las madrugadas para recorrer de incógnito la isla y hacerse una idea de la marcha de la Revolución. Era la única forma en que podría conocer la verdad, si es que ella le interesaba, si es que desconfiaba de los informes que recibía cada día de la seguridad del Estado.

Recordé que cuando Fidel deseaba expresarle afecto especial a un funcionario, solía recibirlo en una de sus veinticinco viviendas repartidas por la isla. Cienfuegos acudía de vez en cuando a entregarle un mensaje trascendental de Brezhnev, un reloj de submarinista soviético o carne de alce ahumado, cuyos primeros trozos terminaban, desde luego, en el estómago de unos gatos que mantenía la escolta del máximo líder para prevenir envenenamientos. Cienfuegos vestía su mejor guayabera y se peinaba, afeitaba y perfumaba con esmero, y desde la madrugada memorizaba los datos del intercambio comercial entre Cuba y la Unión Soviética, los últimos discursos de Fidel y Brezhnev, los acuerdos recientes de los burós políticos de ambos partidos comunistas —temas que Fidel podría abordar en cualquier instante—, y luego se marchaba nervioso, mucho antes de la hora señalada para la cita.

Pero Fidel, me contó Margarita en la época en que todavía nos amábamos, solía esperarlo vistiendo pantalón verde olivo y una camisa arremangada, cocinando su plato predilecto, espaguetis a la carbonara. Y mientras mi ex suegro intentaba demostrarle al líder máximo que

estaba al tanto de sus planes de gobierno y de los principales desafíos de la lucha revolucionaria contemporánea,
Fidel se mostraba ajeno a la gran política, concentrado
en revolver cacerolas, atender a un reloj de arena e impedir que los espaguetis se pegaran al fondo de una olla
y la salsa se quemara. Y cuando Cienfuegos comentaba
tímidamente los logros de los planes quinquenales de las
fábricas y *koljoses* de la Unión Soviética, el comandante
en jefe arrojaba de improviso, a modo de prueba, un
espagueti contra la pared para averiguar si se adhería a
ella, y entonces, ya satisfecho de su éxito culinario, ofrecía un vino tinto italiano e invitaba al huésped a tomar
asiento en la cocina. Sí, espaguetis y vino italiano. Uno
de los sueños recónditos de Fidel, amante y conocedor
de la historia de la Antigüedad, de Pericles, Alejandro
Magno y Julio César, era pasear por el Coliseo de Roma,
el Partenón de Atenas y el Templo de Hera en la isla de
Samos, por la ciudad de Pompeya, junto al Vesubio, y
la de Éfeso en Turquía. Mi mujer me decía que en una
visita a Yugoslavia, cuando se hallaba a menos de un ki-
lómetro de Grecia, Fidel estuvo a punto de convencer a
sus escoltas de que le permitieran cruzar la frontera de
incógnito para admirar los parajes con que soñaba desde
su infancia, pero que estos le habían recordado que él no
se debía a sí mismo, sino a la Revolución. Y Cienfuegos,
sentado frente a los espaguetis, agregaba Margarita, nunca
sabía si debía concederle prioridad en aquella mesa al

plato cocinado por el máximo líder, o a su anhelo de viajar por el sur de Europa o a la conversación sobre la complicada coyuntura mundial.

Recordé todo eso aquella madrugada en esa calle de Alamar. Por unos instantes me pareció que una ruedecilla de la historia se había trabado y me ofrecía a mí solo el espectáculo de Fidel, y llegué a desear que volteara la cara, que saliera de su ensimismamiento, me reconociera y me invitara a acercarme a él y yo pudiera contarle que sabía de su afición a los espaguetis e Italia, Grecia y Turquía, y que yo tenía una invitación para trabajar en la RDA y que solo necesitaba su permiso para hacerlo. Pero de pronto, sin despedir sonido alguno, más increíble aún, como si levitara, la Chaika se puso lentamente en marcha rodeada por los Alfa Romeo, y el perfil de Fidel desapareció de mi vista sin haber movido un solo músculo, como si se tratara de un muñeco de cera que el comandante José Abrantes, el jefe de su seguridad, su sombra, el depositario de todos sus secretos, el mismo que sería después condenado a veinte años de prisión y moriría en la cárcel de un ataque al corazón, sacaba a pasear de vez en cuando para confundir al enemigo.

Al parecer, todo carecía de sentido a esas alturas de la vida. La alternativa militar que había escogido el partido bajo la influencia de la Revolución Cubana sufría el rechazo de la mayor parte de la oposición chilena y nuestro Ejército libertador ya no tenía como destino próximo un desembarco en Chile, sino un largo e incierto periplo que contemplaba guerras de otros países y por otras causas. A final de cuentas, pensaba para mí mientras no dejaba de bailar ni de beber ron, aquella aventura militar solo dejaría una ruta internacional plagada de sangre y muertos, ni siquiera un intento frustrado por establecer en la patria un orden semejante al que imperaba en la isla.

Cuando nos sorprendía el alba, algunos se retiraban hacia los cuartos con una compañera ocasional y otros caían extenuados, completamente borrachos, ajenos a las naves que en algún punto de la isla los aguardaban para transportarlos a la guerra de África.

55

Alojarme en el pequeño apartamento de Cristina, en el reparto de Altahabana, al que volvía después del intenso trabajo como traductor e intérprete en la planta de gases, se fue tornando delicado debido a los ataques de celos de su marido, del que vivía separada, aunque sin divorciarse.

—Vengo a vigilar este frente —gritaba Baltasar tras abrir a patadas la puerta del apartamento durante la madrugada. Yo me mantenía en mi cuarto, tenso entre las sábanas por efecto del miedo, mientras las niñas, que compartían cama con Cristina, sollozaban ante la actitud irracional de su padre—. Vengo a controlar este frente y a los efectivos de esta unidad.

Llegaba de uniforme y portando su arma de servicio. Parecía borracho. Tenía el pelo tieso y unos ojos verduscos que destilaban desconfianza y odio. Se paseaba con las manos al cinto y abría a patadas las puertas y revisaba escrupulosamente rincones y clósets en busca de algo indefinido. Mientras lo hacía dejaba escapar palabras de afecto para sus hijas, e insultos en contra de la madre. Cristina le respondía del mismo modo. Ambos se profesaban un odio extremo, que exudaban de forma soterrada, crispando el ambiente del apartamento. Yo temía que Baltasar, que insultaba filtrando las palabras por entre los dientes, costumbre que había aprendido de los indios bolivianos, desenfundara el arma y disparara contra nosotros mientras buscaba al presunto amante de Cristina en el balcón, en los clósets, detrás de la cortina plástica de la ducha o dentro del refrigerador.

Ostentaba el grado de teniente de las FAR, había combatido en Angola y ahora tenía bajo su mando un contingente de reclutas que cumplían a regañadientes el servicio militar obligatorio de tres años. Más que derrochar su energía en los ejercicios y el adiestramiento, Baltasar invertía el tiempo en perseguir a los reclutas, en su mayoría negros rebeldes, pobres y sin educación, que no deseaban incorporarse a las FAR, por lo cual huían de los cuarteles a la primera oportunidad que se les presentaba. Baltasar me había relatado con lujo de detalles las redadas que realizaba en los barrios marginales de La Habana con efectivos de la policía militar en busca de los desertores, a quienes se les aplicaba posteriormente todo el rigor de la ley. Cuadras enteras eran rodeadas por los soldados, pero los fugitivos escapaban trepando como gatos por los tejados y muros, o bien se ocultaban en las miserables viviendas de sus vecinos. Los allanamientos sin orden judicial no daban resultado, puesto que los habitantes de las barriadas, en masivo acto solidario, defendían y ocultaban a los jóvenes, quienes a menudo eran el único sustento de sus padres ya viejos.

—Arrancan o se esconden —me explicaba Baltasar en sus momentos de lucidez, cuando conversábamos apoyados en la baranda del balcón y fumábamos unos cigarrillos rusos que olían a pasto verde—. El que cae en el servicio militar, termina en Angola o Etiopía, peor aún si es negro.

Como uno de los numerosos guardaespaldas de Allende, había conocido de cerca las interioridades del gobierno popular, sus momentos álgidos, crisis internas y las tensiones con los militares, el vértigo revolucionario de ciertos integrantes del gabinete y de los líderes de los partidos aliados. Había resistido junto al presidente el bombardeo de La Moneda y escapado del palacio de milagro. Después, la seguridad cubana lo había trasladado a La Habana, donde pudo reunirse finalmente con su mujer e hijas en aquel modesto apartamento, donde el amor de pareja se convirtió en infierno.

Su partido, el Socialista, lo había enviado en el 68 a Bolivia junto a numerosos militantes a respaldar al Che Guevara desde pueblos y ciudades, porque el Partido Comunista Boliviano, en una actitud sorprendente, mantenía aislada a la guerrilla. Tras la muerte del Che, Baltasar volvió a Chile a incorporarse a tareas de inteligencia de la izquierda, que daba ya como probable el triunfo de Salvador Allende en las elecciones presidenciales de 1970.

Cuando yo le preguntaba a Baltasar por su experiencia en Bolivia, donde había conocido a Benigno, el hombre que había preparado la guerrilla con el Che y que años más tarde se asilaría en Francia, me respondía que no podía hablar de ella, porque le estaba prohibido. Solo una vez, mientras tomábamos tranquilamente café en el balcón del apartamento en uno de sus escasos arranques de sensatez, me dijo que al Che lo habían traicionado.

—Lo abandonaron a su suerte en Bolivia —me contó escrutándome con sus ojos verdes y una sonrisa, como probando mi fidelidad a los principios de la Revolución, que había convertido al Che en un santo—. Fidel ha tenido suerte, chico —agregó insidioso—, todos los hombres que lo eclipsaban han muerto. Primero Echeverría, líder del Movimiento 13 de Marzo; después Frank País, líder del 26 de Julio; posteriormente Camilo, el barbudo más carismático de la sierra, y después el Che.

—Es cierto —repuse en un intento por atemperar su especulación—, Fidel es el único líder sobreviviente de la Revolución.

—Ya verás cómo todos los que le hagan sombra van a caer —agregó dejando escapar las palabras por entre los dientes—. Caerán en combates, en accidentes, por enfermedades; en fin, los orishas lo protegen.

—¿Y tú? —preguntó una madrugada después de abrir a puntapiés la puerta del apartamento. Me miraba de hito en hito con los brazos en jarra y un ojo entornado, como apuntándome. En su rostro emergió una sonrisa burlesca—. ¿Cuándo diablos te vas a ir de aquí para que las niñas no sigan aprendiendo malas costumbres de su madre?

—No te entiendo —repliqué temeroso de que en medio de su borrachera quisiese dirimir la conversación mediante un pistoletazo y salté de la cama en calzoncillos.

—A buen entendedor, pocas palabras —sugirió con lengua traposa, saliendo del cuarto, divertido por el espectáculo que yo brindaba.

—Déjalo en paz —gritó Cristina, que seguía la conversación en enaguas desde el pasillo. Sus hijas sollozaban aterradas en la cama—. Es el único hombre que cuida a tus hijas y a su madre.

—Ya me imagino cómo te cuida —respondió Baltasar virándose lentamente hacia ella.

Me mantuve en la salita de estar sin saber qué hacer, calculando que tardaría una eternidad en correr hasta la cocina y apoderarme de un cuchillo. Antes de que yo lo hiciera, Baltasar me descerrajaría tres tiros.

—¡Ándate, ándate, por favor! —rogó Cristina—. Si tú tienes a tu compañera cubana en el edificio de al frente. ¡No sé por qué te da por venir a buscar pleito acá! Las niñas tienen clases mañana temprano.

Baltasar extrajo lentamente el arma de su cartuchera y se la paseó con manos temblorosas por el rostro, como si se estuviese afeitando, y cerró los ojos durante unos instantes. Respiraba agitado. Las niñas, Cristina y yo nos manteníamos inmóviles, a la expectativa.

—Mis princesas —masculló Baltasar avanzando hacia Rocío y Maya con el arma empuñada—. Mis princesas.

Ingresó al dormitorio a paso lento y se detuvo junto a la cama, donde guardó el arma con gesto lento y comenzó a acariciar las cabecitas de las niñas que temblaban de miedo. Las apretó contra su pecho y las besó en la nuca, llorando. Permaneció largo rato allí, sin decir palabra, sin dejar de acariciar las cabelleras claras, mientras Cristina observaba desde un rincón de la cocina, apoyada en el refrigerador. Por el aire llegaba el eco lejano de tambores y claves.

—Perdónenme, mis princesas —sollozó el teniente—. Perdónenme. Yo hubiese querido que crecieran en Viña del Mar, junto a los abuelitos, en un Chile feliz, y he terminado por brindarles esto, un uniforme, una pistola y estas piezas desnudas, sin cuadros ni juguetes. Perdónenme, mis princesas, nunca deseé esto para ustedes.

Las besó con ternura en las mejillas, cubrió sus cuerpecitos sudorosos con la sábana y apagó la luz y se sentó en la cama a acariciar a sus niñas para que se durmiesen. Al rato, cuando ellas dormían, dejó el apartamento sin decir adiós.

Lo seguimos en silencio a través de las celosías cuando atravesaba la calle en penumbras y entraba tambaleante al edificio de enfrente. Por el este maduraban ya los primeros gajos de claridad.

IV
BACURANAO

56

Los irracionales episodios nocturnos que protagonizaba Baltasar en Altahabana me convencieron de que debía abandonar cuanto antes el apartamento de Cristina y buscar un nuevo techo.

Ahora no podía recurrir a Heberto Padilla, a quien seguía vendiendo víveres y ron de la diplotienda para sus desgarradores encuentros con intelectuales en desgracia, porque el poeta confiaba en que el gobierno español lograría sacarlo de la isla. Tampoco podía pedir ayuda a Robledano, cuyo papel me resultaba cada vez más siniestro en medio de los camaradas que salían a la guerra, ni al cuarteto, que con el término de las clases y la advertencia de Lázaro había perdido su sentido original para mí. Menos debía abordar el tema con la Jota, ya que Vladimir aún no aprobaba mi petición de salida a Dresde, y una nueva petición solo serviría para hacer más confusa mi situación ante la dirigencia.

Una noche en que paseaba sin rumbo por La Habana Vieja tratando de apaciguar mi angustia, porque Vladimir acababa de sugerirme que lo más indicado era que yo conversara sobre mi plan de viajar a Alemania con el camarada Benavente, decidí visitar a Willy en el apartamento de su tía, la elegante maestra de piano. Necesitaba conversar con alguien de cualquier cosa, y comer o beber algo caliente, porque las colas se alargaban interminables ante los escasos restaurantes de la ciudad.

Willy, que continuaba trabajando en un archivo subterráneo, se alegró de veras al verme y me invitó a entrar. Tenía visita en casa. Se trataba de Mario, un hombre de mediana edad y aspecto distinguido, licenciado en literatura inglesa, un «tronado» político, que trabajaba de obrero en la fundición de acero del Cotorro por su rechazo a la Revolución. Era un personaje nervioso, de piel pálida y anteojos de cristales gruesos, sumamente culto, que sospecho solía visitar a Willy sólo para que este le prestara los libros conseguidos a través de Lázaro. Se trataba, desde luego, de un «gusano» con una historia dramática: hijo único de una familia del exclusivo reparto de Siboney, ahora en poder de los líderes revolucionarios. Tras titularse en 1969 había intentado sin éxito fugarse en dos ocasiones en balsa de la isla.

—La cosa fue muy simple —me contó con cierta indiferencia, como si se tratara de asuntos nimios—, la primera vez me sorprendió una cañonera, me trajeron a tierra y me condenaron a tres años.

Al término de la pena lo habían situado en un plan avícola, en las afueras de La Habana, donde comenzó una vez más a fraguar su huida al Norte. Permanecer en la isla ya carecía de sentido para él, pues su expediente guardaría para siempre su fuga frustrada, la que lo condenaba, pese a su título, a morir en el campo o en una fábrica como simple peón.

—La segunda vez me sorprendió un helicóptero —precisó en tono neutro—. Se colocó sobre mí y me arrojó el bolón de acero que llevan amarrado a un cable hasta que destruyó la balsa. Quedé nadando en medio del océano y el helicóptero se alejó.

—¿Y entonces? —pregunté al ver que guardaba silencio y medía mis reacciones.

—Volvieron al rato, cuando me sabían desesperado y resignado a lo que fuese —añadió sin dejar de mirarme a los ojos—. Me trasladaron a tierra colgado del cable y me echaron cinco años por reincidente. Salí hace poco y no tengo trabajo. ¿Y tú eres opositor a Pinochet?

—Así es.

—Pues no sabes de lo que te salvó —dijo sin perder la calma, con los ojos ya sin vida, resignado a lo que fuese, como si aún colgara del cable del helicóptero—. Ese se marchará algún día, el nuestro morirá en el poder.

No tenía sentido discutir con él. En rigor, yo debía denunciarlo de inmediato al Ministerio del Interior por su conducta contrarrevolucionaria y lesiva a Fidel, y yo serviría de testigo definitivo y él volvería a la cárcel, esta vez por transmitir propaganda fascista y contrarrevolucionaria. Me bastó un intercambio de miradas con Willy para darme cuenta de que me rogaba sin palabras que mantuviera la cordura. Guardé silencio sin atreverme a mirar a Mario a los ojos, porque su dolor, su estadía detrás de las rejas y su rostro enjuto, cincelado por la amargura de no poder salir de la isla, su convicción profunda de que era víctima de la injusticia y la arbitrariedad, me apabullaban.

La sorpresiva llegada de la tía de Willy, tan entusiasta como fina, nos sirvió para ventilar aquel ambiente opresivo y angustioso, y para que la mujer aprovechara lo que llamaba distinguidos huéspedes para brindarnos su interpretación al piano de algunas piezas de Ernesto Lecuona. Entre composición y composición, Mario nos hacía ver que la nueva trova, en especial las composiciones de Silvio Rodríguez y Pablo Milanés, nacían de la obra del músico nacido en Guanabacoa y muerto en España en 1963, y también de Guillermo Portabales, uno de los mayores trovadores cubanos, desconocido para los jóvenes porque había abandonado la isla después de la Revolución y había sido castigado con el silencio oficial, al igual que Celia Cruz, Cachao, Tito Puente y todos los músicos, artistas, intelectuales y políticos y hombres y mujeres que no fuesen revolucionarios o se marchasen de la isla. Y Mario, entre canción y canción, me preguntaba si en la universidad me habían hablado alguna vez de Maritain, Teilhard de Chardin, Max Weber, Adorno o Heidegger, y si conocía a Schönberg o a Webern o solo a Beethoven, Mozart, Tchaikosvsky y Vivaldi, y si había leído a Bakunin, Freud y Marcuse o solo a los ideólogos soviéticos, y a mí no me quedó más que aceptar, ruborizado ante su mirada inquisidora, que ignoraba todo aquello, pues en nuestra carrera no estudiábamos la ideología burguesa.

Todo pareció decantarse rápidamente en aquellas semanas. Una tarde Robledano, que me esperaba a la salida de la reunión semanal de la Jota para que fuésemos a echarnos unos vasos de ron a una piloto, me dijo que necesitaba hablar conmigo. Lucía tenso, inseguro y solo alcanzó cierto sosiego después de un largo sorbo del detestable Coronilla. Era el Festival Mundial de la Juventud y los Estudiantes, ya próximo, lo que lo inquietaba, pues tenía la certeza absoluta de que volverían a detenerlo y a enviarlo a una granja de la seguridad del Estado, tal como le había ocurrido durante los congresos anteriores.

—Si me quieren encerrar de nuevo, me suicido, mi hermano —me dijo con un tartamudeo y los ojos llorosos, como un animal acorralado.

Después me contó que mis camaradas de Alamar, aquellos con quienes organizábamos las fiestas en el departamento de Isaura, se habían marchado a la guerra. Sí, se habían ido de la noche a la mañana, de forma sorpresiva hasta para sus propias compañeras, en los enormes aviones de transporte de tropas o tal vez en uno de los barcos rusos que salían con destino a Luanda desde La Habana o Cárdenas. La noticia me estremeció y, extrañamente, me hizo sentir solo en medio de esa piloto atestada de borrachos escandalosos. Evoqué los rostros eufóricos de mis camaradas cuando cantaban a coro las canciones de Boney M, y me dije que ahora, en ese mismo instante en que yo bebía ese ron detestable y esperaba el permiso para irme a Dresde, ellos afrontaban en África los rigores de la guerra o quizás ya habían muerto defendiendo sus ideas revolucionarias. Y en ese momento emergió también con nitidez en mi memoria el rostro huraño, de frente amplia y quijada prominente de Rodrigo Rojas, el hombre que desafiaba a Pinochet desde la clandestinidad después de fundar el embrión del Ejército revolucionario que se proponía liberar al país de la dictadura.

Esa misma noche, mientras viajaba en una guagua destartalada hacia donde Cristina, a sabiendas de que por la madrugada su esposo volvería a aparecer en el apartamento con su arma y esgrimiendo amenazas, recordé que tiempo atrás Armando Suárez del Villar, el teatrista, me había hablado de un amigo suyo que vivía en Miramar desde antes de la Revolución, y que contaba con una cabaña abandonada en la playa de Bacuranao, a solo quince minutos de La Habana Vieja, que bien podría servirme de refugio.

—Sí, es de Roberto Sonara, que vive cerca de mí —dijo Armando al teléfono, medio dormido a esa hora, porque lo había llamado desde el primer teléfono en buen estado que hallé—. Le voy a dar tu nombre para que vayas a verlo. Es una locura irse para allá, pero si lo deseas, hazlo.

57

Al día siguiente llegué a la casona de Roberto Sonara, que quedaba en las inmediaciones del centro comercial La Copa, donde durante los primeros meses de mi existencia en la isla yo solía hacer la cola para comprar los alimentos racionados. Roberto, miembro de una familia tradicional de Miramar, levantaba pesas aquel día junto a Andy Estefan, otro muchacho de origen burgués, sobre el césped marchito que rodeaba la piscina.

Tras el triunfo de la Revolución ambos habían tenido que adaptarse a sus nuevos vecinos: los dirigentes barbudos y los estudiantes becados. Ni Roberto ni Andy habían ingresado a la universidad a causa de su escaso compromiso con la Revolución y por su reticencia a integrar el CDR. Debido a ello, Roberto desempeñaba labores menores en un estudio fotográfico, que se mantenía la mayor parte del tiempo cerrado por falta de papel y químicos, y Andy trabajaba en el Instituto Nacional de Estadísticas, institución que rara vez divulgaba sus estudios.

Eran joviales, frívolos y narcisos, y sus principales preocupaciones consistían, al parecer, en mantenerse en forma y no perder el bronceado de la piel, en conquistar muchachas, conseguir comida y ropas en la bolsa negra, y escuchar las emisoras de música *rock* de Key West, adonde, según el teatrista, soñaban con escapar. Cuando le pedí a Roberto que me prestara la cabaña de Bacuranao, me dijo:

—Era de mis padres, pero se la expropiaron y nadie la ocupa. No tiene gas ni electricidad, pero si deseas ocuparla puedes hacerlo, nadie te lo impedirá.

A partir de ese día me instalé en la construcción de madera levantada en una paradisíaca ensenada de mar turquesa y arenas blancas, desierta. A través de las celosías y la malla antimosquitos, que aceptaban el soplo de la brisa con su perfume a salitre, se divisaban el mar, por un lado, y un tupido bosque de pinos, por otro. Me quedé allí con mis escasas pertenencias, acompañado de ciertos libros prohibidos y la máquina de escribir de la embajada con la cual traducía textos que cada día escaseaban más a causa de la crisis económica de la isla, que no le permitía importar maquinarias.

Por las noches comía en una cafetería cercana construida en un bohío antes de la Revolución. Se alzaba a orillas del mar y pocos sabían de su existencia, por lo que exhibía a diario una proverbial oferta de cervezas, panetelas, tabacos y jugos, que administraban no sin cierta picardía Olga Lidia y Rosnel, un matrimonio de negros viejos, diestros en el suministro del mercado paralelo.

—Los compañeros de la empresa de suministros de víveres y bebidas envían desde los sesenta el mismo pedido y nunca han reparado en que ya nadie viene aquí, chileno —me contaba Rosnel mientras preparaba unos mojitos soberbios y de su radiocasetera nos llegaba la voz melodiosa de Benny Moré, «el bárbaro del ritmo», y la brisa nos brindaba una tregua. Olga Lidia, mientras tanto, una gorda alegre como paquidermo, preparaba unas masitas de puerco estremecedoras, acompañadas de arroz congrí, yuca con moho y plátanos maduros, masitas que extasiaban a los pocos clientes que, tras hacer el amor en el coche que parqueaban en los pinares —eran amantes clandestinos, desde luego, hombres y mujeres infieles—, se aproximaban al quiosco a reponer fuerzas o darse un trago para volver al trabajo.

En realidad, una semana después ya no tenía deseos de regresar a La Habana. Me las arreglaba bien en la cabaña, o conversando con Rosnel y Olga Lidia, traduciendo textos técnicos, planeando, mientras la brisa nocturna entraba por las celosías abiertas y refrescaba la cabaña, la vida que llevaría en Dresde. Sólo a ratos me embargaba el miedo de que la Jota me prohibiera una vez más viajar, pero pronto desechaba esa probabilidad, convencido de que la opción que se me brindaba era tan favorable, que nadie se opondría a que yo viajara a Europa y después pudiera regresar a Chile. De lo que se trataba más bien era de aguardar el momento propicio para consultarle al camarada Benavente por la carta que me permitiría trasladarme de país. Debía ser cauto, paciente, capaz de ganarme primero las simpatías del líder juvenil, siempre ocupado con la labor del comité preparatorio, y solo después hablarle de mi asunto. Él, con su carácter afable y su experiencia de años en el país socialista más liberal del mundo, no se opondría a mi proyecto.

Sin embargo, un gesto de su parte me había permitido obtener días antes un leve indicio de lo que pensaba en su fuero interno sobre mi solicitud. En la cabaña que le servía de oficina, Benavente me pasó una mañana dos libros publicados en la República Democrática Alemana por Carlos Cerda, escritor chileno y miembro del Comité Central del Partido Comunista de Chile, que vivía exiliado en Berlín Este. Uno de ellos, creo que *Pan de Pascua*, estaba dedicado a nuestro líder, Luis Corvalán.

—A ti, que tanto te gusta la escritura —me dijo mientras me pasaba los textos con una mirada que combinaba el reproche con la satisfacción—, observa lo que puede lograr un escritor comprometido, revolucionario, comunista, como Cerda. Léelos y aprende del camarada.

Supuse que Benavente estaba al tanto de mi relación con el poeta Padilla y que pretendía demostrármelo con aquella referencia al escritor chileno. Cerda había jugado en Chile un papel importante en la defensa del gobierno de Allende en un popular programa de televisión que, reflejando el pluralismo existente en el país hasta el golpe de Pinochet, incorporaba cada semana a dirigentes de todos los sectores nacionales.

Sin embargo, al retirarme de la cabaña de Benavente con uno de los libros en la mano, yo alimentaba aún, en medio de mis vacilaciones y temores, la esperanza de que la Jota me permitiera dejar la isla. Quizás la referencia a Cerda significaba algo distinto, tal vez el anhelo de la organización de que en la RDA me convirtiera en un escritor comprometido y militante como él, ya que no me amoldaba para soldado.

Una noche de luna llena en que recorría la playa desierta, me interné por los pinares costeros y tropecé con una estructura de madera, que me hirió un pie. Se trataba de un bote deliberadamente disimulado bajo ramas y lianas. Lo examiné y comprobé que estaba en perfectas condiciones, aunque carecía de remos. Me dije que tal vez lo habían arrastrado hasta allí personas que se proponían escapar de la isla. Volví a ocultarlo con premura bajo la vegetación, impulsado, tal vez, por un sentimiento de repentina solidaridad hacia el o los desesperados que yo no conocía y que quizás me espiaban desde algún lugar.

Reanudé mi marcha por la orilla, temeroso de que aparecieran los guardafronteras y me preguntaran qué hacía en las cercanías de esa embarcación, y me detuve más allá a contemplar el armónico cabrilleo del mar que unía a Cuba con los cayos floridanos. Fue la primera vez que me sorprendí especulando con la posibilidad, remota desde luego, de huir en balsa de la isla.

58

Una mañana en que caminaba junto al camarada Benavente por los céspedes del Centro Nacional de Deportes, sede del Comité Preparatorio para el Festival Mundial de la Juventud y los Estudiantes, me atreví a consultarle el parecer de la Jota sobre la carta que yo requería para trasladarme a Dresde.

Benavente reflexionaba entonces abrumado en torno a la inquietud del representante del Komsomol soviético: cómo manejar durante el festival el tema de los derechos humanos, que Occidente monopolizaba para sus propios fines desde la Conferencia Europea de Helsinski en 1975 y convertía en eje de toda discusión política, perjudicando así a los regímenes de partido único. La inquietud la compartía el conjunto de organizaciones juveniles comunistas, por cuanto al festival asistían también grupos progresistas de Estados Unidos, Europa Occidental y América Latina, sensibles al tema de los derechos humanos en el mundo.

—¿No ha habido novedades con respecto a lo mío? —volví a preguntarle después de sentarnos en la bien surtida cafetería del centro y ordenar té y pastelillos.

Me miró extrañado a través de sus anteojos de marcos negros. Tenía la mirada cansada, como si el clima tropical no le hubiese sentado o lo consumiesen los rumores sobre el inminente peligro de división que amenazaba al partido por la política militar. Era posible que un hombre como él, acostumbrado a la vida sofisticada y liberal de Budapest, pudiera a lo mejor no respaldar la lucha armada en Chile para instaurar el socialismo.

—¿A qué te refieres? —preguntó como regresando a la realidad.

—A mi intención de irme a Dresde.

Encendió con parsimonia un cigarrillo, cruzó una pierna y esperó a que un mozo nos sirviera el café y pastelillos.

—Creo que ya te mencioné la última vez —resumió en tono molesto— que estamos en una situación sumamente compleja en términos de lucha de clases en Chile, y no podemos permitirnos que la militancia escoja el camino que mejor le parezca.

—No, no me dijiste nada de eso.

—Disculpa, pero en síntesis la situación es que estamos en guerra con Pinochet y somos un ejército, y que hay que hacer lo que el partido dice.

—¿Y qué ordena el partido en mi caso?

—Sobre ti, en particular, nada. Me refería, camarada, a las líneas generales que rigen nuestro accionar revolucionario —repuso expulsando el humo al aire fresco de la cafetería con cierta elegancia—. No es justo que mientras camaradas sacrifican sus vidas por derrocar a Pinochet, tú te armes un panorama propio, ajustado a tus deseos y caprichos personales. Eso constituye una deformación pequeñoburguesa, subjetivista, atendible tal vez bajo circunstancias normales, pero no en la actual coyuntura, camarada.

La indolencia que encerraba su respuesta me enfureció, pero me dije que debía mantener la cabeza fría y evitar errores. La situación no se prestaba para excesos. El partido se valía de los mecanismos del socialismo para restringir los viajes y disciplinar a la militancia, y yo, a través de mi experiencia con Padilla, Lázaro o Robledano, sabía lo que eso significaba.

—No se trata de caprichos, sino de una excelente alternativa que tengo para volver a mediano plazo a Chile —alegué.

—Tú volverás a Chile, al igual que toda la militancia, cuando la Jota y el partido lo estimen pertinente. No antes. Estamos desarrollando un plan de retorno que hará historia, ajustado a las necesidades de nuestra lucha y sin poner en riesgo la seguridad de nadie. Figúrate, si ahora cada cual sale a la desbandada, no sé en qué terminaremos.

—No puedo creer que la Jota tenga planes para que yo vuelva a Chile desde Cuba. Sería suicida.

—Si te enviamos a Chile, llegarás allá con una identidad nueva y con una tarea específica, obviamente.

—¿Clandestina?

—Obvio —aseveró entornando los párpados por unos instantes.

Me ofrecía, entonces, en lugar de Dresde, una de aquellas misiones que rayaban en lo heroico y a menudo significaban la muerte. Me quería convertir, como diría Heberto Padilla, en nombre de un jardín infantil bajo la democracia. No podía aceptarlo, menos aún al verlo disfrutar el cigarrillo mentolado o al recordar que él cumplía una placentera tarea en el Caribe, con auto y chofer, hotel de primera, viáticos y tiquete de regreso a Hungría, el país socialista más libre y próspero de todos. No, yo no sería carne de cañón de nadie; Aníbal, el argentino, lo había sido, y ahora estaba ciego. Demasiados se habían dejado utilizar y ahora combatían en Angola o Centroamérica o yacían tres metros bajo tierra.

—Seamos concretos, camarada —sugerí—. ¿Me apoya o no la Jota para que yo pueda salir de Cuba e iniciar ese trabajo en Dresde?

Soltó el humo por la boca, formando un círculo con los labios, y dijo:

—No, en este momento eso no es posible.

—Pero no puede ser —reclamé en voz baja, tratando de no arruinarlo todo—. Ni siquiera quiero irme al capitalismo, camarada. Solo deseo viajar a la República

Democrática Alemana, borrar mi paso por Cuba y volver a Chile, ser útil allá a mi pueblo y a la Jota. ¿Cómo va a ser imposible?

—Sería complicado explicarles a los compañeros cubanos que deseas irte —dijo al rato con cautela, mirándome de soslayo mientras alzaba la taza.

El representante del Komsomol, un cincuentón calvo y gordo, de modales rudos, que a diario se las arreglaba para estar borracho antes de las once de la mañana, ingresó en esos instantes al local. Lo acompañaban dos preciosas secretarias negras del comité preparatorio. Benavente le dirigió una venia cómplice en los momentos en que el ruso y las muchachas se acomodaban en una mesa distante.

—¿Qué quieres decirme con eso? —insistí—. ¿Que los compañeros cubanos se oponen a que yo salga de Cuba?

—Viniste por tus propios medios a la isla —precisó con calma, mirándome a los ojos, ajustando quizás una vieja deuda que yo tenía con la Jota—. No te trajo la organización. Me imagino que, por lo tanto, tu permiso de salida depende de los cubanos y que deberías tramitarlo con ellos.

—¿Pero los cubanos se oponen a que me vaya? —pregunté con un cosquilleo en el estómago, convencido de que el cerco que yo tanto temía se cerraba en torno a mí.

—Estuviste casado con la hija de un dirigente de la Revolución, con un hombre muy bien relacionado y que cumple funciones en áreas sensibles de Cuba. Tú mismo conociste a través de él a mucha gente importante.

—O sea que los cubanos le plantearon a la Jota la inconveniencia de que yo me vaya. ¿Fue así?

Benavente aplastó el cigarrillo contra el cenicero y vació su taza lentamente, con los párpados entornados, y luego saboreó un trocito de *éclair*.

—Ya tuvimos un problema con ellos debido a un asunto privado tuyo —dijo tras limpiarse los labios con una servilleta de papel—. Ahora no queremos repetir esa experiencia. Así de simple.

—Pero la carta que les pido no tiene nada que ver con eso.

—Pides una carta que facilite tu salida de la isla.

—Si los cubanos no están de acuerdo con la salida, la carta no tendrá valor alguno. No pierdes nada con entregármela.

—¿Pretendes acaso que la Jota dé un paso en falso?

—No, nunca, jamás. Solo pretendo irme de aquí, camarada.

Se puso de pie, irritado por la franqueza de mi aseveración, se acomodó los anteojos y alisó el safari, dándome tiempo para que lo siguiera. En su rostro advertí un rictus de persona ofendida que me inquietó. Lo seguí.

—No, no vamos a hacer nada que pueda irritar a los compañeros cubanos —aclaró con una tosecita mientras nos acercábamos a paso lento hacia la mesa del ruso, que ahora posaba una de sus manos rosadas sobre el apetecible hombro desnudo de una de las muchachas.

—Una carta de ese tipo no los irritará. Lo sé —dije tratando de sonar convincente—. Mi ex suegro y mi mujer estarán felices de que yo cuente con un trabajo estable en el socialismo y pueda cumplir las obligaciones económicas con mi hijo. Lo sé, camarada. Te ruego que me extiendan esa carta, solo eso. Es todo lo que necesito para irme a Dresde, donde me esperan un techo y un trabajo.

—Mejor nos olvidamos definitivamente de Dresde —sugirió en tono patriarcal—. Y es preferible que te dediques con mayor entusiasmo a la Jota. Sin ir más lejos, el camarada Beltrán me dijo que te necesita para imprimir nuestros documentos, una tarea de gran trascendencia política, como sabes. Y ahora te ruego que cambiemos de tema, pues tengo que abordar un asunto importante con el camarada soviético.

59

Volví a la cabaña y me encerré en ella durante varios días abrumado, confundido, decepcionado por la conversación con Benavente. En rigor, la Jota me prohibía abandonar Cuba a sabiendas de que yo carecía allí de techo y trabajo, y de que en Dresde tendría los problemas básicos resueltos. ¿Se trataba de una venganza de la organización o tan solo del miedo a importunar a los cubanos?

De permanecer en la isla, en aquel ambiente generalizado de pobreza, desesperanza y falta de perspectivas, yo terminaría por sucumbir. Primero en términos materiales, pues dentro de poco, como ya me lo había anunciado Bernd Leucht, se suspenderían las traducciones. Sin trabajo ni techo ni libreta de racionamiento caería en una suerte de indigencia similar a la de Robledano, y después vendría lo peor, la pérdida total de la fe de poder emigrar algún día, la amargura, la resignación.

Supuse que en poco tiempo no estaría ni siquiera en condiciones de aportar la pensión de alimentos a Iván, ni menos de ofrecerle condiciones de vida medianamente dignas. Cada vez que salíamos a pasear bajo el implacable sol habanero, sin encontrar sitios donde beber refrescos o sentarse a comer algo, como no fuera en el bohío de Rosnel y Olga Lidia, me decía que mi objetivo primordial debía consistir en brindarle la posibilidad de dejar Cuba algún día. El solo hecho de que mi pequeño hijo, que ya hablaba como cubano y me preguntaba con sus ojos almendrados por qué no vivía junto a él y su madre, pudiera disponer en el futuro de un pasaporte chileno, que le abriera las puertas a un Chile democrático, me estimulaba. Pero para salvar a Iván, que asistía al jardín infantil donde le enseñaban a odiar al imperialismo, a seguir el ejemplo de sacrificio del Che y a ser leal hasta la muerte a Fidel, yo tenía que sobrevivir.

No permitiría que la Jota dictara mi futuro, ni terminaría mi vida pernoctando en viviendas de amigos, parques o cabañas abandonadas, ni imprimiendo junto a Miguel Beltrán, en el sótano del Comité de la Resistencia Chilena, los eternos documentos partidarios. Pese a la oposición de la Jota, me marcharía de la isla de algún modo y lo único que necesitaba para adoptar esa decisión era una mayor dosis de coraje.

Una espléndida tarde de sábado llegaron hasta la playa dos parejas de jóvenes. El cielo estaba despejado, la mar tranquila y el sol tornaba albas las desiertas arenas de Bacuranao, pero a mí me corroía la amargura, porque el día anterior Leucht me había confirmado que sin la carta de la Jota se haría imposible mi viaje a Dresde. Los jóvenes se tumbaron al sol cerca de la orilla. A juzgar por la cabellera rubia y la falta de inhibición de las muchachas para broncearse desnudas al sol y por las vistosas toallas y sombreros que traían, eran extranjeros. Decidí acercarme cuando escuché que los hombres hablaban castellano.

Eran exiliados chilenos que residían en Suecia, y las muchachas, sus amigas suecas. Se habían conocido en Estocolmo, donde trabajaban en una cadena de supermercados, y permanecerían durante dos semanas de vacaciones en la isla.

—¿Primera vez aquí? —les pregunté amparado en mi acento habanero, fingiendo que era isleño.

—Primera —repuso la sueca de senos contundentes y mirada deslavada al tiempo que se embadurnaba las piernas con crema bronceadora—. Quisimos venir antes, pero el bloqueo lo impedía. Es un placer hablar con cubanos y poder decirles que estamos con ustedes y los admiramos.

—¿Nos admiran?

—Admiramos su Revolución, a su pueblo, a Fidel, la resistencia que ofrecen al imperialismo —agregó con entusiasmo en perfecto castellano—. Nos sentimos orgullosos de ustedes, pues Cuba es un ejemplo para todo el mundo, incluso para los europeos. No sé si me entiende.

Vienen de Suecia, me repetí mientras trataba de imaginarme cómo sería vivir en ese país nórdico, que solo conocía por fotos y que era uno de los Estados más fríos y desarrollados de Europa. Recordé que a Suecia había intentado emigrar Robledano antes de ser detenido, y que a Suecia se habían marchado años atrás, esgrimiendo inteligentes pretextos, chilenos no comunistas y tupamaros uruguayos.

—Si supieras cómo vive nuestro pueblo —comentó al rato un chileno mientras destapaba una botella de cerveza—. Pinochet y la DINA mantienen al país en la miseria. Nuestro pueblo no puede ni soñar con los logros de la Revolución en materia de salud, educación, deportes.

—En realidad, son logros trascendentales —dije con cara de circunstancia. El otro compatriota parecía más empeñado en aplicar crema a las piernas de su compañera que en conversar—. ¿Y dónde están parando?

—En el Hotel Havana Riviera, con buenas tarifas. Alquilamos un carro para venir por el día hasta esta playa paradisíaca —agregó la muchacha que se embadurnaba sola las piernas—. Mañana iremos a Varadero.

—La playa más bella del mundo.

—Así nos dijeron los amigos del Comité Sueco de Amistad con Cuba. Además, nos contaron que en el Hotel Internacional se consigue la mejor langosta del Caribe y un pescado, de nombre pargo, delicioso.

—Y no se olviden que debemos ir al *show* de las mulatas del Tropicana —recordó el de la cerveza con sonrisa maliciosa.

—Pero antes —terció el otro, el que ahora esparcía crema por la espalda de su amiga— hay que darle el bajo a varios bistecitos de kaguama en Isla de Pinos, que es lo mejor que hay para lo que ustedes saben.

—Pues a mí ni falta me hacen —comentó el de la cerveza en tono libidinoso, refiriéndose a las supuestas virtudes afrodisíacas del quelonio en extinción.

Estaban profundamente impresionados con Cuba y eufóricos por lo que consideraban la exitosa consolidación del proceso revolucionario en el patio trasero de Estados Unidos. Dos funcionarios del Instituto Cubano de Amistad con los Pueblos, institución formada en su mayoría por agentes de la seguridad, los habían llevado a recorrer la granja láctea modelo donde Ramón, el hermano del máximo líder, fabricaba yogures y quesos que se destinaban a la diplotienda y casas de protocolo, a visitar círculos infantiles en los que los niños aprendían a amar a Fidel, y hasta un cañaveral, donde habían tenido la oportunidad de participar unos minutos en la zafra y retratarse junto a los macheteros.

—¿Y cómo es la vida en Suecia, compañeros? —les pregunté después de comprobar que nada habían percibido del drama silencioso que se desarrollaba en la isla.

—¡Eso me pone la piel de gallina! —gritó divertida una de las suecas.

—¿Qué cosa?

—Que hables de compañeros. Una prueba irrefutable de la existencia de una sociedad igualitaria, fraternal. ¿Te imaginas, Gabrielle, que en Estocolmo nos tratásemos todos de compañeros?

—Lo que a mí me hace recuperar la esperanza en el ser humano —opinó Gabrielle— es que todos ustedes, independientemente de la condición social, reciben mediante la libreta de abastecimiento los mismos alimentos. ¿Te das cuenta lo que significa, Roberto? —preguntó a su compañero—. ¿No te emociona que acá todos, pueblo y dirigentes, coman lo mismo?

—En Chile la gente daría la vida por contar con una libreta como la cubana —afirmó Roberto—. ¡Qué bello sería que nuestros niños tuviesen leche, carne, huevos y todo cuanto necesitan! La Revolución que han hecho es más grande que ustedes mismos, como dice Fidel.

—Pues volviendo a lo tuyo —agregó el que bebía cerveza, ya las suecas habían optado por tenderse de espaldas y dormitar ajenas a la política mientras bronceaban sus cuerpos bien alimentados—, la vida en el capitalismo, aunque sea en Suecia, no es fácil. Los capitalistas tratan de dividir al movimiento obrero para reducir sus salarios y eliminar las conquistas sociales que han logrado a lo largo de sus luchas. Cualquiera se queda sin trabajo y va a la calle, y el seguro te sirve de poco. Sin trabajo, no cuentas para nadie.

—Y para qué te vamos a hablar de la tragedia del racismo, fenómeno que ustedes no conocen y que empieza a resurgir en Europa Occidental y que yo, como chileno, he sufrido en carne propia —apuntó el otro.

La Revolución o, mejor dicho, lo que habían visto de ella, los obnubilaba al igual que la blanquísima arena de la playa. Supuse que eran comunistas, pero no quise preguntárselo, porque entonces habrían asumido de inmediato el estilo misterioso que recomendaba la Jota, y porque deseaba que disfrutaran a fondo esa experiencia única de sentir que se comunicaban con un *bon sauvage* del socialismo tropical. Se proponían tomar cientos de diapositivas para enseñarlas en charlas públicas en Suecia, difundir la verdad sobre la isla revolucionaria y mantener activo el trabajo de solidaridad con Cuba y Chile.

Cuando les pregunté por el futuro de su país, me dijeron que el pueblo chileno, siguiendo el ejemplo de la Revolución Cubana, se alzaría en armas contra el tirano e instauraría el socialismo. Era solo un asunto de tiempo, porque la rueda de la historia no se detendría en Chile, y por ello era imprescindible que los cubanos consolidáramos aún más el socialismo en la isla.

—Cuba indica el rumbo, América Latina lo seguirá —sentenció confiado Roberto antes de extender una enorme y vistosa toalla sobre la arena y acariciar la cabellera de una de las muchachas que dormitaba—. Chile ya se rebelará.

—Entonces será cosa de que nos avisen y para allá vamos, compañeros —dije repitiendo el comentario usual de mis antiguos alumnos del centro de formación de la industria ligera—. Cuenten conmigo como si fuese chileno.

60

Estaba cerrando yo la puerta de la cabaña para llevarle a Cristina víveres de la diplotienda, cuando apareció Grisell de forma inesperada. Me sorprendí, porque hacía mucho que no nos veíamos. Venía risueña y preciosa en su escarabajo verde como el de los agentes de la seguridad, vistiendo la holgada túnica de algodón de nuestra primera noche de amor.

—Traigo buenas noticias —anunció con alegría, y entramos a la cabaña, donde aún se conservaba el fresco de la mañana.

Siempre me han asombrado las mujeres de belleza deslumbrante que parecen ajenas a su hermosura. Con su denso pelo azabache, la mirada de niña bajo las cejas arqueadas y su cuerpo café con leche de redondeces voluptuosas, Grisell turbaba a cualquiera; sin embargo, hablaba y actuaba como si jamás hubiese reparado en ello.

—Al menos algo bueno —gruñí atenazado por la curiosidad que me devoraba.

—A mi marido lo designaron embajador en Ginebra —explicó con un brillo en los ojos.

—¿Y eso es una buena noticia?

—Va a la Comisión de Derechos Humanos.

—¿Y eso es una buena noticia? —repetí incrédulo.

—¿Es que no te das cuenta?

—De tu alegría solo puedo inferir que jamás estuviste a punto de divorciarte —afirmé fingiendo sentirme humillado, aunque ya contemplaba de tan lejos la isla que hasta mis sentimientos por Grisell se habían debilitado—. Durante todo el tiempo no has hecho más que engañarme. No piensas en el divorcio; la idea de vivir en Suiza te desborda de felicidad.

La imaginé deambulando envuelta en un abrigo por las calles de Ginebra, la vi más bella que nunca, admirada en bailes y recepciones por hombres de influencia, convertida en la amante de otro. Me traicionaba. La traición era la moneda con que se pagaba a diario en la isla. Cada cual fraguaba en secreto planes para sobrevivir y escapar. Grisell, al igual que mi mujer, que yo, que todos, solo guardaba fidelidad a su interés personal, que consistía en obtener la tajada más grande y apetitosa de la Revolución. Y esa tajada era trasladarse a Suiza, donde, como la mayoría de los diplomáticos cubanos, podría capear la profunda crisis de la isla sin dejar de defender la Revolución. Nada me costaba imaginarla en un té de beneficencia de damas diplomáticas elogiando las conquistas del socialismo mientras yo me consumía lentamente en la agonía de Cuba.

—¿No me entiendes? —preguntó colocando sus manos sobre mi pecho y mirándome a los ojos con un deje de desesperación.

—Lo único que entiendo es que piensas seguir con tu marido y que jamás has pensado seriamente en dejarlo.

—¿Acaso no te das cuenta? —insistió y apoyó su cabeza contra mi pecho mientras yo permanecía inmóvil, ignorándola—. Jamás me permitirían salir contigo. Es la única forma de salir de aquí y de reunirme contigo afuera. ¿Entiendes? —preguntó con un sollozo desconcertante, que me sumió en una sorpresiva lucidez.

Era cierto. Solo junto a su marido tendría ella la posibilidad de dejar Cuba. Lo que para mí, como chileno, resultaba difícil, para ella, como cubana, era imposible.

Ya estaba todo dispuesto, me explicó. Dentro de poco, quizás en tres o cuatro semanas, en todo caso antes del Festival Mundial, tendría que trasladarse a Ginebra con su marido, donde me esperaría. En cuanto yo la ubicase desde un país occidental, ella volaría a reunirse conmigo. Bastaría con que yo la llamara.

Hicimos el amor envueltos en una triste languidez aquella mañana, intuyendo que se trataba de nuestro último encuentro. La tarde nos sorprendió entre las sábanas. Del bohío de Rosnel y Olga Lidia llegaban, como siempre, las canciones de Benny Moré, «el bárbaro del ritmo». Al oscurecer, y tras pasear por la playa desierta, viajamos en silencio en su vehículo a La Habana mientras yo no dejaba de maldecir aquellas circunstancias que nos llevaban a fingir, ella amor por su marido, yo simpatías por la Revolución.

Nos separamos con un beso furtivo en una esquina del paseo Martí de La Habana Vieja, donde yo me apeé con la bolsa de víveres para tomar el bus. La ciudad parecía agitada por las muchedumbres que aguardaban frente a las bodegas y paradas de buses. Cuando llegué al apartamento de Cristina, la encontré de excelente ánimo y luciendo, al igual que sus hijas, sandalias y sayas nuevas.

—¿Dedicada ahora al mercado negro, compañera? —le pregunté en tono de chanza, porque aquellas prendas tan vistosas y modernas no se vendían en las tiendas.

—Regalos que enviaron mis padres de Chile — dijo a la vez que indicaba hacia las cartas y fotos que yacían sobre la mesa del comedor—. Acaban de llegar a La Habana unos vecinos de ellos, que ahora viven en Madrid, y nos trajeron estos regalitos.

Las niñas corrieron a enseñarme las muñecas, los aretes y las camisetas de verano que habían recibido y que en medio de la escasez de la isla iban a causar revuelo entre sus compañeritos.

—Y para ti hay una novedad —agregó Cristina.

—¿De qué se trata? —pregunté pensando que tal vez Benavente había pasado por allí para comunicarme que la Jota autorizaba mi traslado a Dresde.

—De Rodrigo Rojas.

Tuve de inmediato el escalofriante presentimiento de que Rodrigo había sido asesinado en Chile por las fuerzas represivas. Y pensé que tal vez durante sus últimos instantes de vida habría recordado el emocionado adiós que le habíamos brindado la noche en que le dedicamos canciones y poemas, y le obsequiamos las medallas que testimoniaban nuestra fidelidad a los principios revolucionarios. Estaba convencido de que aquel recuerdo habría llenado a Rodrigo del coraje suficiente para enfrentar con dignidad a sus asesinos.

—¿Qué sucedió? —masculle reprochándome en silencio mi intento de abandonar Cuba y traicionar a la Revolución mientras gente como Rodrigo no trepidaba en poner en riesgo su vida para derrocar al tirano.

—Lo vieron en Berlín.

—¿En Berlín?

—En Berlín Oriental.

—¿Pero estás segura? —pregunté incrédulo.

—Absolutamente. Mis vecinos lo conocen bien. Estuvieron almorzando con él antes de tomar el avión para La Habana.

—¿No se marchó al interior, entonces?

—No. Vive en un céntrico apartamento con su familia. Con visado múltiple para viajar al capitalismo.

61

Dominado aún por la ira y la decepción arribé al día siguiente, en la mañana, al Comité de la Resistencia Chilena, pero la oficina de la Jota permanecía cerrada. Al escuchar el rumor sordo de un mimeógrafo supuse que había alguien en el sótano.

Miguel Beltrán, en su sempiterno guardapolvos azul, reproducía documentos políticos en aquel sitio mal iluminado, que olía a tinta y humedad, mientras Radio Rebelde transmitía el noticiario para los combatientes del Ejército y el Ministerio del Interior. Sus ojos verdes se encendieron sorprendidos al verme.

—Ah, camarada, ¡qué bueno que viniste! —exclamó—. Eres la persona indicada para compaginar la declaración del Comité Central.

—No vine a ayudarte —repliqué lacónico—, sino a renunciar a la Jota.

La sonrisa se le congeló en el rostro, y su mirada, hasta ese instante afable, se tornó escéptica, distante. Arrojó las resmas de papel sobre una mesa, como si le quemaran los dedos, se limpió mecánicamente las manos de tinta con un huaipe y las introdujo en los bolsillos del delantal.

Supuse que aún era posible rectificar y decir que se trataba solo de una broma, pues no había entregado la carta de renuncia que traía conmigo. Bastaba con afirmar que era una broma y todo seguiría siendo como hasta ese momento, de lo contrario, la maquinaria de la Jota no tardaría en ponerse en movimiento en mi contra, arrastrándome hacia quién sabe dónde. Pero la sola idea de que todo pudiese perpetuarse tal como era, que Benavente siguiera dictando mi destino y Rojas disfrutando de Europa mientras mis camaradas morían, confirmó mi deseo de romper con la organización y de reiniciar mi vida.

—¿Estaré escuchando bien? —preguntó Miguel en un intento por brindarme una opción de rectificar, pues debe haber advertido mi vacilación.

—Absolutamente —repuse al tiempo que sentía cómo la sangre me subía a la cabeza.

—Bueno, tú sabes que eso es algo que yo no puedo resolver —continuó grave, apagando la radio, fingiendo cierta indiferencia—. Compete a la dirección de la Jota. Debes hablar con Vladimir.

—No, Miguel, yo ya me hastié de rogar a dirigentes. Ahora solo quiero entregarte esta carta para que se la des a la dirección. A partir de este momento me considero ex militante.

—¿No puedes darme las razones, al menos? —preguntó apoyando una mano sobre el mimeógrafo, manchándose los nudillos de tinta.

—Están en la carta.

Me miraba fijamente, tratando de indagar las causas que me habían llevado a una decisión extrema, incapaz de imaginar que la noche anterior, después de escuchar el relato de Cristina sobre Rodrigo Rojas, me había ido al cuarto entre lágrimas de ira, impotencia y decepción, y había escrito aquella carta de ruptura definitiva.

Solo imaginar a Rodrigo Rojas en una ciudad europea, disfrutando de un departamento céntrico, trenes confortables, restaurantes bien surtidos, después de habernos hecho creer que marchaba a la lucha contra la tiranía, me revolvía el estómago. Solo imaginar que nuestras condecoraciones juveniles, entregadas a él como muestra de admiración y reconocimiento, se enmohecían en un subterráneo berlinés, me llenaba de desencanto y desilusión. No podía olvidar su inflamado discurso de años atrás alentando a los jóvenes chilenos de las FAR a enfrentar con las armas en la mano al Ejército chileno. Y mientras ellos se preparaban para combatir o ya combatían en África y Centroamérica y nosotros lo suponíamos dirigiendo la lucha en la clandestinidad, él recorría Europa con la conciencia tranquila de un jubilado de los correos de Suiza.

—Debieras pensarlo bien —insistió Miguel recibiendo el sobre—. Debieras pensarlo más, el partido es sabio, la juventud sabe lo que hace. Todo es remediable.

—Ya agoté todos los esfuerzos. La verdadera historia de Rodrigo Rojas fue la gota que rebalsó mi vaso.

—¿Qué sucede con el camarada Rojas?

—¿No lo sabes?

—No sé a qué te refieres.

—Bueno. No está combatiendo en Chile, como nos anunció la Jota.

—¿Lo afirmó la Jota? —preguntó extrañado—. ¿Cuándo?

—Lo dio a entender, que es peor.

—No lo afirmó nunca —repuso enfático, guardando la carta en un bolsillo del guardapolvos—. Y hay una cosa que debes saber: los dirigentes del partido y la Jota no salen a combatir cuando tú lo deseas. ¿Te crees el corneta de la tropa, tú, que no has tirado un chícharo al aire?

—Nadie imploró que nos contaran una mentira.

—Los pueblos necesitan sus zares, generales y líderes, mi amigo.

—¿Y por qué nos engañaron?

—¿Pero en nombre de quién hablas tú? —preguntó enfurecido—. ¿Quién eres tú para poner en tela de juicio la política del partido de la clase obrera?

—Puede que nadie. Hablo apenas en mi propio nombre —repliqué con un nudo en la garganta y salí del subterráneo y me eché a andar por las calles de El Vedado.

Al rato, mientras caminaba bajo la sombra de las majaguas con una mezcla de angustia y alivio en el alma, advertí el desplazamiento veloz de un bruñido Lada celeste hacia la Plaza de la Revolución. En el asiento trasero, leyendo documentos, divisé de modo fugaz el perfil eslavo de Margarita.

62

El día en que renuncié a la Jota adopté la decisión de abandonar la isla a como diese lugar. Sin embargo, las perspectivas eran desalentadoras, pues como mi pasaporte había perdido su validez, necesitaba un salvoconducto cubano para viajar al extranjero y renovar mi documento en un consulado chileno.

No se requería demasiada perspicacia para imaginar que a los cubanos les resultaría sintomático que el trámite no lo realizara, como era usual, un partido del exilio chileno o el Comité de la Resistencia, sino un individuo. Eso despertaría sospechas, que aumentarían en cuanto averiguasen que yo acababa de renunciar a la Jota y era ex yerno de Cienfuegos. Bajo aquellas circunstancias, la obtención del salvoconducto se tornaría imposible.

¿Qué podía mover a un renegado, a un antiguo portador de pasaporte diplomático cubano y ex pariente de un dirigente de la Revolución, a abandonar a Cuba para ir a vivir al capitalismo? Solo un interés por suministrar al enemigo detalles sobre la situación interna de la isla y el programa militar de la izquierda chilena. De ahí a ser acusado de agente de la CIA, como ya le había ocurrido a un militante socialista, no mediaba más que un paso.

Y en el caso hipotético de que la Jota entregase al Departamento América del Comité Central del Partido Comunista —que era el que autorizaba en última instancia los viajes de los chilenos— una opinión imparcial sobre mi persona, que los cubanos aceptasen mi deseo y que a Cienfuegos le resultase indiferente mi alejamiento, ¿cómo obtendría yo los dólares para financiar el vuelo, el hospedaje, los gastos de transporte y de alimentación, y la revalidación del documento? ¿Y adónde me marcharía después? ¿A Chile, donde corría el peligro de que me detuvieran, torturaran y eliminaran por el solo hecho de haber vivido en la isla? ¿O permanecería en el nuevo país? Y en ese caso, ¿cómo obtendría la residencia?

Lo constaté con cierta frialdad mientras dejaba pasar los días refugiado en la pequeña cabaña a orillas del mar: para mí no existía alternativa legal para abandonar Cuba. Los resquicios que habían empleado años atrás militantes de otros partidos chilenos o los tupamaros, que ahora vivían apaciblemente en Suecia o Alemania sin necesidad de abjurar de sus principios, aunque disfrutando de las ventajas del mundo occidental, ya no estaban a mi alcance. Si quería irme, y eso era todo cuanto yo anhelaba, no me quedaba nada más que acostumbrarme a la idea de hacerme a la mar en balsa.

Pero no sólo me atemorizaba la idea de emprender una travesía tan riesgosa por ese mar traicionero, donde podía naufragar, convertirme en festín de tiburones o bien ser descubierto por los guardafronteras cubanos, sino que también me sobrecogía una pasmosa sensación de orfandad. Parte de mi juventud había transcurrido dentro de la Jota, ella me había enseñado a ver a Chile con otros ojos y a vincularme con jóvenes con los cuales compartía una causa común, y, desde el ingreso de nuestros camaradas a las FAR, también la precaria esperanza de que las cosas en la patria pudiesen cambiar algún día de modo radical.

Interpreté mi tropiezo con el bote oculto entre la vegetación costera de Bacuranao como señal del nuevo camino a seguir, y el anuncio del alejamiento de Grisell y la gradual disminución de traducciones como indicio inequívoco de que debía marcharme. A ese ritmo terminaría abandonado y empobrecido, incapaz de reunir cada mes el dinero para la pensión alimenticia de mi hijo, marginado para siempre del mundo exterior, del cual las emisiones de las radios de Key West, los barcos en el horizonte y los aviones en el cielo constituían ya los únicos testimonios de su existencia.

Un sentimiento de alivio me embargó la mañana en que, seguido desde la lejanía por los sones de la radio de Rosnel, volví sobre mis pasos por la arena y hallé el bote tal como lo había dejado. Revisé su casco con minuciosidad y comprobé una vez más que estaba intacto y que para hacerme a la mar solo requería una mano de pintura, remos, chumaceras y una lona bajo la cual guarecerme del sol. El agua, los víveres, la indumentaria adecuada y el bloqueador solar los conseguiría sin despertar sospechas en la diplotienda, y confiaba que Roberto Sonora, cuyo padre había sido velerista, pudiera agenciarme los aparejos. En ese momento, mientras recorría la playa cerciorándome de que nadie rondaba por los alrededores, caí en la cuenta de que al planear de forma concienzuda la fuga iba paliando mis temores.

Comencé a visitar de modo más asiduo a Roberto, que a diario levantaba pesas con su amigo Andy Estefan, con el propósito de prepararme mediante los ejercicios para una larga jornada de remo. Según La Voz de América, los balseros solían echarse a la mar tarde por la noche, cuando los guardacostas no podían verlos ni detectarlos, y su destino dependía de la resistencia que tuviesen para alcanzar con la embarcación las aguas internacionales, donde podían ser rescatados por las naves que iban o volvían de la Florida. Sin revelarles mi plan de fuga, diciéndoles tan solo que pretendía pescar en las cercanías de la costa, les pedí a Roberto y Andy que me ayudaran a conseguir pintura, remos y chumacera.

—No serás el primer comunista que escapa a Estados Unidos —dijo Roberto medio en broma medio en serio, sin descartar la posibilidad de que yo estuviese preparando la travesía definitiva—. Si te animas, nos avisas y nos vamos juntos. Hacer la travesía solo es suicida, mi hermano.

Amparados por la sombra que por las tardes proyectaba la casona de Miramar sobre el jardín y la piscina, realizábamos los ejercicios escuchando los éxitos musicales y comentarios de los *disc jockeys* de las emisoras de Key West, que en ciertos días, pese a las interferencias militares cubanas, podíamos captar a ratos con asombrosa nitidez. Yo no escuchaba música *rock* desde Leipzig, desde la época en que causaban furor Demis Roussos, Dire Straits, Creedence Clearwater Revival y Carol King, ya que aquella música, como los pantalones pata de elefante, las camisas floreadas, los zapatos de plataforma o el pelo largo, estaba prohibida en la isla por constituir «diversionismo ideológico».

Fue en esas tardes de ejercicios, mientras al otro lado de la reja de la residencia, frente a la bodega de La Copa, se alargaban las colas de hombres, mujeres y ancianos a la espera de conseguir manteca, chícharos o azúcar, que escuché por primera vez, sintiendo que volvía a entroncar de alguna forma con mi juventud, en parte derrochada en la isla, al grupo Village People y su contagioso *YMCA,* que no exigía sacrificios ni renuncias, y a Gloria Gaynor con *I Will Survive,* que me inundaba de vigor para subsistir bajo aquellas circunstancias agobiantes, o a Patrick Hernández, con su *Born to be Alive,* canción que parecía compuesta solo para que Fidel y el partido comprendieran que los jóvenes no estábamos allí para morir, sino para disfrutar la vida, y la voz estremecedora de Freddy Mercury, el vocalista de Queen, interpretando *We are the Champions,* y Cliff

Richard cantando *We Don't Talk Anymore*. Algo de todo aquello me decía que yo aún era joven, que la vida podía estar en otra parte y que yo pronto comenzaría a vivirla.

Una tarde, después de los ejercicios, pasé a visitar a Heberto Padilla en su apartamento. Estaba solo, y me pareció pálido y demacrado, nervioso, aunque esperanzado.

—Puede ser nuestro último encuentro en Cuba —me anunció con voz trémula mientras colaba el café en la cocina—. Estoy a punto de obtener el permiso para abandonar la isla con Belkis y Ernesto. El gobierno español está haciendo los trámites y se muestra optimista.

—¿Cuándo te vas? —le pregunté sintiéndome desamparado y triste, aún más solo de lo que ya estaba en la isla.

—En cualquier momento —repuso vertiendo el café en tacitas trizadas—. ¿Y lo tuyo, chico, cómo va?

—Lento, muy lento.

—Si hay algo que quiero volver a sugerirte sin pecar de majadero es que arregles cuanto antes el asunto con tu mujer y tu suegro. Es tu única forma de marcharte de la isla, chico.

Nos despedimos en medio de la incertidumbre, ignorando si ese era en efecto nuestro último encuentro en La Habana. No fue, desde luego, la ocasión propicia para agradecerle por todo cuanto me había enseñado de la Revolución ni tampoco para confesarle que las circunstancias habían terminado por arrastrarme a planear una fuga en balsa.

63

Una tarde en que llegué al apartamento de Cristina cargando una bolsa de suministros de la diplotienda —carne, leche, arroz, café y frijoles—, mi compatriota me dijo que me buscaba con urgencia desde hacía días.

Yo llevaba tres semanas ininterrumpidas en Bacuranao, ignorando el paradero de Grisell y del poeta, aislado de La Habana, traduciendo odiosas fichas técnicas de Bernd Leucht, pues la planta de gases industriales se encontraba ya bajo plena administración cubana. Durante ese período yo aprovechaba los atardeceres para trotar a lo largo de la playa y aplicarle al casco reseco del bote una mano de pintura, que Roberto Sonara y Andy Estefan habían conseguido en la bolsa negra. Mis amigos no tardaron además en detectar una tabla quebrada en la quilla y volvieron días después en un camión ruso perteneciente a la empresa donde trabajaba Sonara cargando remos y chumaceras, y unas latas de alquitrán y óleo para calafatear el bote. Trabajaron dos tardes sin hacer preguntas, suponiendo tal vez que yo preparaba la fuga con otros amigos.

—¿Qué sucede? —le pregunté a Cristina preocupado en el umbral del apartamento de Altahabana.

—Vinieron tres tipos de la Jota de aspecto siniestro —dijo Cristina con inquietud—. Preguntaron por ti.

—¿Y qué les dijiste?

—Que en cuanto te viera, te daría el recado. Quieren que te presentes cuanto antes en la oficina de la Jota.

—¿No te explicaron para qué?

—No. Permanecieron cerca de una hora frente al edificio, indagando en el CDR, seguramente por ti. Parece que no me creyeron que no estabas. ¿Vas a ir?

—No tengo nada que ocultar —dije y escruté el pasaje en sombras a través de las celosías de madera como si la gente aún estuviese afuera. Solo pude ver las galerías blancuzcas que dejaban las termitas en los marcos de la ventana.

—No tienes por qué presentarte allá —opinó ella—. Ya no eres militante.

—No se trata de eso. Mañana lo haré —dije decidido.

El sol caía por detrás de los edificios cercanos sumiendo los pasajes en una oscuridad sorpresiva y acogedora por su frescor. La noche ya estaba próxima.

—Si quieres te acompaño.

—No es necesario. Voy a llamar a Vicente Robledano para que me cuente qué ocurre.

Cristina bajó los ojos y una arruga profunda se marcó en su frente.

—No te lo había querido decir —agregó con voz quebrada—. Pero Vicente murió hace como dos semanas.

—¿Qué?

—Se suicidó. Se colgó de una soga en un departamento en construcción de Alamar.

Mi primera reacción fue de incredulidad y busqué apoyo en la ventana sintiendo un vacío en el estómago. No podía creer que Vicente, el ex alumno de la Escuela de Carabineros, el hombre de los rumores, hubiese puesto fin a su vida. La soledad que lo corroía, la marginación que sufría o tal vez el encierro al que lo sometían durante cada congreso internacional lo habían arrastrado al suicidio. Era probable que hubiese tomado la decisión a sabiendas de que volverían a detenerlo, esta vez con motivo del Festival Mundial de la Juventud y los Estudiantes. Una pregunta inquietante me cruzó por la cabeza: ¿qué hacía Robledano solo en un edificio en construcción?

—¿Fuiste al entierro? —pregunté a Cristina sin lograr desprenderme de las dudas que me asaltaban sobre la versión del suicidio, recordando con escalofrío que tiempo atrás alguien me había anunciado su muerte.

—No —repuso el rostro de Cristina ruborizado—. Me enteré días después. Me contaron que de los chilenos no fue casi nadie, solo su hija. Tú sabes que algunos piensan que trabajaba para el enemigo.

Me imaginé el sepelio en medio de un cementerio desierto, sin despedidas ni discursos. Había muerto como el vagabundo en que se había convertido. Ni sus familiares en Chile estarían a esas alturas enterados del suicidio, pues era imposible telefonear al país. ¿Cuánto tardaría una noticia tan negra como esa en alcanzar a los familiares? ¿Cuánto tiempo tardaría en llegar a casa de mis padres la noticia de mi naufragio o de mi detención por los guardacostas? Debió haber estado desesperado Vicente. Desesperado y solo.

—¿Cuándo llegan los delegados al festival? —le pregunté a Cristina.

—Creo que en dos semanas.

Ella no lograría jamás imaginar cuán abrumador había resultado para Vicente recibir en las vísperas de cada congreso internacional la citación oficial para presentarse en una plaza de la ciudad y ser recluido en un campo especial junto a cientos de sospechosos. No, eso no podía imaginarlo ella ni nadie que no hubiese afrontado en carne propia esa experiencia. Abatido por los años de espera y tormento, de soledad y marginación, Vicente había sido en esta oportunidad incapaz de afrontar con entereza ese documento que no hacía más que revivir su peor pesadilla, la de que jamás lo dejarían abandonar la isla.

—¿Dónde lo enterraron? —pregunté.

—En el central, pero ignoro el lugar exacto —repuso Cristina mientras abría la bolsa de la diplotienda y depositaba la carne en el refrigerador antes de que el calor húmedo de la noche la descompusiera.

64

Al día siguiente, después de buscar de forma infructuosa en el cementerio de La Habana el sitio donde yacía Vicente Robledano, me dirigí al Comité de la Resistencia Chilena para averiguar la razón por la cual la Jota me buscaba.

Las calles limpias, las fachadas recién pintadas, los parques remozados y los coloridos quioscos de madera, que anunciaban el pronto expendio de refrescos, panetelas y caramelos, y, de trecho en trecho, las gigantescas vallas del Departamento de Orientación Revolucionaria ostentando el rostro de un Fidel risueño y comprensivo, indicaban que estábamos a las puertas del festival. Hasta los antiguos «gusanos», denominados ahora miembros de la comunidad en el exterior, habían abandonado la isla.

—Apareció el desaparecido —anunció, medio en broma medio en serio Miguel Beltrán cuando llegué al sótano.Vestía su guardapolvos azul de siempre y limpiaba el mimeógrafo mientras la radio difundía un llamamiento del gobierno al pueblo de Cuba para que recibiera con espíritu revolucionario a los delegados al Festival Mundial de la Juventud y los Estudiantes.

—Supe que me andan buscando. ¿De qué se trata?

—Si me esperas lo sabrás —dijo y se limpió las manos con huaipe y salió del sótano, dejándome solo.

Comencé a pasearme con calma en medio de los centenares y centenares de boletines, documentos y libros archivados en estantes que alcanzaban hasta el cielo. Era una asombrosa biblioteca en que reinaba un orden riguroso según materias y autores, un orden que comprendía los análisis coyunturales de nuestros líderes, los acuerdos de los plenos, ampliados y congresos del partido y la Jota, y las denuncias en contra de las atrocidades cometidas por la dictadura. Más allá, donde la penumbra comenzaba a tornarse impenetrable, vislumbré una finísima llovizna de aserrín que caía desde el cielo cubriéndolo todo con un polvo carmelita. Al observar con detenimiento pilares y vigas, descubrí que la estructura completa de la construcción estaba siendo devorada por el comején. Numerosos documentos exhibían ya las perforaciones que causaban los insectos y a un costado yacía una viga ahuecada por minúsculas galerías, por cuyos extremos emergía el comején buscando madera virgen. Dentro de poco el edificio se derrumbaría con estrépito sobre sus moradores.

—Me alegra que hayas vuelto —dijo de pronto una voz grave y pausada, que me sobresaltó, desde la puerta del sótano.

Me volteé, pero en el umbral, obnubilado por la contraluz, solo pude distinguir los contornos de un hombre alto y esmirriado, apoyado en un bastón.

—¡Aníbal! —exclamé.

—Ya no puedo verte, pero intuyo que eres el mismo militante dubitativo de siempre —afirmó con el sol de la tarde alumbrando a sus espaldas, y luego, en tono de reproche, agregó—: Aún estoy esperando tus noticias sobre Barbarroja.

Permanecimos en silencio, un silencio solo interrumpido por los pasos de alguien sobre el piso superior. En ese momento noté que Beltrán había apagado la radio y no había vuelto.

—Tú sabes que nadie puede renunciar a la Juventud Comunista de Chile —afirmó Aníbal al rato, elevando la voz para que yo pudiera escucharlo con claridad desde la distancia—. La única salida es la expulsión.

—Pues yo presenté mi renuncia.

—No nos ha llegado —mintió—. Renunciar a la Jota bajo Pinochet es contrarrevolución, y para expulsarte tendríamos que hallar una causa grave, contrarrevolucionaria. Ahora tu caso está en el tribunal de disciplina, es la forma más adecuada de ayudarte.

Sus palabras me trajeron a la memoria los años de la Unidad Popular, cuando el país vivía al borde de una guerra civil y el caos era el pan diario en nuestras calles, revelándome no solo que yo había modificado en forma radical mis apreciaciones sobre la vida, sino que mis antiguos camaradas seguían aferrados al pasado. La derrota política del gobierno de Allende, la dictadura de Pinochet y la vida cotidiana en la Revolución parecían no enseñarles nada. Benavente seguía dedicando sus esfuerzos e inteligencia a la preparación de un festival mundial comunista; Vladimir, a la celebración de las reuniones de base semanales; Beltrán, a la impresión de boletines, y Aníbal, ahora ciego, a velar por la conducta revolucionaria de los militantes. La Jota se asemejaba en cierto sentido a aquel sótano húmedo y caluroso, amenazado de muerte por el comején. Faltaba que alguien abriera puertas y ventanas, arrojara por la borda aquellas rumas de documentos en los que nadie creía y permitiera el ingreso de una brisa fresca y revitalizadora, que limpiara nuestros ojos y nos permitiera contemplar el mundo real. Pero todo aquello era poesía, pensé, o al menos un asunto que ya no me incumbía, yo ya no pertenecía a la Jota, yo solo quería huir de la isla.

Después de encender pausadamente un cigarrillo, me preguntó las razones por las cuales había renunciado. Creí que había llegado la hora de poder revelarle la verdad, decisión que a esas alturas ya no me atemorizaba.

—Chile no puede llegar a ser como Cuba —dije fríamente—. Por esto no cayó Allende.

—¿Niegas acaso los principios leninistas que rigen a toda revolución? —preguntó sin mover un músculo desde el umbral, amparado en la luz del ocaso.

—No me refiero a principios, sino a las realidades de la isla. Aquí no hay participación del pueblo, la gente no tiene libertad y no hay democracia, mi hermano. Marx soñaba con un orden democrático.

Apoyaba mi crítica en Marx para relativizarla y evitar una embestida demoledora de Aníbal, quien no podía haber olvidado, suponía yo, que hasta hace pocos años el partido y la Jota atacaban a Cuba por seguir una senda independiente de la Unión Soviética, una senda no auténticamente socialista. Yo no podía cometer la imprudencia de sumarme a una crítica abierta a la Revolución, algo penado como delito contrarrevolucionario, para tratar de justificar mi renuncia. En un Chile democrático, pensaba para mí, todo habría sido más fácil, la carta habría bastado.

—Los compañeros cubanos han tenido que construir el socialismo a noventa millas del mayor imperio de la historia —afirmó con voz grave—, y eso los obligó a levantarlo bajo condiciones adversas y a adoptar medidas que de lo contrario no habrían adoptado.

—Como la intolerancia hacia los que piensan diferente…

—Me imaginaba que tus aprensiones intelectuales te iban a conducir a ese tema —afirmó irónico, seguro de sí mismo—. ¿Pero has pensado en el escaso valor que tiene prohibir la impresión de un libro o la exhibición de una película, de la que al final disfruta solo un par de antiguos burguesitos, frente a lo que significa proteger el poder de los obreros y campesinos, y las conquistas de la isla en materia de educación, salud o deportes?

Nos encontrábamos en el terreno que le acomodaba. Me resultaba imposible saber qué pensaba, ya que ocultaba parte de su rostro enjuto detrás de unos enormes anteojos oscuros.

—¿Has pensado en lo que valen tus prejuicios pequeñoburgueses frente a ese pueblo que repleta la Plaza de la Revolución en apoyo al socialismo y a Fidel? ¿Qué valen los poemas prohibidos de Heberto Padilla, que tanto parecen gustarte, frente a los millones de niños que hoy disfrutan de alimentación digna, educación igualitaria y salud gratuita?

Me sobrecogió su referencia al poeta, porque revelaba que Aníbal, a quien le fascinaba el trabajo de inteligencia, estaba al tanto de mis relaciones con disidentes y que alguien se lo había revelado de modo expreso para esa conversación. No tardarían, entonces, en aparecer los libros que leíamos con el cuarteto.

—Los libros no tienen por qué valer con respecto a otra cosa —mascullé—. Basta con que valgan con respecto a sí mismos.

—¿Has pensado en lo que valen tus vacilaciones frente a la solidaridad del pueblo cubano hacia Chile? ¿Has pensado en lo que vale tu amor por la literatura frente al sacrificio que hacen y hemos hecho los camaradas para enfrentar con las armas a Pinochet?

No me permitía responder, ni se interesaba por mis eventuales respuestas. Sus preguntas eran como las de

Fidel, armas meramente retóricas, que se esgrimían al calor de la refriega y buscaban avasallar por su masividad y solidez, preguntas que oponían siempre los apetitos de un individuo egoísta a las demandas y anhelos sociales del pueblo, en cuyo nombre él estaba facultado a hablar por encargo de la historia.

—¿Qué significa que un chileno como tú carezca de vivienda, si esta Revolución le ha entregado a millones de cubanos apartamentos dignos? ¿Te has dado cuenta de la insignificancia de tu actitud pequeñoburguesa? Esas son las comparaciones que debes establecer. Tú sabes que ser comunista no es fácil, pues implica una vida plagada de sacrificios y exigencias, de consecuencia y optimismo histórico, optimismo del que, por cierto, careces. Aún no entiendo tu cambio, siempre creí que eras un comunista, un verdadero luchador, alguien formado en el ejemplo de nuestros dirigentes.

—¿Como el de Rodrigo Rojas?

—¿Qué tienes en contra del camarada?

—No está en Chile combatiendo, como nos lo sugirieron. Al parecer, lleva una vida confortable en Alemania.

Aníbal comenzó a avanzar rengueando hacia mí. Sus espejuelos calobares eran impenetrables, y cuando estuvo cerca de mí noté con claridad que llevaba su pelo corto y eso hacía resaltar aún más su quijada prominente. Su guayabera blanca olía a una fragancia dulce, tal vez rusa.

—No entiendes, hay muchas cosas que no entiendes —susurró—. Crees que naciste para exigir: viajes al extranjero, derecho a estudiar lo que te plazca, vivienda, emigración a Alemania. ¿Crees que esto es una agencia turística?

—Para algunos, al parecer sí. Yo solo deseo marcharme.

—¿Ya no eres ni siquiera revolucionario? Porque no es necesario ser comunista para ser revolucionario.

—Ya no soy militante de la Jota.

—¿Por lo del camarada Rojas?

—Por eso y muchas otras cosas.

Aníbal ya era un hombre acabado, diferente al universitario de Chile que confiaba en el futuro y la lucha por el socialismo, y al agente de la inteligencia de la Jota que buscaba información sobre Barbarroja en La Habana. Ahora estaba interesado en reordenar un ejército que al parecer se desbandaba, única posibilidad que explicaba su interés por rescatarme como militante. Era probable que la división del partido y la Jota fuese más profunda de lo que se rumoreaba en la base.

—El camarada Rojas viajará a Chile cuando el partido, y no tú, se lo indique —aclaró Aníbal.

—Ahora me da lo mismo —repuse violento—. Puede irse de vacaciones al Mediterráneo, si quiere. Es cosa de él.

—¿Y entonces en qué queda tu crítica? —preguntó caminando hacia el rincón donde la oscuridad era total, y desapareció tragado por ella.

—Ya es muy tarde para todo esto, Aníbal —puntualicé con desgano—. Hasta ahora sólo me han hablado de combatir, luchar, aplastar al enemigo, dar todo por la causa, ser intransigente, estar alerta.

—¿Y qué otra cosa quieres oír en época de lucha a muerte con el imperialismo?

—Quisiera que la Jota me hubiese preguntado alguna vez por mi soledad, por el dolor que llevo adentro, por mis sueños.

Lo escuché carraspear. Ahora le caía un rayo de luz amarillenta sobre sus manos que se aferraban al bastón. Viendo sus dedos pálidos y nudosos, intuí que tal vez él pudiera temer más que yo a una conversación en la cual yo, por vez primera, no era su subordinado. ¿Dónde estarían su mujer y su hija, a las que nunca más vería? ¿Seguiría pregonando la lucha armada? ¿Quién lo seguiría? ¿Qué pensaban los camaradas chilenos de las FAR sobre él?

—Veo que te equivocaste de tren —comentó calmado.

—Puede ser. Y ha sido doloroso, y no me digas que mi dolor no es nada frente al sufrimiento del pueblo chileno bajo Pinochet. Porque imagino que para ti y tu familia el dolor por tu ceguera es tan intenso como el dolor de nuestro pueblo por la represión. El dolor no se multiplica, Aníbal.

Dio un paso sin decir nada y su silueta alta y delgada volvió a emerger en la semipenumbra. Parecía escrutarme a través de los cristales oscuros.

—¿Te ha preguntado alguien de la Jota cómo es tu dolor ahora que no ves? —masculló acercándome a él y posé temeroso una mano sobre su hombro—. ¿Te ha preguntado algún camarada cómo es la soledad en medio de tu oscuridad? ¿Te han preguntado qué siente un luchador y combatiente que, como tú ahora, está ciego?

Alzó el rostro como si mirara hacia un horizonte imaginario y pude advertir un temblor apenas perceptible en su quijada.

—Yo quisiera preguntarte cosas simples —añadí cuidando no parecer melodramático—. ¿Qué sientes al no poder ver crecer a tu hija y sabiendo que Chile está en poder de los militares? ¿Qué sientes al alentar a los jóvenes a empuñar las armas contra Pinochet? ¿Piensas decirme que tu dolor y mi decepción son insignificantes en relación con las tareas de la Revolución?

—Lo son —afirmó—. En la historia tú y yo no somos más que notas al pie de página, cuando mucho, camarada. Un tropiezo tuyo, una desgracia mía, una traición de alguien no representa nada en relación con los pueblos que se alzarán un día para liberar al continente.

Una vez más entendí que, al igual que en otras ocasiones, no había nada más que conversar. Aníbal seguía empeñado en la lucha política, su dolor se había trocado en resentimiento, y su único norte consistía en volver a Chile a combatir. Mi camino, sin embargo, era otro, apuntaba a arreglar un bote para escapar de la isla y recomenzar la vida.

—Lo único que te ruego es que no te conviertas en traidor —me dijo en tono resignado—. Antes de hacerlo, piensa al menos en gente como el Toño.

—¿Qué pasa con él?

—Murió —afirmó Aníbal lacónico, apoyando una mano en mi hombro—. Cayó en Nicaragua, combatiendo por nuestras ideas.

Sentí ganas de llorar, pero me contuve. Pensé en Toño y no pude más que recordar sus deseos de convertirse algún día en médico e ir en ayuda de los pobres en Chile o África. No había logrado vestir su añorado delantal blanco, pero había encontrado la muerte en la selva tropical vestido de verde olivo. Y ahora Aníbal deseaba convencerme de regresar a la Jota revistiendo de sentimentalismo la expresión máxima del fracaso y la irresponsabilidad del partido y la Jota.

—Al menos guárdale fidelidad a gente como Toño. No traiciones —dijo Aníbal.

—¿A qué te refieres?

—A que si insistes en renunciar, no te alíes con el enemigo. Tratarán de tentarte, ellos tienen recursos, pero recházalos y mantente fiel a tus convicciones juveniles.

—¿Me sugieres que calle lo que viví aquí?

—Un pájaro nunca ensucia su propio nido —dijo acariciando con una mano los documentos apilados sobre una mesa—. Un hijo noble jamás habla mal de sus padres, prefiere el silencio.

—¿Me amenazas?

—A estas alturas solo puede amenazarte tu propia conciencia. Optaste por el camino de los conversos y a esos la reacción nunca los perdona.

—Solo busco ser yo mismo, mi verdad.

—Es el último sueño que te queda, el personal. Al marcharte de la Jota renuncias a los sueños colectivos, lo más precioso que tenías.

—Puede ser, pero ahora puedo aferrarme al menos a algo en lo que creo.

—Cuando salgas —dijo con la voz quebrada mientras se apartaba para permitirme el paso— piensa que ya no puedo ver la luz ni los colores, ni los tejados de la ciudad, pero que espero verlos algún día. Si no abrigara esa esperanza, me pegaría un tiro. Vete, ahora, coño.

Al pasar a su lado no pude reprimir el impulso por abrazarlo y lo hice, y él retribuyó mi gesto estrechándome con fuerza y emoción, trémulo, sin decir palabra, conteniendo las lágrimas.

—Eres un tipo valiente, del carajo —le susurré al oído.

—No traiciones tus sueños juveniles —respondió sin girar hacia mí, con el rostro vuelto hacia la oscuridad del sótano, dejándome ir—. Y ojalá nunca te pases al otro bando, porque habría que matarte.

65

Tuve que postergar la fuga en balsa a causa del festival. De
la noche a la mañana no solo desaparecieron las vistosas
«mariposas» de Estados Unidos y los elementos antisociales,
sino también miles de personas consideradas sospechosas
en términos políticos, y efectivos de verde olivo cerra-
ron el acceso a las playas cercanas a La Habana mientras
en ellas un ejército de cederistas restauraba las cafeterías
clausuradas desde el triunfo de la Revolución y brigadas
del Ministerio de la Industria Alimentaria comenzaban a
surtirlas de refrescos, panetelas, cigarrillos y café.

Después de volver a ocultar el bote entre ramas y
mimetizarlo con el terreno, trasladé los aparejos de mi
embarcación a casa de Roberto Sonara y mis pertenencias al apartamento de Cristina, por lo que no quedó
más que aguardar el término del festival. Sin embargo,
Rosnel y Olga Lidia fueron los más perjudicados con el
maquillaje playero, pues los compañeros del Ministerio
de la Industria Alimentaria descubrieron que su quiosco
no era la enorme cafetería que aparecía en sus viejísimos
archivos de suministro, sino un simple timbiriche abierto

en plena época batistiana, al que no acudía nadie y que por lo mismo no merecía recibir las tongas de cerveza, panetelas, tabacos ni café de cada semana.

Sólo durante los primeros días, cuando el cerco no era compacto y faltaba aún para el festival, pude llegar hasta la cabaña y recuperar mis últimos enseres; después me resultó imposible, ya que el cerco verde olivo se cerró con el propósito de espantar a los cubanos, quienes, más que espiar a las extranjeras que se bañaban exhibiendo sus pálidas nalgas y tetas al aire, querían arrimarse a las cafeterías a comer y beber lo que ahora se expendía sin restricciones.

Cuando corría ya el tercer día del festival apareció una mañana en el apartamento de Cristina una visita sorprendente. Se trataba de Alberto Arancibia, mi viejo compañero de colegio, a quien había visto por última vez en una reunión clandestina del partido en Santiago, y que residía ahora en Alemania Oriental, donde se había convertido en dirigente de la Unión de Jóvenes Democráticos, una pequeña organización chilena de inspiración socialdemócrata. Nunca supe muy bien qué hacía la UJD en aquel festival comunista, pero lo cierto es que estaba allí con una representación minúscula y moderada si se la comparaba con la afiebrada militancia de las demás organizaciones.

No había cambiado un ápice en el transcurso de aquellos años; era como si el tiempo no le hubiese hecho mella. Pese a que vestía guayabera y lucía ya bronceado, era el mismo colaborador de la embajada germano-oriental de Santiago de 1973. Los mismos ojos verdes, las mismas cejas oscuras y gruesas, la misma papada que se anunciaba desde la infancia, y seguía tiñéndose el cabello con agua oxigenada, lo que le confería un curioso tono rojizo.

Se había enterado de que yo residía en La Habana y deseaba saber qué había sido de mi vida. Me contó que si bien la UJD era crítica de los socialismos reales, disfrazaba su antiestalinismo mediante un discurso ambivalente solo porque parte de su militancia —y era una organización fundamentalmente de exiliados jóvenes— vivía en países socialistas. Conversamos durante horas en el apartamento de Altahabana y como el tiempo no alcanzaba para hacer recuerdos y hablar de amigos comunes, nos reunimos a menudo, gracias a salvoconductos facilitados por miembros de la delegación, en los restaurantes y cafeterías del festival, del cual yo habría conservado de lo contrario apenas el recuerdo fugaz de las caravanas de buses atestados de alegres extranjeros que cruzaban las calles habaneras lanzando vítores a Fidel y la Revolución.

Durante esos días La Habana parecía a punto de enloquecer, inundada de jóvenes extranjeros, de fiestas en las cuadras y de tiendas y bodegas más surtidas que nunca. Willy, mi ex compañero del cuarteto, que había sido liberado temporalmente de su trabajo para que integrara una brigada de choque encargada de velar por el orden en un sector de El Vedado, pensaba que había que comprar todo cuanto ofreciese el comercio, pues le habían dicho que una escasez formidable asolaría a la isla una vez terminado el festival. Para mí esos días trajeron ciertas ventajas, pues Guillermo Israel y Mathias Herold, periodistas germano-orientales, me contrataron como corresponsal de la agencia ADN, que informaba a diario y en forma permanente sobre las actividades de la FDJ, la organización juvenil germano-oriental, y de Egon Krenz, su líder y delfín del presidente Erich Honecker.

Una tarde viajé junto a Arancibia hacia Bacuranao en uno de los buses de los delegados chilenos, en el que logré colarme gracias al salvoconducto de un representante de la UJD, que estaba enfermo. Arancibia me había dicho que no debía perderme el gran agasajo. Cuando llegué a la playa —caía ya el sol en el horizonte— y me confundí con los invitados que deambulaban eufóricos por la arena, me costó darle crédito a lo que mis ojos veían.

Frente al mar turquesa, bajo un cielo que se iba tornando cada vez más azul, ardían hogueras en las que se asaban carnes, pescados y langostas, mientras junto a los cocoteros mesas de mantel blanco, que resplandecían bajo la luz del ocaso, exhibían bandejas con frutas y verduras nunca vistas en tal abundancia y variedad. En los bares, construidos a orillas del mar evocando bohíos, experimentados *barmen* ofrecían jugos de frutas, cerveza de tonel, vasos de ron puro o deliciosos mojitos, mientras desde un escenario una orquesta interpretaba piezas de son, chachachá, mambo y salsa. De lejos descubrí que el techo de guano y el mostrador de madera del bohío de Rosnel y Olga Lidia habían sido remozados, pero no divisé a la pareja por parte alguna.

Sin embargo, más allá de la playa y la algarabía, más allá de los rusos, húngaros, polacos, búlgaros, rumanos y jóvenes comunistas del resto del mundo, que comían, bebían y conversaban presos de la euforia que suele apoderarse de los europeos en los trópicos, ocultos entre los pinares, disimulados por las penumbras, miles de efectivos de verde olivo vigilaban para impedir que cubanos pudieran acercarse a la playa donde reinaba la abundancia.

—¿Y cuáles son tus planes? —me preguntó Arancibia después de comprobar cuán desesperada era mi situación en la isla.

—Salir de acá —repuse—. ¿Puedes ayudarme? Lo único que necesito es salir. Tiene que ser a través de una institución política revolucionaria.

—A lo mejor te puedo ayudar —comentó pensativo mientras examinábamos el bufé y luego escogió una cola de langosta y la acompañó con arroz blanco—. Antes de que me vaya, idearemos un plan. Está claro que no puedes seguir aquí.

—Recuerda que no tengo pasaporte válido.

—Podría solucionarse mediante un salvoconducto de la RDA.

Me bastaron esas palabras para vaciar mi mojito de un golpe y pedir otro. Solo el cielo o la casualidad podían haber puesto en mi camino a Arancibia. Sentí que el corazón se me agitaba y la sangre se me agolpaba en la cabeza a causa de la emoción, y me dije que merecía tranquilizarme, pues yo surcaba un sendero que hubiese dejado satisfecho al propio poeta.

—Si me sacas de aquí te lo agradeceré de por vida.

Y en ese preciso instante vi que un grupo de muchachos empujaban sobre la arena, en medio de gritos y risotadas de borrachos, un bote en dirección al mar. Lo identifiqué de inmediato con un estremecimiento doloroso, que me enmudeció y paralizó. ¡Era mi pequeño bote! Bajo la luz de las fogatas refulgían las tablas de la quilla que yo acababa de reparar días atrás y los manchones de alquitrán aún húmedo que había aplicado sobre las junturas abiertas. Vislumbré incluso su nombre escrito con letras blancas, que yo había retocado: Pilar.

Lo empujaron hasta el agua y cuando comenzó a flotar, todos se encaramaron en él y se pusieron a cantar *La Internacional* y *Bandera Rossa* y *Venceremos,* y se abrazaban y brindaban botella en mano y lanzaban gritos de júbilo y hurras en favor de la Revolución y Fidel. El pequeño bote, atestado de pasajeros, concitaba ahora la atención de más jóvenes, que también ingresaron a las tibias aguas tropicales y abordaron la embarcación en medio de risotadas. Los cubanos, muchos de ellos agentes policiales de civil, se limitaban a sonreír inseguros, sin atinar a nada, incapaces de tomar alguna iniciativa en contra de aquel desborde espontáneo y de final incierto.

En cosa de minutos decenas de delegados nadaban en pos de la embarcación, que se alejaba de la playa meciéndose bajo el peso de sus tripulantes. Algunos, ya semidesnudos, mantenían a duras penas el equilibrio sobre el bote, otros se besaban y abrazaban estimulados por la noche.

Y de pronto, cuando la embarcación se encontraba lejos de la orilla, ocurrió lo que yo temía: se volteó de campana y estalló un griterío ensordecedor, que en un comienzo inquietó a todos, pero que luego se desgajó en risas, besos y exclamaciones de alegría, porque los muchachos volvían ahora empapados a la playa, mientras el bote se hundía sin que nadie intentara rescatarlo y sin que yo pronunciara una palabra, al igual que aquel día en la intersección de las calles Pedro de Valdivia y Eliodoro Yánez, allá en Santiago, cuando los ultraderechistas ultimaban a golpes a mi camarada de lucha, al igual que en la época en que la seguridad había detenido a Lázaro por robarse los libros condenados.

—A estas alturas solo me queda confiar en tus esfuerzos para dejar la isla —le dije a Arancibia mareado por el alcohol y el dolor que me causaba aquel bote volteado, que ahora desaparecía tragado por la corriente del golfo.

66

Días más tarde Arancibia logró introducirme a la fiesta de clausura del festival, que se celebró en el Parque Lenin, gracias al carné de un delegado chileno que había sufrido un ataque fulminante de dengue. El entusiasmo y el nerviosismo cundían entre el millar de invitados, pues se rumoreaba que el propio Fidel llegaría hasta el lugar, una vasta extensión de prados y bosques, en donde el pueblo, con una dosis de suerte, encontraba durante el año juegos infantiles y un par de quioscos expendiendo té y galletas.

La policía había acordonado el parque días antes para que los escoltas verde olivo del comandante en jefe pudieran adoptar las medidas para resguardar su seguridad. Como solía ocurrir en encuentros similares, los cubanos no podían ingresar a los sitios donde abundasen, como aquella noche, pantagruélicos bufés con carnes, pescados, mariscos y bebidas gratuitas. Sin embargo, los delegados, ajenos a su aislamiento, solo soñaban, mientras bebían, comían y bailaban a destajo, con aproximarse aquella bella noche tropical al jefe de la Revolución, estrecharle la mano y obtener una foto de recuerdo a su lado.

Yo, al igual que los invitados de Bernd Leucht, me abalancé con desesperación de hambriento sobre el bufé. Las mesas eran superficies coloridas y aromáticas, repletas de carnes, mariscos, frutas y ensaladas. Tras apoderarme de un proverbial mojito, volví una y otra vez hasta donde los mozos vestidos de chaqueta blanca para que me llenaran el plato con trozos de puerco asado, camarones tamaño *king* en salsa americana, colas de una inenarrable langosta grillé que criaba el Instituto de la Pesca siguiendo los consejos de Fidel, y ostiones a la mantequilla, todo aquello acompañado a su vez de arroz congrí, yuca con mojo, malanga, tostones y plátanos maduros bien sazonados, y luego, cuando ya le hube dado el bajo a numerosos mojitos inolvidables, cogí del bufé rodajas de piña de isla de Pinos y lascas de mango y cascos de guayaba con queso de alguna finca modelo, y al final cerré aquella cena pecaminosa, como no había visto otra durante mi estancia en la isla, con una tacita del mejor café caribeño y, algo que nadie me creería jamás, con vasos de un ron añejo de siete años, que las malas lenguas comentaban pertenecía a la reserva personal del comandante en jefe. Mareado y ahíto, envuelto en el ritmo contagioso de *Bacalao con pan,* interpretado por los mismísimos Van Van con Juan Formell a la cabeza, regresé a la mesa donde Arancibia conversaba con delegados europeos, que se preguntaban una y otra vez si Fidel llegaría o estaría sumido en asuntos trascendentales de la política mundial.

Y fue a medianoche que apareció el máximo líder provocando revuelo entre los asistentes. El Parque Lenin, cubierto a esa hora por un cielo estrellado, sin una sola nube, rompió en aplausos estruendosos y gritos estremecedores de vivas a Cuba y a Fidel, y a partir de ese instante los ojos del millar de delegados se prendieron del dirigente revolucionario, que vestía su sempiterno traje verde olivo entre un nutrido grupo de guardaespaldas tan altos y fuertes como él, seguido de ministros, funcionarios y representantes del partido y la juventud comunista cubanos, henchidos por el honor de caminar detrás del líder máximo. Gritos de mujeres histéricas clamaban por tocarlo y besarlo, y europeos emocionados lloraban por el hecho de verlo en persona.

Le recomendé a Arancibia, que veía por primera vez a Fidel de cerca, que nos alejáramos de aquel guirigay, ya que jamás lograría ni siquiera estrecharle la mano al comandante. Una masa compacta rodeó al líder, y lo único que se divisaba ya de él era su gorra descollando entre las cabezas de la escolta y los invitados.

—Mejor definamos ahora cómo me vas a sacar de la isla —le dije a Arancibia, pensando en que nunca nadie imaginaría que cerca del máximo líder había dos personas planeando la salida de Cuba.

Nos sentamos a una mesa en la que los manjares habían sido abandonados intempestivamente por comensales, que ahora formaban la masa que pujaba por acercarse a Fidel.

—Será muy simple —precisó Arancibia entre los gritos y la música del conjunto Los Van Van—. Conseguiremos para ti un cupo en la Wilhelm Pieck, la escuela ideológica de la Juventud Comunista alemana, y ellos te enviarán invitación y pasaje.

—¿Y con qué documento viajo?

—Ellos te entregarán un salvoconducto y vivirás un año clandestino junto a un lago cercano a Polonia, estudiando marxismo-leninismo.

—Con tal de salir de aquí estudio lo que sea.

—Eso sí —aclaró Arancibia tras vaciar un nuevo vaso de ron de la reserva del comandante en jefe—, allá aparecerás como militante de la UJD. ¿Está claro?

—No hay problema; es más, le agradezco a la UJD la posibilidad que me entrega. Después podré marcharme a Chile.

Creí advertir que Arancibia, más que interesado en planear los detalles de una operación que para mí era vital y para él aburrida, deseaba acercarse a Fidel. No podía culparlo. Era su última noche en La Habana. A la mañana siguiente el transatlántico germano-oriental partiría de vuelta a Rostock con su carga de jóvenes alemanes, polacos, rusos y chilenos.

—¿Cuándo recibiré los documentos? —pregunté nervioso, pues Arancibia se había puesto de pie seguramente para unirse, en medio de la algarabía, la música y los aplausos, a la muchedumbre que rodeaba a Fidel.

—Dame un mes. En un mes tendrás todo eso aquí.

—¿Puedo confiar en lo que me dices? Mira que para mí es un asunto de vida o muerte.

—Puedes estar seguro.

—Es preferible que seas honesto y me digas que es improbable. En ese caso, me preparo para buscar otra alternativa —grité en medio del escándalo.

Arancibia llenó su vaso con el ron de una botella de la mesa y lo bebió apurado, como si quisiera librarse de mi insistencia.

—¿Y tu alternativa consiste en quedarte para siempre en la cabaña? —preguntó con una sonrisa de mirada ausente—. Terminarás como el hombre de Neanderthal.

No le había revelado mi plan de fuga y por eso pensaba que yo permanecería sencillamente en Bacuranao a la espera de que las circunstancias me ofreciesen algo. En los días anteriores Arancibia había descartado la posibilidad de que yo abordara de pavo el transatlántico germano-oriental para dejar la isla. Constituía, a su juicio, una locura, ya que tanto la seguridad alemana como la cubana controlaban el ingreso a la nave. Además, en Rostock solo podrían desembarcar quienes contaran con la documentación adecuada, el resto sería repatriado a la isla, por lo que la alternativa era inaceptable y peligrosa.

—Tengo que ponerme en todas las circunstancias —dije al rato, imaginando cómo sería volver a dejar Cuba sentado cómodamente en la butaca de un Ilushyn.

—No te preocupes —insistió con autoridad, como si manejara un problema de menor cuantía—. Los compañeros alemanes te entregarán un salvoconducto para viajar de La Habana a Berlín.

Me angustiaba la posibilidad de que Arancibia, una vez instalado en el transatlántico, olvidara aquellos planes y los atribuyera más bien a una típica conversación entre borrachos. Sería mi fin. Yo ya no tenía otra alternativa para dejar la isla. El hundimiento de mi bote en Bacuranao había sido el naufragio de lo que hasta entonces consideraba mi última carta. Pero si Arancibia mantenía la palabra, yo podría arribar a la República Democrática Alemana, arreglar mis papeles en un consulado chileno en Europa Occidental y volver a mi país.

En las inmediaciones de la frontera polaca asistiría, según el plan de Arancibia, a una escuela de adoctrinamiento marxista-leninista situada en la antigua casa de campo de Hermann Göring. Era, desde luego, una alternativa que se contradecía con mis convicciones, pero en aquel instante yo necesitaba, al igual que los tupamaros de los que hablaba el poeta, de una salida legal y revolucionaria. Sí, coño, abandonaría Cuba como revolucionario, como alguien que deseaba especializarse en asuntos conspirativos para luchar después en Chile, sin perder la patria potestad sobre mi hijo y con la posibilidad de crear las condiciones para que él pudiera salir también algún día de la isla y llevar una vida normal. Era una emigración digna, respetable, posible, que Arancibia me ofrecía en el Parque Lenin, a pocos metros de Fidel.

A ratos atribuí su interés por ayudarme a nuestra antigua amistad escolar, pero en ciertas ocasiones no pude descartar que Arancibia trabajase para el espionaje germano-oriental. Me lo sugería no solo su dominio de un tema tan álgido como el desplazamiento de gente entre países socialistas, sino también su sorpresiva aparición, tras el golpe militar, junto a Ruschin, el misterioso diplomático germano-oriental a quien camaradas del partido consideraban el hombre de la RDA encargado de llevar al exterior a los políticos que vivían clandestinos.

Pero otro tipo de indicios alimentaba también mis sospechas: una noche en que bebíamos en el bar del último piso del Hotel Habana Libre, desde donde es posible tener la mayor panorámica de la ciudad, me confesó que años atrás, en Berlín Oriental, agentes de la Stasi le habían hecho una oferta clara: visado permanente y múltiple para viajar a Berlín Occidental a cambio de informar sobre ciertos chilenos que residían en esa parte de la ciudad y que podían estar cooperando con el enemigo.

—Nos reunimos varias veces en un departamento vacío del barrio de Pankow —me dijo Arancibia ya borracho—. Estaban preocupados por la posibilidad de que alemanes occidentales hubiesen infiltrado a la izquierda chilena, pero les dije que prefería mantener mi independencia.

Pese a la negativa, Arancibia seguía siendo uno de los escasos chilenos residentes en Alemania Oriental que contaba con visado permanente y múltiple para cruzar a Occidente. Aquel privilegio, pensé esa noche en que Fidel bromeaba y posaba junto a los jóvenes en el Parque Lenin, solo podía obedecer a que mi amigo era agente de la Staatssicherheit. Pero a esas alturas aquella posibilidad no me incomodaba. Al igual que Fausto, yo estaba dispuesto a vender mi alma al diablo con tal de salir de la isla.

—Lo clave es que me envíes la invitación con el pasaje —recapitulé tratando de subrayar el aspecto esencial de nuestro acuerdo, pues notaba que Arancibia comenzaba ya a tambalearse junto a la mesa, dando señales claras de su avanzada borrachera—. No me falles.

—No te voy a fallar.

—Tienen que enviarme la invitación y el pasaje —insistí nervioso.

—Así se hará —repuso tratando de mantener abiertos los ojos. Indudablemente había bebido más de la cuenta durante el festival, lo que podía sumergirlo en una amnesia de consecuencias funestas para mí—. En un mes tendrás la invitación y el pasaje, y ahora ayúdame a acercarme al compañero Fidel.

67

Pasaron varios meses sin que volviera a saber de Alberto Arancibia. El poeta se había marchado, Grisell estaba ya en Ginebra y yo vivía en la cabaña de Bacuranao gracias a las traducciones ocasionales que el sucesor de Bernd Leucht me ofrecía en la embajada alemana oriental. Me costaba imaginar que mi compatriota hubiese olvidado lo acordado en el Parque Lenin y me decía que tal vez sus giras europeas destinadas a mantener activo el respaldo a los opositores chilenos hubiesen borrado de su memoria las desesperadas circunstancias en que yo me debatía.

Ante su silencio, traté de ubicarlo por teléfono, pero fue en vano, bien porque la operadora cubana no lograba establecer comunicación, o porque su número berlinés sonaba ocupado o porque la recepcionista del Comité Chile Antifascista anunciaba que Arancibia no estaba en su oficina. Impulsado por la impaciencia, comencé a enviarle cartas a esa institución cuyo nombre despertaba reminiscencias de la Segunda Guerra Mundial, que se alzaba en el barrio de Pankow, sin obtener respuesta. Arancibia se había esfumado.

Sentía que mi plan de abandonar legalmente la isla zozobraba y que ya carecía de la energía y la voluntad suficientes como para buscar un nuevo bote, repararlo y huir en él. Todo parecía confabularse en mi contra para prolongar mi estadía en Cuba, cuyo calor, estridencia, verborrea desaforada y caos generalizado me irritaban ahora hasta los huesos. Cada día de espera acrecentaba mi percepción de que vivía en un rincón olvidado por el mundo, donde nadie detenía aquel carrusel enloquecido, que giraba en medio de aplausos, himnos y discursos. Dejar la isla se convirtió para mí en una obsesión permanente, que amenazaba con alterar mi precario equilibrio anímico.

Al mismo tiempo, el abastecimiento de alimentos, tal como lo había pronosticado mi amigo Willy antes del festival, empeoraba, y la prensa, que nada informaba al respecto, volvía a exigir de la población mayores sacrificios en favor del socialismo y a lanzar nuevas y virulentas campañas de Fidel en favor de un futuro luminoso, que parecía tan lejano e inalcanzable como el horizonte mismo. Y los partidos chilenos en la isla continuaban distribuyendo documentos que nadie leía ni incidían en los acontecimientos de Chile, donde el régimen de Pinochet no cesaba de secuestrar, torturar y hacer desaparecer a opositores.

A esas alturas solo las noticias de la guerra de Nicaragua contribuían a paliar en parte las escaseces y penurias experimentadas por la población. Los sandinistas, con el apoyo de combatientes chilenos y latinoamericanos, ya bombardeaban las últimas posiciones de la Guardia Nacional somocista, augurando que dentro de poco llegarían al poder. Jalapa, Matagalpa, Estelí, León, en fin, las ciudades que se habían vuelto heroicas en su resistencia a la dictadura, atestaban las páginas del *Granma* en la misma medida en que pasaban a segundo plano las de la prolongada guerra de Angola, que dirigía el general Arnaldo Ochoa.

Sin embargo, entre la gente cundía la convicción de que el triunfo sandinista agravaría la escasez, puesto que Cuba se vería obligada a enviar a ese país parte de sus alimentos. La guerra de África no solo había significado numerosas bajas cubanas, sino también una agudización del desabastecimiento, que había sido aliviado por el gobierno de forma temporal durante el festival con la intención de que los visitantes se llevasen una imagen favorable de la isla. Mas el retorno de las «mariposas» de la Florida, que ahora, gracias a sus fajos de dólares, gozaban del derecho a hospedarse en hoteles de primera y a comprar en las surtidas diplotiendas, dividía al país en un bando de pobres, integrado por quienes carecían de familiares en Estados Unidos, y otro de ricos, que recibía el beneficio de sus parientes con dólares, los antiguos «gusanos».

Yo, junto con desear la derrota de Somoza y el arribo de mi pasaje a Berlín, anhelaba que los sandinistas no imitaran el régimen de partido único de Cuba, a la que conocían bien, porque allí habían encontrado asilo, armas y adiestramiento. Pero lo que más me inquietó entonces fue saber que Bernd Leucht volvería con su mujer a Dresde, a reintegrarse a la empresa Technocommerz.

—A partir de mi ida nadie más podrá garantizarte trabajo —me advirtió mientras cenábamos una noche en el exclusivo restaurante de La Coronela, abierto solo a dirigentes, diplomáticos y técnicos extranjeros.

Se fue una tarde al aeropuerto, creo que en el mismo mes en que se marcharon Heberto y su familia. Se fue tras abonarme los pesos convenio por mi último trabajo, con los que llegaba también a su fin mi acceso a la diplotienda, e insistió en que si viajaba a su país, lo ubicara en su empresa, pues estaba seguro de que allí siempre habría trabajo para traductores capacitados.

El día que despegó caí en la cuenta que no me quedaba más que esperar el arribo de mi pasaje desde Alemania o, algo ya más remoto e improbable, que hallara un bote abandonado. Lo cierto es que al departamento de Cristina, en Altahabana, jamás había llegado correspondencia alguna del extranjero, y ella ignoraba, incluso, si correos funcionaba en medio de la crisis, ya que la gente nunca recurría a ellos para enviar cartas, sino a amigos, conocidos o familiares que viajaban. Semanas más tarde, ante la inminencia de que se me agotaban los ahorros en pesos-convenio, comencé a abrir las conservas que había almacenado en la cabaña para la fuga. El abrelatas simbolizó mi renuncia definitiva a esta.

Parte del tiempo la pasaba en Bacuranao agobiado por un sentimiento de zozobra. Por las noches examinaba hoja a hoja mi pasaporte chileno, cuya fotografía en blanco y negro se tornaba amarillenta y estriada por efecto de la humedad. A ese paso el documento se desharía en el bolsillo de mi pantalón. Tirado en la cama, recorría por las noches a la luz de una vela sus timbres y fechas. Aeropuerto de Santiago, diciembre de 1973, salida, aeropuerto de Ámsterdam, aeropuerto de Hamburgo, ingreso a Berlín, capital de la RDA, visa de cortesía a La Habana, otorgada por la Embajada de Cuba en la RDA, que ocupaba una página entera y destruía para siempre mi posibilidad de ingresar con aquel documento a Chile.

Acariciado por la brisa nocturna que soplaba junto al mar, anhelaba regresar a las calles estrechas, limpias y bien iluminadas de Ámsterdam, o aspirar el aire impregnado del olor a salitre y hollín de Hamburgo, que me evocaba las mañanas invernales del Valparaíso natal. Soñaba con ingresar al internado de la Strasse des 18 Oktober, de Leipzig, donde me había enamorado de Margarita y podía oír el chirrido de los tranvías de madera. Pero de nada valía llorar sobre la leche derramada, me decía adolorido, y guardaba con veneración mi pasaporte en la bolsa de El Corte Inglés y trataba de volver a conciliar el sueño.

Sin embargo, al escuchar con los ojos cerrados desde mi cama el rumor de las olas y del follaje, emergía en mi cabeza la imagen deslumbrante de mi abuela francesa navegando como niña sobre las aguas encrespadas del cabo de Hornos, en busca de las tierras verdes, frías y boscosas de la isla de Chiloé, que su padre, Auguste, el ateo descendiente de jacobino, había escogido para evadir la pobreza que asolaba entonces a Normandía. Los relatos de Geneviève Fernande hablaban de tempestades apocalípticas que causaban naufragios, de lluvias incesantes y cerradas que caían durante meses, de vientos helados y ululantes que barrían el archipiélago y eran capaces de llevarse consigo a las personas, el ganado y las embarcaciones. Veía yo entonces la rústica cabaña de troncos, chimenea y techo de alerce, en que la familia de inmigrantes se refugiaba a esperar que volviera el buen tiempo.

En la soledad de mi cabaña, en medio de las Antillas, me decía que si los bisabuelos habían logrado sobrevivir a las inclemencias del clima austral, yo, joven y fuerte aún, con algo de aquella sangre pionera en mis venas, tampoco sucumbiría y volvería a reiniciar mi vida en otra parte. Solo así, convencido de que pronto dejaría la isla, podía conciliar el sueño.

68

Una mañana en que viajé a La Habana a averiguar si había recibido carta de Alberto Arancibia donde Cristina, encontré la ciudad envuelta en un ambiente espeso de tensión e incertidumbre. Piquetes de la Policía Nacional Revolucionaria ocupaban ciertas calles controlando el desplazamiento vehicular, y la vigilancia había sido redoblada en las embajadas.

En un primer momento no atiné a explicarme qué ocurría. Mi primera suposición fue más bien descabellada, imaginé que acababa de producirse un golpe de Estado contra Fidel. Era posible, la escasez se había hecho insoportable y la gente se mostraba insatisfecha. La intranquilidad palpitaba por doquier. Me embargó una mezcla de angustia y regocijo, porque al fin ocurría algo que arrancaba a la isla de su rutina dominada por los discursos del máximo líder y las loas a la Revolución.

Un negro viejo y flaco, que corría por el paseo Martí, gritaba:

—¡Entraron a la Embajada de Perú!

Al rato pude enterarme de lo que había ocurrido. Un grupo de desesperados había ingresado por la fuerza a la Embajada de Perú matando a los dos policías cubanos que controlaban el acceso al recinto diplomático y solicitado asilo político. Cuba mantenía una vigilancia férrea en torno a las embajadas latinoamericanas para evitar que la población pidiera asilo. Ahora los fugitivos se hallaban en el interior de la representación sin que el gobierno peruano se mostrase dispuesto a entregarlos a las autoridades locales.

Era una situación inédita e inquietante, pues nadie sabía a ciencia cierta cómo respondería Fidel, aunque uno podía presumir que él jamás aceptaría que alguien abandonase la isla amparado por una embajada, ya que eso implicaría que cientos de miles, cuando no millones de descontentos, seguirían el ejemplo. El gobierno enfrentaba un jaque mate que permitía imaginar lo peor. Traté de llegar hasta las inmediaciones de la embajada, pero hombres de verde olivo mantenían acordonado el sector y conminaban a los transeúntes a alejarse de inmediato. El ambiente se hacía tenso, el gobierno había llamado al pueblo combatiente a expresar su respaldo a la Revolución y muchos de los que comenzaban a merodear por los alrededores parecían estudiar más bien las condiciones para asilarse. En cualquier momento podían generarse desórdenes callejeros.

Decidí volver a Bacuranao, ya que si era detenido en las inmediaciones de la embajada mi salida legal de la isla podía complicarse, pero en lugar de abordar la guagua de regreso, decidí acercarme hasta el apartamento de Willy para comentar la situación. Ni él ni su tía, la pianista, estaban en casa, y no tuve más que volver a la cabaña con el fin de seguir los acontecimientos por la radio. Las noticias eran escuetas y se reducían más bien a reproducir la posición del gobierno y de decenas de entrevistados que exigían la devolución de los asilados.

Al día siguiente me dirigí temprano a La Habana. El *Granma* informaba en detalle del asesinato de los guardias y advertía que el gobierno no dejaría escapar a los criminales y los castigaría de modo ejemplar. Era indudable que comenzaba a cambiar el tenor de las noticias. Entre himnos y marchas de contenido revolucionario, las emisoras llamaban a redoblar la vigilancia y anunciaban que el imperialismo preparaba una provocación para invadir la isla.

Poco más tarde, en la calle, me enteré de que el gobierno del Perú había concedido asilo a los fugitivos. Nadie antes se había atrevido a desafiar de tal modo a Fidel. Cubanos que en el pasado habían brincado sobre la cerca de la Embajada de México en busca de asilo, habían sido devueltos sin contemplaciones a las autoridades, las que los condenaron a pudrirse en la cárcel. Lo que no había osado México lo intentaba sin embargo Perú, y la expectación, alimentada por las emisiones de radios internacionales, aumentó de modo peligroso entre los descontentos, que confiaban en que ahora sí pudiese abrirse la brecha para abandonar la isla.

De forma sorpresiva el gobierno cubano anunció que retiraba los guardias de la embajada peruana para que pudiera asilarse todo aquel que lo deseara. Si el embajador peruano deseaba acoger a asesinos, delincuentes y elementos antisociales, los recibiría. Cuba no arriesgaría la vida de sus hijos para proteger a diplomáticos empeñados en una campaña anticubana. Guiado por la curiosidad, viajé de inmediato a Miramar a presenciar lo que sucedía. Allí me hallé ante lo inenarrable e inimaginable: centenares de personas en un comienzo, miles poco después, en muchos casos familias completas, cuadras enteras, corrían hacia la embajada e ingresaban a ella. Numerosos automóviles, buses y camiones estaban abandonados cerca de la embajada. Decenas de choferes de guaguas, al enterarse de que Cuba retiraba los vigilantes, detenían sus vehículos frente a la misión y entraban a ella seguidos de sus pasajeros.

Dentro de la embajada reinaba el caos, pues los refugiados celebraban la posibilidad de abandonar la isla. Lo imposible se había producido. De pronto me vinieron a la memoria los días posteriores al golpe militar de Pinochet, cuando los refugiados repletaban los jardines y las residencias diplomáticas, y no ocultaban el gozo que les producía haber conquistado la libertad. Aquí ocurría algo similar, hombres, mujeres, ancianos y niños cantaban y gritaban de alegría desde el interior del recinto, y con cada minuto que pasaba aumentaba el número de quienes se encaramaban por las rejas o entraban por el portón antes de que Fidel cambiara de opinión, porque aquello no podía continuar, el socialismo solo sobrevivía gracias a las aguas infestadas de tiburones que impedían la fuga de sus ciudadanos.

Me dispuse a ingresar a la embajada. Escaparía definitivamente de la isla. Estaba frente al edificio, podía divisar claramente los rostros de quienes se hallaban en su interior, podía escuchar con nitidez los insultos en contra de Fidel y la Revolución, su invitación a que yo me uniera a ellos. Me bastaba cruzar la calle y franquear el portón para lograrlo. Todo aquello me parecía irreal, los gritos de libertad y en contra del máximo líder, la embajada desguarnecida, la ausencia de hombres de verde olivo, que jamás tardaban en aparecer donde se registrara el más mínimo atisbo de desorden. Sobre cada cual recaía ahora la responsabilidad de tomar una decisión: entrar a la residencia y dejar la isla como asilado o permanecer en ella para siempre junto a la Revolución.

Me bastaba con dar esos pasos y en un par de semanas estaría fuera de Cuba, probablemente en Lima, a escasas horas de mi patria, lejos de la pesadilla que vivía. Sin embargo, descarté la idea cuando ya bajaba de la solera, diciéndome que era probable que solo los cubanos pudieran abandonar la isla por ese medio y que los extranjeros tuvieran que acogerse al sistema tradicional. No podía hacerlo. El ingreso a la embajada podría conducirme al final a un cuartel de la policía cubana, la que solicitaría referencias mías al Comité de la Resistencia y a la Jota. No dudarían en tildarme de agente provocador del enemigo.

Volví a El Vedado nadando en contra de la corriente que fluía a pie o en vehículo por la Quinta Avenida hacia la embajada con el fin de asilarse. El país parecía a la deriva, pues los mismos que hasta ayer cantaban *La Internacional* o llenaban la Plaza de la Revolución y aplaudían al máximo líder, ahora, al primer asomo de libertad, huían en desbandada hacia un futuro incierto, pero que les garantizaba librarse de la Revolución caribeña.

Me topé de sopetón con Willy, que caminaba con un grupo de personas por el bandejón central de la avenida. Tuve la sensación de que se avergonzaba al verme. Nos miramos admitiendo con una sonrisa que al fin ocurría lo imposible, lo inimaginable, mientras el grupo continuaba avanzando bajo el sol hacia la embajada.

—¿Te piras también? —le pregunté en tono burlón.

—Vamos solo a echar una mirada —repuso incómodo, enjugándose el sudor de la frente y el cuello con un pañuelo, indeciso entre continuar con la muchedumbre o malgastar el tiempo conmigo.

—¿No te atreves?

—Solo si convenzo a mi tía. La pobre quiere que se vayan ellos. Me parece que Lázaro ya entró. ¿Tú te quedas?

Respiraba con dificultad, como si el asma estuviese a punto de atacarlo. Nunca había sido un joven osado, sino más bien temeroso y prudente, y su aventura con los libros prohibidos había sido eso, una aventura que tal vez prefería olvidar.

—Me iré, pero no a través de la embajada —repuse tendiéndole mi mano, intuyendo que era nuestro último encuentro.

—No nos despidamos. Solo me voy si convenzo a la tía.

Nos abrazamos brevemente en medio de la gente que seguía su marcha, y de pronto Willy echó a correr, perdiéndose entre la muchedumbre. Alguien anunció entonces que el gobierno aprobaría la salida inmediata del país a todo el que se asilara en la embajada peruana. Otro repuso que Fidel había abierto las cárceles y los manicomios para deshacerse también de los delincuentes y enfermos mentales, pero que él igual se marcharía, pues prefería cualquier cosa, incluso las peores barriadas de Lima, a continuar viviendo en el socialismo.

Sin embargo, mientras contemplaba las masas avanzando hacia Miramar y buscaba en vano rostros conocidos, me preguntaba cuánto duraría todo aquello. El gobierno aparecía por primera vez, desde que yo había llegado a la isla, en una posición defensiva y no podía permitirse el lujo de resistir por más tiempo una sangría semejante. Seguramente ni el propio Fidel había imaginado que tantos desearan marcharse de su Revolución.

69

Cuando días después regresé a La Habana —bajo la tranquila noche estrellada de Bacurano el mundo parecía aún en regla—, me encontré con que los revolucionarios habían reconquistado la ciudad y enarbolaban en sus calles banderas cubanas y retratos de Fidel. Hordas enardecidas, que gritaban consignas a favor del máximo líder y en contra de los «gusanos», se apostaban frente a las casas de quienes pretendían dejar la isla.

Poco antes el gobierno había adoptado la decisión suicida de permitir también el éxodo masivo a través del puerto del Mariel. Cientos de miles de cubanos se embarcaban con lo puesto en lanchas y yates que hacían la travesía de ida y vuelta desde Miami y los cayos floridanos. Eran pequeñas embarcaciones que se aproximaban a la costa y retornaban al Norte atestadas de pasajeros. La isla parecía al garete, ya nadie trabajaba; mientras algunos se iban para siempre, otros participaban en las manifestaciones revolucionarias. De la noche a la mañana se vaciaban casas y apartamentos, empleados no regresaban a sus escritorios, médicos desaparecían del pabellón de operaciones y cursos enteros se quedaban sin maestro. Todos corrían al Mariel. De pronto hasta los más radicales de la brigada, los más activos del CDR o la FMC, los más fidelistas del sindicato, emprendían las de Villadiego hacia el Norte brutal y revuelto.

En cuanto el gobierno intuyó que la isla no resistiría aquel desangramiento generalizado, tan masivo como inimaginable, convocó al pueblo combatiente a realizar mítines de repudio ante los hogares de los «gusanos» que abandonaban la patria. La escoria de traidores tendría que enfrentar la ira popular. Ahora se abría un peligroso cauce para que los revolucionarios —acoquinados durante días por las masas que huían para siempre y la ausencia de iniciativa de la dirigencia, que no podía dar crédito a lo que sus ojos veían— salieran a las calles a dar rienda suelta a sus sentimientos de frustración. No podía aceptarse así como así que los mismos vecinos que hasta hace poco participaban en los círculos de estudio del CDR, obtenían distinciones revolucionarias en sus colectivos de trabajo, ganaban el derecho a comprar un televisor o un refrigerador por su entrega ejemplar y concurrían sagradamente a escuchar a Fidel en la plaza, se despojaran ahora de la máscara, se desentendieran de la suerte de la isla y se marcharan a vivir al corazón del enemigo imperialista para aliarse con la «gusanera» de Miami.

Me dirigí al apartamento de Willy para averiguar si al fin se había asilado. Por las calles circulaban camiones con tolvas repletas de civiles armados de cascos y palos, y gente presa del temor o la ira, y el aire, ese aire prístino de las mañanitas frescas de La Habana, estaba ahora preñado de consignas que emanaban de gargantas enfurecidas. Apresuré el paso, eché a correr más bien, pues me pareció que la ciudad entera sería bombardeada en cualquier instante por un enemigo que la acechaba, y al correr me llegaron por las puertas y ventanas abiertas himnos revolucionarios, extractos de discursos de Fidel y las voces febriles de locutores que convocaban al pueblo a defender las conquistas de la Revolución y a expresar con virilidad el desprecio a los traidores.

Cuando alcancé la calle de Willy sentí que una mano me estrujaba el corazón. Una turba vociferante, provista de palos y cadenas, lanzaba piedras y huevos podridos contra la fachada del apartamento de la tía pianista mientras un grupo cantaba una conga siguiendo el ritmo con botellas y sartenes. ¡Un mitin de repudio! Era imposible acercarse a la vivienda. Sus ventanas y la puerta estaban cerradas, y sus vidrios quebrados. Un cordón de la Policía Nacional Revolucionaria protegía la retaguardia de la muchedumbre.

—¿Qué sucede aquí, compañeros? —pregunté a un hombre de torso descubierto y gorrita de beisbolero que agitaba un bate en el aire.

—Aquí vive un cherna contrarrevolucionario —rugió—. Que estudió no sé qué mierda gracias a la Revolución y ahora quiere irse del país.

—¿Quién es el cabrón ese? —pregunté sacando fuerzas de flaqueza, impostando la voz.

El hombre soltó un par de insultos y luego preguntó a una mujer que enarbolaba una bandera rojinegra:

—¿Cómo se llama el maricón ese?

—Willy —aclaró la mujer y sentí como si me clavaran una púa ardiente en el estómago—. Lo sorprendimos esta mañana cuando salía para el Mariel con la pianista. El muy cabrón, simulando hasta el final que era revolucionario después de haber aprovechado la universidad. Ahora verá lo que es la ira revolucionaria, que salga, porque de lo contrario lo vamos a ir a buscar debajo de la cama.

Los gritos e insultos arreciaron. El hombre de la gorra de beisbolero se había abierto paso hasta la puerta del apartamento y le asestaba ahora feroces golpes con su bate. Otro introducía una mano por una ventana sin vidrios y extraía una pequeña figura de porcelana para exhibirla en alto. Un par de jóvenes descamisados se encaramaron a un poste con tenazas a cortar el cable del teléfono.

—Hay que dejarlos también sin agua ni gas —bramó la mujer de la bandera—. Y sin luz.

—Ahora tendrán que salir de la madriguera —gritó alguien a mi espalda.

Era el odio, el odio desatado una vez más, como en aquella horrible calle de Santiago. Pensé en llamar a la gente a la cordura, pero intuí que no era el momento de las palabras. Nada ni nadie, solo Fidel, podría controlar los ánimos enardecidos de esa turba. Me acerqué a los policías que permanecían en la vereda de enfrente, contemplando de brazos cruzados la escena y les pedí que intervinieran, porque allí podía suceder algo que terminaría por perjudicar la imagen de la Revolución y que el imperialismo sabría aprovechar.

—No te preocupes, chico —me dijo sereno el oficial a cargo del grupo—. Ya vienen a resolver esto.

Seguramente Willy había sido sorprendido cuando dejaba la vivienda para marcharse al Mariel junto a su querida tía. Los vecinos lo habrían escuchado mientras intentaba convencerla de dejar la isla. Debió haber sido una pesadilla para ambos constatar que no podrían cruzar el umbral, pues el apartamento estaba sitiado. Me lo imaginé tembloroso en el fondo de la vivienda, recluido en su cuarto con la anciana, solos, desprotegidos y llorosos, aguardando lo peor. Un camión del Ejército con efectivos de civil interrumpió mis suposiciones y los gritos aumentaron:

—¡Comandante en jefe, ordene para lo que sea, donde sea y cuando sea!

Los efectivos descendieron del vehículo portando bastones y se abrieron paso entre los manifestantes y forzaron la puerta en medio de los vivas y aplausos. Varios ingresaron al apartamento y tres permanecieron en el umbral, impidiendo el ingreso de la turba.

¿Dónde coño estaban los vecinos de Willy? ¿Dónde estaban los alumnos de la clase de piano de su tía? ¿Por qué se ocultaban? ¿Callaban todos como yo? Yo debía abrirme paso a empellones, entrar a la vivienda y explicarle a los soldados de civil que Willy era un revolucionario, que todo era una equivocación. La masa, airada, exigía ahora que el piano, la biblioteca y los cuadros de pintura se entregaran a la Revolución y no siguieran en poder de «gusanos». Logré aproximarme hasta el apartamento, dispuesto a hablar en favor de mi amigo, pero en la puerta me ordenaron volver sobre mis pasos.

Al rato emergió en el umbral la tía de Willy rodeada de efectivos. La llevaban de los brazos, como a una detenida. Iba con el miedo esculpido en su rostro de facciones aguzadas, pero sin perder su dignidad. Vestía una saya clara y cubría sus hombros con una mantilla negra. Algo gritó a la muchedumbre, algo que no pude entender porque el rugido de la masa apagó su voz. La arrastraron hasta el camión entre las rechiflas y los insultos, y ya en la tolva desapareció de mi vista.

Instantes después emergió Willy, también rodeado de efectivos. Fue saludado con insultos. Cruzó entre la masa protegido por los soldados, y cuando pasó cerca de mí se me aguaron los ojos, porque por un segundo mi mirada se cruzó con la suya, que ya era una mirada distante y ajena, sin brillo y vacía, que pareció preguntarme, mientras avanzaba como zombie, empujado por los guardias entre aquella turba que dejaba caer sobre él una lluvia de escupitajos, golpes de puño e insultos, por qué tenía que ocurrirle eso precisamente a él. Capté de su mirada un reproche breve como el latigazo de un rayo, entendí que me decía que él no había optado por el socialismo, y que yo sí, y que él sufría aquello mientras yo preparaba mi viaje a Europa. Lo arrojaron como un saco sobre la tolva y pronto el camión, un Zyl ruso, arrancó de allí haciendo bramar el motor.

—¿Adónde los llevan? —pregunté a la mujer de la bandera.

—Pues mira, que yo los enviaba ahora mismo al paredón.

—No, mi niña —intervino el del bate—, que la Revolución es demasiado generosa como para ensuciarse las manos con esa escoria.

—Pues para mí —apuntó alguien— que los envíen al Norte en la primera lancha del Mariel, y ojalá naufraguen y sirvan de alimento a los tiburones.

En cuanto el Zyl se alejó, la turba entró a la casa e inició el saqueo. Yo me alejé de allí sin rumbo fijo, escuchando los gritos y risotadas de los vándalos. La ciudad celebraba ahora un carnaval siniestro, proclive a tolerar cualquier abuso en contra de los «gusanos». Frente a innumerables casas y edificios se formaban los mítines de repudio, que la policía contemplaba con indiferencia irritante. ¡Sí, había que ponerle coto a la insolencia contrarrevolucionaria, los «gusanos» debían conocer la ira popular!, afirmaban las radios, de lo contrario la isla quedaría despoblada. Me encaminé hacia El Vedado por el malecón, confiando en que la brisa marina, el cielo azul y el oleaje arremetiendo suave contra las rocas me rescataran de esa pesadilla y me dijeran que nada de eso era cierto en aquella isla exótica y calurosa, de gente sensual y afable. Y, en efecto, allí, oteando la corriente del golfo y el horizonte, nada revelaba que en La Habana se habían desatado una vez más los odios. Avancé aspirando el aire mezclado a ratos con el tufo a gasolina de los camiones, sintiendo que la garganta se me cerraba y los ojos se me llenaban de lágrimas.

Al alcanzar la Rampa, la amplia y bella avenida que desemboca en el malecón, me encontré con otra manifestación. Eran centenares que avanzaban por el medio de la calle haciendo sonar tambores, sartenes y trompetas al son de un ritmo frenético y endemoniado, gritando consignas en favor de la Revolución e insultos contra los traidores. Corrí hasta darle alcance a esa multitud enardecida, imaginando que tal vez llevaban a Willy.

Sí, esa masa compacta arrastraba a alguien en medio de ella. Repartí empellones a diestra y siniestra hasta que logré colarme entre quienes tocaban los instrumentos y vociferaban, y también yo comencé a gritar loas a Fidel y la Revolución, y aunque la voz se me quebraba, grité una vez más con el vigor y la potencia con que lo hacía en las concentraciones de la Unidad Popular, y me abrí paso hasta el ojo mismo del huracán humano.

Y allí, en el centro, vi a un hombre blanco de mediana edad, esmirriado, calvo y de anteojos, semejante a Mario, el licenciado en literatura inglesa, al que le habían endilgado un letrero de cartón en torno al cuello con una leyenda que decía «Soy un traidor a la Revolución». La camisa le asomaba desgarrada por sobre el pantalón, contenía el llanto y le sangraba una ceja, y sin embargo no hacía intento alguno por protegerse de los manotazos y escupitajos que le propinaban los manifestantes. Estaba entregado a su suerte, aceptando con los dientes apretados y la vista baja esa humillación de que era objeto en El Vedado, a escasas cuadras de La Vita Nuova y la piloto, en que tantas veces me había reunido con Robledano y Aníbal, a pocas calles del Coppelia, donde cenaba mis bolas de helado y dormía sobre un banco cuando en La Habana reinaba la paz. Y en el instante en que recordaba mis antiguos paseos por esa zona de la ciudad, caí en la cuenta de que el hombre de rostro pálido y desencajado, de cabellera rociada de escupitajos, no se protegía de los ataques, porque con sus manos cubría la cabeza de un niño, seguro su hijo, que caminaba a su lado llorando mientras la masa apabullaba a su padre con golpes, insultos y empellones y rugía dispuesta a aplastarlos y borrarlos de la faz de la isla. Aturdidos por el estrépito ensordecedor de tambores, pitos y sartenes, padre e hijo avanzaban a la deriva en medio de ese mar delirante y enardecido.

A veces el hombre parecía alzar sus ojos hacia quienes lo rodeaban suplicando ayuda, buscando un aliado, a alguien que le tendiera una mano y le salvara con su hijo de ese vendaval. Pero era en vano. ¡Gusano, escoria, vendepatria, contrarrevolucionario, hijo de puta!, vociferaban a coro una y otra vez las gargantas enronquecidas en su propia cara, y la gente le propinaba manotazos y lo tironeaba de la camisa, mientras el hombre, inmutable, paralizado ya quizás por el miedo, solo atinaba a mantener sus brazos sobre la cabecita de cabellos claros de su pequeño, anhelando una tregua, pero continuaba recibiendo golpes, insultos y escupitajos de la masa.

—¡Suéltenlos, coño, suéltenlos, que van a matar al niño! —grité a todo pulmón en medio del alboroto, el tronar de tambores, pitos, sartenes y claves, y de pronto un empujón violento y certero me apartó del padre y su hijo, y unos brazos poderosos, verdaderos tentáculos, me separaron de aquella marcha y me arrojaron al pavimento, a los pies del millar de personas, mujeres, hombres, ancianos y niños, que con banderas y pancartas en mano avivaban la Revolución e injuriaban a quienes deseaban abandonar la isla, y permanecí en la acera, rodeado de miles de piernas y pies, escuchando golpes de tambor batá, que resonaban torturando mi corazón y mi cerebro, causándome náuseas espantosas, como las de aquella maldita calle de Santiago, náuseas que ascendían abrasándome y desgarrándome el pecho.

Y entonces, sin dejar de percibir el escándalo de los manifestantes ni el golpe sordo de sus pasos, oculté el rostro entre las manos y me eché a llorar, a llorar desconsoladamente, como nunca había llorado, como si mediante ese llanto incontrolable pudiese recuperar la inocencia perdida de mis sueños juveniles y regresar a aquellos lejanos y despreocupados días de sol tibio en que la vida transcurría apacible y monótona en los cerros de Valparaíso.

V
RANCHO BOYEROS

Margarita, la bella muchacha de ojos verdes de la cual me enamoré en Leipzig y me llevó a Cuba, se casó años después con un general de división, amigo de Fidel Castro, militar del cual enviudó. Tras renunciar a su cargo como responsable de la formación ideológica de las mujeres de la isla, se incorporó como ejecutiva a uno de los principales consorcios turísticos cubanos. Pero en los estertores de la revolución, me llegaron un día fotos de ella de visita de trabajo en Miami y otras recibiendo oficialmente a mandatarios extranjeros en La Habana. Su compromiso con el castrismo sigue siendo para mí hoy un enigma, aunque estoy seguro de que ella, como lo hablábamos en nuestra juventud, conoce a fondo la cruel verdad del sistema en que ha vivido por más de medio siglo.

El comandante Ulises Cienfuegos abandonó hace años el Cuerpo Diplomático para cumplir una nueva misión: convencer al capital extranjero de las ventajas de invertir en el sector hotelero y agroindustrial de la isla, actividad empresarial vedada a los cubanos. Mientras elogiaba en Madrid, ante hoteleros españoles, las garantías y ventajas que ofrece el Gobierno cubano al inversionista, entre las cuales se hallan los salarios más bajos del hemisferio y la prohibición del derecho a huelga, un ataque al corazón lo derrumbó en un coctel y fue trasladado a La Habana. Vivió varios años hemipléjico y aquejado de Alzheimer en una casona del exclusivo reparto habanero de Siboney. Murió sentado en su mecedora, fumando un Lanceros, con un vaso de Chivas Regal a su lado, contemplando el panorama de su pequeña finca de Siboney, donde un campesino cultivaba las frutas y las verduras que difícilmente se consiguen en el mercado isleño. Fidel Castro no acudió a su funeral.

Willy trabaja como dependiente en una famosa cafetería de Las Vegas que frecuentan las estrellas de Hollywood. Según las fotos que de él me llegaron, hoy está calvo, gordo y, a juicio de lo que comunica su mirada, ha perdido muchas de las ilusiones de la vida. Guarda con unción las generosas propinas de los actores del cine californiano, pues sueña con comprarse en un futuro no lejano un apartamento cerca de donde estaba el de su tía, la elegante dama que murió hace mucho en La Habana, sin poder abandonar la isla.

Lázaro, el amigo que comenzó a rescatar y a hacer circular los libros prohibidos, se tituló de *Master of Fine Arts* en Estados Unidos, donde vive con su amigo, dedicado al diseño artístico. Dieciocho años después de nuestro último encuentro me reuní con él en el Ocean Drive de Miami Beach. Fue durante una noche bulliciosa y calurosa, como casi todas las de la Florida. Me impresionó encontrarlo en la cafetería del Larios algo más viejo, feliz y con un aspecto que en la isla le habría valido otra larga condena: llevaba blusa rosada con volantas, los párpados pintados de verde y pendientes de oro. En mi estudio cuelga una magnífica serigrafía suya, dedicada a mi persona y a los años de zozobra que compartimos. Aparece en ella, en tonos ocres, la difusa silueta de un ser humano que se abre con sus codos una brecha en un alto muro. Esa silueta y Lázaro tienen algo en común: decisión, arrojo y dignidad.

Los jimaguas siguen en la isla y realizan de cuando en cuando giras por el extranjero representando a la cultura revolucionaria. Armando Suárez del Villar Fernández-Cavada, el dramaturgo de origen aristocrático y leal amigo que me ofreció refugio cuando caí en desgracia y me enseñó la música del gran Benny Moré, «el bárbaro del ritmo», y de Bola de Nieve, dirige una facultad universitaria de La Habana. A veces, muy de cuando en cuando, he logrado comunicarme con él por teléfono. Sigue viviendo en su *penthouse* de Miramar, el que ya no se alza entre internados de estudiantes pobres y casas ocupadas por gente de provincias, sino entre apartamentos de diplomáticos, inversionistas extranjeros, restaurantes y hoteles. Cuando lo llamo, escucho el clic de un tercer aparato que siempre se activa. No hablamos de política y desconozco lo que él piensa. Siempre me trata con un tono deferente y diplomático, desprovisto de emociones. Conversamos de literatura y de la gente que yo conocí en la isla, sobre si aún viven, o si se marcharon o ya han muerto.

De la preciosa Grisell, la muchacha más bella que jamás he visto en el mundo, y con quien el amor no pudo prosperar por la fuerza de las circunstancias, nunca más tuve noticias. Aunque sí las tuve un día, a través de terceros. Ya no era, desde luego, lo que fue. Me contaron que los años le habían pasado la cuenta y la habían engrosado, desdibujando su figura. Sus ojos, sin embargo, esos oscuros ojos dulces y tiernos, de cejas deliciosamente arqueadas, siguen intactos, siguen brillando como en las noches de nuestros encuentros clandestinos. Me dicen que continúa viviendo en la isla y en el círculo de la nomenklatura. Año tras año continúo buscando con renovada esperanza su nombre en los listados diplomáticos cubanos. El día que lo halle, viajaré a la ciudad donde ella resida para hablarle o al menos espiarla de lejos.

Me dicen que Miguel Beltrán, el encargado del mimeógrafo de nuestro exilio en La Habana, que trabajaba incansablemente en el subterráneo de la sede del Comité de la Resistencia chilena, viajó a Chile, pero no logró adaptarse a la nueva realidad, por lo que retornó a la isla. Supongo que hoy trabaja para inversionistas extranjeros o montó su propia empresa. Virginia, la dirigente juvenil comunista de mirada dulce, pero carácter recio, enviudó cuando su esposo fue asesinado por esbirros de la dictadura de Pinochet en un enfrentamiento simulado.

Vladimir desapareció para siempre de mis horizontes y presumo que también de la política.

De mis antiguos camaradas que ingresaron a las Fuerzas Armadas Revolucionarias o al Ministerio del Interior con el propósito de convertirse en oficiales militares y de inteligencia que un día formarían el Ejército revolucionario chileno, que respaldaría la construcción del socialismo, me llegan noticias dispares. Algunos cayeron combatiendo en tierras de África —en Angola y Mozambique, principalmente— o de Centroamérica —en Nicaragua y El Salvador—; otros fueron abatidos por las fuerzas de seguridad chilenas y la mayoría sobrevive en el país de forma modesta y discreta, envolviendo en silencio su nutrida experiencia de combate e inteligencia que haría palidecer a nuestros soldados más aguerridos. Existen, sí, algunos chilenos que integraron las FAR o la inteligencia cubana, pocos, en verdad, que lograron el milagro casi macondiano de convertirse, siendo oficiales que ganaban 300 dólares mensuales, en empresarios prósperos, admitidos incluso por la sociedad chilena más rancia. El origen de esas fortunas se halla sumergido en profundidades inescrutables para el ciudadano de una sociedad democrática y abierta. Solo de vez en cuando, en un procedimiento que nos recuerda los icebergs, afloran a la superficie en la isla maquiavélicos ajustes de cuentas, sorpresivas expropiaciones, repentinas caídas en desgracia de los dueños extranjeros de esas fortunas, tenebrosas medidas que solo permiten imaginar algo más tenebroso aún, aquello que se oculta bajo la punta de ese iceberg que es una sociedad sin libertades, sin derechos humanos, sin tribunales independientes ni prensa libre. Al caído en desgracia le quedan dos caminos: aceptar en silencio y respetuosamente que la pasada de cuentas de sus antiguos padrinos es el peaje que se debe pagar por los puentes de oro que le construyeron en algún momento, o rebelarse contra sus antiguos padrinos, lo que, como rumorean los cubanos que vivieron en el monstruo y le conocieron las entrañas, es lo más peligroso del mundo.

Uno de mis compañeros que acudía a las angustiantes fiestas del reparto obrero de Alamar, esas que se celebraban en la época en que las tropas salían para Angola en naves aéreas y marítimas, me confesó en el Tavelli, un popular café de Santiago, que había roto con la lucha armada el día en que la guerrilla salvadoreña le entregó, en Ciudad de México, la misión de ajusticiar a un supuesto traidor a la causa. El quiebre se produjo en los instantes en que aguardaba en una esquina, pistola en mano, la aparición de su víctima. Desde su posición pudo ver cómo esta salía por última vez de su modesta casita de techo de zinc a la alegre luminosidad de la calle. Llevaba de la mano a un niño de unos cinco años, que portaba un globo rojo y debía ser su hijo. Los dejó pasar a su lado, identificó desde la distancia el punto preciso al que debía disparar, ubicado cuatro dedos debajo de donde se forma el remolino, se vio a sí mismo descargando los tiros, vio luego la mirada de espanto del niño y el globo manchando de bermejo, el cielo ya sucio y... no pudo hacerlo. Comprendió entonces que la idea revolucionaria estaba exigiéndole demasiado.

De «El Chele», el tranquilo y reservado militar de las fiestas de Alamar, que era entonces noviecito de Mariela, la hija de Raúl Castro, se desconoce su paradero. En Chile aún se le sindica como autor intelectual del asesinato del senador Jaime Guzmán y del espectacular rescate de los miembros del Frente Patriótico Manuel Rodríguez (FPMR) desde una cárcel de alta seguridad chilena.

Oriel Viciani, el que intentó reclutarme para integrar el Ejército revolucionario, se desempeñó durante años en el Ministerio del Interior chileno y después se retiró a otra actividad en provincias. Palomo, el joven que imitaba al comisario Félix Dzerzhinsky en el hotel de exiliados a orillas del lago congelado de Berlín Este, es dueño hoy de una empresa importadora de equipos tecnológicos alemanes. Nunca supe nada más del revolucionario argentino de nombre Aníbal. Supe también que José Benavente, el influyente funcionario comunista chileno en la preparación del Encuentro Mundial de la Juventud y los Estudiantes, que se celebró en La Habana, murió hace algunos años, joven. Me enteré años más tarde de que el dirigente Rodrigo Rojas había fallecido en Santiago, ya en democracia, donde trabajó en el palacio presidencial. Hace algún tiempo, durante una presentación mía en Berlín, se me acercó una de sus hijas y conversamos unos instantes en forma cordial y afable.

Mi amigo y maestro, el poeta Heberto Padilla, logró salir finalmente de la isla gracias a que el senador norteamericano Edward Kennedy intercedió por él ante Fidel Castro. Casi durante una década mantuvo el dictador al poeta en cautiverio por su poemario *Fuera del juego*, prohibiéndole publicar en la isla y el extranjero, viajar a otros países, conversar con la prensa internacional, integrarse a la vida cultural de la isla, hostigándolo de forma regular mediante agentes de la seguridad del Estado. En Estados Unidos, Heberto enseñó en universidades y *colleges*, y murió el lunes 25 de setiembre de 2000, en Alabama.

El capitán René Pacheco sigue en La Habana, al parecer dedicado a la tarea de recuperar antigüedades para el Patrimonio Nacional.

Mi hijo se hizo a la mar en balsa durante una noche de luna llena y nunca arribó a los cayos de la Florida. Una nave del servicio de guardacostas de Estados Unidos descubrió su embarcación en aguas internacionales. Estaba volcada y vacía.

Yo logré abandonar la isla con dirección a Berlín Este un año y medio después de la partida de La Habana de mi amigo Jorge Arancibia, gracias al pasaje que me envió. En la democracia se desempeñó como diplomático y funcionario gubernamental de Chile, pero luego abandonó ese ámbito, decepcionado por el tráfico de influencias y el apego a las prebendas del poder que vio en muchos antiguos revolucionarios. Me hospedé entonces, usando un nombre falso, en una escuela superior de adoctrinamiento comunista ubicado en un aislado complejo de edificios de arquitectura estaliniana que se levanta entre Berlín Este y la frontera polaca. El establecimiento, conocido como «el monasterio rojo», reunía cada año a 300 luchadores revolucionarios de todo el mundo en la finca que había pertenecido al criminal nazi Hermann Göring y que las tropas soviéticas habían ocupado en mayo de 1945.

Cierta brumosa mañana de otoño de comienzos de los ochenta, mientras yo paseaba cerca del Muro de Berlín contemplando la Puerta de Brandemburgo, emergió de la neblina un hombre de sombrero y gabardina negros, que pronunció mi nombre. Sin esperar mi respuesta, me dijo de inmediato y en castellano, con acento extranjero, que me ubicaba desde «la isla» y que tenía un oferta apasionante que hacerme. Seguimos caminando a lo largo de la grisácea avenida Otto Grotewohl, flanqueados en la distancia por dos hombres de impermeable y paraguas, a escasos metros de donde se hallan las ruinas del búnker de Adolf Hitler, y entonces escuché con incredulidad y temor lo que aquel enigmático hombre me ofrecía en medio de la bruma que envolvía la ciudad todavía dividida.

Pero esa historia no pertenece a estos años verde olivo, sino a otros, a unos años muy diferentes, que recién comenzaron a perfilarse esa mañana brumosa detrás del Muro.

EPÍLOGO

Sobre la vida de esta novela,
once años después

Antes de entregar a la imprenta esta versión definitiva de *Nuestros años verde olivo*, la examino por última vez instalado en una cabaña costera de Cayo Hueso, a noventa millas de Cuba. Como allá un día, hoy me rodean aquí cocoteros y palmeras, flamboyanes y banyans, y me envuelve el aire espeso y caliente del golfo. Y cuando fijo la mirada en el horizonte, que zurce una bandada de pelícanos inmóviles, siento como si estuviese de nuevo en Cuba.

No puedo, sin embargo, volver a la isla. La publicación de esta novela autobiográfica, escrita originalmente para mi mujer, mis hijos y mis padres, irritó de tal manera al régimen que desde entonces tengo prohibido el ingreso a Cuba. Es una represalia dolorosa, pues me impide llegar a la tierra donde pasé una etapa decisiva de mi juventud, donde tengo amigos, familiares y colegas, donde palpitan raíces de mi creación literaria y sigue habitando buena parte de mi memoria. Es una represalia cruel, que me impide regresar a un país que aprendí a amar y que, desde luego, extraño. Es una represalia que me une a la diáspora de millones de cubanos que deambula por el planeta privados de su patria.

Me azora que en pleno siglo XXI a un gobierno puedan afectarle las memorias de alguien que vivió en su territorio. Logro entender que un gobierno critique un texto de historia sobre su país o alguna biografía sobre un legendario héroe nacional, pero ¿por qué ha de sentirse perjudicado por memorias personales que, por definición, es lo más subjetivo e íntimo que existe? ¿Por qué el poder político se arroga el derecho a determinar el modo en que alguien debe recordar su vida individual bajo esa hegemonía? Así como dicta la historia oficial, ¿puede el poder político dictar también los recuerdos que los individuos han de conservar y compartir sobre su propia existencia? ¿Puede ese poder aspirar también a imponer el modo en que el individuo ha de recordar?

Es evidente que se puede censurar la plataforma material —un libro, una grabación, una página electrónica— en que circulan los recuerdos, pero no hay forma de regular el modo en que las personas recuerdan sus propias vidas. Y esta novela es fundamentalmente mi memoria, mi recuerdo personal, mi verdad individual de los años de exiliado que viví en la isla. Por definición, los recuerdos son una versión personal, libre y subjetiva de un individuo, y no postulan jamás a ser la historia oficial. Tienen la modestia de las manos callosas, la singularidad de un rostro, la limitación de una forma particular de sentir. Podría afirmarse que su limitación radica precisamente en que constituye una experiencia personal que no aspira a ser colectiva o nacional. En las sociedades democráticas suelen coexistir las memorias individuales entre centenares de otras memorias que pertenecen a otras voces individuales, versiones de la historia que a veces coinciden o discrepan, dialogan o monologan, o bien se corrigen, apoyan o ignoran. No existe, por lo tanto, la memoria individual «correcta» ni la memoria privada «oficial», como tampoco pueden existir criterios oficiales, gubernamentales, para regular lo que los individuos han de recordar sobre sus vidas.

Como afirma razonablemente Gabriel García Márquez, la vida de uno es lo que uno recuerda de ella. Por ello, junto con ser un acto absurdo y a la larga vano, la censura de la memoria es la censura que apunta a lo más íntimo y profundo del ser humano. En este sentido, esta novela debería ser solo una modesta parte de un gigantesco tapiz construido con retazos de otras memorias sobre América Latina y la Revolución Cubana, evocaciones que no pueden ser correctas ni incorrectas, sino que simplemente son. Frente al poder político, las memorias individuales carecen del poder de establecer un dogma o un esquema interpretativo; solo narran lo evocado y lo olvidado. Una memoria está hecha de lo recordado y lo olvidado, de sus palabras y sus silencios, de sus imágenes y sus vacíos. Una novela autobiográfica simplemente es eso: un texto de ficción nutrido por las memorias de su autor, un texto que por su género no apunta a ser verdad oficial, sino una versión más entre las de millones de individuos que también recuerdan. Como no se atiene a nada, sino solo a los flujos de la memoria y sus lagunas, es el género más subversivo que existe y el más odiado por las dictaduras.

Me llama la atención la vitalidad de esta novela autobiográfica, que lleva once años de existencia y sigue ganando cada año, como sostiene Mario Vargas Llosa, nuevos lectores en el mundo. Esta nueva edición, corregida y ampliada, avanza en esa dirección. Pero admito que lo que más me emociona en relación con la vitalidad de este texto es que hoy sigue circulando clandestinamente en Cuba a través de ingeniosas listas de espera y bibliotecas independientes que mantienen ciudadanos de coraje cívico admirable. Muchos exiliados cubanos se me acercan en América Latina, Europa o Estados Unidos a contarme que leyeron *Nuestros años verde olivo* en su patria, usualmente en ejemplares amarillentos y roñosos, forrados en papel corriente, que han leído en un dos por tres para reintegrarlo de inmediato a la circulación clandestina. Y en cada conversación me agradecen que yo haya escrito sobre su patria y añaden que saben, por experiencia propia, que todo lo que aquí se narra es cierto y a la vez verosímil. Si Kafka hubiese sido cubano, pertenecería a nuestros autores costumbristas, sostienen muchos exiliados. Sé que esta novela llega a Cuba a través de turistas que la contrabandean en su equipaje, pero también de funcionarios cubanos que viajan al exterior y la llevan a la isla para que otros también la lean. Como lo muestra elocuentemente una reciente fotografía, hasta el presidente cubano, Raúl Castro, leyó esta novela que habla de su isla y que él, como su hermano, censura.

¿Por qué escribí *Nuestros años verde olivo*?, me pregunto mirando hacia la corriente del golfo desde una ventana que, en las noches despejadas y sin luna, me permite a veces divisar el remoto resplandor de La Habana. La respuesta es sencilla: lo hice porque no tenía otra forma de relatar mis años en la isla a quienes me consultaban sobre ello. Cuba era entonces tan misteriosa como Corea del Norte. No había turismo internacional, estaba aislada y su régimen mantenía a su vez el aislamiento para controlar mejor a la población e impedir acciones de la oposición en el exilio. Como afirmaban orondos sus dirigentes entonces: a Cuba no entra quien quiere, sino quien puede. En fin, escribí esta novela porque anhelaba dejar testimonio de esa etapa crucial de mi vida a Ana Lucrecia, mi mujer, a nuestros hijos, a mis familiares. La escribí con la franqueza y la honestidad con que se comparten evocaciones con los más cercanos.

Comencé a redactarla en Berlín Este, en 1981, en un cuaderno azul, de tapas gruesas, de la desaparecida

República Democrática Alemana, que aún conservo con mis manuscritos. Sin embargo, los apuntes iniciales se hallan en una libreta, también hoy en mi poder, que yo mantenía en los años setenta en La Habana, una libreta en la que me planteaba delicados interrogantes sobre el sistema cubano y que me habría acarreado serios problemas de haber caído un día en las manos equivocadas. A la hora de escribir la versión definitiva de *Nuestros años verde olivo*, me valí de esos apuntes y mi memoria, que entonces estaba aún fresca y pujaba por hallar la palabra escrita antes de esfumarse definitivamente en el olvido.

Mientras escribía la recta final de esta novela siempre percibí la sombra de dos amenazas. La primera venía de Chile, donde por fortuna había retornado ya la democracia, pero la influencia del general Augusto Pinochet y sus servicios de seguridad seguían teniendo una influencia nada desdeñable. Eso me obligó al final a retocar ciertos nombres. De no adoptar yo ese tipo de precauciones, las antiguas fuerzas represivas —entonces aún activas— podían valerse del texto para identificar y vengarse de miembros de la antigua resistencia. La segunda amenaza venía de Cuba: revelar en mi novela autobiográfica la identidad de quienes me habían confesado su rechazo al sistema podía significar para ellos brutales represalias. Adopté entonces precauciones en ambos sentidos y por eso modifiqué los nombres de varios personajes y los espacios en que tuvieron lugar las escenas. Podría decir que fue la amenaza de ambas dictaduras latinoamericanas lo que terminó por convertir mis memorias en una novela autobiográfica, o que el texto inicial optó por mutar de género para seguir contando su verdad.

Reitero que llegué a la isla de Fidel Castro huyendo de Augusto Pinochet. La isla era entonces mi utopía. Pinochet mi pesadilla. La experiencia me enseñaría que ambas eran dictaduras y que no hay dictaduras buenas ni justificables. Todas son perversas y nocivas, enemigas del ser humano y su libertad. Viviendo en la isla me di cuenta de algo esencial: nada, solo la literatura, era capaz de relatar las circunstancias, la atmósfera y los estados de ánimo que me tocó experimentar en la mayor de las Antillas. Solo la literatura, aquella que surge del conocimiento profundo del alma humana y sus pasiones, sus mezquindades y grandezas, era capaz de dar cuenta de aquello que yo presenciaba. En eso radica también la causa última por la cual el género de la novela nunca perderá vigencia. En la isla no tardé en intuir que me proponía narrar algo inenarrable para un género que no fuese el novelesco. Intuí que ni los periodistas ni turistas que pasaban presurosos por La Habana podrían captar la Cuba profunda ni relatarla en toda su complejidad. Solo alguien que conocía esa realidad podía aspirar a semejante empresa. Y lo hice, o intenté hacerlo, desde la perspectiva del joven idealista y extranjero que fui, desde el dolor que causa la decepción política en edad temprana, desde la dignidad de quien desafía la represión más por liviandad juvenil que por convicción profunda, y desde la esperanza de que un mundo mejor es posible, un sentimiento que sigo abrigando con altibajos en el presente.

Hay otra reflexión que quisiera hacer con respecto a *Nuestros años verde olivo*: no existen otras novelas autobiográficas sobre la Revolución Cubana, escritas por latinoamericanos que se hayan exiliado en la isla y hayan conocido la vida real de la nomenklatura, de la minúscula y debilitada clase media, y la del pauperizado proletariado cubano. Es curioso. ¿A qué se debe que no haya otras novelas autobiográficas de extranjeros?, suelo preguntarme. Fuimos millares los latinoamericanos que, huyendo de las dictaduras regionales de derecha, buscamos refugio en lo que era entonces nuestra utopía política, la isla de la democracia popular, el progreso y el antiimperialismo.

Ya no queda nadie de esas generaciones en la isla. La mayoría regresó a sus países o usó La Habana como puente para alcanzar Europa occidental —Suecia, Alemania, Francia, Italia—, rara vez para aterrizar en la Rumania o Bulgaria de entonces, o en la Unión Soviética, denominada por la izquierda revolucionaria como «la Madre Patria». ¿Por qué ese silencio de tantos sobre una etapa clave de la historia reciente latinoamericana? ¿Por qué no hay memorias o novelas autobiográficas escritas por esa migración política tan masiva, que celebran la experiencia de la vida diaria en la isla? ¿Qué impidió el relato sobre esa época en la que, ante nuestros ojos, las opciones en el mundo aparentemente se reducían al capitalismo salvaje o el comunismo, a Pinochet o Castro, a Stroessner o Honecker? ¿Por qué de esos entusiastas exiliados fidelistas no surgieron novelas autobiográficas sobre la experiencia de vivir en la utopía política? ¿Se debe al temor de ser acusado como «traidor»? ¿O a que a veces en política conviene más callar que expresar verdades dolorosas? ¿O a una repentina indiferencia post-Cuba, o a la decepción que nos causó la utopía que un día abrazamos? Sigue asombrándome el silencio sepulcral que hasta hoy guarda esa generación.

Uno de los interrogantes que surgen al conocer las reflexiones políticas de autores como Milan Kundera, Heberto Padilla o Herta Müller, que vivieron en socialismos reales, es cómo puede manejarse después productivamente en términos literarios esa experiencia. Es decir, cómo se puede vivir, sin quedar paralizado o atascado como autor en el resentimiento que causan las humillaciones y abusos que se sufrió y las campañas de descrédito que el estado dictatorial lanza en contra de los intelectuales disidentes a través de periodistas, agentes y simpatizantes. Sospecho que el mejor antídoto para ese dolor —causado por quien monopoliza tu patria y emplea sus símbolos, su historia y sus recursos para reprimirte y desprestigiarte— es escribir sobre la experiencia misma que originó el dolor. Se trata, al parecer, de convertir el dolor en memoria, en literatura, en resistencia.

Mirado desde esa perspectiva resulta curioso: es como si la represión estatal contribuyese a seleccionar precisamente los momentos culminantes del dolor, como si le mostrase además al escritor cuál es el dolor más común y la angustia más generalizada entre las víctimas de la sociedad dictatorial. Es a través de ese relato, que en el fondo acota y orienta el poder político dictatorial, que el intelectual —desde su patria o el exilio forzoso— establece la comunicación con otros seres humanos y alcanza lo universal a través de lo individual. En este sentido, volver a releer y a ampliar *Nuestros años verde olivo* me tonifica, me hace visualizar con madurez y objetividad esa etapa, y comprender la verdadera dimensión de las crueles encrucijadas en que nos encontrábamos como jóvenes de la Guerra Fría, una época en que la renuncia al compromiso político original se consideraba traición, el examen crítico de los ideales era pasarse al lado del enemigo y abandonar la utopía podía significar la muerte.

La publicación de esta novela me ha deparado sinsabores con el régimen cubano y sus defensores, pero sobre todo alegrías y satisfacciones. Una de las mayores satisfacciones es haber expresado, a través de estas evocaciones, un compromiso universal con los derechos humanos, las libertades individuales y la democracia sin apellidos, así como mi rechazo a todo tipo de dictadura, sea de izquierda o derecha. Es una lección para toda mi vida, pues cuando joven creí a pie juntillas que había dictaduras detestables y otras, sin embargo, justificables.

Y hay algo más que me quedó en evidencia mientras escribía esta novela: que los años vividos en Cuba, particularmente los últimos, cuando caí en desgracia y carecía de techo, comida y pasaporte, me prepararon para enfrentar las inclemencias y los golpes de la vida, y también me enseñaron a disfrutar las pequeñas cosas de ella. Recuerdo hoy cuán feliz me hacía disponer de una lata vacía de un refresco occidental, que me regaló un turista y que me sirvió como florero en la cabañita en que me refugié, o el placer con que saboreaba la hogaza de pan centeno que a través de las malas artes lograba conseguir a veces en una tienda para extranjeros, o la unción con que lavaba la única guayabera que tuve en la isla, comprada con dólares que me agencié en el mercado negro. Y qué decir de la gratitud emocionada con que recibía yo la tacita de café que me brindaban amigos, a quienes su cuota no les alcanzaba ni para la familia.

Pero la prohibición de ingresar a Cuba me priva también de algo más: de mi derecho a respaldar pacíficamente y en el terreno a los cubanos que exigen lo mismo que los chilenos exigimos bajo la dictadura de Pinochet: elecciones pluralistas, democracia, derechos humanos, fin del exilio, justicia para todos, reencuentro nacional. No hallo nada más acertado sobre el destino de

Cuba que las históricas palabras que pronunció Salvador Allende sobre el futuro Chile, el 11 de setiembre de 1973: «Mucho más temprano que tarde, de nuevo se abrirán las grandes alamedas por donde pase el hombre libre, para construir una sociedad mejor». Confío realmente en que en ese momento pueda estar yo en La Habana. De ese modo compartiré la celebración por el nacimiento de la democracia en la isla y, como dice la canción de Pablo Milanés, «en una hermosa plaza liberada me detendré a llorar por los ausentes».

La experiencia del Chile de Pinochet y la Cuba de los Castro, y de la escritura de esta novela, me enseñaron algo adicional: no hay nada que se parezca más a una dictadura de derecha que una dictadura de izquierda, no hay nada más parecido al fascismo que el comunismo, nada más parecido al hitlerismo que el estalinismo. Para el ciudadano corriente, las dictaduras son todas iguales. Para el que aguarda el interrogatorio en una celda de la seguridad del Estado da lo mismo si su torturador es de izquierda o derecha, es religioso o ateo, cree en el comunismo o la seguridad nacional, lleva al cinto una Kalashnikov o una Luger, fue formado en la antigua Bucarest o una escuela de la antigua escuela de las Américas de Panamá. Para ese ser humano, sentado desnudo en la silla, con las manos atadas a la espalda, cuya familia ignora cuándo retornará, todo eso da lo mismo. El terror y el dolor, la angustia y el sufrimiento, la impotencia y la arbitrariedad que experimentará en esos calabozos serán simplemente una afrenta a la especie humana. En ese instante todas las dictaduras son una y la misma, y todo el dolor que sufre el ser humano atañe a la humanidad en su conjunto, con independencia de las convicciones políticas.

Mientras releo este manuscrito, me pregunto qué lleva al ser humano, mejor digamos a tantos seres humanos, a condenar a una dictadura de derecha, y a celebrar al mismo tiempo una dictadura de izquierda. ¿Qué retorcido mecanismo mental los conduce a denunciar el abuso, la tortura, la marginación, el escarnio, el exilio, la represión y el asesinato de quienes piensan distinto bajo una dictadura de derecha, pero los conduce a justificar esas mismas medidas contra quienes se oponen a una dictadura de izquierda? ¿Qué lleva a una persona a condenar a un general que dirige durante diecisiete años un país andino con mano de hierro, y a alabar en cambio a un comandante que lleva cincuenta años dirigiendo de igual modo una isla? ¿Se debe esto a la ignorancia, la hipocresía o al oportunismo, o a una lealtad mal entendida hacia banderas ideológicas, a la postergación de la realidad frente a la utopía y del individuo frente a la masa, o simplemente a la exacerbación extrema de la inhumanidad contemporánea?

Desde la ventana de mi cabaña examino una curiosa foto que publicó hace un tiempo el portal electrónico de la Presidencia de la República de Chile. Aparecen en ella el presidente de Cuba, Raúl Castro, y la entonces presidenta de Chile, Michelle Bachelet. Ambos están en el *stand* chileno de la Feria Internacional del Libro de La Habana, el único lugar en toda la isla donde se han exhibido alguna vez libros míos. El general alza en su mano ante la prensa internacional un ejemplar de *Nuestros años verde olivo* mientras parece decirle a la ex mandataria que no es efectivo que esta novela esté censurada en la isla.

Mi presidenta parece incómoda, insegura. Ignora que un par de horas más tarde, Fidel Castro, uno de sus personajes admirados, la hará pasar un bochorno al revelar la conversación privada que tuvo con ella sobre la demanda boliviana de acceso al mar a través de Chile. Observo la foto bajo el sol del golfo y siento que Bachelet intuye, porque vivió en la ex Alemania Oriental, que ese libro, este libro, está desde luego prohibido en Cuba. Por experiencia ella sabe que los regímenes comunistas no toleran la menor crítica al sistema.

Pero lo importante de esa fotografía no son los jefes de Estado conversando en el Caribe, sino el magnífico poder que irradia la literatura en esa escena. Castro, que sabe que esta novela es lectura clandestina y obligada en la isla, la exhibe sugiriendo que no hay censura. La mandataria no sabe qué hacer. ¿Tal vez solicitar tímidamente la libre circulación de la novela de un compatriota suyo en la isla de su utopía? ¿O tal vez plegarse con disimulo a la estrategia de los Castro de que no existe censura en Cuba, perjudicándome así de paso con ello? ¿O actuar simplemente como si la censura de libros de chilenos no fuese de la incumbencia de un mandatario chileno en una feria del libro dedicada a Chile? Al final la entonces presidenta, quizás con el objetivo de no irritar a sus anfitriones, opta por ignorar el ingrato hecho de que en Cuba están prohibidas, junto a mis novelas, las memorias de Pablo Neruda y las de Jorge Edwards, porque se refieren —las de Neruda en forma oblicua— críticamente al castrismo. Edwards y yo esperamos desde la distancia en vano a que Michelle Bachelet condenara al menos con guantes de seda en la Feria Internacional del Libro de La Habana la censura de nuestras obras, como en vano esperaron las corajudas Damas de Blanco y los admirables disidentes cubanos a que ella se dignara a recibirlos en esa gira para intercambiar unas palabras, u obtener al menos un gesto de conmiseración de una mujer que treinta y cinco años antes sufría la represión de Pinochet como ellos la de los Castro en la actualidad. Nunca imaginé que una mandataria chilena que fue víctima de la dictadura militar y luchadora por la recuperación de nuestra democracia, fuera *a ser* incapaz de elevar su voz frente el dictador que mantiene la censura sobre obras escritas por Neruda, Edwards y mi persona.

Su silencio como representante de nuestra nación fue y sigue siendo doloroso e inexplicable para mí.

En rigor, cuando escribía *Nuestros años verde olivo* nunca se me pasó por la cabeza imaginar que estas memorias me colocarían un día en la lista negra de un régimen, me convertirían en el blanco de las descalificaciones de sus agentes y adláteres, y encontrarían tantos lectores en el mundo. Esta historia nunca aspiró en sus inicios a ser publicada. Eran memorias sin pretensiones, concebidas para permanecer entres los álbumes fotográficos de la familia. Fue un editor chileno-guatemalteco, en algún momento comunista como yo, quien me convenció de que yo no tenía el derecho a mantener en mi velador una etapa de la historia latinoamericana absolutamente desconocida. Me costó darle el vamos y entregar estas páginas a la editorial, pero después el tiempo terminó dándole la razón al editor. Hoy la novela circula en América Latina y países europeos y, lo más importante, es leída también, aunque clandestinamente, en la isla.

En estas páginas —como en mi vida de entonces—, el poeta Heberto Padilla juega un papel esencial. Obedece a algo para mí inolvidable: él y su esposa, la pintora y poeta Belkis Cuza Malé, me brindaron en su pequeño apartamento de Marianao, La Habana, generoso refugio en mis peores años de beduino sin techo ni libreta de racionamiento. Todo eso está en estas páginas. Lo que escapa de ellas es la llamada telefónica de Heberto, en el año 2000, tres días antes de su muerte, a mi casa de Iowa City. Acababa de leer la novela, de encontrarse reflejado en ella, y por eso llamaba.

Y escapa también a estas páginas el hecho de que, en 1993, Heberto, ya instalado en Estados Unidos, visitó Chile, donde lo habían impresionado la prosperidad y la estabilidad de la joven democracia. Catorce años antes nos habíamos despedido por teléfono en La Habana de forma apresurada, a sabiendas de que su aparato estaba interceptado y que no volveríamos a vernos en la isla, y ahora, en 1993, tenía el privilegio de recibirlo en mi casa chilena de Viña del Mar. En la *suite* del mirador pasó días escribiendo, leyendo, contemplando el Pacífico y conversando con mi mujer y conmigo, haciendo recuerdos que entrarían en este volumen. Años más tarde, cuando ambos residíamos en Estados Unidos, volvimos a reunirnos en Miami.

Pero ahora estamos de nuevo en un día del año 2000. Heberto me llama de Alabama, donde enseña literatura en un *college* privado. Es sábado por la mañana y él dispone de tiempo para comentar este libro y anunciarme su deseo de visitar la isla. Lo obsesiona el anhelo de verla. No le importa el precio que ha de pagar. Necesita sentir que no se la deja al régimen. Tal vez es la muerte cercana la que le exige volver a su tierra. Murió sin poder retornar a ella. Otro crimen de los Castro. No hay peor castigo que despojar a alguien de su patria, sus amigos, sus tradiciones y su paisaje.

Hace poco, en una actividad académica en la costa este de Estados Unidos, se me acercó un personaje de esta novela, que es conocido como agente de la inteligencia cubana. Llegó a mi mesa, donde yo desayunaba solo junto al mar, y me dijo que sabía que figuraba en mi novela, pues la había leído en La Habana. El personaje andaba en Boston en representación de una institución oficial. Suponiendo, tal vez, que yo tenía vínculos con el servicio de inteligencia estadounidense, me dijo: «Podría contarte muchas cosas más de esos funcionarios que describes en tu novela, de lo mal que les ha ido a esos oportunistas y la forma ejemplar en que la vida los ha castigado. Seguro te daría para otro libro. No te lo puedes imaginar».

Quedamos en vernos al día siguiente en el mismo sitio. Me interesó la perspectiva de un funcionario que parecía preparar su terreno para la etapa post-castrismo. ¿Se habría acercado a mí por encargo oficial, o era aquello una iniciativa auténticamente individual? Pero no volvió. Me preocupé. Sé que a los funcionarios les advierten sobre mi supuesta peligrosidad cuando viajan a actividades culturales donde yo pueda estar. Supe tiempo después que la persona había continuado su viaje a Miami, donde visitó a parientes y amigos, y que luego retornó a La Habana. Me cuentan que sigue siendo un cuadro revolucionario, fiel e intransigente, un «¡Patria o muerte!» de los que acuden con un bate a los «actos de repudio» que se organizan durante días ante las viviendas de los disidentes.

Ahora lentamente se va sumergiendo el disco solar en las aguas tibias del golfo. Llega la noche a Cayo Hueso trayendo una brisa suave, fragante a algas y flores. Desde la orilla me arrulla el acompasado ir y venir del oleaje sobre la arena. El mar se torna un telón azabache, sosegado, infinito. Si no tenemos luna y se mantiene el cielo sin nubes, tal vez divise hoy el resplandor de La Habana en la distancia. Sé que algún día no lejano alcanzaré la otra orilla y veré por fin a los cubanos transitar por las grandes alamedas y entonces yo, en una plaza liberada, también me detendré a llorar por los ausentes.

Cayo Hueso, mayo de 2010

El autor en el internado estudiantil de la Strasse des 18 Oktober, de la Karl Marx Universität, de Leipzig, Alemania del Este. Entonces Roberto Ampuero estudiaba marxismo-leninismo en dicha universidad y compartía cuarto de internado con Joaquín Ordoqui, hijo del legendario comandante guerrillero cubano del mismo nombre, caído en desgracia y muerto en cautiverio. La foto corresponde a junio de 1974, un mes antes de que el autor se trasladase a Cuba.

Roberto Ampuero pronuncia un discurso como presidente del Comité Internacional de la escuela de cuadros juveniles de la escuela superior Jugendhochschule Wilhelm Pieck (JHSWP), en Alemania del Este, noviembre de 1979, dos meses después de haber salido de Cuba. Esta escuela se ubicaba al noreste de Berlín oriental, en la antigua finca de Joseph Goebbels, a escasa distancia de la ciudadela amurallada de Wandlitz, que ocupaba la dirección política máxima del país comunista.

Carnés de la FEU (Federación de Estudiantes de Cuba) mientras el autor estudiaba en la Escuela de Letras de la Universidad de La Habana (1973-1978). La afiliación a la FEU era obligatoria para los estudiantes universitarios. Durante el periodo anterior al castrismo, la FEU reunió a lo más rebelde de la juventud cubana, que luchaba por conquistar libertad y democracia. Bajo el gobierno de Fidel Castro la FEU se convirtió, al igual que los sindicatos, en una correa transmisora de orientaciones y planes del gobierno central hacia los estudiantes.

Manuscrito de *Nuestros años verde olivo*, que el autor comenzó a redactar en 1981 en Berlín Este, en un cuaderno azul de tapas gruesas, para dejarle a su familia un testimonio de esa etapa crucial de su vida.

Compañeros

Juventudes Comunistas de Chile

La Habana.-

La singular política ejercida por las JJCC de Chile con respecto a
sus cuadros y militantes, las profundas discrepancias en relación con la
táctica empleada en la fase actual de nuestra lucha y la falta de coincidencias en los aspectos fundamentales de la estrategia de las JJCC
han afectado esencialmente mi antigua identificación con la organización juvenil.

Después de un largo período de análisis de esta delicada situación y de
comprobar cómo desgraciadamente los aspectos arriba señalados tienden
a consolidarse por métodos verticales a pesar de la visible crisis por
la que atraviesa la militancia de las JJCC, exijo, por no existir la
renuncia, que se me margine de las Juventudes Comunistas de Chile.
Revolucionariamente,

Roberto Ampuero Espinoza

La Habana, 22 de diciembre de 1978.

Copia al carbón de la carta de renuncia a las Juventudes Comunistas de
Chile, entregada por el autor el 23 de diciembre de 1978 a Miguel Beltrán,
entonces encargado de propaganda de dicha agrupación política en La
Habana. Este documento es copia del original. Aun bajo la influencia del
adoctrinamiento ideológica comunista, el autor exige entonces en el texto
que se le aparte de la agrupación pues en esa época sus militantes creían que
no existía la renuncia a la organización juvenil ni al partido. Poco después
Roberto Ampuero ingresa a la Unión de Jóvenes Democráticos de Chile
(UJD), pequeña organización del exilio chileno de orientación liberal y
socialdemócrata, en la que militará hasta 1984. Desde entonces, Ampuero
ha mantenido su independencia en términos políticos.

627

Compañeros

Juventudes Comunistas de Chile

La Habana. -

La singular política ejercida por las JJCC de Chile
con respecto a sus cuadros y militantes, las profundas
discrepancias en relación con la táctica empleada en
la fase actual de nuestra lucha y la falta de
coincidencias en los aspectos fundamentales de la
estrategia de las JJCC han afectado esencialmente mi
antigua identificación con la organisación juvenil.

Después de un largo período de análisis de esta delicada situación y de comprobar cómo desgraciadamente
los aspectos arriba señalados tienden a consolidarse
por métodos verticales a pesar de la visible crisis
por la que atraviesa la militancia de las JJCC, exijo,
por no existir la renuncia, que se me margine de las
Juventudes Comunistas de Chile.

Revolucionariamente,

                              Roberto Ampuero Espinoza

La Habana, 22 de diciembre de 1978.

El presidente cubano, Raúl Castro, sostiene el libro *Nuestros años verde olivo* junto a la ex presidenta de Chile, Michelle Bachelet, en la Feria del Libro de La Habana 2009. Pese a que el libro está censurado en Cuba y desde su publicación el régimen le prohíbe al autor el ingreso a la isla, el dictador cubano trata de generar ante la prensa internacional la impresión de que la obra circula libremente. Los ejemplares de los libros de Ampuero se agotaron en cuestión de minutos en el stand de Chile de esa feria, adquiridos, según la prensa, por entusiastas lectores y discretos individuos de pelo corto, anteojos de sol y guayabera, que actuaban en forma concertada.

Nuestros años verde olivo
de Roberto Ampuero
se terminó de imprimir en Febrero 2013 en
Drokerz Impresiones de México S.A. de C.V.
Venado N° 104, Col. Los Olivos
C.P. 13210, México, D. F.